ボビー・ギレスピー自伝　Tenement Kid

ボビー・ギレスピー［著］　萩原麻理［訳］

イースト・プレス

Tenement Kid by Bobby Gillespie

First published by the Orion Publishing Group, London

Published by arrangement with Orion Publishing Group via Tuttle-Mori Agency, Inc.

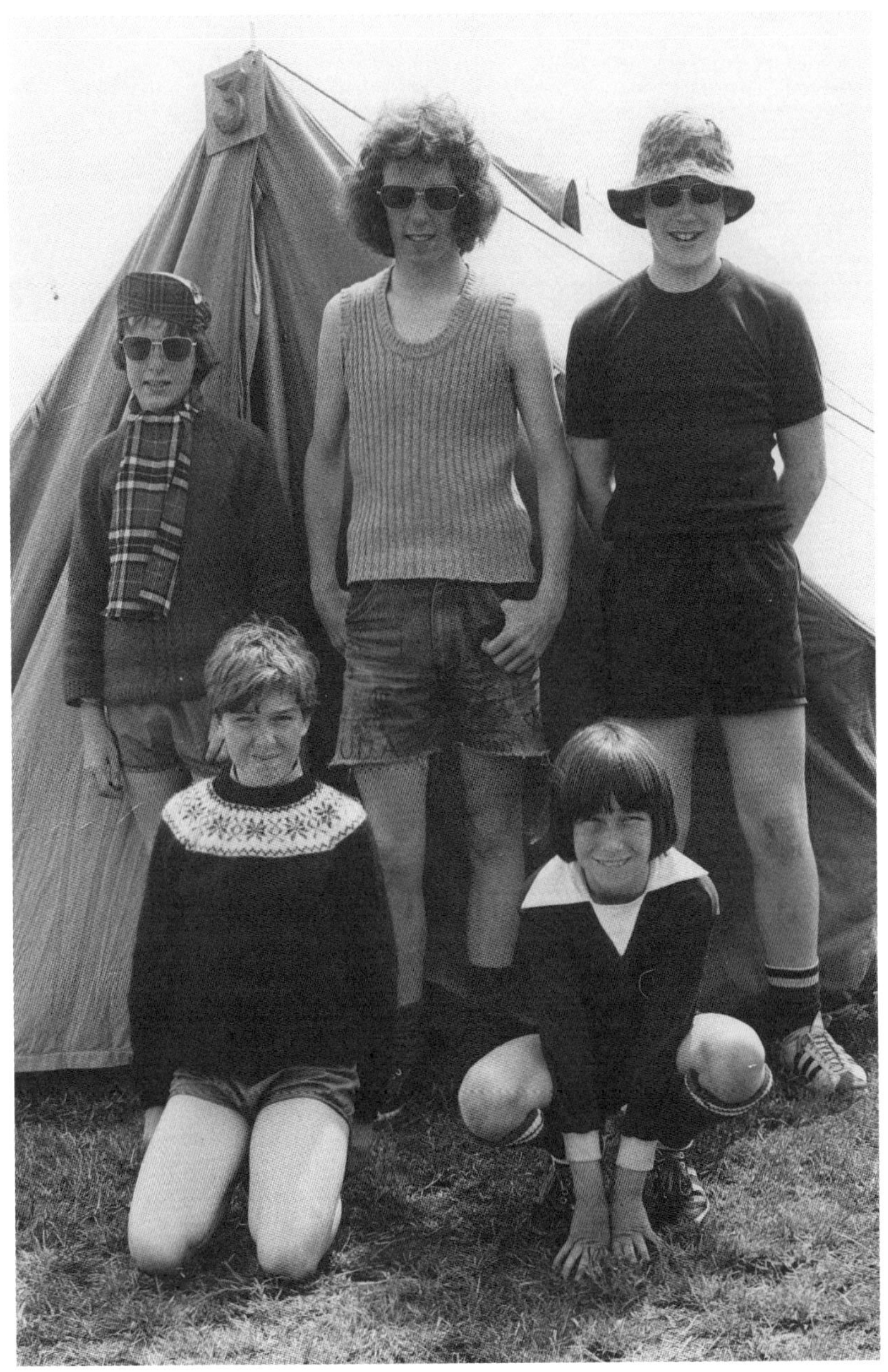

A・WとR・Yに。
このトリップに付き合ってくれてありがとう。

「ステージに上がるっていうのは、もう、俺らと観客の戦争が始まるってことだ」

——**ロバート・ヤング**

「私は世界を変えたくはない、私は世界に反抗したいのだ」

——**ジャン・ジュネ**

Tenement Kid | Contents

Part Four (1986–1991)

※本文中、小さい文字の（　）は原書注、［　］は訳注です。

ブックデザイン　勝浦悠介
編集　圓尾公佑

Part One (1961–1977)

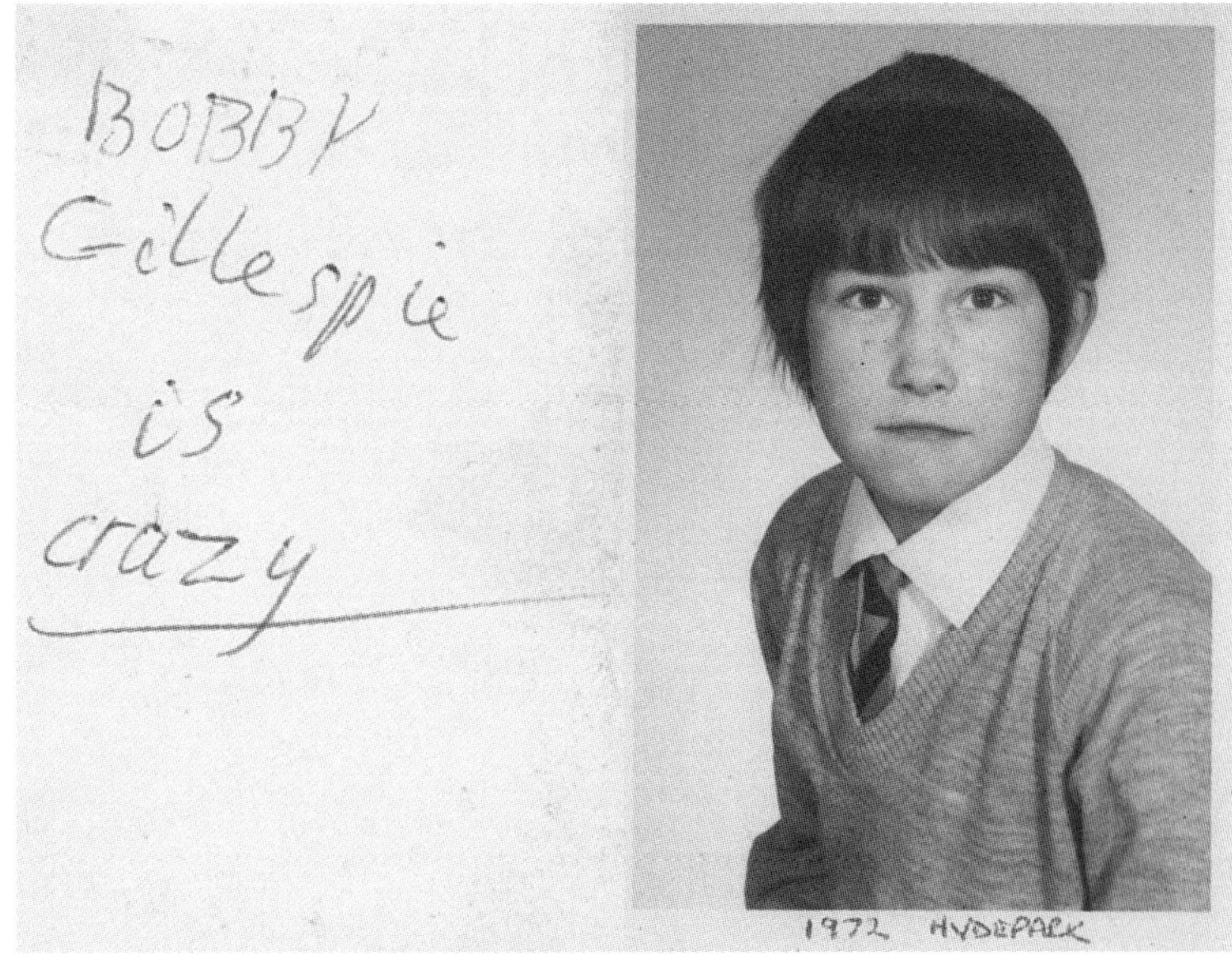

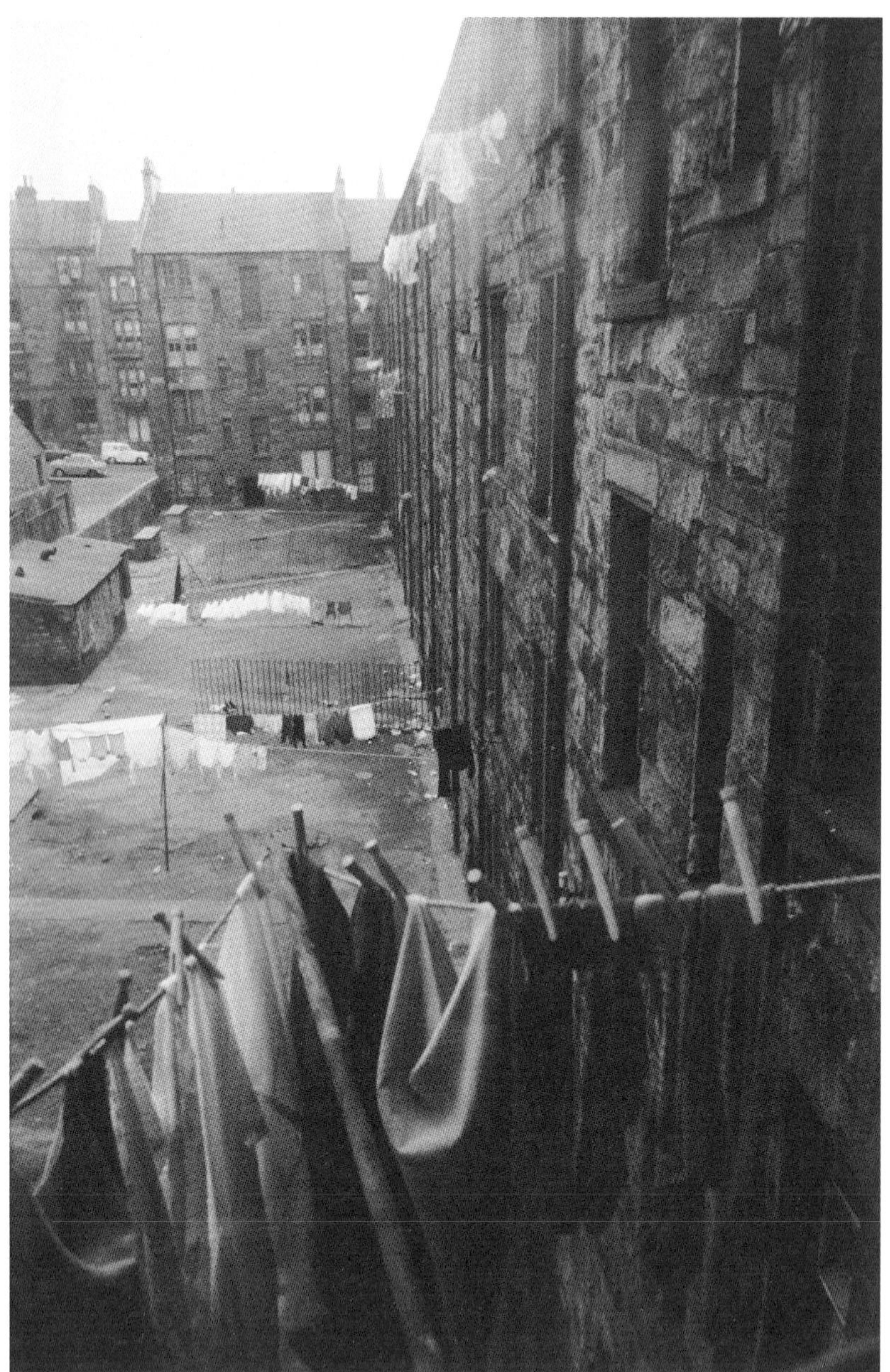

1 スプリングバーン育ち、それが俺だ
A Springburn Boy and Proud of it

俺は特別な場所で育った。遊び場は廃墟になった機関車工場とだだっ広い墓場、住民が立ち退きに遭ってさびれた通り。スプリングバーンは60年代末、エドワード・ヒース〔政治家、1965～1975年イギリス保守党党首、1970～1974年首相〕率いる保守党が「スラム・クリアランス」政策を実施した際に潰された町だ。家が通りごとに順々空き家になり、最後には父が持っていた第二次世界大戦の歴史本に出てくる、連合軍に爆撃されたドイツの都市の写真みたいになった。怖かったが、エキサイティングでもあった。町がいきなり荒れ地になったのだから。年上の男の子に手伝ってもらい、俺たちはヴァルカン通りのベニヤ板が貼られたアパートや家に忍び込んだ。憎き「ヴァルシーズ」（ストリート・ギャングとして俺たちの敵だった）の家族が住んでいた場所が、いまや空っぽだった。テーブルや椅子、ベッドを残していった家もあり、汚れたシンクに皿が積まれ、カーテンが揺れていた。埃が積もったまま、二度と掃除されることもない家。まるで住人が敵軍の不意打ちに遭い、全部放りだして逃げていったみたいだった。ある意味、まさにその通りのことが起きたのだ。労働者階級の豊かなコミュニティが潰され、高速道路になったのだから。

あそこにいた人々はどうなったんだろう？　彼らに何が起きたのか？　どこへ行ったのか？　俺に起きたのは、こういうことだ。

俺は1961年6月22日、グラスゴーのカウカデンズにあるロッテンロー産院、この古い中世の都市の真ん中で生まれた。産院は1471年に建てられた街でもっとも古い家、プロバンド領主館から通りをいくつか

挟んだところにあり、そばにはグラスゴーの守護聖人、聖ムンゴが教会を建てた場所に12世紀の大聖堂がそびえている。ネクロポリス墓地も近く――グラスゴーのペール・ラシェーズ墓地［パリにある墓地で、有名な作家や芸術家、ジム・モリソンらの墓がある］みたいなものだ――ヴィクトリア朝時代の実業家や砂糖商人、タバコ成金、奴隷制で財を築いた連中が眠っている。ネクロポリス墓地でいちばん高い丘の上に立つのがスコットランド長老派教会の父、ジョン・ノックスの彫像だ。その敬虔で冷たく固まった眼差しは、つねに用心深くふしだらな罪人たちを見下ろしている。一方、大聖堂広場に立っているのはオラニエ公、ウィリアム三世［17世紀のイングランド、スコットランド、アイルランドの王。1690年にアイルランドのボイン川でイングランドとオランダの連合軍を率い、退位したジェームズ二世率いるアイルランド軍を破った］の彫像だ。祖母の話では毎夏、ボイン川の戦いの日になると酔っ払ったカトリック教徒がこの像に瓶を投げていたらしい。グラスゴーでは宗教と暴力、酒は切り離せない。

ロッテンローはゲール語で「王たちの道」という意味になる。イングランドとスコットランドでは伝統的に、ネズミが繁殖する小さな家が並ぶ通りに付けられた名前でもある。俺はネズミが繁殖する王たちの通りに生まれた、と言えるだろう。

それはキューバ危機の前年、ベルリンの壁が建てられた年だった。俺の母親、ウィルマ・ゲティ・ゲメル・ギレスピーは若くして俺を産んだ。母によると、俺が赤ん坊だった頃はずっと、米ソが終末的な核戦争で地球を絶滅させるのを恐れていたという。俺は冷戦時代の子どもだった。当時は明日にでも核で全滅させられるかもしれない、というパラノイアが人々の間に満ちていた。母は21歳で、父親のロバート・ポラック・ギレスピーは23歳だった。父母は出版社のコリンズで働いていた時に知り合った。父は印刷工、そして印刷と製本と製紙の労働組合員で、ふたりともスプリングバーン社会主義青年団のメンバーだった。父は50年代末、労働時間を週45時間から40時間に減らすストライキに関わった。それが週休2日制を導入することになった。労働組合が勝つまで、労働者は土曜の午前中も働くものとされていたのだ。連帯による力、それがもたらす変化を経験したことで、父は政治的になったのだろう。彼は17歳で軍に入隊していた――教育のない労働者階級の子どもが将来の見通しもなく、旅ができる、冒険ができると誘われて軍に入るのはよくある話だった。父は英国砲兵隊の上等砲兵で、冷戦中は香港で偵察任務に就いていた。山の上で、毛沢東の赤軍が攻め込んでくるのを待っていたのだ。父によると、軍隊経験で自分は男になったという。同時に彼は英国階級制の仕組みを理解するようになった。父は弟のグレアムと俺に、よく軍隊時代の話をしてくれた。酒場でアメリカのGIと派手な喧嘩になったこと。アメリカ人は軟弱で甘やかされていて、前線にコカコーラの販売機がなければ戦争もできないとイギリス人は思っていた、などなど。父は拳に「HONG KONG」と刺青を入れていた。右の上腕には黒豹がいた（のちに妻となるケイティの左の上腕に、同じ黒豹の刺青を見た時の俺の驚きを想像してほしい。2000年のニューヨーク、ハドソン・ホテルでだった）。父の左の上腕には顔を扇子で隠した中国人女性、二の腕に「ジム・サリー」。軍隊での親友の名前だ。50年代、タトゥーがファッションになるずっと前には、彫師が彫るのは兵隊や船乗り、ヘルズ・エンジェルズ、ギャングスター、犯罪者、ちんぴらやジプシーの肌だけだった。道を外れたアウトローだけで、堅気がするもんじゃない。刺青はタブーだった。

家族が住んでいたのはスプリングバーン地区のパレルモ通り35番地。両親は共同住宅（テネメント）の3階の1部屋のフラットを100ポンドで買った「1960年の100ポンドは現在の2453ポンドくらい」。グラスゴーでこういうフラットは「シングルエンド」として知られていた。うちは部屋がひとつ、シンクがひとつ、コンロがひとつ。階段の踊り場にあるトイレは共同で、他の2家族と一緒に使っていた。シングルエンドで俺がはっきり覚えているのは唯一、まだよちよち歩きの頃、ハインツの豆の缶詰を窓から投げたことだ。母はびっくりして窓際に駆け寄り、誰かに当たっていないか確かめたが、幸いなことに昼間で、みんな仕事や学校に出ていた。俺はとにかくそうしないではいられなかった。悪いことをするのが楽しかったんだと思う。あと、それが母親に与える影響に気づいた。俺の最初の逸脱行動だ。

弟のグレアムは1964年に生まれた。家族がもうちょっと広いフラットに引っ越した直後で、前のフラットのすぐ下の「1部屋、台所付き」が150ポンドだったのだ。どちらの部屋にもちょっとした廊下があった。人生の最初の10年間、俺は父と母と弟と寝室が一緒だった。父母が引っ込んだスペースに置いたベッドで寝て、グレアムと俺にはそれぞれシングルベッドがあてがわれた。他には衣装ダンスがひとつ、背の高いタンスがもうひとつ、木箱に俺たちのおもちゃやカウボーイと消防士の服が入れられていた。この部屋割りが父母の結婚生活にどんな負担を強いていたかはわからない。きつかったに違いない。

台所兼居間には水彩の抽象画が2枚飾られていた。どちらも両親の友人のアーティスト、ジョン・テイラーが描いたものだ。キューバ革命の英雄、チェ・ゲバラの巨大なモノクロのポスターもあった。あの素晴らしいアルベルト・コルダの写真をベースにしたポスターで、軍の飛行士のジャケットを顎まで留め、髭面に星のついた黒のベレー、キリストのような眼差しで未来を見つめる、雄々しくヒップな姿。チェ・ゲバラは俺たちのジーザス、ロックスターの革命家だった。デニス・ホッパーの60年代のイメージはすべてゲバラやカストロら、キューバの髭面の革命家たちを真似ている。彼らはアメリカ政府、そしてマフィアに後押しされた独裁者バティスタを追い出すのに成功したのだ。シックスティーズの口火を切ったのはビートルズだとよく言われるが、カストロとゲバラはそれより3年早かった。うちには1968年メキシコ・オリンピックの表彰台で、アメリカの金メダリスト、トミー・スミスとジョン・カーロスが拳を挙げ、ブラック・パンサーの敬礼をしているモノクロ写真もあった。何をしているのか、と父に訊ねたのを覚えている。なんで黒の手袋なのか、どうして握り拳を掲げているのか？　父は7つの息子に、アメリカではこの男たちは白人と同じ学校に通えないし、同じレストランで食べられない、同じ水飲み場で飲んだり、同じ公園のベンチに座ることもできないんだ、と説明した。父はまた、のちにモハメド・アリとなるカシアス・クレイの話も教えてくれた。彼は「俺をニガーと呼んだベトコンはいない」と言って、ベトナム戦争へ赴くのを拒否したんだと。俺の最初のスポーツのヒーローは黒人だった。モハメド・アリとペレ。人種差別を打破するのに、スポーツはもってこいの手段だ。

部屋には家具が少ししかなかった。小さなソファがひとつと、椅子がもう1脚。そして母のタイプライターが置かれた机。母は速記タイピストで、右上の端に人種差別撤廃運動のロゴ——凧のような形で、4分割された白黒の道化師がデザインされていた——が入ったA4の紙がいつもあった。人種差別撤廃運動はグラスゴーのアジア人コミュニティを左派政治に巻き込み、権力や影響力を持たせようとする組織だった。父はそれを立ち上げる原動力となり、創始者では唯一のスコットランド人だった。うちには浴槽がなかったので、母は俺たちをシンクで湯浴みさせた。シングルエンドの時と同じで、屋外のトイレは他の2家族と共用だった。家には「滑車」と呼ばれる奇妙な仕掛けもあって、4本の木の棒が金属の枠に取り付けられ、ロープで天井から吊されていた。母が手で洗って濡れた洗濯物をそこに干すのだ。廊下の壁は目一杯本棚になっていて、父の本が詰め込まれていた。どこかに北ベトナムの旗が飾られていたのも覚えている。あと緑と黄のよく鳴くセキセイインコ、ジャッキーもいた。

家ではいつも音楽が流れていた。父はザ・ミッデンというフォーク・クラブを運営していて、そこからマット・マッギンやヘイミッシュ・イムラク［どちらもスコットランドのフォーク・シンガー］のような人々が活動を始めた。ビリー・コノリー［グラスゴー出身の有名なコメディアン、ミュージシャン、俳優］は実際、あのクラブで演奏するのに父に金を払っていたはずだ。彼がやってきて他の演奏を観ながら、メイン・アクトの前に舞台に上がって歌ってもいいか、と訊ねるのだ。父が旧友の葬式でビリーを見かけるたび、ビリーはこう言った。「ギギー、あんたのフォーク・クラブで俺が歌ったのを覚えてるかい?」。父はこう答えた。「ビリー、あんたは金を払って歌ったんだよ」。

あの頃、急進的な政治とフォーク音楽は深く関わっていた。何百年も昔の歌がプロレタリアの苦難を物語るのと同様に。歴史を知ると、18世紀から状況はさほど変わっていない——階級格差と不平等という点では——ことがわかる。父は労働者階級の独学者だった。家庭環境のせいで、学校にはほとんど通えなかった。第二次世界大戦中、父はエアシャーの田舎、祖母が働いていたプルトニウム工場の近くに疎開した。イギリスはナチスより早く核兵器を完成させようとしていたのだ。祖父はその頃歩兵として戦地にいた。ダンケルクの浜辺に捕らわれ、ゲーリングのドイツ空軍に爆撃され、ロンメルの機甲部隊にやられていた英国侵攻軍のひとりだった。祖母が働いているあいだ、父は姉のローズマリーに育てられたようなものだった。ふたりには家がなく、いつも他の家族のフラットの一部を借りていた。父は本物の貧困のなかで生まれ育った。ある時には栄養不足になり、病院で食べ物をもらってなんとか回復したという。父は俺に、自分が幼い頃に経験した飢えや痛み、恥を伴う貧しさはどんな子どもにも経験させたくないと言っていた。父が大人になってからほとんどの時間を社会変革に捧げた理由はそれだった——本当に社会主義を信じていたのだ。

覚えているなかで最初の録音されたサウンドは、両親が持っていたフィリップスのオープンリール機に入っていた。父はザ・ミッデンでの演奏を録ったり、友だちから借りたレコードをそれに録音したりしていた。父のお気に入りはマディ・ウォーターズ。〝ゴット・マイ・モジョ・ワーキング〟が好きでよく歌っていた。フィリップスで録った、4歳の俺がビートルズの〝シー・ラヴズ・ユー〟を歌っているテープもどこかにあるはずだ。あれが俺の初めてのレコーディング・セッションだった。60年代、うちでいちばんよくかかったレコードは、ダイアナ・ロス&ザ・シュープリームスのモータウンのベスト盤。紫のジャケットで、ダイアナとフローレンス、メアリーの絵が載っていた。ステートサイド・レコードから出たレイ・チャールズの『グレイテスト・ヒッツ ヴォリューム2』もあった。ジャケットはレイのクールな写真。父はこのレコードをずっとかけていた。〝テイク・ジーズ・チェインズ・フロム・マイ・ハート〟や〝バステッド〟、〝ザ・シンシナティ・キッド〟（スティーブ・マックイーンの映画の主題歌だ）、〝イン・ザ・ヒート・オブ・ザ・ナイト〟（シドニー・ポワチエの映画の曲）、そして美しく哀しい〝クライン・タイム〟。ブルーズは早くから俺の心に染み込み、深い印象を残した。うちではボブ・ディランもよく流れていた。ベスト盤があったし、父はプロテスト・ソングを集めたアルバム『ザ・タイムズ・ゼイ・アー・チェンジン』が好きだった。ジョーン・バエズ、ジューン・テイバー、ザ・ダブリナーズによるアイルランドの反抗歌のレコードもあった。母が持っていたのはブルーのジャケットの10インチのレコード。ハンク・ウィリアムズの〝モーニン・ザ・ブルーズ〟で、よく聴いていた。ハンクの声は他の誰とも比べられない。ハードで厳しく、痛みがあり、歌の内容を理解するには俺は幼すぎたが、それでもハンクがかかると聴きいっていた。母はドリス・デイも好きだった。あとエルヴィスのピクチャー・スリーヴのシングル盤も持っていて、俺はそれをずっと眺めながら、なんてきれいな人だろう、と思っていた。のちに〝サスピシャス・マインズ〟のシングルだったことがわかった。スリーヴに載っている情報は全部読んでいた。覚えているのはスモーキー・ロビンソンのライヴ盤で、そこではボブ・ディランが、スモーキーは「アメリカで存命するもっとも偉大な詩人」だと宣言していた。

家にはビートルズのレコードは1枚もなかった。母はあとで、好きじゃなかったと言っていた。ストーンズのほうが好きだったと。

廊下の壁を占める父の本棚には本が詰まっていた。コリンズで働いていたので、文学の本は手に入りやすかったのだ。チャールズ・ディケンズ、ジェーン・オースティン、ダニエル・デフォー、ロバート・ルイス・スティーヴンソン――あらゆる名作の文庫本が、お揃いの緑の表紙で棚の最上段に並んでいた。ロバート・ヌーナンによる『ぼろズボンの篤志家たち（The Ragged-Trousered Philanthropists）』（ロバート・トレッセルの名前で出ている）など急進的な名作もあった。それと、トマス・ペインの『人間の権利』。この18世紀イギリスの革命家の思想はフランス革命、アメリカ独立革命の両方に取り入れられ、彼はフランスの憲法を作るのも助けた。父はこの2冊を愛読していて、俺が10代の頃薦めてきた。俺は読まなかった。「サウンズ」や「NME」みたいな音楽紙を読むのに忙しかったのだ。

父はヴィクトリア朝時代の少年冒険小説も数冊持っていた。大英帝国統治下のアフガニスタンやアフリカ、インドを舞台にしたG・A・ヘンティの小説のようなヤバいやつだ。そういう本はブラッキー&ザ・サンズ刊で、部族の戦士の絵が描かれた金の型押しの表紙がついていた。『インドのクライヴ』という本もあった。たぶん父は、男の子ふたりが読みたがるような本だと思ったんだろう。写真による軍隊の歴史の本や、マルクス主義文学もあった。ヘンリー・ミラーの『北回帰線』と『南回帰線』、マーク・トウェイン、ジャック・ロンドン、シーク教の開祖グル・ナーナクの伝記、諸々の政治本。俺が惹かれたのは『ザ・ブック・オブ・アメリカン・フォーク・ソングス』だった。その本で俺は〝ザ・バラッド・オブ・ジェシー・ジェームズ〟とジョー・ヒルを見出した。レコードや本は幼い俺にとって、文化的な物差しを作るきっかけとなった。俺は好奇心でいっぱいだった。

あたりはどの通りにも共同住宅が並んでいた。それはまるで難攻不落の中世の砦のように、四方を囲んで建てられていた。うちの区画を構成するのは4つの通り。北にスプリングバーン・ロード、東西にパレルモ通りとヴァルカン通りが並び、南がアイ通りだ。

それぞれの住宅は3階建てで、外に「裏手」と呼ばれる場所があり、ゴミ置き場とゴミ箱があった。昔女たちが洗濯をした小さな煉瓦の小屋もあったが、俺が産まれた頃には板が張られ、廃屋になっていた。そういう建物に入ると巨大な回転ハンドルがついた絞り機、濡れた衣服を絞るための機械が置かれていたが、すっかり錆びついていた。汚れ、ひび割れた流しもあった。それは不気味な、禁じられた場所で、わざわざ入ろうとする人はほとんどいなかった。廃墟には過去の亡霊が囚われたままのような、奇妙なエナジーがある。子どもの頃、俺には打ち捨てられた場所の見えない力が感じられた。

裏には通りと並行するレンガ塀がうちの通りとヴァルカン通りを隔てていて、アイ通りに抜ける細い道もあった。地面には黒い土の上にひび割れた石畳が敷かれ、ライバルのギャング間で喧嘩になると敷石が剥がされて使われる。草はどこにも生えていなかった。そしてどの通りでも、裏手には長い木の棒が架けられ、洗濯物でいっぱいの紐が張られていた。晴れた日には上の階に住む女たちが裏窓からV字型の棒を突きだして洗濯物を干す。外で遊んでいる子どもたちは大声で上にいる母親におやつをねだる。バターかマーガリンを塗り、砂糖をかけた白パンが2切れ。60年代はそれさえあれば長い夏の日、ずっと遊んでいられた。

共同住宅の通路は「小路」と呼ばれた。1階ではそれが通りから建物内の廊下、裏手までまっすぐ繋がっている。各戸の玄関が小路の左右にあり、上階への階段の小さな踊り場には屋外便所があった。

スプリングバーンは活気に溢れていた。通りの先にあるパブの外では、夕食の時間になって父親が出てくるのを待つ子どもたちが群れていた。仕事を終え、くたびれた男たちは大抵、帰宅前に仲間と1杯ひっかけてくつろぐ。その頃妻たちは家で夕食を用意して待っている。フットボールの試合結果が載っている「タイムス」の夕刊紙や土曜のスポーツ紙を売る男たちもいた。俺は1971年、母とグレアムと一緒に、ブリッジトンのロンドン・ロードに住む祖父母を訪ねた帰り道で見たものをはっきり覚えている。スプリングバーン・ロードのパブの店先、新聞売りの屋台にスポーツ紙の見出しが出ていた——「アイブロックスの惨事：レンジャーズのファン66人圧死」。その日のオールド・ファーム・ダービー［グラスゴーのライバルチーム、セルティックとレンジャーズのフットボールの試合］ではセルティックが1対0で勝っていて、あきらめたレンジャーズのファンがぞろぞろ帰りはじめていた。すると試合の終了間際にレンジャーズのストライカー、コリン・スタインが同点弾を決めた。帰りかけていた群衆はスタジアムの大歓声を聞き、急いで戻ろうとして、やわな金属の柵が崩壊した。そのせいで66人が下敷きになったのだ。この事件は俺に影響を与え、解離の感覚が生まれた（その当時はそんな言葉で説明できなかったが）。父親に連れられ、学校の同級生がその試合に行っていてもおかしくなかった。死がリアルで、身近になった。映画の悪役に起きることではなくなったのだ。

その数年前には、ウェールズのアベルヴァンの悲劇［1966年、大雨によりアヴェルヴァン村の山が崩れて小学校が埋まり、子ども116人と大人28人が死亡した］があった。俺と同じ年頃の子どもたちがいた学校が、近くの炭鉱による土砂崩れで生き埋めになったのだ。当時のニュースはその話ばかりだった。俺の想像のなかに突然悲劇が押し入ってきた。教室の窓から外を見ると、ハイド・パークの丘が俺を見下ろしていて、同じようなことが起きるんじゃないかと思ったものだ。

スプリングバーン・ロードにはたくさん店があり、混雑していた。ゴウリー通りにはホーイズという大きなデパートとザ・プリンシーズという映画館があり、土曜の朝になると母は俺を連れていって、そこにひとり残して映画を観させた。昼のマチネではいろんな映画がかかった――『バットマン』、『荒野の七人』、ラクエル・ウェルチ（彼女とキャットウーマンが俺の初恋の相手だった）が出ている『恐竜１００万年』。その魔法のような場所はいつも満杯で、菓子を食べてハイになった子どもが叫び、アイスクリームカップを積んだトレイを手にした10代の少女の売り子たちが通路を行き来していた。みんなでフットボールの試合のように、「バットマン！　うしろ、うしろ！」と囃したてたものだ。そしてバットマンやロビンがジョーカーやリドラーに一発お見舞いするたび、ゴールが決まった時のように叫んだ。１９３６年にはあの有名な脱出王、ハリー・フーディーニがプリンシーズ映画館にやってきて、興行したという。大恐慌に苦しめられ、文化に飢えていたスプリングバーンの労働者階級にとっては腰を抜かすような体験だっただろう。

6歳の誕生日に、俺は祖父母からレンジャーズのユニフォームをもらった。俺はフットボールをまったく知らなかった。欲しかったのはカウボーイか騎兵隊の服だった。ロンドン・ロードの祖父母のフラットに行くと（皮肉なことにセルティック・パークのすぐそばだった）、俺はそのレンジャーズのシャツを着せられ、いったいなんなのかもわからなかった。それは60年代、ジム・バクスター［スコットランド最高のフットボール選手のひとりとされ、60～65年にレンジャーズで数々のトロフィーを勝ち取った］時代のクラシックなユニフォームだった――白のVネックの青いジャージ、白のショーツ、上が赤の黒のソックス。

そのあと俺はフットボールを知ることになる。

うちの通りに住む男の子たちとは友だちだった――「俺の側」の連中とは。縄張りは通りのどっち側に住んでいるかにまで関わっていた。通りの反対側の連中とつるんだことはない。うちの隣の小路にはアレックス・

ドネリーという子が住んでいて、3つ先の小路にはデヴィッドとチャールズの兄弟が住んでいた。アレックスとデヴィッドは俺と同い年、チャールズは1歳か2歳下だったと思う。彼らがセルティックのサポーターだったから、俺もセルティックのサポーターになった。親友だったから。3人ともセルティックのユニフォームを持っていて、1960年代の緑と白の横縞シャツ、数字が緑の（このディテールがクラシックだ）白のショーツ、ソックスも白。俺にとっては新鮮でクリーンで美しく、最高にクールなユニフォームだった。セルティックは世界最高のチームだった。それは伝説的なリスボン・ライオンズの時代。当時のチームはポルトガルで、2対1でインテル・ミラノを下し、ヨーロピアン・カップ優勝を果たしていた。監督はジョック・スタイン、我らがキャプテンはビリー・マクニールだった。ファンは（キング・）ビリーをシーザーと呼んだ。1967年5月、リスボンでの輝かしい夜の写真を見ればその理由がわかる。彼はエスタディオ・ナシオナルの表彰台に立ち、ヨーロピアン・カップを掲げて、まるでローマ皇帝のように雄々しかった。ヘイル・シーザー！

あのセルティックのチームは、俺たちのようなストリート・キッズの想像力をとらえた。それは神話的だった。スクワッド全員がグラスゴーから10マイル以内の出身だったのだ。例外は30マイル離れたソルトコーツ出身のボビー・レノックス。いまのグローバル化されたフットボールでは二度と起きえないだろう。ジョック・スタイン監督は現代的でスピードのある、攻撃的なフットボールを信奉していた。正しいやり方でプレイすれば試合は真に美しいものとなり、観ている者にとっては超越的な体験になると。60年代のフットボールはまさに労働者階級のもので、毎週試合に通う（ほとんどが）男と少年たちの生活における唯一の娯楽、カルチャーであることが多かった。ジョックはエアシャー州の村の出身で、家族は皆炭鉱夫、そして彼の親友で同じくカリスマ的な監督、リバプールのビル・シャンクリーと哲学を共有していた。すなわちフットボールとは社会主義の実践のひとつであり、11人の個々人が一丸となり、そのチームがより大きなもの、美しいもの、パワフルなものに到達する一例であり、つまり部分の総計は全体を超えるのだ、と。それはロックンロール・バンドでも同じだ。資本主義は特権的な（そして破格に幸運な）「個人」に与えられるであろう利益と富を根拠としている。だが社会主義とは、集合体の持つ力なのだ。

リスボンでの決勝戦では光と闇の闘いが繰り広げられた。インテル・ミラノの監督はエレニオ・エレーラ。イタリアで培われたフットボールのシステム、カテナチオの主唱者だ。その守備的な戦術においては、選手は試合中ずっと相手の動きを阻み、いらだたせ、敵をゆっくりと消耗させる。いかなる時も10人がつねにボールの後ろの位置にいるのだ。消耗戦というネガティヴで、ほとんどニヒリスティックと言ってもいいフットボールのヴィジョンだが、この戦術がイタリアの諸クラブにもたらした成功によって正当化されていた。

のちにプライマル・スクリームでライヴ演奏とその提示方法におけるバンドの姿勢を決める際に、ジョック・スタインの哲学は大きな役割を果たした。ロックンロールのライヴは感覚への攻撃、魂への奇襲、ハイエナジー・アタックであるべきだと俺たちは信じていた。その時々で死力を尽くし、ステージで表現し、人々を高揚させなきゃいけない。彼らを巻き込み、ライヴを美しく、楽しく、同時に致命的なものにしなきゃいけない。プレイするたび100パーセントやり尽くすんだ、と。ファンはバンドを応援し、代わりにバンドはすべてを捧げる。ロバート・ヤングが俺にこう言ったことがある。「ステージに上がるっていうのは、もう、俺らと観客の戦争が始まるってことだ」。


俺たちは通りでフットボールに興じた。裏のゴミ置き場から拾ってきた空き缶ふたつがゴールポストだ。誰もがジミー・ジョンストンかスティーヴィー・チャルマーズ、ボビー・レノックスになりたがった。俺が初めて観たセルティックの試合は1970年のヨーロピアン・カップ決勝で、相手はフェイエノールト。それを俺は台所の白黒テレビで観た。映像はひどく、歪んでさえいた。当時、モハメド・アリのボクシングの試合やフットボールの決勝戦など、外国で開かれるスポーツ・イベントは衛星経由でイギリスの家庭に届けられていた。画質はいつも悪く、フォーカスもぶれていて、一種不気味な雰囲気があった。あの頃はみんな白黒テレビだった。うちの通りにカラーテレビのある家はなかった。我が家のチャンネルはBBCとSTV（スコティッシュ・テレビジョン）のふたつだけ。隣の小路に住む友だちの家ではBBC2が入り、俺の好きな「ハイ・シャパラル」という西部劇をやっていた。俺は母にBBC2をねだったが、そうすると受信料が余計にかかった。

夏休みのある日、俺はデヴィッドとチャーリーと通りで遊んでいた。いつもと変わらなかったのが、何かのはずみで喧嘩になり、ふたりが俺を殴りだした。俺はショックを受け、それがトラウマになった。ふたりは親友で、完全に信頼していたのに。それまで俺にそんなことが起きたことはなかった。俺は泣きながら家に帰った。母にどうしたの、と訊かれ、俺が説明すると、母は俺をひっつかみ、どんどん通りを歩きだした。「とっちめなさい」と。俺はずっと怖くてギャーギャー叫んでいた。母がデヴィッドとチャーリーの家の小路に近づくと、戸口の階段にふたりが座っていた。俺が泣くと、母が言った。「まずあいつから。やっつけなさい！ほら！　じゃなきゃあんたがやられるんだから」。

俺は心底怖かった。デヴィッドと母の両方が恐ろしかった。俺はまた「しばかれ」たくなかった（グラスゴーで「殴る」はこう言う）。さっきの出来事で感じた恐怖、怒り、それに皮を剥いで神経を剥きだしにされたような屈辱感のせいで、俺はまだ泣いていた。でも選択の余地はなかった。あいつらを殴るか、母の怒りにさらされるか、どっちかしかない。俺は兄のデヴィッドに突っ込んでいき、顔を狙って弱いパンチをいくつか繰りだすと、デヴィッドが玄関のドアに頭をぶつけた。彼はやり返そうともせず、立ったまま俺のパンチを受けていた。弟のチャールズはびびって声も出なくなり、目をまん丸にして、もうすぐ降りかかってくる暴力を恐れていた。母は共同住宅の敷地に立って見張っていた。復讐は果たされた。誰ひとり、そこから逃げられなかった。

どう考えてもフェアな喧嘩とは言えない。母がいたせいで、デヴィッドはほとんど反撃しなかったのだから。次はチャールズの番だ。うちの家族の傷ついた誇りを取り戻すため、彼も頭を殴られた。兄弟が泣きだすと、母は満足して俺を引きつれ、小路の階段を降り、通りに出て、うちのフラットに戻った。それは俺にとってトラウマとなる体験で、ふたりにとってもそうだったに違いない。兄弟が俺をいじめることは二度となかった。

俺が身体的に喧嘩に強かったことは一度もない。目の前の直接的な暴力となると、俺はいつだって腰抜けだった。戦うよりは逃げだしたかった……暴力沙汰はごろつきかイカれた連中に任せて。俺は痩せっぽちで筋肉もない。陳腐な決まり文句だが、「戦うよりは愛する」人間なのだ。その代わり、俺は言葉や思考、ユーモアで自衛する方法を学んだ。拳やブーツじゃなく。それでも母はその日、俺に重要なレッスンを授けてくれた。自分のために戦うこと、対決を恐れないこと。このレッスンは長年ずっと役に立っている。母さん、ありがとう。

小学校に入学した日、母に置いていかれたことも覚えている。まったく知らない連中と一緒に校庭や教室にいるのは戸惑う体験だった。いちばん不安になったのは、パレルモ通りの友だちがひとりもいないことだった。初日、家に帰ると俺は父に、アレックスやデヴィッド、チャールズが学校にいない理由を訊ねた。あの子たちは違う学校に通うんだ、おまえが行ったのはプロテスタントの学校だから、と父は説明した（実際は宗派を問わない学校で、シーク教徒やムスリム、ユダヤの子どもも通えた）。ブレズリン兄弟とドネリーの子はカトリックの学校に行ったのだと。それは俺にとって、スコットランドの宗派主義という毒を味わった最初の体験だった。苦い味がした。「なんで?」と俺は父に訊いた。間違っていると思ったのだ。父は、「ああ、間違いだ」と答えた。そしてその状況が不公平で間違っていること、馬鹿げていることをわかりやすい言葉で説明した。5歳の子どもでもわかるように。俺が落ち込んでいるのを父は知っていた。

その日まで、俺は宗教について考えたこともなかった。両親は社会主義者で、ただあとになって母方の祖父母やおじ、おばたちが30年代にグランド・オレンジ・ロッジ・オブ・スコットランドに属していたことを知った。プロテスタント主義、統一主義、英国君主への忠誠をうたう組織だが、俺の家ではなんの影響力もなかった。母は若い頃そのメンバーだったが、父と出会って脱退した。

いま思い返すと、ちょっと笑ってしまう。アレックス・ドネリーのうちでは教皇パウロ6世の写真を額に入れ、暖炉の上の壁に飾っていた。他の子の家に行くと、女王エリザベス2世の写真があった。で、うちはチェ・ゲバラとブラック・パンサー。ありがたいことにね。

初日以降、俺はひとりで登校した。行きも帰りも徒歩で、冬になると朝暗いうちに家を出て、帰り道も暗かった。雪が積もるとまるで純白のカーペットの上を歩くようで、スコットランドの青く、暗く、低い空とのコントラストが美しかった。わくわくしたのを覚えている。学校はふたつほど通りを離れたところにあり、歩いて15分くらいだった。それでも5歳にとってはかなりワイルドな雪中の冒険だったのだ。

うちの通りの南の先には廃墟になった大きな工場、ザ・カウレア・ワークスがあった。20世紀のある時点では、世界の蒸気機関車の4分の1がスプリングバーンで製造されていた。大英帝国時代には列車産業が盛んで、工場や作業場がこの地区の主な雇用を供給していた。ただ俺が育った頃にはもう脱工業化が始まり、衰退期に入っていた。工場はスプリングバーン駅に繋がる線路沿いに長く連なっていた。そこで俺たちは肝試しをした。線路の真ん中の枕木の上に立ち、列車が近づくと、誰がいちばん先に飛び降りるか競うのだ。勝つのはいつも俺。俺はこの遊びが大好きだった。

フレミントン通りにはスプリングバーン工業学校があり、その隣にウィスキーの瓶詰め工場、そのまた隣に最近取り壊された工場があった。まるで爆撃にあったような光景で、いまだとアサドとプーチンの手下が焼け野原にしたアレッポの写真とそっくりだった。まるでラッシュアワー時に高速道路が崩れたみたいにコンクリートの巨大な塊が奇妙な角度で連なり、塊からは錆びた赤い金属棒が突き出ていた。元は人々が働く建物を支えていた鉄筋だ。コンクリートの壊れた塊のあちこちから突端がにゅっと飛びだし、ねじ曲がっているさまは、古代の戦士がこれみよがしに掲げる剣のようにも見えた。

そういう場所で俺たちは遊んでいた。危険でエキサイティングで、周りに大人はひとりもいなかった。子どもと、その想像力だけ。まるでチャールトン・ヘストンの『地球最後の男オメガマン』みたいだった。未来を舞台にしたあのSF映画で、チャールトンは核戦争で滅んだ世界で生き残った人類のひとりを演じていた。そして最初から最後までずっと、核爆弾にやられてゾンビのようになった狂暴な人々と戦っている。そんなディストピア映画の名作を、子どもが楽しんでいたのだ。

ある夏の日、8、9歳くらいの頃、俺はひとりでこの廃墟になった工場で遊んでいた。父は夜番だったので昼間は寝ていて、母は働きに出ていた。『荒鷲の要塞』のクリント・イーストウッドになったつもりだったのかもしれない。俺は足を滑らせ、右脚が大きなコンクリートの塊の間に挟まった。引っ張りだそうとすると、コンクリートから突き出ている錆びた鉄筋の先で太ももがざっくりと切れた。自分は死ぬんだ、と思った。あれほど大量の出血を目にしたことはなかったし（戦争映画だけだ）、あれほど焼けつくような痛みを感じたこともなかった。初めて自分の体の尊厳が破られ、そのショックに俺はまったく対応できなかった。

なんとか脚を引っ張りだし、家に向かって歩きはじめたが、血がどくどく流れ、ずっともうすぐ死ぬんだ、と思っていた。幸い足を引きずって歩いている俺を仲間が見つけ、残りの帰り道を抱えていってくれた。俺はドアを叩いて父を起こし、父が俺を病院に連れていった。13針縫う怪我だった。医者は物静かでハンサムな男で、シドニー・ポワチエに似ていた。俺の状態を見て、彼は俺を落ち着かせ、よく手当てをしてくれたので、それで終わりだった。あの年齢で13針縫うのは大ごとだ。ひとつには、まだ成長していない脚だとものすごい傷に見える。体の傷だけでなく、心にトラウマも負う。両方とも永遠に残るのだ。数週間後、抜糸で病院に戻ると、今度は違う医者だった。「あの黒人のお医者さんがいい！　あの人が好きなんだ！」と言ったのを覚えている。

それからしばらく経たないうちに別の事故が起きた。ウィスキーの瓶詰め工場で荷台のパレットから落ちたのだ。俺はよく敷地のフェンスを越え、20フィートの高さに積まれた、使われていない荷台の上に登っていた。その時は『大脱走』のスティーヴ・マックイーンのつもりで、ひとりで荷台から荷台へと飛び移っていた。今回は頭の左側を3針縫う怪我になった。

8つか9つの頃、フレミントン通りで車に轢かれたこともある。同じクラスの女の子にからかわれていた時だ。俺が怒るとその子は笑いだしたので、俺は彼女を追いかけた。彼女が混雑した通りに立つ交通誘導員のそばを抜け、反対側の歩道にたどりつこうとした時、俺は白のミニクーパーにぶつかり、空中に投げだされ、意識を失った。気づくと、救急士や野次馬の生徒たち（と、交通誘導員）に囲まれていて、まるで映画の一場面みたいだった。ミニを運転していた工業学校の学生も心配そうに見ていた。俺は救急車でストッビヒル病院に運ばれた。片脚がひどく内出血していて、道路で頭を打ったせいで脳震盪も起こしていた。もっとひどいことになっていたかもしれない。俺はラッキーだった。それは将来起きることの予兆だった。女の子を追いかけると、危険で、人生を変えてしまう可能性があるのを、俺はのちに知ることになる。

合意現実（コンセンサス・リアリティ）［一般的に現実であるとされるもの］は退屈だったりもする。俺が育ったような場所には手に届く楽しみや娯楽があまりなかった。フットボールのグラウンドもなかったし、ぶらんこなど遊具がある唯一の遊び場はスプリングバーン公園で、ひとりで行くには遠すぎた。ほとんどの場合、俺たちは放課後は通りかハイド・パークで遊び、上着をゴールポスト代わりにしてフットボールに興じた。俺はアイ通りの廃墟になった機関車工場に忍び込み、パイプを伝って建物の壁を登り、ガラスの天井の脇の桟を這っていったりもした。桟はコンクリートの床から40、50フィートほどの高さにあり、落ちても助けてくれる人はいなかっただろう。いつもひとりで行っていたし、俺が行き先を告げたこともなかったから。母に訊かれたこともなく、自分でもあらかじめどこに行くか決めていなかった。ただ午後に表に出て、気が向くままに歩いていっただけだ。通りで誰と会うかもわからない。毎日が違う日だった。子どもには時間の感覚なんてないし、俺たちはつねにその瞬間を生きていた。その「いま」の力というものを、俺は将来追求することになる。俺は空想の世界を楽しんでいた。冒険映画のなかにいるつもりだった。工場に不法侵入する時の自分は、危険なミッションを帯びた特殊部隊の隊員だった。それは俺に自由の感覚を与えてくれた。

素晴らしい日々だった。スプリングバーンのストリートは輝いていた。それは俺たちの場所であり、コンクリートの歩道のひび割れなんて目に入らなかった。通りはカウボーイとインディアンがいる大平原であり、アメリカの騎兵隊が馬を走らせる戦場であり、ル・マンのレース場にもなった。俺は映画館で『栄光のル・マン』の予告編を観て、チョッパー・バイクに乗るときはスティーヴ・マックイーンになった自分を想像した(俺の自転車はラレー社製ではなく、安い模造品だったが、エレクトリック・ブルーのきらきらしたプラスティックのサドルが付いていた。キングス・ロードのデザイナー、ケニー・マクドナルドがPILのために作ったラメのテディボーイ・ジャケットのような色だ。のちに俺はあのジャケットに憧れることになる)。パレルモ通りの先まで走り、曲がってスプリングバーン・ロードに入って、ヴァルカン通りで下りてくる。アイ通りを横切り、またパレルモ通り。ノンストップのサーキットだ。その時、俺はモナコでレーシングカーを駆るスティーブ・マックイーンだった。

60年代末になると、友だちがみんな通りから引っ越しだした。忌まわしいスラム・クリアランス政策が始まり、スプリングバーンにも及んできたのだ。俺は幼すぎて、よくわかっていなかった。ただ自分もいつかこの通りを出ていくし、仲間もいなくなるのはわかっていた。話したり、遊んだりする相手がいなくなったせいで、俺は頭のなかに引きこもるようになった。いい気分になれたし、安心できた。そして裏庭の塀から塀に飛び移ったり、ゴミ置き場に飛び降りたり、あらゆることにひとり挑戦した。塀の高さは8フィート。ある時にはスプリングバーン工業学校に組まれた足場によじ登り、柱から柱へターザンみたいに飛び移ろうとした。高さは地面から6フィートほど、鉄棒の間も6フィート。何度か落ちてコンクリートで頭を打ったが、それでも自分にはできると証明するために飛びつづけた。アドレナリンで興奮した頭で、向こうの柱をこの手でつかむまで。「いい奴が落ちる」というゲームもあった。ひとりが塀の上に立ち、下にいる仲間のひとりがこう言う。「どうやって死にたい?」。塀の上にいる奴は手榴弾、爆弾、ナイフ、マシンガンからひとつ選ぶ。すると下にいる連中がナイフを投げたり、銃を撃ったりする真似をして、その子は撃たれたふりや、吹き飛ばされるふりをして、塀から落ちないといけない。下には見つけてきた古いマットレスやゴミ箱から取ってきた段ボールが置かれているが、落ちる瞬間に引っ込められることもある。すると冷たく硬い地面に直撃するしかない。「少年院」という遊びもやった。10人にそれぞれ文字がひとつ与えられ、集めると秘密の言葉になる。10人が周りに散らばると、ひとり（少年院長、または看守長と呼ばれた）が「脱走した」子どもたちの捜索に出る。こいつに捕まったら、自分の文字を白状するまで小突き回される。白状したあとは院長を手伝って残りを探す。院長が文字を集め、秘密の言葉を見つければ勝ちだ。俺はいつもすぐに自分の文字を白状した。くだらないゲームのために殴られるなんて無意味だと思っていた。

俺たちはほとんどが、両親が働きに出ている鍵っ子だった。俺は下水管を登る方法を覚えたし、1階の窓から他人のフラットに入ってドアを開ける方法も覚えた。いい気分だった。黒のタートルネックを着たかっこいい泥棒、『0011ナポレオン・ソロ』でデヴィッド・マッカラムが演じたイリヤ・クリヤキンみたいになったつもりだった。

俺はいつも危ないことをしていたし、逸脱行為に惹かれていた。子どもは「逸脱」なんて言葉は知らないが、危険なことをしたいという衝動は感じている。興奮、チープなスリルを求めているのだ。俺はスタントマンになるのを想像した。それってすごくないか？　速い車に乗って崖や橋から落ちられるし、喧嘩になったらいつも勝つんだぜ？　12歳の夏休みには共同住宅の裏の塀から飛び降り、頭からコンクリートの地面にぶつかった。俺は両手首を骨折し、頭を縫い、自分で尻も拭けなくなった。夏の初めだったので、休み中ずっと両手にギプスをはめていた。

宇宙飛行士になりたいと思った時期もあった。俺が生まれた1961年はロシアの宇宙飛行士、ユーリ・ガガーリンが人類初の有人宇宙飛行を成功させた年だ。俺はそれが気に入っていた。歴史において、俺とユーリがある瞬間を共有していることを。母は俺に、ソ連政府が発行した本物の切手が入ったアルバムをくれた。

切手にはユーリの顔やロケットがアンディ・ウォーホルみたいなカラフルな色で描かれていた。のちに向精神性ドラッグの助けを借り、俺はインナー・スペースの宇宙飛行士となる。

ほとんど毎週末、父は俺を映画館に連れていってくれた。レンフィールド通りのジ・オデオンか、ザ・ゴーボールズ地区のエグリントン・トール。こっちにはヨーロッパでいちばんでかいスクリーンがあった。将来、この近くにあるベッドフォード・シネマ、現在ザ・カーリング・アカデミーと呼ばれている会場でプライマル・スクリームがライヴをやった時には、シェイン・マガウアン［ザ・ポーグスのヴォーカリスト］が加わり、ジョニー・サンダース&ザ・ハートブレイカーズの〝ボーン・トゥ・ルーズ〟を歌った。父とシェインがライヴのあと、楽屋で冗談を言い合っていたのを覚えている。

『大脱走』や『荒鷲の要塞』のような映画だけではなく、父はクリストファー・プラマーの『ワーテルロー』やサイモン・ワード主演の『戦争と冒険』、『クロムウェル』みたいな歴史劇も俺に見せた。『クロムウェル』はリチャード・ハリスがクロムウェル、アレック・ギネスがチャールズ1世を演じたイングランド内戦の映画だ。俺が好きだったのは『荒野の七人』。誰もがボスのユル・ブリンナー、頭からつま先まで黒ずくめの、クールで冷酷で、つねに秘策を持っているガンマンになりたがった。父には『2001年宇宙の旅』や、ショーン・コネリーとブリジット・バルドー、オナー・ブラックマンが出演する西部劇『シャラコ』にも連れていかれた。『シャラコ』のあるシーンは思春期前の俺の心に焼きついた。ブラックマン演じる夫人や他の裕福な白人入植者を乗せた馬車がアパッチ族につかまり、アパッチ族はブラックマンの口に砂と、彼女が着けていた真珠のネックレスを詰め込んで窒息死させる。ふっくらと高く結い上げられた髪がほどけて乱れ、白のビスチエから胸をのぞかせて砂漠に横たわるブラックマンの姿を俺は忘れられなかった。

ゴウリー通りにはコミックやおもちゃを売る店があり、そこでDCやマーベルのコミックを買った。俺が最初に熱心に読み耽ったのはそういうコミックだ。スパイダーマン、スーパーマン、バットマン、ハルク、ザ・

シング、ファンタスティック・フォー、ソー。スタン・リーは神だった。あの男は俺みたいな無数のキッズに幸せをもたらし、ワーキングクラスの単調な生活から抜けだして、他のユニバースへ旅するのを助けてくれた。俺はヴィクトリア朝の探検家、カーナヴォン卿が主人公の漫画も読んでいた。彼はピラミッドへ行って王や女王の墓をあばき、ミイラや古代エジプトの宝物を見つけ、それを持ち帰る。自分が征服した非白人の異教文明、いわゆる原始文明のお宝を。大英帝国時代には世界のあらゆる場所で、貴族も下層の兵士たちも一旦その地を征服すると女たちを強姦し、簒奪を繰り返していた。父の話では、学校で教師が世界地図のピンクに塗られた場所を指差し、自慢げにこう言っていたらしい。「(棒でイギリスを差しながら) この小さな島々がわかりますか? ここにいる我々が、この国々を全部支配しているのです」。

ステージに立つ俺を父が初めて見たのは、うちの通りの先にあるペンテコステ派の教会でだった。母は時折そこに俺を預けた。母は若い頃日曜学校に通っていて、そうするべきだと思ったのだろう。いま思うと変な感じだ。両親は社会主義者で、無神論者だったのだから。ただ教会には、子どものためのバンド・オブ・ホープというチャリティがあった。たぶん、労働者階級の子どもたちに麻薬や酒の怖さを教えるため、ヴィクトリア朝時代に設立された慈善事業だ。たぶん、無料の保育所みたいなものだったんだと思う。父はある日、たぶん夕食時だったんだろう、俺を探しに表に出ると、ボビーはバンド・オブ・ホープにいる、と子どもたちに言われた。父が教会に行くと、最初に目に入ったのが、俺が舞台で讃美歌〝わが心あふるる〟を歌う姿だった。あれが俺の最初のギグだ。5歳、教会の禁酒会で、ゴスペルを歌う俺。なんという皮肉! 俺にはブルーズがあったのだ。ファック・ユー。

バンド・オブ・ホープを運営する人たちは優しかった。紅茶とビスケットをくれた。子どもにとっては通りで何も起きず、退屈な時に行く場所だった。他に行く場所といえば、アイ通りのスプリングバーン図書館だ。父はいつも俺に本を読めと言っていた。ほぼ無教育に等しい父だが、幼い頃はマーク・トウェインやロバート・ルイス・スティーヴンソン、ダニエル・デフォーの本が好きで、俺に文学がもたらす想像力、その刺激を体験させようとしていた。図書館には大人の区域があり、そこはかなりシリアスで、みんな本を読んでいたし、きちんとしていた。司書はふざけられるような相手じゃなかった。俺は図書館に行っては、子ども向けの本を読んでいた。通りにいるのが嫌な時、逃げ場所になることもあった。

図書館から角を曲がると、ヴァルカン通りの路面店のなかにしつらえた小さな教会があった。隣は賭け屋。なんの看板もない店で、ワーキングクラスの賭け屋はどこもそんな感じだった。カラフルで派手な、ラッドブロークス［英国大手ブックメーカー］みたいないまの賭け屋とは違う。そこにはいつもくたびれた年寄りの男たちがいて、暗い入り口をうろつき、競馬で勝つというはかない望みに賃金や失業手当の金を注ぎ込んでいた。賭けが八百長なのは彼らもわかっているのに、毎日出かけては試さずにいられないのだ。依存症。強迫観念。退屈のせいだ。教会にはハモンドオルガンがあり、レバーやなんかで音色が変えられた。きちんとした身なりの中年女性がそれを弾いていた。俺は彼女がオルガンから引きだすサウンドが大好きだった。何かしら心休まるものがあった。学校が休みの日には教会へ行き、人々が讃美歌を歌うのを聴いていた。そこは楽しい場所で、俺はずっと他の人の信仰をリスペクトしていた。魅了されたのを覚えている――見知らぬ人たちが並んで讃美歌を歌っていて、彼らは自分より大きな存在、神への信仰を共有しているのだから。俺の家族は教会に行ったことがなかった。それでも、近い将来俺はまた讃美歌を歌うことになる。信者としてではなく。

というのも9歳か10歳の頃、結局教会に通うことになったからだ。うちの学校にはフットボールのチームがなく、でもやりたくてたまらなかった俺は、チームに加わるために教会の少年団、ボーイズ・ブリゲードに入った。そのためには毎週日曜、教会の聖書の授業に出なきゃいけない。そこで新約聖書を覚えて――子ども版の新約聖書だが――試験に受からないと入れないのだ。俺はいい点を取った。それもこれも、ただただフットボールのチームに入るため。父はマルクス主義者だったが、何も言わなかった。

両親は「ＩＳ」として知られる、社会主義インターナショナルのメンバーだった。会合はスプリングバーンのうちから遠くない会館で開かれていた。俺は生まれた時からデモに参加していた。1962年、クイーンズ・パークでのメーデーのデモで、赤ん坊の俺が父に抱えられている写真がある。母はスプリングバーン社会主義青年団がデモに参加するためのバナーを作った。白の文字で団体名が書かれた赤のバナーだ。母は友だちと一緒にパレルモ通りのシングルエンドでミシンを踏み、一気に作りあげたという。

スプリングバーン社会主義青年団の写真で、父と並んで写っているメンバーのひとりがスチュワート・クリスティという10代の少年だった。彼は父の街頭演説を聞き、父は彼を毎週開かれていた青年団の集会に誘った。しばらくして、これは自分にとって十分に革命的ではないと言ってスチュワートは青年団を離れ、アナーキストの集団に加わった。社会を真に変革するのは（議会政治ではなく）直接的行動のみである、と彼は信じていた。1964年7月、スチュワートはマドリードで爆発物所持により逮捕された。ファシストで独裁者のフランコ将軍を狙っていたと。死刑が求刑されたが、最終的には禁錮20年となった。父と仲間はスチュワートのためにグラスゴーのスペイン大使館前でデモを行い、スペイン国旗を燃やす映像が地元のテレビで流れた。スチュワートはフランコの刑務所で3年過ごしたのち釈放され、服役中にスペインのアナーキストたちと繋がった。両親は彼が2019年に亡くなるまで連絡を取っていた。

父はいつも「とにかく本を読め」と言っていた。前述したように、父は家族の都合でちゃんと学校に通えなかった。ストリート育ちの浮浪児みたいなもので、ザ・ゴーボールズの隣のキングストン地区に住んでいた。戦時中ドイツ軍に爆撃された造船所のすぐ近くだ。グラスゴーとクライドバンクはドイツ空軍にかなりやられた。

学校に行った時も父はひどい目に遭った。下着はなし、ズボンのケツに穴が開いたぼろの服のせいで教師に恥をかかされたのだ。教師は彼を全員の前に立たせていちばん身なりのいい子と比べ、ズボンに穴が開いている箇所を指差したあと、教室の隅に父を後ろ向きに立たせ、生徒たちがからかうのを煽った。教師が貧乏な子をあざけったのだ。父がどんな気持ちになったか、想像してほしい。父の世話をし、育てる役目を負っていたのは姉のローズマリーだった。ふたりには家がなかった。他人のフラットに仮住まいさせてもらい、誰かの寝室の床に寝るのに金を払っていた。ローズマリーは16歳になると——父よりかなり年上だった——他の町で仕事を見つけたので、父はひとり残され、しばらく路上で暮らしていた。学校は欠席するしかなかった。田舎に疎開していた頃は森の川辺に座ったり、いちごを摘んだり、まるでトム・ソーヤーになったみたいだった、と話してくれたことがある。父は『ハックルベリー・フィンの冒険』が大好きだった。あの本は父に夢を与え、ひどい境遇を忘れさせてくれた。それがアートの力だ。

父はまともな教育を受けられず、独学しなければならなかった。愛読書は『宝島』と『ロビンソン・クルーソー』。俺が8、9歳の頃、「何をやってもいいが、もしアートを勉強したりミュージシャンになったりするためにアートスクールに進みたいなら、俺が授業料を払う」と言われたのを覚えている。でも当時は父がなんの話をしているのか、さっぱりだった。地元のアートの授業に連れていかれたこともあるが、俺はちょっと退屈した。外で仲間と遊び、登ったり喧嘩したりフットボールをやったりしたかった。

父は俺に、自分が子どもの頃は映画館に行って、一度に2本も3本も観たと話していた。マチネを観て、次にメインの映画を観るのだと。父が観たのはマルクス兄弟やバスター・キートン、『カサブランカ』や『マルタの鷹』などハンフリー・ボガートやローレン・バコールら、スターが出ているハリウッド映画、それにジミー・キャグニーやエドワード・G・ロビンソン、ジョージ・ラフトらのギャング映画だ。そうした映画は貧しい子ども時代を送っていた彼に痛みや恥を忘れさせ、別世界へと連れだした。同じことを体験させようと、父は俺を毎週映画館に連れていったのだ。あのカルチャーを父が教えてくれたのは本当にいい贈り物だったし、俺は心から感謝している。父はフットボールにはそれほど興味がなかった。好きではあったが、真剣じゃなかった。他の友だちの父親はセルティックやレンジャーズの試合に息子を連れていったが、俺の父はそういうことはしなかった。

パレルモ通り時代のいちばんいい思い出のひとつは、父がジョニー・キャッシュの〝ア・ボーイ・ネームド・スー〟のレコードを買ってきた時のことだ。グレアムと俺はあの曲が大好きで、ラジオでかかるたび、父親に女の子の名前をつけられた男の子の物語に大笑いした。小さい頃はそういうことがおかしいものだ。いまみたいな「インターセクショナリティ」［交差性。人種やジェンダー、階級などの属性が交差した時の差別や抑圧］の時代ではなんでもありだし、そうあるべきだが、当時はまだ60年代半ばだった。

父はある日帰宅すると、「おみやげがあるから、目をつぶれ」と言った。そしてCBSの濃いオレンジのラベルが貼られた7インチ・シングルを取りだし（いまだにあの美しいラベルがはっきり思い浮かぶ）、うちの「ラジオグラム」［ラジオとレコードプレイヤーを組み合わせた家具］に乗せると大音量でかけた。スピーカーから曲が流れだすと、グレアムと俺は夢中であの黒ずくめの男が語る物語に聴き入り、笑った。捨てられた少年の悲しみと怒り、無情なろくでなしの父親に負わされた不幸な人生。語り手はやがて「俺をスーと名づけたクソ野郎」を見つけ、曲の最後のヴァースでは父と息子の一騎打ちとなる。血まみれの戦い、家族内の暴力。それが全部、繊細さとタフネス、ユーモアとペーソスが混じり合う、ジョニー・キャッシュの天才的なストーリーテリングで綴られるのだ。

終わると父はレコードをひっくり返し、「B面」の〝サン・クエンティン〟をかけた。グレアムと俺はあの曲も〝ア・ボーイ・ネームド・スー〟と同じくらい好きになっていった。それは俺が初めて意識的に聴いたレベル・ソング、反抗歌だった。ジョニーはあの曲で、みずから伝説的なサン・クエンティン刑務所の囚人となる。スピーカーから流れだす声は低く、威嚇するように小さな居間の空間を満たした。もし神様に声があったらこんな声だろうな、と俺は思った。雷鳴が轟くような旧約聖書の厳格さを持つ声。それが物語を聞け、と命じると、みんなうっとりと彼の魔法にかかってしまう。父親と一緒に音楽に聴き入る兄弟にとって、それは父子の絆を結ぶ体験となった。

グレアムと俺は、ジョニーが「サン・クエンティン、朽ちて地獄で灼かれろ」と歌うところが大好きだった。8歳の世間知らずでも、ジョニー・キャッシュが囚人たちの側に付いているのは理解していたし――もっとも軽蔑され、社会で爪弾きになった連中だ——彼が看守に反抗しているのもわかった。ジョニーは虐げられた者たち、アウトキャストになりかわって歌っていた。10代になると、俺はジョニー・キャッシュ自身、ちょっとした無法者だったことを知った。サン・クエンティン刑務所にいる犯罪者への連帯は、ただのショウビズ的な身振りではなく、自分も彼らと同じところから出てきた、という心からの共感だったのだ。その午後、俺たちは父に、レコードの両面をもう一度かけてくれと頼んだ。グレアムも俺も音楽に没入し、我を忘れていた。

父は俺たちにマルクス兄弟の映画も教えてくれた。土曜の午後は3人でテレビを観ながら、笑いすぎてソファから床に転げ落ちたものだ。涙を流し、体が痙攣して震え、このまま笑い死にするんじゃないかと思うほどだった。グルーチョとチコ、ハーポのアナーキーな動きが小さな白黒テレビの画面で爆発し、狭いフラットの部屋が笑いさざめく劇場に一変した。『オペラは踊る』や『マルクス一番乗り』、『御冗談でショ』のような映画は、この世の馬鹿馬鹿しさをからかい、合一現実をナンセンスなものとしている。シェイン・マガウアンに政治について訊ねた時、彼がこう言ったことがある。「この世はデカいマルクス兄弟の映画みたいなもんだ」。シェインの言う通りかもしれない。この世界がひとつの巨大な精神病院で、俺たちみんなその患者で、でもほとんどの人間が、自分は他の誰かが監督している映画の端役だと気づいていないとしたら？　そいつらの利益になるように不幸を背負わされているのに。カール・マルクス、そしてグルーチョ・マルクスというふたりの天才は、俺たちがだまされている、そのいかさまの仕組みを指摘した。我が家ではグルーチョはカールと同じくらい重要なマルクスだった。笑い、踊らずにいて、革命になんの意味があるだろうか。

70年代初めにはうちに車が来た。美しい濃緑のヴォクスホール・ヴィヴァ。車にはカセットプレイヤーも付いていて、父はサイモン&ガーファンクルの〝ブリッジ・オーヴァー・トラブルド・ウォーター〟やグレン・キャンベルの〝ホェアズ・ザ・プレイグラウンド・スージー〟をかけた。俺が初めてザ・ローリング・ストーンズを聴いたのもあの車でだった。父は黒人のカントリー歌手、チャーリー・プライドのカセットも持っていて、"ストリーツ・オブ・ボルティモア"を聴いたのを覚えている。もう少しあとにグレアム・パーソンがカバーしたヴァージョンもいい。あれは名曲だ。あの車で俺はいろんな音楽を聴いた。最高にグラマラスな車だと思っていた。その後マウント・フロリダに引っ越すと、父はフォード・カプリを買った。色はマンチェスター・シティのチームカラーと同じスカイブルー。あれもグラマラスだった。たぶんああいう車は、派手なアメ車のイギリス版だったんだろう。

父母はふたりとも大勢のミュージシャンと知り合いだった。よく家でパーティを開き、隣の部屋にいた俺たち兄弟にももちろん筒抜けだった。ただ、最後には時折口論や騒ぎになっていた。

この頃、父と母はひっきりなしに言い争っていた。罵り合いにもなった。俺が7、8歳の頃、父が労働組合の仕事に就いたことでさらにひどくなった。それまで父は酒を飲むほうじゃなかったが、組合の役員になり、工場を辞め、組合のなかで地位が上がるにつれ、酒を飲むようになった。最後には父はSOGAT［Society of Graphical and Allied Tradesの略］という印刷業関連の労働組合におけるスコットランド西部支部長となった。それは国内でも有力な組合で、特にフリート通りでは力を振るっていた。地位が上がるとプレッシャーも強くなる。父の仕事が5時で終わることはなくなった。彼は労働運動に身を捧げ、家族のための時間をそれに割いた。父にとってそれはただの仕事ではなく、天職、闘争、信条だったのだ。父は労働運動において一目置かれる人物だった。60年代、パレルモ通りに住んでいた頃には、「デイリー・ミラー」紙の記者で、雑誌「プライヴェート・アイ」のコラムニストでもあるポール・フットのような人がうちに泊まっていた。母の話では、台所付きの部屋を買う金を一部貸してくれさえしたらしい。父は炭鉱労働組合委員長のアーサー・ギルとも知り合いで、スコットランド炭鉱労働者のリーダー、ミック・マクゲイヒーとは親友だった。のちに財務大臣、そして首相となるゴードン・ブラウンも知っていた。ニュー・レイバー以前のスコットランドの労働運動において、父とブラウンは同志だった。父を規定したのはまさに社会主義であり、それが彼にアイデンティティと人生の目的、力と誇り、自尊心を与えていた。

子どもの頃、俺は父親を崇拝していた。10歳までは父の仕事の重要性がわからなかった。夜勤をしていたのが日勤になり、すると突然スーツを着るようになった。かっこいいと思った。父が着るのは明るい色の吊るしの背広で、たぶん仕立て屋のバートンのものだっただろう。合わせるのはいつも白のシャツと、幅広のストライプのネクタイ。父は伊達男だった。ビジネススーツの男は大抵ダークグレーや黒のような退屈で暗い色を選ぶ。だが父はロックンロールだった。彼はのちに、狡猾そうに笑いながら、雇用主と交渉する時、自分は労働者の代表だったから、階級の敵よりシャープに見えることが大事だったんだ、と言っていた。父の事務所はグラスゴー中央駅の向かい、ホープ通りにあった。俺は何度かその事務所に行ったことがある。とても重要な場所に思えた。グラスゴーの真ん中のホープ通りには、時とともに黒ずんだヴィクトリア朝の美しいサンドストーンの建物があった。近くのステーション・ホテルは、66年のツアーの際ボブ・ディランが泊まったホテルだ。

とはいえ残念なことに、パレルモ通り35番地のフラットで俺がいちばんはっきり覚えているのは、夜中に父母の間で繰り返された口論かもしれない。真夜中近くに父が帰宅し、母が起きて台所兼居間に行くと、怒声が飛び交いはじめる。弟のグレアムと俺はその声で目を覚まし、おびえて毛布にもぐりこんだ。大人になってからそのことを父に訊くと、事務所からそのまま労働組合センターへ行ってSOGAT支部の集会を開き、長い1日を終えて帰宅するといつもそうだった、と言っていた。それは酒浸りの男たちのマッチョなカルチャーだった。ストレスを溜め、神経が昂っていた父はまっすぐ家には帰らず、息抜きをする必要があったという。家を出ると母が言い捨てると、俺たちの部屋にやってきて電気を点け、弟と俺に、父と母のどちらを選ぶか決めろ、と言ったのを覚えている。母と一緒に家を出るか、父と残るか。子どもをテニスボールみたいに扱うんじゃない、と父は言った。見えないネットの上を打ち合って、忠誠心を試すような真似はするなと。真夜中でも、どんな時間でも、泣いている6歳と9歳の子どもに迫るような選択じゃない。グレアムと俺の気持ちは引き裂かれた。母と一緒に家を出たくはなかった。母には、俺たちと父とともに家にいてほしかったのだ。俺は両親を愛していて、家族という単位、自分たちにアイデンティティと強さを与える存在が壊れることを憎んだ。そんな年齢でも、俺には家族を強く信じる気持ちがあった。それしか知らなかったし、家族そのものが脅かされると、信じるものすべてが砕け散ってしまう。まるで自分の信念が攻撃され、崩れていくような気がした。子どもだとそうしたトラウマに対処するための心理的、感情的な防御メカニズムをまだ築けていない。幼い頃に安心感が脅かされるのは重大な出来事だ。完全にそこから回復することはなく、動揺した気持ち、何かが壊れたという感覚が一生つきまとうことになる。その後の人生の選択や、すべての人間関係に影響を及ぼすのだ。

俺はあの夜中の口論の1秒1秒を憎んでいた。そしてすぐに、そうした状況で気持ちをどこかに飛ばし、解離させることを覚えた。あとでセラピストには、その状態になると俺は息をしていないように呼吸が浅くなると言われた。まるで死んでいるみたいだと。その状態は人に気づかれたくない、矛先を向けられたくないという心理から生まれる。一見どんなに善人そうでも、世間的にきちんとしていても、多くの人の心には怒りや恨みという毒の井戸が埋まっている。いちばん近くにいる家族や愛する人にだけ、それは姿を表す。人には多くの仮面があるものだ。誰かの親であっても。

両親の結婚は暗礁に乗りあげていたが、父は大抵とても鷹揚（おうよう）な男だった。暴力を振るったことはないし、俺たちをしつける時も外出を禁じるだけだった。ただ、その罰はずっと効果的だった――暑い夏の日、他の子たちが外で遊ぶのを窓から眺めるのは、まるで拷問だった。母はもっと短気で、すぐに感情を爆発させた。ふたりは結婚生活に不満を抱えていたが、俺たち兄弟のために最善を尽くしていた。

俺は子どもの頃から、世界や他の人々に疑問を持ちはじめた。たぶんそのせいで感情的な距離が生まれ、大人になってから友人や恋人をなかなか信頼できなかったんだと思う。安全のために、表面上はオープンで親しみやすいふりをした。だがその実、コミットすることを恐れ、結果として孤独を抱えることになった。俺はずっと、静かに怒っていた。いまでもそれは感じられるが、なんとか対処しようとしている。似た人にはこう言いたい。自分のなかの毒の井戸を認識し、その理由を切り離すんだ、と。じゃないとどんな時でも、どんな場所でも毒蛇が飛び出し、どんな相手にも噛みついてしまう。自分から取り組まないかぎり、同じ失敗を何度でも繰り返すはずだ。自分のなかの悪魔に直面しなければいけない。深く埋めた子ども時代のつらい記憶を、人は時にセックスやドラッグ、酒、ギャンブルでまぎらわせようとする。お決まりの埋め合わせや逃げ道で。もちろん、子ども時代の体験と向き合うのにはひどい痛みが伴うし、いちばん深く、暗く、恥ずかしい秘密を暴かれたい人なんて誰もいない。けれどちゃんと話さないかぎり問題はなくならないし、自分自身とも、他の誰とも和解することはない。必ずいつかは真正面からクソと向き合い、倒さなきゃいけなくなる。それだけは請け合える。

家での怒り、通りでの怒り、教室での怒り、フットボールのスタジアムでの怒り、仕事での怒り、10代のディスコでの怒り、あらゆる場所での怒り、怒り、怒り。自分のなかの怒り。ジョン・ライドンいわく、怒りはエナジーなのだ。

たぶん母は、主婦になるよりも多くを人生に望んでいたのだろう。クリエイティヴになり、何かを作りたかったのかもしれない。60年代、母がシーク教の寺院に行くのにインドのサリーを着ていたのを俺は覚えている。家の内装を手がけるのも母だった。壁紙を剥がし、塗り、新しい壁紙を貼り、それを引っ越すたびにやっていた。アーティスティックな女性だった。俺の服も、自分の服も、ミシンで縫って作っていた。俺にはスパイダーマンのコスチュームも作ってくれた。どこからか見つけてきた蜘蛛の巣模様の赤い布でできた、オールインワンのボディスーツとマスク。ダッフルコートのトグルを肩章に見立てて、キャプテン・スカーレットの服も作ってくれた。見事な出来で、俺の大のお気に入りだった。10代になり、家庭内の感情的な緊張を理解しようとした俺は、母が結婚生活と自分の境遇に不満を持っていることに気づいた。父母はもうお互いを愛せなくなっていたのかもしれない。早くからそうだったのかもしれないし、生活や家庭を守ろうとするプレッシャーのせいだったのかもしれない。

10歳になる前は、母が俺にきつく当たることもあった。だが母方の家族も複雑だった。祖母には4人子どもがいた。そのうちふたりは幼くして死んだ。母の姉のジェシーは20歳で結核で亡くなり、祖父は一旦家族を捨ててから、また戻ってきた。母は祖父が戻ってきた時の子どもだった。母は一生、祖母の目から見ても、自分自身の評価でも、姉のジェシーを超えることがなかった。おそらくジェシーについてよく知りもしなかったのに。あらゆる意味でジェシーは素晴らしい女の子だった。美人で、祖母のお気に入りの娘。母の育ちは厳しいものだった。グラスゴーの労働者階級そのものがそうだったように。

母があまり幸せでないこと、父母の間がぎくしゃくしていることは俺にもわかっていた。口論は俺が幼かったスプリングバーンから、マウント・フロリダに引っ越したティーンエイジャーの頃までずっと続いた。というより、ひどくなっていった。10代になると、俺は父が労働者階級の人権のための闘いにどれほど献身的かについて考えるようになった。不公平をなくすため、父は人生を労働運動に捧げていて、それはものすごいことで、俺は父を誇りにしていた。けど、女性はどうなる？　父は大義のために闘っていて、母は家庭を切り回している。この革命において、女性は何を意味する？　父の本棚にはトマス・ペインの『人間の権利（Rights of Men）』があった。メンがあるなら、ウィメンの権利はどうなるんだ？

俺が父親の弁解をしているように聞こえるかもしれない。だが70年代には、フェミニズムはまだ労働運動に大きなインパクトを与えていなかった。父は同志の大多数と同じく30年代生まれで、彼らは皆、男は働きに出て、女は家にいる環境で育っていた。女性は子育てをし、料理をし、家を掃除する存在だったのだ。俺はある意味、早くからフェミニストになった。フェミニズム運動についてはまったく無知だったが。俺は母を尊敬していた。母は静かに闘っていた。父にはカリスマがあり、目立つ男で話もうまかったから、母は時折その影に隠れてしまった。父は身体的にもかなり存在感があった。肩幅が広く、たくましい胸、髪も豊かでハンサムだった。母は日中は主婦で、夜働きに出るようになった。組合のクラブのバーテンダーの職に就いたのだ。自分が馴染みのバーで妻が働くのを、父は気に入らなかったんじゃないかと思う。

両親が喧嘩していることで、俺にはかなり罪悪感があった。親がイライラしているのは、自分が悪いからだ、と子どもは思うものだ。この気持ちが俺の意識に忍び込んだのだと思う。他の誰にもその話ができず、子どもは抱え込むことになる。学校では、他の子の家族は普通なのに、と思うのだ。痛みと後ろめたさを抱え、どうしていいかわからない。で、自分でも認識しないまま胸の底に隠してしまうが――それはのちの人生においていろんな形で現れてくる。ウィリアム・ブレイクが言う「毒の樹」が育っていくのだ。「私はそれに恐怖という水をやった……」と。

俺が幼い頃から抱えた怒り、それは家で生まれ、グラスゴーで生まれた。どの通りを歩くか、気をつけなきゃいけないことから生まれた。行っていい場所といけない場所があることから生まれた。映画館からそう遠くない、半マイルほどのところに、ポッシルパークとメアリーヒルという恐ろしい場所があった。たまにバスで通ることがあったが、見るからに荒れていた。不穏で非情で、子どもの顔には――男の子も女の子も――消えることのない敵意が浮かんでいた。犬は大抵痩せこけた、狼のようなシェパード犬で、首輪や綱で繋がれることもなく、いつだって通行人に黄色い牙を立てようとしていた。それと比べるとスプリングバーンはずっと安全に見えた。それでも、誰かに喧嘩をふっかけられたら応えるしかない。応えないといじめられる。年が上になればなるほど、余計標的にされるのだ。

あの頃は自分の通りにいれば、どっち側でも、ある程度は大丈夫だった。でもその外に出ると同い年のキッズ、もしくはギャングに入ったティーンエイジャーに叩きのめされる。地元のギャングはバイソンと呼ばれていた。その名前が壁に落書きされていたし、夏休み前に、ある子が「通りには出るな――バイソンが来るぞ」と言ったことがあった。俺は「殺される！」と思った。テレビで観た白黒のカウボーイ映画には、バッファローの巨大な群れが大軍のように平原を埋めるシーンがあった。ギャングの名前から、俺はバイソンの群れが暴走し、邪魔する者を踏みつけにする姿を想像した。車の下に隠れたのはそのせいだ。俺は息を潜め、バイソンに見つからないように寝転んでじっとしていた。そのまま1時間も隠れていたかもしれない。なんで家に帰らなかったんだ？　何を考えてた？　8歳か9歳だった頃、パレルモ通りの裏で遊んでいた時には、塀の向こうから突然男が現れ、俺にれんがを投げつけてきた。労働者階級の日常では、突発的な暴力は普通だった。よくあることだとされていた。

バイソン以外で俺が目にした最初のギャングのスローガンは、サイトヒルズ・フラットの近くに描かれていた。サイトヒルズは片側にブリティッシュ・レイルの操車場、もう片側のスプリングバーン墓地にはさまれた、ブルータリズム建築の巨大な公営住宅で、壁にはシルバーのスプレーペイントのくねくねした文字で縄張り宣言が殴り書きされていた。

ジオは100パーセント狂ってる
ジオはスプリングバーンの男で、それが誇りだ
ジオは100パーセントクレイジー

母とブリッジトンの祖母を訪ねる際、乗ったバスがそこを通り過ぎるたび、俺は「ジオには会いたくない」と思った。そいつは俺を切り刻むだろう。俺の空想はそういうイカれたギャングや見えないブギーマンでいっぱいだった。日常には見えない境界線が引かれていて、それを踏み越えると命が危険にさらされる。斧やナイフを持った男たちがいる、という噂は親からではなく、仲間のキッズから聞いた。といっても夏休みに、父にもこう言われたことがある。「暗くなる前に家に帰ってこい。暗くなると鉄の歯の男が出てきて、小さい子をさらっていくからな」。

60年代、70年代のグラスゴーはめちゃくちゃに暴力的で、俺はうんざりしたし、身を守ることを頭に置き、他人に注意するようになった。解離し、意識を離してしまうことも覚えた。のちに俺は喧嘩になったり、そうした感覚の引き金となる出来事にぶつかったりすると、解離して、その場にいないみたいにぼんやりするようになった。体は存在していても、無力になってしまう。それは深く俺に影響を与えていたが、自分では気づかず、40代でドラッグ依存症のセラピーを受けるまで、俺はその感覚のルーツにあるものを理解していなかった。

10代の頃、ある種の鬱に陥ったのも——メランコリアだ——それと関わっていたかもしれない。17の時、俺はバスルームの鏡の前に剃刀を持って立ち、自分のきれいで柔らかい肌、剃ったことのない顔を切りつけたい衝動を覚えた。自分に命を授けた両親に毒づき、言いようのない痛み、心とマインドの痛みに襲われた。それを誰にも言えなかった。俺は愛というものを疑い、自分を愛していると言う相手を疑うようになった。俺は他人を信用していなかった。恋愛関係を恐れ、人にコミットすることを恐れ、「アイ・ラヴ・ユー」と言うことを恐れた（いまだに愛している、と言うのはとても難しい）。人生なんてこんなものだ、と俺は思っていた。愛なんてないし、人々は愛し合ってはいないと。人生とは対決、妥協、そして暴力でしかなかった。

だからこそパンクがやってきた時、俺には受け入れる準備ができていた。

2 服はアーサー・ブラック、パンツはハイウエスト(ザ・マウントでのスクール・デイズ)

Arthur Black's and High-Waisters (School Daze in the Mount)

学校は乱暴なところだった。教師はひどい連中で、きまってクラス全員の前で子どもたちを貶めていた。ベルトで俺たちを叩き——「最高の6回」と呼ばれていた——毎日、悪いことをした子にこの罰が与えられる。たとえば俺の態度が大きかったり、宿題の提出が遅れたりすると手を叩かれるのだ。俺は数学の成績がビリのほうで、先生はミスター・D。ピリピリして神経質な痩せた男で、いつも茶のチェックのツイード・ジャケットを着て、真っ黒な硬い巻毛がちりちり盛り上がり、顔は貧血気味で髑髏みたいだった。俺はエイプリル・Hという女の子がすごく好きだった。ある日、彼女が生意気なことを言うとクラス中が笑った。ミスター・Dはいきりたち、立っていた黒板のあたりから机を全部後ろに押しやり、エイプリルは挟まれて後ろの壁に押しつけられた。みんなショックを受けた。そいつは彼女を教室から廊下に連れだすと、鞭(体罰用のベルト)を持っていき、エイプリルの手を6回叩いた。「ビッチ、ビッチ!」と怒鳴りながら。

学校では日常的にサディズムが行われ、俺たちはただそういうものだと思っていた。キングス・パーク中等学校の最後のあたりでは、俺は数学の宿題をするのをやめた。ミスター・Dは俺をベルトで叩くため、教室でみんなの前に立つよう命令した。俺はいつものように従順に腕を差しだしたが、じっと彼をにらんだ。最初に鞭打たれる直前に俺はこっそりクラスを見回し、素早く手を引っこめた。ミスター・Dは自分の足をベルトで叩くことになった。クラス中が大笑いした。エイプリルも。ミスター・Dはブチ切れた。俺はこいつに好きなだけベルトで叩かせ、でも痛がったり、謝ったり、悔いたりするそぶりは一切見せなかった。終わると静かに自分の席に着き、授業を受け、尊厳を守った。言い返すよりずっと意味があったはずだ。体罰はなんの抑止にもならない。あんなのが効くと思って喜んでるのはファシストかサディストだけだ。怒りや反抗、恨みを買うことにしかならない。本当に罰するには、自由を奪わなければいけない。暴力は答えじゃない。

学校ではなんとか渡り合っていく方法を見つけなきゃいけなかった。理由はわからないが、俺はタフガイの連中に好かれた。フットボールが得意で、反抗的なところがあったから、頭を蹴られることもなく切り抜けることができた。かなりのお手柄だ。

スラム・クリアランス政策は戦後の立ち退きみたいなものだった。突然通りから人がいなくなる。立ち退いた家族には別の住居があてがわれ、うちは通りに残った最後のほうの家族だった。両親はたぶん、治安がいい地区のまともな公営住宅が空くのを待ってたんだろう。ブラックヒルやイースター・ハウス、キャッスルミルクみたいな、がらの悪い地区に行きたくなかったんだと思う。スプリングバーンでは男の平均寿命は50代半ばだった。それでも俺にとっては魔法みたいな場所だった。うちが引っ越したのはマウント・フロリダというところで、グラスゴーのサウスサイドにある労働者階級の地区だった。引っ越したのは新築の公営フラット。弟にも俺にも自室が与えられ、浴槽付きの室内トイレまであった。独立した台所、居間、それに廊下。建物は低層の3階建てで、うちは3階にあった。俺にはすごい家に映った。

名前から、マウント・フロリダはリッチな連中の住むお上品なエリアかと思っていたが、なんにせよ、俺には誰がリッチかなんて見分けられなかった。ただ軟弱な地区なんだろうと思っただけだ。俺の故郷はスプリングバーンだった。たとえ、終末戦争映画の一場面みたいな町になりはじめていても。それはまるで爆撃屋ハリス［イギリスの軍人、アーサー・ハリス。爆撃機軍団司令官として第二次世界大戦中指揮をふるった］が破壊したドレスデンのようだった。

マウント・フロリダ小学校に通っていた頃、１９７２年に、休み時間にある子がこう言ったのを覚えている。

「チキのスキンって奴のことは聞いたか？　昨日の晩、背中に斧を隠してたって」。チキというのは地元のギャングで、マウントではあらゆる場所にその名前が堂々とスプレーで描かれていた。つまり、お上品な地区でもなんでもなかったってわけだ。グラスゴーではどこに行ってもギャングがいた。

学校での初日、こいつは遊び場で俺のところへ来て「お前、誰だ？　どっから来た？」と言った。俺をいじめようとしていたのだ。

それを見た他の3人がやってきて、「ほっとけよ、そいつは大丈夫だ」と言った。それが功を奏した――俺をいじめようとしていたマヌケは逃げだし、ひとりが言った。「放課後は何してる？　うちへ来るか？　ふたつほど向こうの通りだけど」。俺は「うん、いいね、ありがとう」。友だちを作ってみるか、と思ったのだ。

彼は共同住宅の最上階に住んでいた。俺は彼の部屋に座り、その子が「T・レックスは好きか？」と訊いたので、好きだと答えた。T・レックスはいつもラジオで流れていた。母が朝ラジオを聴いていたせいで、俺はゲイリー・グリッターやスレイド、スウィートみたいな初期のグラム・ロックを知っていた。その子はレコードを取りだすとプレイヤーに乗せた。そして俺にスリーヴを渡し、「これは聴かなきゃ。歌詞もチェックしろ」と言った。アルバム『エレクトリック・ウォリアー』だった。レスポールのギターを手にしたマーク・ボラン、その後ろに巨大なヴァンプのアンプが積み重ねられ、漆黒を背景にして彼の美しいシルエットが黄金の光を放っている。その素晴らしくダークで謎めいたロックンロールのイメージは、俺の発達中の脳裏に焼きついた。すると彼が〝リップ・オフ〟をかけた。ヘヴィ・ロックの曲で――すごくレッド・ツェッペリン風だ――ボランはこう歌う。

ヌードでロックする
俺はデュード（野郎）の気分
これはパクリだ

俺はもう、うわっ、すげえ、となった。こんな音楽は聴いたことがなかった。ブルージーなハード・ロック。それはポップ・ミュージックなんかじゃなく、ロックンロールだった。俺は恋に落ちた。11歳だった。

のちにその子は教室で、『アラジン・セイン』(ア・ラッド・インセイン=狂った野郎)を貸してくれた。見開きジャケットには裸のデヴィッド・ボウイの全身がエアブラシで描かれ、まるでサテュロス、性別のわからない半人半獣のようだった。そのイメージも俺の頭を吹っ飛ばした。すでにアルバム・タイトルの含みで頭がぐるぐるしていたのに。ワオ! それをきっかけに、教師が授業では絶対に教えられないような思考が俺のなかで始まった。〝タイム〟の歌詞はこうだ。

時間という男は娼婦みたいにくねくね曲がる
オナニーしながら床に倒れる
そいつのトリックは君と俺なんだよ、ボーイ

俺にとっては、セックスがオープンに語られるのを見た/聞いた、初めての瞬間だった。正直、セックスが何かも知らなかったが、この男でもあり女でもあり、神話的でも宇宙的でもあるクリーチャーが狂気とセックスについて語る――その組み合わせが俺に文化的好奇心を伝染させた。それは5年後の1977年、パンクが俺の意識を爆破した時に再浮上する。家では、俺は毎週音楽番組「トップ・オブ・ザ・ポップス」を観はじめ、スウィートやロン・ウッド&ウィザード、ゲイリー・グリッター、スレイド、モット・ザ・フープル、ボウイ、スパークス、T・レックスが最新シングルを演奏するのを目にした。ボウイとボランは俺にアンドロジニー[両性具有]と詩を教えてくれた。彼らには永遠に感謝している。俺はふたりとも大好きだった。彼らは俺たちの世代に、男性性や女性性、ジェンダーという枠組みに挑戦することを教えた。彼らはまた、ロックンロール

スターのように振る舞い、装うことを楽しいものにした。

学校ではしょっちゅう喧嘩になった。揉め事はこんなふうに仕組まれる。まず教室で誰かが、ひとりの耳に誰々がおまえのことをこう言ってたぞ、と囁く。悪口を言った相手を告げられるのと同時に、その子がいるほうを見せられる。すると向こうでも同じことが起きている。最後には悪口を言った子か、言われた子のどちらかが「4時に来い」と呪いの言葉をつぶやく。それで放課後のバトルが決定し、ふたりとも自分の名誉をかけて戦わなきゃいけなくなるのだ。

大抵それは国立競技場のそばにある鉄条網が張られたトレーニング・グラウンド、レッサー・ハムデンの外に広がる空き地で行われた。闘技場まで学校中の生徒がふたりのあとをついて歩き、喧嘩を見守る。みんなでふたりの「闘士」を応援し、野次を浴びせていた。どっちの子も本当はそんなサディスティックで最低な儀式に巻き込まれたくない。でもその小さな社会では棄権は許されない。恥や軽蔑に耐えられないし、喧嘩から逃げたら、次はいじめの格好のターゲットになるだけだ。バトルが始まるとお互いびくびく様子をうかがい、まずは効き目のないパンチをいくつか繰りだすが、大抵は標的（相手の顔）から外れる。すると蹴ったり引っ掻いたり、髪を引っ張ったりしはじめる。俺の戦術は相手の髪を引っ張って前のめりにさせ、蹴りを顔に入れるというものだった。それが外れたら地面に引き倒して馬乗りになり、膝で相手の肩を押さえ、頭を抱えてコンクリートに叩きつける。これはいつもうまくいったし、何度か頭を叩きつけると相手は降参する。すると野次馬も黙って離れていく。見せ物は終わったのだ。泣いている子にごめん、と言ったこともある。当時、俺たちはスタジアムのレンジャーズ側ゲートの外の通り、ハムデン・テラスから、ブラウンリー通りの南、サマーヴィル・ドライヴまで縄張りを広げていた。

11歳の時には進学試験を受けさせられた。それによってグラスゴー高校やハッチンソンズ・グラマースクールみたいな気取ったミドルクラスの学校に進めるかどうかが決まる。そういう学校に行けば、大学進学はほぼ保証されたようなものだった。試験に落ちると地元の総合制中等学校、キングス・パーク・セカンダリーに行くことになる。俺はこの試験のための勉強をしなかった。やり方さえ知らなかった。学校で教師が受験勉強について教えてくれることは一度もなかった。ある日、もうすぐ試験だぞ、と告げられるだけ。そのせいで俺はキングス・パークに行くことになった。ちょっとした負け犬の気持ちになったのを覚えている。

キングス・パークでの初日、周りを見ると、年上の連中が皆俺よりずっと体格がよく、強そうで、自信満々に振る舞っているのに気づいた。その瞬間、絶対にもう放課後の喧嘩には巻き込まれちゃだめだ、と俺は悟った。以後4年間、頭を蹴られないようにするには別の戦術が必要だと。

1970年のワールドカップは俺が初めて観たトーナメント戦だった。あの大会は俺、そしてストリートの仲間全員の空想を支配した。誰もが天才ウィンガー、ジャイルジーニョ［ブラジル代表、1970年ワールドカップでは優勝までの全戦でゴールを決めた］の黒魔術のようなスキルをものにしたがった。次々敵に目眩しをかける彼を止められる者はいなかった。あるいは、シャーマンのようなペレ。あの魔法がかったチーム、その選手の名前だけで俺たちは興奮した。母は俺にブラジル代表のユニフォームを買ってくれた。彼らの美しく攻撃的なフットボールは俺のようなキッズに夢を見させ、暗く冷たいグラスゴーの通りから解放し、代わりにリオデジャネイロのマラカナン・スタジアムでプレイするところを想像させてくれた。25万人の熱狂する観衆の前で。1970年のブラジルや1974年のオランダ、または2009年のバルサのような偉大なチームを目にする喜び、その刺激は、1967年のジミ・ヘンドリクス、1969年のローリング・ストーンズ、1977年のセックス・ピストルズを観るのと変わらない。ただただ、胸の奥底に響くのだ。

ワールドカップは夏休みに開催されたので、俺は弟のグレアム、それにスタンモア・ロードの仲間数人と一緒にレッサー・ハムデンへ出かけ、ワールド・チャンピオンが練習するのを眺めた。できればサインをもらおうと思っていたが、行くとゲートが開いていて、中に入ってブラジル代表が翌日の大いちばんに向けて練習するのを見ることができた。終わるとチームが出てきて、ハムデン・パーク・スタジアムのロッカールーム施設に向かった。俺たちはジャイルジーニョ、リヴェリーノ、ジェルソン、トスタンのサインをもらった。自分のボールを持っていったので、俺がボールをジャイルジーニョに蹴ると、彼が俺にパスしてくれた。俺はフットボールの天国にいた。

70年代初め、俺はフットボールに取り憑かれていた。セルティックFCだけじゃない。俺は毎週雑誌「シュート」を買い、最近の選手について何もかも知ろうとしていた。俺自身、セルティックとスコットランド代表でプレイするのを夢見ていた。そこで活躍しているスターについて全部知りたいと思った。俺はできるかぎりの試合をテレビで観た。アーチー・マクファーソンが解説するスコティッシュ・リーグの試合であろうと、もっと華麗な国際試合であろうと。セルティックのチームには伝説的なリスボン・ライオンズの選手がまだ残っていた。ビリー・マクニール、トミー・ゲメル、ジミー・ジョンストン、ボビー・レノックス、そしてボビー・マードック。彼らは毎週パラダイス（セルティック・パーク）に姿を見せ、監督はシャーマンのごときジョック・スタインだった。アトレティコ・マドリードとのヨーロピアン・カップ準決勝はテレビの生中継で観た。超暴力的で凶悪で、いまいましいアトレティコによるひどくシニカルな戦術のせいで、俺は涙を流した。ほとんどがアルゼンチン人で占められるアトレティコのチームを指揮するのはフアン・カルロス・ロレンソ監督。キックオフから、小柄なジミー・ジョンストンは暗殺されたのも同じだった。それはまるでテレビ放送されたギャングの抗争で、フットボールの試合ではなかった。12歳の子どもというのは、まだ無邪気だ（と思いたい）。フェアプレイを信じ、スポーツには品格があると思っている。暴力は通りで起きることで、フットボールのピッチで起きるべきじゃない、と。だがあの試合は否定と威嚇、組織化された暴力とシニシズムという教訓を現実として俺に叩き込んだ。

体育の授業では、俺は誇らしげに上から下までセルティックのユニフォームを着ていた。そのせいで、大多数がレンジャーズのサポーターの男子からキツいタックルを何度も受けた。俺は気にもしなかった。人とは違うのを俺は気に入っていた。おかしなことに、俺を襲ってくるのは主にひとりの男子、数学のトップクラスにいるガリ勉で、ボーイズ・ブリゲードのリーダーをやっている奴だった。そいつは一見行儀のいい、真面目な優等生のふりをしているが、本当は学業と教会を笠に着て、スコットランド宗派主義に毒された差別心を隠していた。くそくらえだ、と俺は思い、そいつの周りでドリブルをし、つねに冷静を保ち、キレたりしなかった。タックルされても静かに立ちあがり、試合を続ける。そいつが俺を動揺させているとは絶対に思わせなかった。冗談じゃねえ。

セルティック対レンジャーズとなったスコティッシュ・カップ準決勝にただで入り込み、最後の20分を観たのも覚えている。まるで聖書に出てくる嵐のような暴風雨だった。あの晩には12万人がスタジアムに入ったとも言われている。水曜の夜、結果はセルティックの勝利。チケットを買う金がなかったから、俺たちはスタジアムの外で「すみません、かついでくれませんか?」と大人に頼んだ。すると回転扉の向こう側に入れてくれるのだ。いったん中に入れれば、好きなところに行けるし、どこからでも試合を観られる。それはまだ入場者全員の座席が決められる前の時代だった。セルティック対レンジャーズの試合はいつもめちゃくちゃだった。俺はセルティック側の階段横の芝が生えた安全な場所から、試合後の殴り合いを眺めていた。スタジアムの外のサマーヴィル・ドライヴでもそれは続き、大の男たちが割れたビール瓶やそこらへんの板切れ、またはもっとひどい武器を使って争いを繰り広げた。時折警察が馬に乗って割り込み、実質は宗派主義の暴動を鎮圧しようとしたが、警官にも瓶やビール缶、さまざまなものがミサイルのように投げられ、退却せざるをえない。するとまた喧嘩がいちから始まるのだ。

俺はそれが終わるのを待ち、ゆっくりといくつかの通りを越え、スタンモア・ロードの家へ向かった。かっかしたレンジャーズ・ファンの集団に出くわした場合を考え、念のためセルティックのマフラーは隠していた。共同住宅の中庭から他の家の裏庭を通り、ボリヴァー・テラスのような通りは避けながら。通りではいつ見つけられ、攻撃されるかわからない。一度、ブラウンリー通りの庭にサテンのセルティックのマフラーが落ちているのを見つけたことがある。そこはレンジャーズ側に近く、マフラーは棘だらけの茂みに引っかかっていた。俺は庭に入り、マフラーを自分のものにするのを抑えられなかった。すると怒声が聞こえた。「このフェニアン野郎め［フェニアン団はアイルランド独立のための友愛組織。カトリックのアイルランド人の蔑称として使われる］、その持ってるやつをよこしやがれ」。見上げるとおよそ30代後半、父親と同じくらいの年の男がいた。そいつは泥酔し、赤と白とブルーのレンジャーズのマフラーを着けていた。周りには誰もいず、通りは静かで、人影もなかった。正直、そいつに叩きのめされると俺は思った。びくびくしながらマフラーを渡すと、そいつは「フェニアンの小僧め、うせやがれ」と言って、よたよたと離れていった。

中等学校では何をするべきなのか、結局よくわからなかった。試験制度ってやつは本物の想像力を持った人間を失格にするようにできている。俺が見るかぎり、あれは体制側の「学び」のルールに従わない者をふるいにかけるために作られた階層システムだ。Oレベルとハイヤーズ（現在はAレベルと呼ばれている）でいい成績を取った生徒はアートスクールや大学で高等教育を受けることになり、その先も医師や教師など、だいたいは金になるプロフェッショナルな職に就くことができる。それより「教育レベルが低い」生徒たちは車の整備士や製鋼工、大工、電気技師など、製造業における技術職や半技術職の見習いになれれば幸運とされた。俺の場合それは活版工で、生徒はそれぞれの職に見合う工業学校に通うことになる。つまり、試験に落ちた大多数の子どもはその時点で一生低賃金のルンペン・プロレタリアート［階級意識を持たないプロレタリアートを指すカール・マルクスの用語］の一員、もしくは無職というゴミの山を彷徨う者、「ザ・ドール」［失業手当で食い繋ぐ人々］となることが決定する。その状態を俺は将来、プライマル・スクリーム初期に嫌というほど知ることになった。

ただミスター・ヒューズという英語教師は例外だった。彼は一度も声を荒げず、他の教師のように俺たちをベルトで叩いたり、辱めたりすることもなかった。ある日2階の彼の教室へ行くと、ミスター・ヒューズが「今日は読み書きじゃなく、代わりに映画を観よう」と言った。振り返ると、教室の後ろに大きな黒の金属製の映写機が設置されていた。ミスター・ヒューズは黒板を覆う白いスクリーンを引っ張りだし、ブラインドを閉め、電気を消した。するとスクリーンに「もしも……」という文字が映った。それはリンゼイ・アンダーソンの1968年の映画『Ifもしも……』で、イギリスのエリートの私学寄宿校を舞台に、マルコム・マクダウェルが主人公ミック・トラヴィスを演じていた。ストーリーは革命的で、俺自身徐々にそうなりかけていた10代の不平分子を描いている。学校での蜂起を夢見ない生徒がいるだろうか？

70年代には教師が好き勝手に暴力を振るっても見逃されることが多かった。身体的な暴力であれ、精神的な暴力であれ。『Ifもしも……』はいまだに好きな映画のひとつだ。のちにジーザス&メリー・チェインのふたりと知り合った時、あれが俺たちを結ぶ作品となった。彼らにとっても重要な映画だった。ミスター・ヒューズはハル・アシュビー監督作『ハロルドとモード』も観せてくれた。主演はバド・コート、ちょっと病的なコメディで、彼が演じる18歳の少年は見知らぬ人の葬儀に参列するのを趣味にしている。彼はどの葬式にもある老女がいるのに気づき、ふたりは恋に落ちるが、その関係は一般社会から眉をひそめられる。バド・コートは狂言自殺も趣味にしていて、母親が彼の部屋に行き、天井から首を吊っているのを見つけたりもする。俺はあの映画のブラックなユーモアが大好きだった。

12歳になると、母は俺をマウント・フロリダのスコットランド教会に連れていき、ボーイズ・ブリゲード第83団に入団させた。若い頃は母もガール・ガイド［英国連邦におけるガール・スカウト］のメンバーだったし、ボーイズ・ブリゲードは俺にとってスポーツへの情熱を表現するのにいい場所だと考えたのだ。俺はいつも、通りやどっかの空き地でフットボールをしていた。フットボール狂だった。第83団には学校よりいい設備があった。真新しいオリンピック・サイズのトランポリン、卓球台、跳馬台、小さなトランポリン、バレーボールやバトミントン、5人制フットボールの設備。どれでも金曜の夜、教会のホールで参加することができた。団員は皆気のいい男たちで、ボランティアで子どもたちをストリートから遠ざける活動をしていた。彼らは規律や組織的に動くこと、そして自尊心をキッズに植えつけようとしていた。

　ボーイズ・ブリゲード、略してBBは軍隊的な信条に基づく団体だ。俺にとっていちばんの魅力はフットボールのチームに入れることだった。第83団は高いレベルでプレイしていて、さまざまな年齢層のチームがグラスゴーのBBフットボール・リーグで成功を収めていた。俺はそこに加わりたかった。学校から帰って夕食を食べ、午後7時の開始に備えるのが本当に待ち遠しかったものだ。BBには制服があり、きちんとしたズボン（ジーンズは禁止）に磨いた靴、ブレザー（学校で着るようなやつだ）、白のシャツにそれぞれの色のネクタイをきつく結び、茶革のベルトの真鍮のバックルにはBBのロゴが刻まれていた。団体のモットー、「揺るぎなく堅実」の文字で飾られた錨のロゴはまさにキリスト教的、軍隊的なイメージだ。白のサッシュは右肩から左の腰に斜めにかけ、ベルトの下で留める。そんな軍隊ルックを完成させるのが濃紺のグレンガリー帽［スコットランド軍帽として知られる縁なし帽］で、ちょっと傾けてかぶるものとされていた。帽子の左側、正面に近いほうに付ける小さな赤のプラスチックのBBバッジも錨のロゴを象っていた。

　集合は10人または11人のグループごと列になって、自分のグループの指揮官の右に並ぶ。BBのフットボール・チームは全部で10チームあったので、練習には毎回計80人から１００人がいただろう。集合時には、将軍が指揮を執るようにブリゲードの総指揮官が俺たちの前に立ち、祈りを捧げた。そういうのは俺には無駄で退屈だったが、それが取り決めだとわかっていた。フットボールのチームに入り、毎週土曜の朝に開かれるまともなリーグでプレイするためなら、俺はなんでもやる、と。ただそういうスポーツの喜び、仲間意識と引き換えに、毎週日曜の朝には教会の聖書のクラスに出席しなきゃいけない。スプリングバーンに住んでいた頃にもう聖書の知識は少しついていたので、俺ははったりをかますことができた。あとは授業に座って、興味のあるふりをすればいい。BBのフットボール・チームに入れるなら、その価値はあった。

　7月のある土曜の朝、俺たちは教会の外に集合し、バーウィック・アポン・トウィードでのサマーキャンプに出発した。バスは興奮した少年たちで満杯だった。両親抜きでグラスゴーの外に出かけるのは、俺にとってそれが初めてだった。それぞれの「スクワッド」にはテントが与えられ、8人の男の子が一緒に寝る。指揮官たちには別のテントがあった。うちのテントのリーダーはいい奴だった――15歳くらいで、フットボール・チームのキャプテンだった。

年上の子たちはバーウィック・アポン・トウィードの地元の10代向けディスコに行くのも許可されていて、翌日、俺は彼に、楽しかったかと訊ねた。「もちろん。きれいな女の子と踊ったんだ。明るいオレンジ色の髪をデヴィッド・ボウイみたいにして、〝ザ・ジーン・ジニー〟で踊ってた」と彼は言った。「彼女の顔を見てほしかったな。天国みたいにきれいだった」。そう話す彼は本当に純粋でイノセントで、若く、ハンサムだった。ディスコの冒険を語る時、彼の顔に浮かんだ喜びを俺はずっと忘れないだろう。あれこそがロックンロールのロマンスだ。男の子のポップスターみたいな女の子、好きな女の子とのダンス。アンドロジニーの実践だ。

うちの家族が休暇に出かけることはなかった。60年代、暑い夏の日に、ソルトコーツかエアの浜辺まで足を延ばすのがせいぜいだった。俺たちは砂浜に座ったり、母がビーチの売店で買ってくれた赤いプラスティックのバケツやシャベルで遊んだり、サンドイッチを食べたり（母が朝早くに作った）、アイリッシュ海を眺めたりした。一度父に、どうして他の子の家族みたいにスペインへ旅行しないんだ、と訊いたことがある。父は俺に、スペインはファシストの独裁者に支配されていて、労働者がフランコ政権の拷問に遭い、刑務所に入れられ、殺されてるんだ、と言った。彼らとの連帯を示すためには観光業をボイコットしなきゃいけないと。俺は母に最近これについて訊ねたが、海外旅行するようなお金なんてうちにはなかった、と言っていた。真実はふたつの話の間のどこかにあるんだろう。

だから12歳から15歳まで、弟のグレアムと俺にとって、夏のホリデーといえばBBのサマーキャンプだった。スコットランド西海岸のオーバン、東海岸のフレイザーバラ、またはデヴォン州トーキーの近くにキャンプすることもあった。いい時代だった。俺は最終的にスクワッドのリーダー、そしてテントの指揮官に昇格した。

両方のポジションによる責任感を楽しんだと言えるだろう。あの体験はのちに自分のバンドを結成し、ミュージシャンやプロデューサーと仕事をしはじめた時、リハーサルやスタジオのレコーディングで大きな助けとなった。集団で仕事をするには、誰かが指揮を執らなきゃいけない。俺が曲を書き、バンドのイメージが俺のなかにあるなら、自分でやるのが妥当だろう。

グラスゴーが冬に差しかかる頃、暗く、寒く、雨が降るみじめな金曜の夜に、我らがブリゲード指揮官、キャプテン・ウォラスが祈りを捧げたことがある。彼はこう呟いた。「神よ、ストライキをする者から我々を救いたまえ。この国を引きずり下ろそうとする者たちから」。それは週3日しか電気が供給されない電力削減の時代であり、英国経済は国際政治、そして好戦的な労働組合主義者によるストライキに次ぐストライキのせいで打撃を受けていた。1973年にはOPEC、石油輸出機構のアラブの国々が権力を握った。彼らは植民地時代後も西側諸国に搾取されることにうんざりし、カルテルを組んで石油価格を上げ、オイルショックを引き起こし、経済的混乱を世界に広げたのだ。労働組合運動、特に鉱山労働者全国組合は賃上げを求めてエドワード・ヒースの保守党政府と激しく戦っていた。石油価格の高騰に伴い、生活費が急激にかさんでいるのにもかかわらず、政府がパブリック・セクターの全労働者に対する「賃金凍結」を命じたのだ。人々はガソリンを買う量を減らせと言われ、家では電気を節約するように言われた。夜中ずっと計画停電となり、街灯が消え、真の闇がグラスゴーの街を覆ったのを覚えている。母は家のあちこちにろうそくを灯していた。俺はすごくエキサイティングだと思った。戦時中みたいで、想像していたロンドン空襲の夜そのものだと（もちろん、ナチスの爆弾は落ちてこなかったが）。俺ははしゃいでいた。ストライキ中の炭鉱から石炭を運びだし、兵士を発電所で働かせるため、エドワード・ヒースが英国軍を派遣するという噂が流れた。父の親友、スコットランド炭鉱労働者のリーダーであるミック・マクゲイヒーは35パーセントの賃上げを要求し、兵士たちには軍の命令に従わず、炭鉱労働者のストライキに加わってくれと嘆願した。100人以上の右派労働党議員がマクゲイヒーの宣言を強く非難する書面に署名したが、彼はこう返答した。「銃剣で石炭は掘れない」。

労働組合のアクティヴィズムと政治に父が関わっていたことで、俺は100パーセント、ストライキをする炭鉱労働者側に共感していた。もちろん、争いの駆け引きはフットボールに熱中している13歳の頭では理解がおよばない。俺はただ、ストライキという単純かつ直接的な行動によって、普通の人々が——全員が共通の目的のために連帯し、自分たちの階級の力を見せることで——国を止め、あらゆることをストップできる、という考えに魅了されていた。国営放送と民営放送がどれも停止し、港が閉鎖され、貨物船は積荷を降ろせず、石油輸送を拒否することでガソリンスタンドが閉まり、車も走らず、スト破りの裏切り者がストライキから離脱することもできず、新聞は印刷されない。炭鉱が閉鎖されると発電に必要な石炭が絶たれ、国を回すための電力供給が止まってしまうのだ。最高に愉快だった。人々に国の電気のスイッチを切ってしまう力があり、誰もそれを止められないのだから。それこそがパワーだと感じられた。ミックの革命的な活動に父が同志として関わっていることを、俺は誇りに思った。

だからこそ、キャプテン・ウォラスがその反動的な祈りをつぶやいた時、俺はすぐに気分が悪くなった。彼は教会に通う保守派のクリスチャンで、女王と国家を愛していたが、それは俺にも受け入れられた。BBが掲げる理想については俺も理解していたし、政治的な見方は異なるかもしれないが、ウォラスも他の指揮官も、道を逸れそうなキッズに、刺激的で楽しく、安全なスペースを与える仕事に完全にコミットしていたのだから。彼らは俺たちをストリートから遠ざけ、トラブルから守ろうとしていた。聖書を押しつけようとすることもなかった。ティーンエイジャーの大多数にとっていちばんの魅力は、BBが擁するスポーツ設備であることを彼らも承知していたのだ。俺は第83団の仲間を本当に愛していたし、いまでもあの無邪気な日々を振り返ると楽しい気持ちになる。

BBで俺が学んだ教訓のひとつが、チームワークの大切さだ。フットボールのチームにおいては、どのプレイヤーもいちばん弱いメンバーの力しか発揮できない。戦術に従ってみんなで動くこと、プランを練り、実行し、監督に耳を傾け、キャプテンの命令に従うことを学ばなければいけない。チームはまた、監督の性格と判断をリスペクトしなきゃいけない。全員が目的を信じていなければ、リーダーは集団を率いて闘いに向かうことはできない。自分は最高だと思っている奴がいて、チームのために動くのではなく、派手な個人技をみせびらかしていたら、それは絶対うまくいかない。フットボールはひとりかふたりのプレイヤーでは決まらない。いかに11人が連動するかで決まるのだ。それぞれのプレイヤーはチームのために自分の役割をこなす。ゴールキーパーはストライカーと同じくらい重要だし、後ろの4人と中盤はウィンガーやセンターフォワードにちゃんと意思を伝達しなきゃいけない。ドラマーがリード・シンガーと同じくらい重要で、ベーシストがリズム・ギタリストと一体になってグルーヴを生まなきゃいけないのと同じだ。リズム・セクションが作りだすサウンドの基盤がなければ、どんなリード・ギタリストもシンガーも無に等しい。しっかりした基盤の上にバンドのサウンドは構築されるのだ。ジミ・ヘンドリクスはこう歌った。「砂の城は最後には海中に崩れ落ちる」。

フットボールのチームと同様、グレイトなバンドはつねに部分の合計以上の存在だ。正しいスクワッド、正しいミュージシャンが集まれば、本物の魔法は起こりえる。だがそれを作りだすには大きな努力が必要だ。ひとりが自分は他のプレイヤーより重要だと思うようになったら、魔法はもう起きない。自分は貢献している、と全員が感じることが決め手になる。ひとりは全員のために、全員はひとりのために。ステージに上がる時には、バンド・メンバー全員を信頼しているのを感じられなきゃだめだ。チーム、またはバンドの誰かに対して少しでも疑いがあると、マインドは完全に解放されず、その瞬間を生きられなくなる。ボーイズ・ブリゲードで学んだチームワーク精神は俺にとって、プライマル・スクリームを始める時の大きな助けとなった。

学校で俺が楽しめた科目が美術だった。先生は20代後半のイカした女性だった。彼女は背が高く、暗めの赤毛で、それをジョアンナ・ラムリーが演じたパーディ［イギリスのドラマ「ザ・ニュー・アヴェンジャーズ」に登場する英国情報部スパイ］みたいな完璧なボブカットにしていた。そして大きな、70年代のドリー・プレヴィン［アメリカのシンガー・ソングライター］風の眼鏡。女優のエレン・バースティンみたいな丸顔は美しく、高い頬にはしばみ色の目、そして口は大きく官能的だった。俺たちは彼女を（モット・ザ・フープルのバックシンガーにちなんで）「サンダータイズ」と呼んでいた。みんな彼女に恋していたのだ。俺は絵を描いたり塗ったりするのが楽しかったし、アートの授業ではリラックスできた。それは物事を熟考し、思考の道筋をはっきりさせるような精神的スペースを俺に与えてくれた。

歴史の授業も面白かった。Oレベルの研究テーマに、俺はロシア革命を選んだ。冒険映画みたいなスリルと物語があったし、うちの家族には反体制的な急進思想が十分にあったので、パーフェクトなテーマに思えたのだ。俺は一か八かに賭けたボルシェヴィキのやり方が好きだったし、ロシア帝国の帝政主義者を摩耗させた、歴史的暴動の最中に権力をつかんだところも気に入っていた。貴族の特権、そして皇帝の神のようなステータスに代表される腐敗した旧体制をボルシェヴィキが打破すると、社会主義国家が生まれ、長年搾取されてきた農民や労働者のために尽くす――その考えは10代のロマンティックな社会主義者の胸に深く響いた。ボルシェヴィキがロマノフ王家を暗殺し、専制君主的な王朝を終わらせたことの文化的シンボリズム。それは俺にとって美しい行為に思えた。なんという20世紀の始まりだろう！　王殺しによって、共産主義者が世界中に与えた衝撃を想像してほしい。ヨーロッパのあらゆる王家、貴族が震えあがったはずだ。ボルシェヴィキは労働者評議会を設立して権力を掌握し、農場や工場を主君や管理者から奪った。それまで搾取がはびこっていた惨めな場所から生まれる利益は、いまやすべての人々に公平に分配される。それを完璧に言い表す、カール・マルクスの優れた一文がある。「所有者から徴収せよ」。俺は革命のスローガン、「すべての力はソヴィエトに」にもインスパイアされた。それはアナーキーの実践であり、純粋なサンディカリズムだった。労働者のパワー。俺の先祖は幾世代もの間、農奴や小作人として労働力を搾り取られ、俺はまさに産業的搾取という時代に足を踏み入れようとしていた。賃金奴隷のブルーズ！　すべてを取り返せ！　賠償の時が来た！

最終学年では、俺は教師が「矯正」クラスと呼ぶクラスに入れられた。そこには4年生でいちばんの不良たちが集められていた。まだ不登校になっていないフーリガンやギャングのメンバーは全員そのクラスにいた。

実際、この矯正クラスは楽しかった。いつも笑えるネタがあった。一度、教師が俺たちを教室に閉じ込めた時には、何人かが机と椅子を窓に投げると、そのまま窓を破って下の運動場に落ちていった。クラス中がヒステリックに笑い、囃したて、机を拳でバンバン叩いていた。その教師はいつも俺たちが逃げられないようドアに鍵をかけていた。教室は学校の3階にあり、学校はコンクリートの巨大なブルータリズムの建物だった。もし火事でも起きて、避難する生徒たちで混乱し、教師が戻ってこず、ドアの鍵がかかったまま、俺たちが閉じ込められたらどうするつもりだったんだ？

矯正クラスには学校でいちばん喧嘩が強く、いつも危険な空気を漂わせていた、ピーター・デリックみたいな生徒がいた。それに、かっこいいエイプリル。彼女は本当にクールな女の子で、60年代の庶民的なテレビドラマに出てくる、気まぐれだが愛すべきワーキングクラスの少女みたいだった。ワイルドで派手なキャラクターが揃っていて、そんな子たちが周りにいるのは楽しかった。教育的に見放されたキッズ、もう勉強させても無駄だと学校が判断したような生徒（俺を含む）といるほうが、「ガリ勉」連中よりも共通点があると感じられた。傲慢で、自分には特権があると思っている態度で廊下をうろついている奴ら。あいつらは冷たい野心的な目、軽蔑を込めた眼差しで俺たちを見下していた。そう、キングス・パークやシムズヒルの連中特有の「ワーキングクラスだけど自分ではミドルクラスだと思ってる」、あの目つきだ。むしろ俺は矯正クラスにいるのが嬉しかった。毎週学校が楽しみだったし、そのクラスにいることは俺にとって、誇らしい名誉の印だった。

3 サイキック脱獄（ジョニーを見た少年）
Psychic Jailbreak (The Boy Looked at Johnny)

1977年春のある朝、俺は教室の席に着き、無意味な話を延々垂れ流している教師を無視して、ぼうっと窓の外を見ていた。このクソ退屈な場所から抜けだきなきゃいけない、と考えながら。俺は手を挙げ、トイレへ行っていいか訊ねた。そこにはいられなかった。コンクリートの階段を降りて1階に向かうと、壁にA4のポスターが貼ってあるのに気づいた。学校の討論会の告知だった。そんな会があることも知らなかったし、どっちにせよ俺はそういうイベントに誘われるような生徒じゃなかった。ポスターに目を留めた理由は、ステージで若い男が跪いている姿だった。髪は割れた瓶か錆びたナイフで切ったみたいなぎざぎざの短髪で、顔には強制収容所の囚人のような絶望と恐怖、怒り、飢えが浮かんでいる。穴の開いたクルーネックのセーターの首からは60年代風の小さな衿の白シャツがのぞき、マイクに向かって何か叫んでいる。彼のルックを完成するのは年寄りが履くような40年代風のバギーな復員兵ズボンと、フットボールの縞の靴下、そしてクレープゴムの厚い靴底のテディボーイ・シューズ。ステージには1本のビール瓶とパイントグラス、そしてマイクスタンドが置かれていた。ファンが帰ったあと、破壊の残骸が散らばっているフットボール・スタジアムみたいだ。ポスターの上部にはこう書かれていた。「パンクとは何か、何を意味するのか？」。俺はこのイメージに釘づけになった。それまでの人生でそんなものも、この男みたいな人も見たことがなかった。俺はただ立ち尽くし、ずっとポスターを眺めていた。何度かその場を離れようとしても、また戻ってきて、何も言えず圧倒されていた。この男が誰か、見つけなきゃいけない。

別の日、教室で隣に座っていた奴が音楽紙を読んでいた。「ＮＭＥ」だったか「メロディ・メーカー」だったか思いだせないが、エリザベス女王の顔ははっきり覚えている。でも女王陛下を祝うイメージじゃない。目と口のところが破られ、そこに「ゴッド・セイヴ・ザ・クイーン」、そして「セックス・ピストルズ」と書かれているのだから。俺はすぐさまこの扇動的なイメージにも惹きつけられた。その頃はセルティックの試合に通いだしていて、パークヘッドのスタンド、「ザ・ジャングル」に立っているのが楽しかった。いちばんクレイジーで暴力的で狂信的な、酔っ払いのセルティック・ファンが集まる場所だ。いちばんうるさく、大声でチャントが歌われ、いつだって最高にすごい雰囲気だった。スタジアムのエナジーはそこから生まれていた。そして、ジャングルの連中はアイルランドの反抗歌を歌っていた。

セルティックは1888年、ウォルフリッドというカトリックの修道士によって設立された。グラスゴーのイーストエンドに住む恵まれない子どもたちのためのチャリティとして。アイルランド系カトリック教徒は飢饉と貧困、そして英国植民地主義による祖国への抑圧から逃れ、スコットランド西部に集団移住した。経済的難民として、彼らはスコットランド北方の「メインランド」では宗派的にも人種的にも差別され、歴史を通じてあらゆる抑圧的体制が外国からの移民を犠牲にしてきたように、彼らも他の人々とともに宗教的なゲットーに暮らし、辛酸を嘗めた。そんな帝国主義の暴力のなかでセルティックは発展したのだ。70年代を通じ、「メインランド」ではIRAの爆弾による攻撃が絶え間なく続いた。セルティック・パークでは、俺たちがいるジャングルの頭上にアイルランドの3色の旗が高々と掲げられていた。ケニー・ダルグリッシュやハリー・フッド、ディキシー・ディーン、ダニー・マッグレインのようなスター選手を称えるチャントの合間には、〝ギャリーヨーウェンのショーン・サウス〟や〝オールド・ブリゲードの男たち〟のようなIRAの応援歌、そしてアイルランド自由国国歌〝ザ・ソルジャーズ・ソング〟が歌われた。こんなチャントもあった。「英国軍を憎むなら手を叩け!」、「英国王室が嫌いなら手を叩け!」。そんな歌を4万人が最大の音量で勇ましく歌い、反体制的なフーリガンの大合唱となるのを見るのは、信じられないような体験だった。まさに国家に対する反乱だ。それは俺がセックス・ピストルズやパンク・ロックを知るずっと前から起きていた。

あの音楽紙のイメージは、討論会のポスターのジョニー・ロットンと同様に俺を魅了し、惹きつけた。彼らの音楽を一音も聴かないうちから、俺はセックス・ピストルズを愛していた。俺にはピストルズとパンク・ロックを迎える素地ができていたのだ。シチュアシオニスト・インターナショナルの創始者で『スペクタクルの社会』の著者、ギー・ドゥボールは、「世界はイメージである」と言った。俺もそう思う。人は言葉よりイメージに深く反応する生き物なのだ。古の洞窟で壁画を描いていた頃とそんなに変わりはない。イメージは言葉による説明も、意識による合理性も飛び越えていく。「百聞は一見にしかず」という諺があるが、どんなに古臭くともまぎれもない真実を語っている。ロットンのがりがりに痩せて乱れた姿、あの写真の強烈さに俺は呑み込まれた。それまで「英国文化」を映しているとされた映像に、あんな奇妙なルックス、暴力的かつ詩的な激しさに満ちた人間はひとりも出てこなかったのだから。あのイメージはスペクタクル、見せ物の嘘っぽさに風穴を開けた。俺の最初のアウトサイダー・ヒーローだ。言葉は必要なかった。俺の想像力に火がついた。

その数年前、１９７４年から、俺はサウンド・トラックのウィンドウを眺めるようになった。住んでいたスタンモア・ロードの南で交差する、カスカート・ロードにあったレコード屋だ。ウィンドウには新譜が並んでいた。ボウイの『ダイアモンド・ドッグズ』のアルバム・ジャケットの前で立ち尽くしたのを覚えている。ギィ・ペラート（ニック・コーンとの共著『ロック・ドリームズ』で有名だ）によるあの忘れられないエアブラシの絵で、半分男、半分犬のボウイは青い女たちとともにサーカスの見せ物小屋の前で寝そべっている。当時ではミック・ロンソンの『スローター・オン・10ｔｈアヴェニュー』、シルヴァーヘッドの『16・アンド・サヴェージド』のカバーも記憶に残っている。ロンソンは女の子みたいなフェザーカットの美しいブロンドの長髪だったが、顔はタフで男っぽい。俺も70年代のある時期にはフェザーカットにしていた。ユニセックスの髪型だが、10代の子たちがそう思っていたかどうかはわからない。年上の洗練されたキッズ、ボウイやロキシーにハマるようなませた子なら、グラム・ロックの隠された意味、破壊的でアンドロジナスな要素を理解していたかもしれないが、俺みたいな連中からすると、スタイル・アイコンと言えばアーセナルのチャーリー・ジョージ、マンチェスター・ユナイテッドのデニス・ロウとジョージ・ベスト、QPRのロドニー・マーシュとスタン・ボウルズ、そして我らがケニー・ダルグリッシュだった。ジョニー・ロットンが出てくるまで、ポップスターにはピンとこなかった。

俺がその頃毎日着ていたのはロード・アンソニーの黒のハリントン・ジャケット、赤のタータンの裏地が付いたやつだ。紺のVネックのスクールセーターの下には茶の軽いコットン製で半袖のサイモン・シャツ。パンツはハイウエストの黒のオックスフォード・バッグズか、バーミンガム・バッグズを履いていた。このウールとポリエステルのズボンは腰と太ももはタイトだが、裾が太く、膝から下はAラインみたいに広がっている（ウィガン・カシノというクラブで踊っていたノーザン・ソウルの連中が同じパンツを履いていた）。「スキナーズ」も大流行した。オックスフォード・バッグズと同じカットだが、素材が柔らかく――インディゴか起毛デニムだった――色も薄いブルーで、それにジャクソン・ポロック風の点描を施したり、風呂や洗濯機でブリーチをかけたりしていた。くるぶしが見えるほど短く履く連中もいて、タフな奴ならドクターマーチンの「ボヴァー・ブーツ」、じゃなきゃ派手なプラットフォーム・シューズを見せる。俺はいつもアディダスのサンバのスニーカー、もしくは黒革のブローグ靴を履いていた。髪をフェザーカットにするのはカスカート・ロードの美容室。「スター」のセーターは着たかもしれないし、着なかったかもしれない。この流行りの服はVネックで裾は3インチのリブ編み、半袖の袖口もタイトなリブになっていて、すごくフェミニンだった。衿と裾が同じ色で、身頃と袖が別の色。セーターには星が3つと左腕にふたつの輪が編まれていて、アメリカ50年代のカレッジ・ボーイのファッションにインスパイアされていた。そのスタイルで有名だったのがベイ・シティ・ローラーズとギルバート・オサリバンだ。

1973年には、リーバイスの黒のステイ・プレストを持っていた（フレアじゃなく、スウェードヘッドが着るようなシャープでストレートなカットだった。彼らはそれに茶のモンキー・ブーツ、軍の放出品に黄色の靴紐を締めていた）［スウェードヘッドは70年代イギリスの若者のトライブ（族）のひとつ］。リーバイスを売っていたのはトロンゲート・ロードのディーズと、ギャロウゲイトとロンドン・ロードの交差点、グラスゴー・クロスの角にあるクレイジー・ハウスという大きな衣料店だった。グラスゴーの労働者階級の不良たちは、70年代最新のストリート・スタイルで着飾るため、毎週このふたつの店に通いつめていた。全身をグレンチェックのスーツ、もしくは同素材のクロンビー・コートでキメた男の子たちが歩いていたのを覚えている。もしくは上は白シャツで袖をロールアップし、それにグレンチェックのズボンとサスペンダー。ズボンの裾は大きく折り返して、派手なプラットフォーム・シューズとカラフルな縞の靴下を見せびらかすのが決まりだった。偉大なグラム・バンド、スレイドがそれを流行らせたのだ。

グラスゴーのストリート・スタイルにおいては、ディーズとクレイジー・ハウスはまだ手始めで、最初に行くような店だった。本当にイケてる連中、「リーダー・アフ」（グラスゴーでギャングのリーダーはこう呼ばれる）はまっすぐ、アーサー・ブラックという仕立て屋に足を運んだ。欲しいシャツやジャケット、ズボンの絵を描いて持っていくと、アーサーが寸法を測り、型紙を作り、布を裁って、貴重なビスポークを仕立ててくれる。色も選び放題。みんなとてつもなく目立つ服を作った。幅広の大きなギャングスター風の衿、パッチポケット付きのダブルのスーツ。色はパウダーブルーみたいな50年代のロックンロール・スターのカラーで、黒の手縫いステッチが入ることもあった。合わせるのは衿の高い、ボタンダウンのツートーン・シャツ。基本はベン・シャーマンのスタイルで、そういうシャツは必ず心臓の真上に、流麗でクラシックな字体で名前のモノグラムが入っていた。時には肩布だけ違う色だったり、ボタンが余計についていたり、キャッスル・ポケットやエポーレットがあったり、着る人ごとのディテールがある。アーサー・ブラックのシャツは見るとすぐにそれとわかった。自慢げに着ている人の体型にぴったり合っていて、最高にシャープなのだ。完全にパーソナライズされた注文服、ストリートの制服だった。そういうキッズにとってストリートは舞台で、これ見よがしに歩いている。でもちょっかいは無用だ。彼らはリスペクトを要求した。俺が知るかぎり、あのシャツとスーツは選ばれたスタイルであり、着る人の階級とスタイルを示していた。ただ着こなすには大胆さが必要で、俺はあのシャツをどうにかして着たいと思っていたが、自分にそんなストリートのタフさがあるとは思えなかったし、買えるような金があるわけでもなかった。

最初にポップ・チャートをちゃんと気にしはじめたのは、１９７２年にマウント・フロリダに引っ越した時だった。以来、俺はこんな曲と恋に落ちた。

モット・ザ・フープル
〝オール・ザ・ヤング・デューズ〟
〝ザ・ゴールデン・エイジ・オブ・ロックンロール〟
〝ロール・アウェイ・ザ・ストーン〟
〝ホナルーチー・ブギー〟

スパークス
〝ゲット・イン・ザ・スウィング〟
〝ネヴァー・ターン・ユア・バック・オン・マザー・アース〟
〝ディス・タウン・エイント・ビッグ・イナフ・フォー・ボス・オブ・アス〟
〝アマチュア・アワー〟

スウィート
〝ブロック・バスター！〟
〝ザ・ボールルーム・ブリッツ〟

〝ティーンエイジ・ランペイジ〟
〝フォックス・オン・ザ・ラン〟
〝ヘル・レイザー〟

スレイド
〝スクウィーズ・ミー、プリーズ・ミー〟
〝グッバイ・トゥ・ジェーン〟
〝カム・オン・フィール・ザ・ノイズ〟
〝ママ・ウィア・オール・クレイジー・ナウ〟

アリス・クーパー
〝スクールズ・アウト〟
〝ノー・モア・ミスター・ナイス・ガイ〟
〝エレクテッド〟
〝ハロー・フーレイ〟

スージー・クアトロ
〝キャン・ザ・キャン〟
〝48クラッシュ〟
〝デヴィル・ゲイト・ドライヴ〟

マッド

〝タイガー・フィート〟

ゲイリー・グリッター

〝ロックンロール（パート２）〟

〝アイ・ディドント・ノウ・アイ・ラヴド・ユー（ティル・アイ・ソー・ユー・ロックンロール）〟

〝アイム・ザ・リーダー・オブ・ザ・ギャング〟

〝ドゥ・ユー・ウォナ・タッチ・ミー〟

〝ハロー！ ハロー！ アイム・バック・アゲイン〟

デヴィッド・ボウイ

〝ライフ・オン・マーズ？〟

〝スペース・オディティ〟

〝ザ・ジーン・ジニー〟

〝サフラジェット・シティ〟

〝スターマン〟

〝ドライヴイン・サタデー〟

〝ジョン、アイム・オンリー・ダンシング〟

〝ソロウ〟

〝レベル・レベル〟

ルル（プロデュースはボウイとロンソン）
〝マン・フー・ソールド・ザ・ワールド〟

ウィザード
〝シー・マイ・ベイビー・ジャイヴ〟

ハロー
〝ニューヨーク・グルーヴ〟

コージー・パウエル
〝ダンス・ウィズ・ザ・デヴィル〟

ブライアン・フェリー
〝ア・ハード・レインズ・エイゴナ・フォール〟

T・レックス
〝デボラ〟
〝ホット・ラヴ〟
〝ゲット・イット・オン〟
〝ジープスター〟
〝ライド・ア・ホワイト・スワン〟

〝20th・センチュリー・ボーイ〟
〝ソリッド・ゴールド・イージー・アクション〟
〝チルドレン・オブ・ザ・レヴォリューション〟
〝メタル・グルー〟
〝テレグラム・サム〟
〝ボーン・トゥ・ブギー〟

……ああ、俺がどれほど夢中だったか。

初めて自分の金で買ったシングル盤は、スウィートの〝ヘル・レイザー〟だった。B面にはかなりツェッペリンに影響された曲、〝バーニン〟が入っていた。弟のグレアムと俺は取り憑かれたように両面をひっくり返し、母が買い物に出ると居間に置かれたラジオグラムにかけ、フルボリュームで聴いた。ふたりとも寝室の壁には、ペイス・ポスターズという会社が作った巨大なスレイドとボウイのポスターを貼っていた。父が仕事から持ち帰ってきたやつだ。俺は「ディスク45」という小さな雑誌が好きで、そこではトップ20のヒット・シングルの全曲が論評されていた。ラジオでそういうレコードは全部聴いていたし、「トップ・オブ・ザ・ポップス」でアーティストが演奏するのも見ていたが、自分で買ったのは〝ヘル・レイザー〟だけだった。

日曜の夜にレディオ1でチャートのカウントダウンが放送されると、そこから曲を録音していた。使うのは母からクリスマスにもらった小さなカセットレコーダー。BB第83団のちょっと年上の子からレコードを借りることもあった。彼の名前はスティーヴン・ブッチャード、通りでの呼び名は「ブッチー」。恐れを知らない奴だった。時々通りでボールを蹴ったあと彼の家に行くと、部屋でレコードをかけてくれた。例えば、ザ・フーの『ミーティ・ビーティ・ビッグ・アンド・バウンシー』や『フーズ・ネクスト』、『ライヴ・アット・リーズ』。ローリング・ストーンズの『ゲット・ヤー・ヤヤズ・アウト』も持っていた。俺はブッチーに、借りてもいいか訊いた。どういう取り決めになっていたか忘れたが、レコードを返す前に彼が引っ越したのかもしれないし、あげるよ、と言われたのかもしれない。とにかくそれらのアルバムは俺のものになった。

『ライヴ・アット・リーズ』は1970年のオリジナル盤で、あのアイコニックな「マキシマムR&B」のポスターも付いていた。モッズのヘアスタイル、「ローマン」カットのピート・タウンゼントがまるで武器みたいにリッケンバッカーを抱えてるやつだ。すごくパンクだった。宣伝写真やライヴのチケット、破壊された楽器の請求書など、びっくりするようなロックンロールの記念品も同封されていた。あんなすごいパッケージは他にない。それはロックンロールというオカルトの世界、大人の世界を覗くような体験だった。俺はその後、1976年にダブル・アルバム『ストーリー・オブ・ザ・フー』を買い、ドクター・フィールグッドの『スチューピディティ』も買って好きになった。スコットランドのロッカー、ナザレスのアルバムも何枚か。彼らの〝ディス・フライト・トゥナイト〟という曲に夢中だったが、あの曲を書いたのがジョニ・ミッチェルだとはまったく知らなかった。ラジオで聴いた曲にも熱中した。ビー・バップ・デラックスの〝メイド・イン・ヘヴン〟やフォックスの〝オンリー・ユー・キャン〟、クリス・スペディングの〝モーター・バイキン〟。〝キャロライン〟や〝ダウン・ダウン〟、〝ペーパー・プレーン〟みたいなステータス・クオのシングル曲も好きだったし、ディープ・パープルの〝マシーン・ヘッド〟、それからライヴの〝スモーク・オン・ザ・ウォーター〟と〝ウーマン・フロム・トーキョー〟、〝ストレンジ・カインド・オブ・ウーマン〟が収録された7インチ盤も持っていた。『チェンジズワンボウイ』にはボウイのグレイトなシングル曲が全部収録されていた。あれはいまだにいちばん好きなアルバムのひとつだ。あのヒット曲の連続には到底敵わない。ボウイとボランの7インチは全部持っていた。アーメド一家の姉妹がくれたのだ。パキスタン人の家族はうちの通りの向かいに住んでいて、仲が良かった。

男子生徒のほとんどは学校で、ステータス・シンボルみたいに腕にアルバムを抱えていた。ピーター・ゲイブリエル時代のジェネシスやエマーソン・レイク&パーマー、イエス、ジェスロ・タルを持ってる連中もいた。ディランはほんの何人かだけ。そういうアーティストについてはレコードのジャケット以外、何も知らなかった。曲がラジオのベスト40で流れなかったからだ。ある日、休み時間にアルバムをじっくり見せてくれた奴がいた。彼が持っていたのはジェネシスの『ナーサリー・クライム／フォックストロット』のアルバムと、『ザ・ラム・ライズ・ダウン・オン・ブロードウェイ』。ジャケットには『不思議の国のアリス』みたいな奇妙でコンセプチュアルな絵、マリファナを吸う人間のファンタジーが描かれていた。そうしたカバーは不気味に見えた。理解するには、そこにずっぽりハマらなきゃいけないような。自分はプログレを聴くほどイケてない、という不安が表れただけかもしれない。

ある日、13歳の時、音楽の先生がレコードを持ってこいと言った。授業でそれをかけて話し合うからと。ある子が『ジ・イエス・アルバム』を取りだし、「いまから〝ザ・クラップ〟という曲をかけます」と言った。俺はそいつが先生をからかっていると思った。きっとアレックス・ハーヴェイの〝ネクスト〟みたいな、性病や娼婦についてのいやらしい曲をかけるんだろう、と。でも〝ザ・クラップ〟は単にだらだらした退屈なアコースティック・ギターのインスト曲で、俺にはまったく響かなかった。ただギタリスト（スティーヴ・ハウ）にすごい才能があることはわかった。スージー・クアトロやモット・ザ・フープルみたいにエキサイティングで騒々しくもなく、アレックス・ハーヴェイが〝デライラ〟や〝フェイス・ヒーラー〟を歌う時みたいな恐ろしさ、邪悪さもない。俺はあの時以来イエスやプログレッシヴ・ロックを嫌っているが、ロジャー・ディーン［イエスをはじめとしたプログレのアルバム・ジャケットの多くを手がけた画家］の幻想的なポスターは何枚か持っていた。1枚はオシビサのジャケットで、蚊のような羽根を持つ象が飛んでいるSF風の絵。もう1枚では蝿のような宇宙船がどこかの星に着陸している。すごくトリッピーで原始的でサイケデリックな、エアブラシで描かれたSFアートだ。その2枚はどっちもアーガイル通り、ホワット・エヴリ・ウーマン・ウォンツ［イギリスのディスカウント・チェーンで、店名は「すべての女が欲しがるもの」］の隣にあるヴァージン・ストアで買った。

毎日放課後にはサウンド・トラックをぶらつき、棚のアルバムを見ていた。このレコード屋のオーナーはいい人で、俺に金がないのを知っていたのだろう。レコードを買うことはほとんどなかった。それでも彼は俺に店をうろつかせてくれた。俺は70年代のハード・ロックを掘りかけていたが、ポップ・ミュージックも大好きだった。ブライアン・フェリーやジ・オージェイズ、ホール&オーツ、スタイリスティックス、ビリー・ポール、デルフォニックス、エルトン・ジョン、ロッド・スチュワート、ザ・スティーヴ・ミラー・バンド、イーグルスにだってグレイトなシングルがあった。キキ・ディーの〝アイヴ・ガット・ザ・ミュージック・イン・ミー〟は至高だった。うちの学校を代表するいちばんのバンドと言えば、センセーショナル・アレックス・ハーヴェイ・バンドだろう。バンドの派手なコミック風のロゴは大抵刺繍のパッチとして男子生徒の（ラングラーの）Gジャンを飾っていたし、机にはペンとインクで落書きされていた。ハーヴェイは地元の出身で、俺たちのひとりだった。長年努力したのちに成功した、グラスゴーの男。彼のセンセーショナルなバンドにはそのままの名前がついていた。彼らはストリートのハード・ロックと船乗りの歌、マーダー・バラッド、そしてワイマールの退廃を混ぜ合わせて人気となり、イギリスのポップ・チャートやコンサート会場を席巻していた。アレックスは文学的な男で、下積みが長かった。最初は50年代、コンペティションで優勝して「スコットランドのトミー・スティール」［トミー・スティールはロンドン出身の歌手、俳優］と呼ばれた。ビートルズがハンブルグで活動していた時期には同じ街でミュージカル『ヘアー』のキャストに名を連ねていた。それからティアーガスという名の不良たちと組み、センセーショナル・アレックス・ハーヴェイ・バンドを結成する。俺はブッチャーから『ネクスト』を借りたが、あのアルバムはジャケットだけでも興奮した。アレックスが舞台のマイクスタンドの前に立ち、スタンドから黄色い布が垂れている。着ているのは白黒ボーダーの長袖シャツ。彼は袖を肘までまくり、両腕をかざし、何かを非難するように指差している。

よくあるロックスターの救世主気取り、十字架にかけられたポーズだ、と言う人もいただろう。でも実際、あれはグラスゴーの男がよくやる仕草で、敵に「かかってこい」と言っているのだ。グラスゴーでは誰かがあんなふうに立っていて、「来いよ、飯もできてるぞ!」と叫んだら、それは脅しであると同時に、挑戦でもある。あのイメージはグラスゴーの若者に響いた。俺はあのアルバムをむさぼるように聴いた。A面の最初の曲、〝スワンプスネイク〟のいかがわしく、男根的なブギー・シャッフルに眉間を撃ち抜かれると、すぐに〝ギャング・バング〟の不道徳でディオニュソス的な狂乱へ雪崩れ込む。俺はまだ童貞だったから、あの解き放たれたリビドー、その素晴らしさを称えるオーガズムのような音楽のせいで、ワイルドでポルノな想像で頭がいっぱいになった。猛攻撃は続くが、ハーヴェイは次にとっておきを繰りだす。俺のイノセントな10代の意識は最後の誘惑を待っていた——そして完全に吹っ飛ばされ、永遠にねじれてしまうことになる。俺のソウルはハード・ロックの黒魔術のオペラ、〝ザ・フェイス・ヒーラー〟の暗い渦に深く吸い込まれてしまったのだ。この異教のアンセムでは脈打つシーケンサーの上にサウンドが構築され、そこにザル[・クレミンソン、ギタリスト]のパワー・コードと、ドラマティックに上下するバイロイトの稲妻のようなリード・ラインが乗っている。アレックスはまさにタイトル通り、シャーマンのような異教の司祭を演じていて、リヒャルト・ワーグナー[19世紀、ワイマール時代のドイツの作曲家]がロック・バンドを率いているようだ。いったいどうやってグラスゴーからこんな男、こんなバンドが出てきたんだ? セルティックは俺にグラスゴー人としての誇りを持たせてくれた。だがこれは? 彼はただ俺と同じ場所、トレードストンの出身ってだけだ。

学校ではどこへ行っても「ヴァンボ」とか「ヴァンボが支配する」と落書きされていて、壁に銀のペイントでスプレーされていることもあった。ヴァンボとは、アレックス・ハーヴェイの想像上のキャラクターであることを俺は知った。このスーパーヒーローのギャングのボスは、ファンに「自分の給水源に小便するな」とか、「妹たちを守れ、レイプに栄光なし」とか助言を与える。10代のファンの生活にどんなことが起きても、いつものムカつく日常でも、つねにヴァンボが「助けにくる」のだけは確かなのだ。あの男はオルタナティヴなユニヴァースを創造し、10代のファンを空想という冒険に連れだした。彼の曲にはものすごいキャラクターが揃っている。フューリー軍曹、トマホーク・キッド、フェイス・ヒーラー、大理石の目を持つヴァンボ、ミッドナイト・モーゼス、石食い巨人、イゾベル・ゴウディー、そしてスワンプスネイク。〝アクション・ストラーセ〟みたいな曲は、聴く者をハンブルグの悪名高い歓楽街、レーパーバーンに引きずり込む。水夫や娼婦、麻薬売人やストリッパーがひしめく、危険で汚れたロックンロールの港町だ。彼のバンドはトム・ジョーンズの60年代のメロドラマティックなイージー・リスニングのヒット曲〝デライラ〟を奪い、ジョーンズは匂わせるだけだった復讐や暴力の感覚をすべて具体化した。あれは恐ろしい、血塗れのレコードだ。彼が最後のライン、「デライラよ、許してくれ、俺はもう耐えられなかった」と歌うと、思わず信じてしまう。俺がトム・ジョーンズを信じたことはないかもしれないが、アレックス・ハーヴェイは信じた。

ある夜、父は帰宅すると、ゴーヴァンのバーでアレックス・ハーヴェイその人と飲んでいたと言った。父はアレックスの弟、レスの知り合いと友だちだった。レスはストーン・ザ・クロウズのメンバーとして有名で、ステージでアースに繋がっていないアンプに自分のギターを挿し、感電死した。控えめに言っても、俺は父に感心した。どう考えても、俺の生活に〝ネクスト〟みたいな曲を聴く心づもりができるようなものは一切なかった。罪と退廃と性病を歌う病んだタンゴ、怯えた童貞の若い兵士が語る、愛のない物語。元はベルギーのソングライター、ジャック・ブレルによる生々しくハードで、容赦のない詩だ。あの曲でハーヴェイは、ワイマール時代のキャバレーの歌手のように半分歌い、半分話しながら、皮肉でおどけた調子で語り手の「罪深い裸の兵士」となり、他の100人と一緒に列に並んでいる。

イノセンスが失われた時、俺はまだ子どもだった
それは軍の移動慰安所でのことだった

自分の番を待つ裸の兵士たちの尻をゲイの副官が叩き、彼は歌う。「俺の濡れたペニスにかけて誓う／それ

は初めての淋病の味だった」。暗いエロティシズム、ロマンスのない悪夢のような曲。それは機能的で残酷な大人のセックスという愛のない世界への入り口だった。

「ジ・オールド・グレイ・ホイッスル・テスト」［BBCの音楽番組］でセンセーショナル・アレックス・ハーヴェイ・バンドが〝ネクスト〟を演奏する映像がある。ハーヴェイは画面いっぱいに、性的に未熟な語り手が経験する屈辱、そして怒りを演じている。彼の表情は不安から恐怖、自己憐憫へと変わり、最後に憤怒が表れる。驚くべきパフォーマンスだ。あの悪意に満ちた存在感。ハーヴェイのストリート・ギャングのキャラクター、ヴァンボに対して、ギタリストのザル・クレミンソンはその脅威を引き立てるような存在だった。不気味なピエロのメイクアップ、カラフルなスーパーヒーロー風のジャンプスーツ、さらに『時計じかけのオレンジ』風の股間を覆うコッドピースとプラットフォーム・ブーツで、ドルーグ［映画『時計じかけのオレンジ』に登場する不良たち］のイメージが完成する。アレックスのギャング・リーダー的ペルソナに対して、それは欠かせないものだった。

俺にとって1976年の長く暑い夏をもっとも象徴する曲が、シン・リジィの〝ザ・ボーイズ・アー・バック・イン・タウン〟だ。あちこちで流れていた。タフなストリートのロックと、まるでロネッツのような切なく、美しいポップ・メロディの組み合わせ。そこにスプリングスティーン風のマイナー・コードが鳴り、ストリートの詩人、フィル・ライノットが男の友情を歌い上げる。あれは完璧なレコードだった。ただただパーフェクト。俺は「トップ・オブ・ザ・ポップス」でシン・リジィを観て、ライノットの姿に魅了された。しなやかな痩身、背が高く、めちゃくちゃにハンサムな黒人のアイリッシュマン。タイトなブルージーンズにスタックヒールの靴を履き、銀ラメが入ったグラムなカウボーイ・シャツ。その緩いシャツを胸の半分までボタンを外し、銀のネックレスを見せている。髪はジミ・ヘンドリクスのようなきついアフロだった。彼はとにかく自信に溢れ、とんでもなくかっこよかった。ハンサムで、ソウルフルで大きな目、抜け目なくチャーミングな微笑み。ロックンロール野郎の仕草は間違いなく、誘惑というダークな技に長けている証拠だ。女たちは皆彼に恋したが、不思議はない。バンドを構成するのは手練のドラマーのブライアン・ダウニー、そしてカリフォルニア出身のスコット・ゴーハムとグラスゴー人であるブライアン・ロバートソンのツインギター・アタックを擁していた。

その年、俺は「グラスゴー・イヴニング・タイムズ」紙にライヴの広告が載っているのに気づいた。

10月28日土曜日
アポロ・シアター
シン・リジィ
+サポート・アクト
クローヴァー

すぐさま、絶対行かなきゃ、と思った。俺はその頃発売され、チャートを上昇中のシン・リジィの新譜に夢中だった。〝ドント・ビリーヴ・ア・ワード〟。下品なロックンロールといやらしいブギー、野良のシャッフルがセックスとエロティックな危険を漂わせている。ライノットはあの曲で獲物に向けた本当の目的をさらけだしていた。俺は自分の世代で、ライノットと性的な一夜を過ごすのを夢見なかった女性に会ったことがない。愛人であり、アイルランドの詩人でもある、アフロセントリックなハード・ロッカー。唯一の問題は、アポロ・シアターがどこにあるのか俺にはさっぱりだったことだ。しかも土曜の夜にひとりで街に出かけたこともなかった。

俺はプランを練った。学校で挨拶を交わす程度の仲だった、アラン・マッギーという少年がいた。そいつはいつも近所でロックのアルバムを抱えて歩いていた。マッギーは毎日学校の帰り、37番のバスに乗ってカスカート・ロード、キングス・パークのバス停で降りる。小さなボーリング・クラブの真向かいだ。俺たちは10代の男の子がやるような、ちょっとうなずく挨拶はするが、言葉を交わしたことはなかった。ロックのライヴに行ったことがある知り合いは誰もいなかったが、マッギーなら行ってるだろう、と俺は当たりをつけた。そこでグラスゴーの電話帳でマッギー姓を探し、彼が住んでいそうな住所の番号を見つけた。かけると、彼の母親が電話に出た。誰か訊ねられて、俺はボビー・ギレスピーだと答えた。

彼が電話口に出ると、俺はこう言った。「アラン、ボビー・ギレスピーだ。俺と一緒に今晩、アポロでシン・リジィがライヴやるのを観にいかないか?」。

マッギーは答えた。「うん、何時に待ち合わせる?」。

「マウント・フロリダのバス停に7時はどうだ?」。

「オッケー、じゃあその時に」。

それで決まりだった。俺は興奮すると同時に怖くなった。何が起きるか予想もつかなかったのだ。俺にはまったく準備ができていなかった。

俺たちは7時にバス停で待ち合わせ、31番のバスで街に向かい、セント・イノック広場のターミナルで降りた。そこからはずっとレンフィールド通りを歩き、その先にアポロ・シアターがあった。ほとんどが10代の少年の列に並んでいると、皆大抵上下ともデニムを着ていて、ラングラーのGジャンの背中には好きなバンドの名前が描かれていた。俺たちはなんとか2枚チケットを買った。立見席の後ろのほうで、幸運にもまだ売り切れていなかった。

アポロは30年代から、グリーンズ・プレイハウスとして知られていた。会場には約4500人が入り、主なロック・バンドはみんなそこで演奏していた。ローリング・ストーンズ、ザ・フー、ロキシー・ミュージック、デヴィッド・ボウイ、センセーショナル・アレックス・ハーヴェイ・バンド、レッド・ツェッペリン、ステータス・クオ、イーグルズ、エルトン・ジョン、ロッド・スチュワート。アポロの観客は音楽業界において、音楽のヒーローに対する極端な情熱、熱狂的な反応で知られていた。彼らがオープニング・アクトを気に入らなかったら、もう救いようがない。それは伝説的な会場だった。あそこで「ライヴ・アルバム」を録音したバンドも多い（70年代にはライヴのダブル・アルバムを作るのが流行していた。ステータス・クオもロキシーもアポロで録音している）。グラスゴーのファンのクレイジーな大歓声を受け、バンドが死力を尽くすからだ。グラスゴーではいい演奏をしないと、生きたまま喰われてしまう。それはミュージック・ホール時代に遡る伝統だった。1日中働き詰めだった人々は、まっとうな娯楽を求める。男でも女でも、舞台の上のマヌケがベストを尽くさなかったら、代償を払わされるのだ。グラスゴーではナイフや手斧、瓶や他の物がパフォーマーに投げられ、悲鳴をあげさせた逸話が残っている。ニック・ケイヴは俺に、初めてグラスゴーでバースデイ・パーティのライヴをやった時の話をしてくれた。会場はソーキーホール通りのナイト・ムーヴズ。彼が自分の歌に浸っていると、突然濡れるのを感じたそうだ。天井から水が漏れているのかと思って上を見ると、ふたりの男がペニスを出し、ステージ上のバルコニーから小便をかけていたという。俺は彼に言った。「ニック、少なくともそれは気に入られたんだ。じゃなかったらどうなってたと思う?」。

ライヴではまずクローヴァーが出てきた。アメリカ西海岸のソフトなカントリー・ロック・バンドで、もしかするとヒューイ・ルイスがハーモニカとヴォーカルを担当していたかもしれない。彼らはスティッフ・レコードから出たニューウェーヴの名盤、エルヴィス・コステロの『マイ・エイム・イズ・トゥルー』でバック・バンドもやっている。だが俺たちはクローヴァーにはほぼ注意を払わず、シン・リジィのマーチャンダイズを売っているホールへ向かった。その時に買った『ジョニー・ザ・フォックス』のツアー・プログラムはいまでも持っている。それから暗い会場に戻り、自分たちの席に着くと、リジィを待った。照明が落ち、全員が立ちあがると、まるでフットボールの試合でゴールが決まった瞬間のような歓声が湧き起こった。俺は息を呑んだ。突然奇妙なパトカーのサイレンが鳴り響くと、リジィがステージに現れた。巨大なPAシステムの山のてっぺんで非常灯の赤い光が回転し、バンドが〝ジェイルブレイク〟の最初のコードを鳴らした瞬間、このうえない正確さでスモークが爆発した。なんという登場！　スモークが薄れると、フィル・ライノットはスコットランド代表のシャツを着ていた。半袖、濃紺のアンブロのユニフォーム、袖にはダイヤ柄のストライプ。彼は黒豹のように舞台をうろつき、黒のフェンダー・プレシジョンのベースをライフルのように構えていた。彼のベースには鏡のようなスクラッチプレートが付いていて、動くたびに照明が反射し、観客に差し込む。俺は一晩中、彼のベースが放つビームにさらされていた。フィルは俺を指してる、俺は選ばれたんだ、と本当に思った。それはマッギーには言わなかった。いや、言ったかもしれない。きっとイカれてると思われただろう。

俺はその夜、フィル・ライノットとシン・リジィにロックンロールの童貞を捧げた。心も体もロックンロールの聖霊で満たされ、二度と元には戻らなかった。ライノット、ダウニー、ゴーハム、ロバートソンというシン・リジィの最初のラインナップが俺の10代のソウルにストリート・ロックの生々しいパワー、グラムのぞくぞくするようなセクシュアリティを注入し、一変させたのだ。リジィへの愛は決して消えないだろう。彼らは自分で見つけた最初の音楽への愛で、今日まで俺をインスパイアしつづけている。フィルは偉大な、真のワーキングクラス・ヒーローだった。あらゆる少年が彼になりたがり、あらゆる少女が彼とファックしたがった。最高にシャープな服を着て、ストリートの喧嘩も軽くいなしてしまうように見えた。ロマンティックな詩人であり、究極のロッカーだった。１９７６年のクリスマス、俺は母に『ジョニー・ザ・フォックス』のアルバムをねだった。弟のグレアムは『ジェイルブレイク』を買ってくれた。あのアルバムには〝ザ・ボーイズ・アー・バック・イン・タウン〟、それにゴージャスでロマンティックな〝カウボーイ・ソング〟が収録されている。あの曲の物語を、俺はプライマル・スクリームの全米ツアーで自ら体験することになる。だがそれは先の話だ。俺はまだそこまで考えていなかった。俺のロックンロールとのロマンスは始まったばかりだった。

Part Two (1977–1981)

4 見習いパンク Apprentice Punk

グラスゴーのバトルフィールド地区にはグロリアズ・レコード・バーという店があった。俺は時々そこへ行ってウィンドウを眺めていた。カウンターの男にお勧めを訊くのは恥ずかしくてできなかった。ガラスに入れられた『イン・ザ・コート・オブ・ザ・クリムゾン・キング』があったのを覚えている。なんのレコードかは知らなかった。いいジャケットだな、と思っただけだ。

1977年は初めから、何か新しいことが始まっている空気があった。「スーパーソニック」でダムドを観たのを覚えている。派手なマイク・マンスフィールドが司会をしていた音楽番組だ。彼はスタジオ上部にあるコントロール・デスクからそれぞれのバンドを紹介していた。「キュー、T・レックス、キュー、ティナ・チャールズ、キュー、デヴィッド・エセックス、キュー、ビー・バップ・デラックス」みたいな調子で、おどけてスタジオの技術者を指差す。イギリスのテレビに初めて出演したパンク・バンドを、俺はこの番組で観たのだ。演奏されたのは〝ニート・ニート・ニート〟。わくわくした。曲は速くてハードで、俺はあんなのをそれまで見たことも、聴いたこともなかった。あの時点で俺はストゥージズなんかについてはまったく無知だった。ディープ・パープルとナザレスが好きだったからハード・ロックは少しかじっていたが、パンク・ロックはまた別物だった。

初めて音楽紙「NME」を買ったのは1977年のイースターで、クラッシュが表紙を飾っていた。真ん中にポール・シムノン、ミック・ジョーンズとジョー・ストラマーが両脇にいる。3人ともジョニー・ロットンと同じ、ぎざぎざの短髪だった。それは視覚的にも、文化的にも衝撃だった。1977年初めと言えば、みんな長髪だったのだから。クラッシュはセルフ・タイトルのファースト・アルバムをリリースしたばかりだった。俺はサウンド・トラックに行ってジャケットを見た。画像は粗く、まるで失敗したコピーみたいだった。色は3色のみ。バンドの写真がマットな黒で印刷され、その左右を暗いアーミーグリーンが囲っている。蛍光のオレンジっぽい赤で目に飛び込んでくるのは切り裂かれてぼろぼろになったバンドのロゴ。3人のミュージシャンは路地でギャング風のポーズを取っていて、いまにもこっちの頭を蹴ってきそうだ。全員細いパンツを履き、上は60年代風の「バム・フリーザー」、3つボタンのモッズ・ジャケットだった［バム・フリーザーは尻を冷やすような短いジャケット］。フレアのパンツやオックスフォード・バッグズ、大きな衿のアル・カポネ風ジャケットが流行っていた当時のカルチャーとは真逆だった。レコードをひっくり返すと、さらにすごかった。そこには前年8月のノッティングヒル・カーニバルでの暴動で、黒人の若者たちが白人警官と争っている場面が印刷されていた。俺はその頃BBC2で父と一緒にそのドキュメンタリーを観たばかりで、若いブラックの連中が人種差別や警察の暴力と闘う姿に興奮し、インスパイアされていた。すると曲のタイトルが目に入ってきた。〝アイム・ソー・ボアード・ウィズ・ザ・USA［アメリカには飽き飽きだ］〟、〝ホワイト・ライオット［白い暴動］〟、〝ヘイト・アンド・ウォー［憎悪と戦争］〟、〝ロンドンズ・バーニング［ロンドンは燃えている］〟、〝ポリス・アンド・シーヴズ［警官と泥棒］〟。どれも通常のタイプライターの字体をコピーしたように歪んでいる。パッケージのすべてが視覚的にバイオレントで荒々しく、当時流行していたピンク・フロイドやツェッペリンやヒプノシスらのコンセプト・アートっぽいグラフィックとは驚くほど対照的だった。

そのレコードを手に持つだけで俺は興奮した。理由はわからなかったが、危険で、違法なものだと感じた。まるで郵便爆弾でも持っているように。俺はその時、自分が反社会的な逸脱行動をしようとしていると感じたのだ。実際、それは文化におけるマインド・ボムだった。俺は緊張してサウンド・トラックのカウンターの男に金を渡し、まっすぐ家に帰ると、即座にレコードを親のラジオグラムに乗せ、音量を最大限まで上げた。アンフェタミンに駆られたハイエナジーのロックンロールと、70年代の都市のストリート・ポエトリー。その混合は俺のまだ成長途中だった10代の意識を粉々に吹き飛ばした。人生では、怖いものはつねに最高のものだ。

俺はすでにレコード店の男から、60年代後半から70年代前半にかけたロックのシングル盤を何枚か買っていた。ジェスロ・タルの〝リヴィング・イン・ザ・パスト〟、ディープ・パープルの〝スモーク・オン・ザ・ウォーター〟。でも彼の店のレコードの大半についてはさっぱりだった。スティーリー・ダンの『ザ・ロイヤル・スキャム』があったのを覚えている。あのアルバムのジャケットはイカれていた。棚をあさってレコードを見ていると、バンドやアーティストは知らなくても、ジャケットだけで楽しかった。とにかく心惹かれた。

レコード・ジャケットには俺に魔法をかけるようなところがあった。まだ音楽ファンとして熱心にレコードを買うようになる前から。ジャケットのカバー・アートは、俺が最初に触れたヴィジュアル・アートだったのだ。ビー・バップ・デラックスのアルバム、髑髏をギターにした『アックス・ヴィクティム』や裸の女性が太陽にギターを掲げる『サンバースト・フィニッシュ』は面白かったが、そんなに魅力は感じなかった。あれは70年代ロックの「コンセプチュアル・アート」的なスタイルで、思わせぶりに知的な趣味のよさを見せつけていた。全然ストリートじゃない。でもラモーンズやクラッシュの初期のアルバムのカバーはバンドの写真で、彼らは壁にもたれて立ったり、路地にいたり、俺がよく知る場所にいた。センセーショナル・アレックス・ハーヴェイ・バンドのアルバムにはマーベル・コミック風の絵が描かれているのが大好きだった。その世界に飛び込んで、逃避できる気がした。

俺からすると、ファッションではボウイとブライアン・フェリーが飛び抜けていた。〝ラヴ・イズ・ザ・ドラッグ〟の頃のフェリーの前髪の長いウェッジカット、茶のアーミーシャツの袖をロールアップし、黒のタイをシャツに入れる着こなしは忘れられなかった。なんてクールなんだ、と思ったものだ。彼の後ろにいる、ロキシー・ミュージックの3人のグラマラスなバックシンガー（ザ・ロネッツだ）もミリタリーシャツに50年代風の黒のペンシルスカートを履いていた。なんとファビュラスだったことか！「ソウル・トレイン」で〝ゴールデン・イヤーズ〟を歌ったボウイは青のバギーなスーツを着ていて、スタイルという点ではあれも俺の記憶に深く残った。

俺にはもっとパンク・ミュージックを聴く必要があった。そこへセックス・ピストルズが〝アナーキー・イン・ザ・UK〟という曲をリリースして発禁になった、という噂が入ってきた。めちゃくちゃにエキサイティングだった。あいつらは国にとって本当に危険な存在なのだ。それはIRAの時代で、ドイツには赤軍（バーダー・マインホフ・グループ）が、イタリアには赤い旅団がいた。そしてPLO（パレスチナ解放機構）。爆弾と誘拐、飛行機のハイジャックの時代、カルロス・ザ・ジャッカル［ベネズエラの国際テロリスト］の時代だ。「アナーキー」が何かはよくわからなかったが、それが国の体制側に危険視されているのは理解していた。俺は父に、彼なりのアナーキーの定義を訊いた。すると父は、「思想としてはすごいが、実践に移すのは困難だ」と答えた。なんにせよ、俺にはスリリングで、もっと知りたくなった。俺はなんとか街のブロッグズというレコード店で、フランスのバークレイ・レーベルから出た輸入盤を買った。カバーには引き裂かれたユニオン・ジャックに「イギリスでは発売禁止」と書かれていた。ピストルズがビル・グランディの番組に出演して汚い言葉を連発し、メディアが大騒ぎになったあと、EMIはあのシングル盤を回収した。世間に出たのは数千枚のみ。つまり俺みたいな信者にとって〝アナーキー・イン・ザ・UK〟は砂金のように貴重なレコードだった。イギリスのEMIのオリジナル盤はシンプルな黒の紙ジャケットに入っていたが、フランス盤はひどく質の悪い、粗いコピーのジャケットで、それが俺の新たな美意識、その頃進化しつづけていた美意識に即座に訴えかけてきた。シングルのアートワーク、そして曲の歌詞の扇動的な組み合わせに俺はぞくぞくした。もちろん、40年経ったいま振り返ると、マルコム・マクラーレンによる巧妙なマーケティングだったとわかる。ギー・ドゥボールの状況主義理論をセックス・ピストルズに使うのは天才的な計略だった。資本主義を批評するのに資本主義を用いたのだ。不満を抱える10代の反抗的エナジーを搾取し、資本主義のレコード会社を儲けさせた、というのもひとつの見方だ——「反抗を換金した」とジョー・ストラマーは見事に、そして正しく歌った。一方、同時にその10代の年齢層のうち、より好奇心を持つキッズにとっては、マルコム・マクラーレンの監督下にあったピストルズが文化的、そして政治的な視点を広げていったことも確かだ。少なくとも俺の考えでは、そこにこそマクラーレンの才覚がある。文化的な革命で儲けようとする彼の本能は、最悪の意味では場当たり的でシニカルだった。最高の意味ではヒロイックだったのだ。

DJのジョン・ピールは音楽紙「サウンズ」で毎週コラムを書いていた。ページには裸の彼が浴槽にいる写真が載り、横には学校の制服姿の若い女の子が立ち、うっとりと彼を見つめていた。セックス・ピストルズの曲をかけるとしたらこの男しかいない、と俺は思った。その数か月前の深夜、俺はラジオをレディオ1に合わせ、ジョン・ピール・ショウを聴いていた。彼が何かすごいのをかけたらすぐ録音しようと、カセットプレイヤーを待機させて。そこでピールがある曲を紹介した。あの独特の皮肉な、時にはせせら笑うような口調で、「エリック・クラプトンの新作からの曲です」と。俺はそれを録音した。〝ハロー・オールド・フレンド〟という曲だった。

やあ、旧友よ
おまえにまた会えて、顔を見られて本当に嬉しいよ

こう思ったのを覚えている。まるでクソ親父みたいじゃないか、こんなのロックンロールじゃない。言っておくが、俺の父はもうちょっと過激だった。

そのせいで俺は彼の番組を聴かなくなった。そう、1977年のある夜にピールが〝ゴッド・セイヴ・ザ・クイーン〟をかけるまでは。俺は弟とそれを聴き、まるで聖霊に憑依されたような、感電したような気分になった。その時の感覚は到底言葉にできない。あれほど圧倒的な体験は人生でそれまでなかったからだ。以降、

俺は改宗した。光を見たのだ。弟も何も言えずにいた。俺たちは目を合わせ、このレコードを買わなきゃいけない、と悟っていた。

翌日、俺たちは金をかき集め、俺ひとりでレコード屋に行った。俺は職に就いていなかったし、ただの学生だった。新聞配達も何もしていなかった。すごく緊張して――くそ、この場で逮捕されるかもしれない、と思いながら――サウンド・トラックに足を踏み入れ、カウンターの店主にこう言った。「セックス・ピストルズの〝ゴッド・セイヴ・ザ・クイーン〟はある?」。

「ああ、あるよ」と彼は言い、俺にシングル盤を渡した。紺のジャケットはジェイミー・リードによるあの冒涜的なイメージで、女王の目と口が裂かれ、「セックス・ピストルズ」、「ゴッド・セイヴ・ザ・クイーン」の文字が切り貼りされている。映画で見た誘拐犯からの身代金の要求のようだ。俺は60ペンスを渡した。俺は買った。それはまるで酔うような体験で、解放的であると同時に逸脱的だった。俺は急いで店を出た(王党派の警官に通りで捕まえられるかもしれないと思ったのだろう)。サウンド・トラックと書かれた茶の紙袋に入ったレコードを手に持ち、カスカート・ロードの横断歩道を渡り、スタンモア・ロードの坂を駆けあがって、家までずっと走った。

グレアム(その時のストリートでの呼び名はグリンゴで、のちに彼はジャッジとして知られるようになる)は俺を待っていた。「手に入れた?」と彼は訊いた。俺が袋からレコードを取りだすと、グレアムはおかしくなったみたいににやっと笑った。黒の7インチ盤を引っ張りだし、両親のレコード・プレイヤーの上に置く。俺たちは音量を最大限に上げた。父母はともに仕事に出ていて、俺たちはただただ、絶頂を感じていた。あの瞬間、ふたりで心理的(サイキック)な脱獄を体験したのだ、と俺は信じている。あの日、俺たちの感じ方、考え方、服の着方、自分や世界に対する見方は永遠に変わってしまった。まあ、服や見かけや思想をとことん磨いてシャープにするには、それから数年間パンク・カルチャーに浸る必要があった。でもあそこからはもう振り返らなかった。俺たちには未来へのもうひとつのルートが提示された。あの瞬間、ダマスカスへの道が開けたのだ。グラスゴーのあの暑い夏の日、俺たちが感じたことは言葉では言い尽くせない。

俺たちはレコードをひっくり返し、B面の〝ディド・ユー・ノー・ロング〟を聴いた。その日はずっと〝ゴッド・セイヴ・ザ・クイーン〟をかけ、〝ディド・ユー・ノー・ロング〟をかけ、リピートで〝ゴッド・セイヴ・ザ・クイーン〟と〝ディド・ユー・ノー・ロング〟を聴きつづけていた。

でももちろん、そのことは他の誰にも言えなかった。パンクにハマっている知り合いはひとりもいなかった。少なくともステータス・クオやヴァン・ヘイレンが好きな仲間、デニムのフレアパンツを着て髪をフェザーカットにしてる連中がハマっているはずがない。それは恐ろしく、ぞっとすると同時に、何かすごいことでもあった。

それから何週間かの間に俺たちはザ・ジャムの〝イン・ザ・シティ〟、ザ・ストラングラーズの〝ピーチズ〟と〝ゴー・バディ・ゴー〟、〝ストレイトン・アウト〟と〝サムシング・ベター・チェンジ〟、そしてラモーンズの〝シーナ・イズ・ア・パンク・ロッカー〟を買った。それから俺はフォノグラム（サイアー・レーベル）から出た、『ニュー・ウェーヴ』という廉価版のアルバムを2ポンド49ペンスで買った。そこにはラモーンズの他の曲と、アメリカのアーティストのこんな曲が収録されていた。

デッド・ボーイズ　〝ソニック・レデューサー〟
リチャード・ヘル＆ザ・ヴォイドイズ　〝ラヴ・カムズ・イン・スパーツ〟
パティ・スミス　〝ピス・ファクトリー〟
ダムド　〝ニュー・ローズ〟
ザ・ランナウェイズ　〝チェリー・ボム〟、〝ハリウッド〟
フレイミン・グルーヴィーズ　〝シェイク・サム・アクション〟

もっとも重要なのはニューヨーク・ドールズ（〝パーソナリティ・クライシス〟、〝フー・アー・ザ・ミステリー・ガールズ?〟）が入っていたことだ。俺は「こいつらはセックス・ピストルズそっくりだ――ギターのスタイルも、サウンドも」と思った。しばらく経って、ニューヨーク・ドールズのほうが1973年からあるバンドで、それがジョニー・サンダース&ザ・ハートブレイカーズになったのだ、と気づいた。『ニュー・ウェーヴ』は年上の連中からはパンクで儲けようとしたアルバムだとシニカルに見られていたが、俺みたいなリスナーからすると最高だった。基本となる重要アーティストを教えてくれたばかりか、テイストの幅も広げてくれたのだから。俺はあの夏、擦り切れるほど『ニュー・ウェーヴ』を聴きまくった。その時点でパンクのアルバムはあまりなくて、ほとんどが7インチのシングルだった。もっと深掘りするには街に出なくちゃいけないが、俺はまだそれに気づいていなかった。のちに俺は街のレコード店をいくつか見つけることになる。その頃には幸いにも働いていたので、毎日通ってはレコードを買った。ミンク・デヴィル、ストラングラーズ、ザ・ジャム、トム・ペティ&ザ・ハートブレイカーズ、「トップ・オブ・ザ・ポップス」に出てるものならなんでも。

エディ&ザ・ホット・ロッズの『ティーンエイジ・ディプレッション』を買ったのは、あのサイケデリックなソラリゼーションの画像を見たあとだった。10代の少年がピストルを頭に向けているジャケットがサウンド・トラックの窓に飾られると、手に入れなきゃいけないとわかっていた。あの頃はいいシングルが次々出ていた。ラジオではジ・アドヴァーツの〝ゲイリー・ギルモアズ・アイズ〟が流れていた。死刑囚が電気椅子で感電死する直前の言葉、連続殺人犯の最後の望みをテーマにした曲がヒットするなんて痛快だった。そんなにクールなことってあるか？　そういうパンク・バンドが毎週「トップ・オブ・ザ・ポップス」に出るようになった。俺は雑誌や音楽紙を買いだし、すると突然バンドの写真が見られるようになって、彼らのファッションの感覚もつかみはじめた。ほとんど一夜にして俺はフットボールに熱中する少年ではなくなり、ロックンロールの世界に浸りきり、同じくらい情熱的に、ファナティックにそれを追いかけるようになった。

俺はOレベル［イギリスでは入学試験ではなく、卒業前に修了試験を受ける。Ordinaryレベルは義務教育の修了試験］を3つ、美術と英語と歴史で取得すると、16歳で学校をやめた。父のつてで印刷工場に就職することになったのだ。1977年7月に俺が働きはじめた工場、ジョン・ホーンズはショウランズの隣にあるポロックという地区にあった。通勤には毎朝電車で45分かかった。工場で働く人間は全員、入り口にある建物でタイムカードを押さなきゃいけない。上司が一挙手一投足を見張っているのだ。俺はリトグラフ印刷工の見習いになった。感情的にはまだ子どもだった。16歳のほとんどがそうだと思う。俺には労働者階級のきつい工場労働を始める用意ができていなかった。16だったが、たぶん見かけは13歳くらいだったはずだ。肩まで髪を伸ばし、まるでラモーンズのメンバーみたいだった。

俺は2階にやられ、そこでは製版が行われていた。教わることになったのは、リトグラフの金属版を作る複雑なプロセスだ。版は最大で4色の大きなネガから作られ、プレートに焼きつける画像は俺の両腕を広げたくらいの大きさだったりする。版ができると印刷工がそれを機械の巨大な金属シリンダーに取りつける。それは何種類もの化学薬品を使うプロセスだった。工場にはその匂いが立ち込めていたが、俺は慣れた。ほとんどの間、俺は「ジャーニーマン」――職工はそう呼ばれていた――の茶汲みをしただけだ。ジャーニーマンにはひとりずつ製版機が置かれた部屋があてがわれ、そこで1日中製版をしている。彼らはジョニーウォーカーの赤ラベルやスミルノフのウォッカのラベル、プレイテックスのブラジャーの箱を何十万枚も何十万個も刷っていた。俺は9月になったら職業学校に通うことになっていた。

製版工はみんな30代、40代、50代の男だった。俺は突然大人の世界に投げ込まれ、最初は怖かった。工場にははっきりとしたヒエラルキーがあり、いちばんの主はスタンという男、工場長だった。スタンはグレーの背広を着て、はげかけた頭をすだれにしていた。マンチェスター・ユナイテッドとイングランド代表のスター、ボビー・チャールトンのように。俺はスタンが好きだった。いつも公平に扱ってくれたし、敬意を払ってくれた。たぶん父のおかげだろう。あれほど大人数を監督する仕事は大変だったと思うし、彼はそれを静かな威厳とともにこなしていた。いつも落ち着いていて、重々しさがあった。リトグラフの印刷工は給料がいい。ストレスの溜まるきつい仕事なのだ。工程はどれも瞬時にこなさなければならず、操作するのはゴミの回収車ほどもある巨大な機械だ。8色の版を同時に印刷することもあった。一切コンピュータ化されていなかった時代には、完全な集中と熟練を必要とした。ひとつのインク溝のインクが乾いたり、他の溝の水分が多すぎたりすると、画像に影響して印刷がだめになってしまう。刷りあがるまでまったく気が抜けなかった。職工たちは注文通りに、締め切りまでに仕上げなければならない。とんでもないプレッシャーだ。

ある日昼食に出ると、食堂のそば、工場の中庭でラジオを聴いている人がいた。すると突然、スピーカーからエディ&ザ・ホット・ロッズの〝ドゥ・エニシング・ユー・ウォナ・ドゥ〟が大音量で鳴り、俺はうっとりした。もうレコードは買っていて、家では死ぬほど聴いていたが、仕事場でこれを聴くのは戦闘態勢の合図みたいなものだった。

この街を出ていってやる
人々を置き去りにして

それはまるで、こいつらはまさに俺について歌ってる、こんな工場になんていたくない——という感じだった。俺はアートスクールにいるべきなのだ。工場で自分が働いている場所の隣では、レトラセット［シートから切り取って使う写植文字］を使ってアートワークが作られているのに俺は気づいた。よく顔を出して油を売ったものだ。レトラセットのシートをもらうと、俺は写真をカットアップして、想像上のバンドの小さなポスターやファンジンの表紙を作っていた。キャプテン・スカーレット&ザ・ミステロンズ［イギリスの特撮人形劇の番組名］という名前のバンドをでっちあげたのを覚えている。

その夏はずっと工場で過ごしたが、ひとつよかったのは週に25ポンドもらえたことだ。当時としてはかなりの高給だった。俺はNGA、全国グラフィック印刷協会の会員で、当時それは強力な労働組合だった。サッチャーはNGAとSOGATを狙った。炭鉱夫を潰した後はルパート・マードックとぐるになってワッピングやなんかを作り、印刷工を潰したのだ［ルパート・マードックはオーストラリア出身のメディア王。80年代に新聞印刷合理化のためロンドン東部ワッピングに工場を作り、何千人もの印刷工を解雇した。これに印刷工労組が対抗した労働争議はワッピング闘争と呼ばれる］。俺は当時親の家に住んでいて、毎週母に生活費を入れると、残った金は全部パンクのレコードに費やしていた。9月に職業学校に入る頃には、「サウンズ」を毎週、「NME」は時々買っていた。「NME」を買うのはパンク・バンドが表紙に載った時だった。

仕事が終わるのは午後4時15分。急いで帰宅できれば、テレビをつけて4時半の「ザ・マーク・ボラン・ショウ」を観た。その時もボランは好きだった。心のなかに彼の場所はまだ残っていた。

1977年夏は、俺にとってのパンク革命の季節だった。

そうしたレコードを買うことだけが、俺に生きがいを与えていた。くそ、みんなこうなのか、と俺は思っていた。学校を卒業すると就職。でなきゃ、失業手当で食いつなぐ。ここではみんなそうだった。俺はいつも工場を見回し、65までここにいるのかよ、と思っていた。印刷工たちは汗をかき、ひっきりなしに煙草を吸い、酒を飲んでいた。30代にはヘルニアになり、ストレスと生活習慣のせいで心臓発作を起こす。ローンを払うために働き詰める。俺はジャーニーマンになるんだ、と言った奴がいた。見習い期間が終わり、シティ・アンド・ギルズ［イギリスの技能認定を行う組織］の証書をもらうとそう呼ばれる。彼はこう言った。「ジャーニーマンになったら結婚して、ローンで家を買って、車を買って、子どもを持つんだ」。心のなかで「マジか？」と思ったのを覚えている。おまえは父や母みたいになりたいのか、本当にそれが求めるものなのか、と。俺はパンクに傾倒していたから、家族や社会、実存的なものに疑問を抱きはじめていた。一般常識では、人はローンを組み、妻子を持つことで社会を支える柱となるとされていた。だが俺の理屈は正反対だった。それは人を無力化することになる、と。経済的な罠にはまると、家のローンを返すため、高給とセットになっている生活様式を保つために従順に働きつづけるしかない。それは急進的思想、直接的行動への障壁となり、最終的には階級制度を強化するだけだ。

ある日、工場の労働者がストライキをしたことがあった。呼びかけ人はジミー・グレイという男で、彼は銃身を切ったショットガンを持っているという噂だった。印刷工たちは全員ビッグ・ジミーを恐れていた。ジミー・グレイは俺の父を尊敬していたので、俺も可愛がってくれた。そのおかげで俺はある意味、工場で保護されていた。ちょっかいをかけられたら、ジミー・グレイのところへ行くまでだ。ジミー・グレイはコーラの瓶底みたいな眼鏡をかけたタフな男で、工場の奥にある巨大なニス加工の機械を担当していた。見習いの最終年、俺はジミー・グレイの機械の横にある新色のリトグラフ印刷機に付けられていた。ニスのせいで俺は毎日ハイになっていた。ジミーはそれを毎日何ガロンも機械に注ぎ込まなきゃいけない。ものすごい話だ。

ある日、ジミー・グレイはSOGATの組合員を全員外に連れだした。仲間のひとりが不当に解雇されたのだ。工場の他の部分がストップしても、印刷機は回り続けていた。だが、印刷工は機械に紙を供給するのは許されていない。それができるのはSOGATの組合員だけだった。つまり印刷工は紙があるうちしか印刷できない。なくなるとすべての機械が停止した。労働組合にはひとつ鉄則があった。ジョン・ホーンズの工場は「クローズド・ショップ」である、と。つまりここで働くには労働組合員でなければならず、労働争議の際には、誰もストライキの参加者の職を奪ってはならない。それは素晴らしいルールで、クローズド・ショップは労働者を守り、連帯を築いた。何より最悪なのは「スキャブ」、スト破りの裏切り者だ。俺が付いていた職工はストライキに批判的だった。彼は俺に、自分には妻子がいるし、ローンを払わなきゃいけない、上司とは問題を起こしたくないと言った。いつもは騒々しい工場が、いまでは管理部と印刷工がいる部署以外は空っぽになり、すべてのエナジーが消え、がらんとしていた。SOGATの組合員がいないと、工場はゆっくりと止まるしかない。1時間ほどすると、SOGATの組合員は勝ち誇って工場に戻った。率いるのはジミー・グレイだ。工場主と話し合ったあと、解雇された同志は元の職に復帰した。俺はあの日、組合の力を目にした。労働者が連帯することで強くなり、勝利したのだ。俺は感銘を受けた。自分が加入しているNGAの組合員は怖がっていて、SOGATの組合員ほど好戦的ではないように見えた。NGAの連中はストライキに参加すると失うものがあると思っていた。家や車のローンが払えなくなる、夏の家族旅行でスペインに行けなくなる、などなど。だが低賃金のSOGATの組合員はほとんどが共同住宅か公営住宅暮らしで、毎年グラスゴー・フェアが開かれる2週間ほどの間に休暇を取り、ブラックプールに行くくらいだった。彼らに恐れるものはなかった。

工場で働いた4年間、俺は階級について重要なことを学んだ。もちろん、育った環境のせいで、しっかりした下地はすでにあった。父といることで俺には階級意識が叩き込まれていたのだから。NGAは強力な労働組合であり、60年代から70年代に労働組合が団体交渉を行なったおかげで、俺みたいな人間にも働く権利が与えられ、労働法がそれを守っていた。当時はいまみたいなゼロ時間契約［労働時間が明記されない労働契約で、不安定な低賃金労働を拡大させた］なんてなかった。ほとんどの工場や職場はクローズド・ショップで、何百万人もの労働組合員が働いていた。

俺は77年9月末に印刷関連の職業学校に入学した。クラスにパンクは俺だけで、もうひとり、痩せた変な奴がいるだけだった。そいつは長くまっすぐな暗い金髪、頬骨が張った四角い顔で、やつれたサーストン・ムーアみたいな風貌だった。履いているのはタイトなブラック・ジーンズにセディショナリーズのゴッド・セイヴ・ザ・クイーンのシャツ——黒い女王の顔が短い袖の白シャツにプリントされていた。俺はこのシャツに感動した。彼には兄がいて、その兄がロンドンに行き、キングズ・ロードにあるマルコム・マクラーレンとヴィヴィアン・ウェストウッドの店、SEXを訪れ、そのシャツを買ったのだ。クラスの他の連中はフットボールやハード・ロック、プログレに入れ込んでいた。とはいえ、ほとんどはいい奴らだった。

俺は真面目な連中に脅威を与えるパンクの力を楽しんでいた。それはすでに家の近所で、ステータス・クオのファンの仲間といる時に感じていた。俺がパンクにハマるに従い、そいつらがひとり、ひとりと離れていくのだ。彼らはうちのドアを叩き、母に「すぐ吐くヴィック・ヴォミットはいる？」と訊ね、母が俺を呼びにいくと大笑いする。それは気にならなかったし、ちょっと笑えた。ただ、リクリエーション・センターでのフットボールの試合が突然フィジカルになった。ある時には体の大きい奴に四六時中きついタックルをされた。それは試合の間にどんどん激しくなり、結局そいつは俺を完全にぶちのめした。なんとか立ちあがろうとすると、そいつは脅すようにつぶやいた。「ジョニー・ロットンの分だ」。そのあともまたやられ、「これはシド・ヴィシャスの分だ」と言われて、俺はもうそういう連中と付き合うのはやめることにした。俺みたいな無害な子どもを、自分とは違うロックンロールが好きだからという理由で脅威に思うなら、そんなのにはまったく共感できない。ジェネレーションXの〝ユア・ジェネレーション〟にいい歌詞がある。

仲間が敵になるかもしれない
でも俺たちは賭けるしかないんだ……
結果が手段を正当化する

それこそまさに俺が体験したことだった。自分と同じくらいパンク・ロックが好きな人間を見つけるしかない、と俺は決心した。本当の繋がりを作るには、俺はそれに賭けるしかなかった。

5 新たな宗教 New Religion

突然、パンクへの関心が生活に新たな意味をもたらすようになった。それは俺だけのものだった。家の周りにも通りにも、知り合いでパンクに入れ込んでいる奴は他にいなかったのだ。唯一、アラン・マッギーの友だちのコリン・ドビンズがラモーンズの〝スワロウ・マイ・プライド〟など、ピクチャー・スリーヴのパンクのシングル盤を何枚も持っていた。うらやましくてしょうがなかった。俺もシングルは持っていたが、ピクチャー・スリーヴじゃない！　俺にはカバー・アートが必要だった。レコードは小さなアート作品で、愛でるものだ。つまりフェティッシュの対象で、人は自分が求めるもの、切望するものをそれに投影する。こっちがレコードに意味と力を与えると、意味と力を返してくれるのだ。

そんな不思議な力を持つオブジェクト、欲望や魔法の対象を見るのは、ほとんどセクシュアルな行為だった。誰かにめちゃくちゃ惹かれるのに似た感覚だ。むさぼらずにはいられなくなる。他の人間のなかに入りたいという ひどい欲望。別の場所に連れていきたいと同時に連れていかれたい、愛する対象とともにこの世界から逃げだしたい、という切なる気持ち。セックス、ドラッグ、ロックンロールがこんなに相性がいいのは、どれも人にある種の逃避、存在からの解放を与えるからだ。その3つを一緒にすると、とてつもなく美味で、だが死に至るかもしれないカクテルとなる。

ロックンロールは完全に俺を虜にした。それは俺の宗教となった。もう音楽とバンドのことしか考えられなかった。俺はピストルズのスウェーデンでのツアーや、クラッシュのUKツアーの記事を読みふけった。特にレスター・バングス［アメリカの音楽ジャーナリスト、評論家］が1977年10月にクラッシュのツアーに同行した

3部作を読むと、その日常は長い冒険の連続のように思えた。彼らは一般社会の外側に存在し、違うルールに即して生きていた。ロックンローラーは無法者、文化における革命家だった。俺はロックンロールを、息が詰まりそうな社会の枠から解放された場所だと思っていた。参加する者は空想をとことん実現でき、言えないようなことが言え、考えられないようなことを考えられ、ついに自分自身になれるのだと。俺はだんだん、ロックンロールとは自分を作り替えることなのだと理解しはじめた。反体制的なイメージは俺の10代の想像力に魔法をかけた。そこにははっきりした強い美学があった。

俺は本当に、ラモーンズの〝スワロウ・マイ・プライド〟の写真のなかに逃げ込みたかった。あそこに入り、ニューヨークの路地に立ちたかった。彼らが生きているパンク・ロックの世界、その一員になりたかった。自分が暮らす世界から出ていきたかった。パンクによって俺はそう思うようになった。それは変容過程の始まりだった。アートを入り口にして、俺は知らず知らずのうちに旅を始め、やがてクリエイティヴな生き方へ辿り着いた。最終的には、それで俺は救われたのだ。

昼休みになると俺はパン屋のグレッグズへ行き、ソーセージロール2個と紅茶を1杯買って、ジョージ広場に置かれている木のベンチに座り、昼食をとった。他の学生とはほとんどつるまなかった。ひとりでいるのが好きだったし、街の中心にあるレコード屋に行くほうがよかった。

学校から歩いて5分以内の場所にレコード店は6つあった。第23地区、という店はシリアスなロック・ファン向けで、マコーマックス楽器店の隣にあった。のちに俺はマコーマックスで最初のギターを買うことになる。第23地区では新しいパンクも古いプログレも、クラシック・ロックや他のクールなレコードも売られていたが、むしろ年配の音楽好き、俺よりずっとロック・カルチャーの経験を積んでいる人たち向けだった。俺がレコードを買ったのは主にブロッグズとリッスン。このふたつの店はオーナーが同じだった。リッスンが扱うのはプログレとカントリー・ロック、シンガー・ソングライターもの、60～70年代のロック、いわゆる「大人の」音楽、オールドウェーヴで、ブロッグズが扱うのはパンク。あの店にはいわゆるニューウェーヴ的な、パンクの美意識があり、俺は入り浸っていた。ウィンドウにはいつもその週の新譜が並び、アメリカやフランスからの輸入盤の美しいピクチャー・スリーヴが飾られていた。店主はミッキー・ルーニーという気のいい男で（のちにザ・プライミーヴァルズというガレージ・バンドのシンガーになった）、ストゥージズとMC5の熱狂的な信者だった。

レンフィール通りをさらに進むとHMVストアがあり、主にチャートに入ったレコードを売っていた。向かいにはブルーシーズがあった。ブルーシーズは小さな店で、主にニューウェーヴとパンクのレコード、それにクールな60年代ものも売っていたが、俺はそっちはまだよく知らなかった。オーナーはブルース・フィンドレーという名のエジンバラの男で、その後シンプル・マインズのマネージャーになる。店はグラスゴー支店で、基本的に商売はエジンバラを拠点にしていた。新譜のシングルが揃っていて、窓にはきれいなピクチャー・スリーヴ盤がパンクのストリート・アートのインスタレーションみたいに飾られていた。店のフロントドアはいつも開いていて、外の通りに立っていても店で大音量で流れているクールなサウンドが耳に入った。

ブルーシーズには「クライプス」という店が発行するファンジンがあり、通販カタログとして大量のヒップなレコードがリストアップされていた。１９７８年夏、俺は「クライプス」の懸賞に当選し、賞品はエジンバラのクラウズで開かれるザ・レジロスのライヴのチケットが1枚、彼らのサイン入りアルバム、そしてバンドとの対面だった。俺はひとりでエジンバラまで出かけた。暑い8月の夜、クイーン通りの駅から電車に乗り、ものすごいライヴを目にした。あのバンドは大のお気に入りだった。ライヴの後にはリード・シンガーのフェイ・ファイフが挨拶に来て、サイン入りアルバムを渡すと、俺にキスをした――ワオ！　フェイは俺が初めて会ったロックンロール・スターだった。美しい人だった。スコットランドのバンド、レジロスのレコードは全部持っていたし、その半年前、１９７７年12月にアポロでレジロスがラモーンズの前座を務めたのも観ていた。ラモーンズはアルバム『ロケット・トゥ・ロシア』のツアーだった。

アーガイル通りのドラッグストア、ブーツもレコードを取り扱っていた。シン・リジィの『ファイティング』と『ナイトライフ』を買ったのはあそこだったはずだ。ブーツにロックンローラーらしき人は見当たらず、女たちが昼休みに化粧品や洗面用具を買っているだけだった。それでも、レコードの棚にイギー・ポップとストゥージズの『ロウ・パワー』が置かれ、睨みを効かせていたのを覚えている。俺が最初に買ったアメリカのレコードはラモーンズの〝シーナ・イズ・ア・パンク・ロッカー〟、それにミンク・デヴィルの〝スパニッシュ・ストロール〟の2枚のシングルだった。ランナウェイズの〝チェリー・ボム〟とパティ・スミスの〝ピス・ファクトリー〟、リチャード・ヘル&ザ・ヴォイドイズの〝ラヴ・カムズ・イン・スパーツ〟と〝ブランク・ジェネレーション〟、デッド・ボーイズの〝ソニック・レデューサー〟もよく聴いていた。

中央駅の近く、アーガイル通りにはヴァージン・ストアがあった。父の事務所があるホープ通りの先だ。あの店は薄暗く、ヒッピーのマリファナ用具店みたいな雰囲気だった。76年末か77年の初めくらいにのぞいたが、暗くて無愛想で、排他的な感じがした。その印象はかなりの部分、俺が何を買うべきかまったくわからず、内気で店員に質問さえできなかったせいかもしれない。俺自身のパラノイアだ。

ジョニー・ロットンで俺にとって重要だったのは、彼が労働者階級で、スタイリッシュだったことだ。彼は他の誰よりもかっこよかった。刈られた髪はまるで強制収容所から脱走したばかりの囚人、もしくは脱走兵みたいに見えた。明るい蛍光オレンジのヘアはメッセージを発し、それはあのなじるような、首を締められたような、人を消耗させるようなヴォーカルににじむ怒りや激しさ、痛みと一致していた。安全でソフトでカントリーなイーグルスやフリートウッド・マックら、アルバム中心のロックが支配する世界において、ジョニー・ロットンの声は頬に突き刺さった剃刀だった。彼のレーザーみたいな視線は俺のイノセントな10代の意識を灼き、穴を開けた。ピュアなアンフェタミンの憎悪、独善的でパラノイアなスピード・フリークの軽蔑によって。インタビューの発言はどれも好戦的で、ヘイトの一斉射撃だった。悪意ある攻撃。飢えたネズミ、または隅に追い詰められた野犬のように、彼にはどこか病んだところ、齧歯類の感じがあった。

　ロットンはロッド・スチュワートやミック・ジャガーのような昔ながらのハンサムでも、セックス・シンボルでもなかったが、そこが最高だった。まさに俺たちと同じ、労働者階級のストリート・キッズだったのだ。容姿はメインストリームからすると醜かったかもしれないが、パンクで大事だったのは、メインストリームの社会や文化が醜いとするものすべてを美しいとし、美しいとされていたことを醜いとする視点だった。文化そのものをひっくり返したのだ。

　それに、あの服！　ああ、なんと言えばいいだろう。マルコム・マクラーレンとヴィヴィアン・ウェストウッドによるセディショナリーズのデストロイ・シャツが、どんなにすごかったか。モスリン地に巨大な鉤十字が描かれ、磔になったキリストは逆さまになり、カール・マルクスやエリザベス女王がポップ・アート的な明るい色のシルクスクリーンで印刷されていた。あのシャツを着て外に出ると、暴力を招いた。ロットンはハイベリー・バーンのパブで、〝ゴッド・セイヴ・ザ・クイーン〟に激怒した王党派の暴漢に剃刀やハンマーで襲われた。

　パリのジビュス・クラブでは、ロットンが黒のボンデージ・ルックを披露した。1977年夏のスウェーデン・ツアーでの組み合わせも忘れられない。白のタキシード・ジャケットに黒とピンクの水玉のネクタイ、ボンデージ・パンツ、テディ・ボーイのクリーパー靴。ブライアン・フェリー風の色男のキャラクターが病んだみたいで、いまにも悦にいったリッチなヒッピーもどきに唾を吐きそうだった。黒革のパンツとジャック・ブーツ、モッズのバム・フリーザー・ジャケット、デストロイ・シャツ、鋲付きのリストバンド、SMベルトにデジタル・ウォッチ。世界最高にクールな男だ、と思ったものだ。

　ロットンがフットボールに入れ込んでいるところも俺は好きだった。その年、レディオ1のラジオ番組のインタビューで、司会のジョン・トブラーが「ジョン、どんな音楽を聴くのが好きなんだい？」と訊いたことがあった。

ロットンは答えた。「フットボールのチャントとアイルランドの反抗歌だね」。

それは俺だ、と思った。俺はフットボールの試合に行くし、セルティックの試合ではみんなフットボールのチャントとアイルランドの反抗歌を歌う……そしてジョニー・ロットンは世界最高のロックンロール・バンドにいた。彼は公営住宅の出身だったし、俺もそうだ。こいつは、俺たちのひとりだ。

「ザ・サン」や「デイリー・ミラー」みたいなタブロイド紙に載っていたパンクの記事も読んだ。そのへんの記者がでっちあげて書くようなやつだ。記事のタイトルは「パンクになるための20のコツ」。「髪を短くしてスパイキーに立てろ」とか、「黒の口紅を塗れ」みたいな内容だった。「トイレのチェーンをネックレスにしろ。安全ピンを頬に刺せ。黒のビニールのゴミ袋でワンピースかTシャツを作れ。パンクのライヴに行ったらバンドに唾を吐け。怒ったりしない、あいつらはそうされるのが大好きだから」。そんなゴミが書き連ねられていた。俺はプラスティックなパンク、見かけだけの連中になるつもりはなかった。本物のパンク・ファッションを売るような店はグラスゴーにはなかった。キングス・ロードに並ぶような過激な店はスコットランドにはひとつもなかった。俺は「サウンズ」の後ろのほうで見つけた通販会社に注文して、Tシャツを2枚買った。1枚はクラッシュ、1枚はザ・ストラングラーズのロゴが入ったやつだ。ストラングラーズのシャツには、あの素晴らしいアルバム『ラッツス・ノルベギクスⅥ』の裏のドブネズミも印刷されていた。俺はその2枚を自慢げに着て歩き、ライヴや学校に通っていた。

学校はアポロから歩いて5分のところにあった。ある日の昼休み、俺はアポロへ行ってドクター・フィールグッドのチケットを買った。サポート・アクトはニューヨーカーズとミンク・デヴィル、ライヴは1977年10月1日。残念なことにあの飛び抜けてカリスマティックなギタリスト、ウィルコ・ジョンソンはドクター・フィールグッドをやめたばかりで、代わりにジッピー・メイヨが加入していた。彼もすごいギタリストだったが、前とは違っていて、俺もそれは承知していた。俺は『スチューピディティ』に没頭していた（基本的に、あのライヴ・アルバムはドクター・フィールグッドの2枚のアルバムのベスト・トラックを1枚に集めたものだ）。でもウィルコがいないと、バンドは同じというわけにはいかなかった。

ウィリー・デヴィル［ミンク・デヴィルのシンガー］は着こなしが最高にシャープで、鋭い三白眼に高い頬骨、リー・ヴァン・クリーフ演じるガンマンのようだった。髪はロカビリーっぽいリーゼントで、鉛筆みたいに痩せた体にタイトなシャツのボタンを全部留め、見事な仕立てのベストを着込んでいる。先の尖ったキューバン・ヒールの黒革のブーツで歩き、ギターは低く構え、時には背中に回していた。すべてがクールでスタイリッシュだった。その姿は〝スパニッシュ・ストロール〟のB面に入っている名曲、〝ガンスリンガー［早撃ちガンマン］〟そのものだった。ウィリー・デヴィルはつい最近「サウンズ」の表紙で、ガールフレンドのトゥーツと一緒に写っていた。彼女はザ・ロネッツのひとりみたいだった。ラテン系の可愛い女の子で、ビートニク風の太い黒のアイライン、髪はビーハイブに結い、ヘビ革のボマー・ジャケットが第二の肌みたいにぴっちり体に貼りついている。完璧なロックンロール・カップルだった。ミンク・デヴィルはジ・イモータルズを連れてきていた。3人の黒人の中年男から成るヴォーカル・トリオだ。本物のソウル・メン。私立探偵シャフト風の膝まである茶の革のトレンチコートをまとい、怖いほどクールだった。あれはすごいライヴだった。

「サウンズ」で、俺はクラッシュのアウト・オブ・コントロール・ツアーの広告を見つけた。扇動的なニュー・シングル〝コンプリート・コントロール〟のツアーだ。B面の〝ザ・シティ・オブ・ザ・デッド〟を含め、俺はあのシングルに取り憑かれていた。広告には短髪の男の子の白黒写真が使われ、彼は破れたセーターにタイトな黒のズボンを履き、バリケードの裏のガスボンベの上に座っていた。周りは荒れ地で、スプリングバーンやゴーボールズの破壊された地区とそっくりだった。男の子は燃えている共同住宅を見ていて、カメラに背を向けている。のちにそれは、『ザ・バトル・オブ・ボグサイド』というクライヴ・リンプキンの写真集の1点だとわかった。1977年のパンク・ロッカーの写真だと思っていたが、実際は1969年、デリーで撮られたカトリックの男子生徒の写真だった［バトル・オブ・ボグサイドは1969年に北アイルランドのデリーで起きた大規模な暴動。地元のカトリック教徒と王党派が衝突した」。

俺はあのイメージに釘づけになった。新聞から引きちぎると、「ニュー・ウェーヴ」誌の付録のセックス・ピストルズの巨大なポスターの横に貼った。クラッシュは都市部の衝突、政治的な暴動に入れ込んでいた。俺もそうだった。フットボールの試合で起きる暴動を見るのがずっと好きだったし、バルコニーの高いところからビール缶やワイン瓶が次々投げ込まれ、騎馬警官が退却するのを見るのも好きだった。そういった小さな反抗を実際にやっている人々を見るとぞくぞくした。それはつねに政治的だった。というのもセルティックとレンジャーズの場合、そこには必ず宗派主義による緊張という病があったからだ。

パンクに至るまでの70年代のイギリスには、反抗的な空気が漂っていた。それは労働組合による絶え間ないストライキから、ＩＲＡの戦争まで共通していた。地べたから怒りと抵抗が立ちあがっていたのだ。北アイルランドで公民権を求めた労働者階級のカトリック教徒、賃上げと労働環境の改善を求めてアーサー・スカーギルのもと団結したヨークシャーの炭坑夫、ノッティング・ヒルで暮らすジャマイカ人の若者、国中のフットボール・スタジアムに毎週土曜の午後集まってくる、権利を奪われ、不満を抱えた10代のブートボーイたち。社会の底辺の人々がついに自分のために立ちあがり、反論していた。権力に服従し、上司の前では帽子を脱ぐ旧来のあり方に、そして警官、貴族、王室にさえ彼らは異議を唱えた。パンクとは、そんな不満や反抗が音楽として表れた「声」だった。大勢が生活水準に腹を立て、貧乏人が主張できる唯一の方法を取っていた。直接的行動、不服従、そして暴力だ。イギリス中の労働者階級のコミュニティで貧困が広がり、脱工業化が進むにしたがって失業率も上がっていた。造船所や自動車工場、製鉄所、炭鉱で人々が大量解雇され、未来は暗く見えた。俺たちはみんな怒りまくっていた。グラスゴーやマンチェスター、リバプール、バーミンガム、ニューカッスル、ベルファスト、ダブリン、カーディフ、ロンドン、そして国中の街や都市のストリートで育ったキッズが同じように感じていた。ワーキングクラスの若者が溜めに溜めてきた怒りやフラストレーション、それがいびつな形で噴きだしたのがフットボールの暴力だった。

俺たちは、敵はスタジアムの反対側で違うチームカラーをつけている連中だと思っていた。父がこう言ったのを覚えている。セルティックとレンジャーズの争いは宗派主義が体制にうまく利用されてるんだ、イギリスが古代ローマから学び、何世紀にもわたる帝国主義統治を通じて完成させた「分割統治」なんだよ、と。北アイルランドの戦争はそのパーフェクトな一例だった。父は俺に、あのせいでグラスゴーの労働者階級は二分されたと言った。セルティックとレンジャーズのファンは皆同じような出自を持ち、同じ公営住宅に住んでいたが、争い合うことに労力を費やしていた。本来なら真の敵、支配階級と戦うべきだったのに。

クラッシュのライヴで、俺は最前列から2列後ろの席を取った。実際にヒーローを見ることに興奮していたが——まだ実物のパンク・ロッカーを見たことがなかった——ほんの少し、不安もあった。パンクのライヴは暴力沙汰に終わることが多いと聞いていたからだ。10月28日の夜、俺はひとりでマウント・フロリダ駅から電車に乗り、中央駅で降りて、都市の中心へと向かった。ウェスト・ナイル通りを歩いていると、向こうで大勢のキッズが長い列を成し、その列がブロックをぐるっと囲んでいるのが見えた。俺は影に立ち、通りの反対側から彼らを眺めていた。すると、レンフィールド通りのほうがもっとすごいことになっているのがわかった。アポロの向かいにはパヴィリオン・シアターが建っていて、ふたつの会場の看板の照明がその場を明るく照らしていた。

なんという光景だろうか。

まず目に入ったのは、スー・キャットウーマン［パンク・シーンのアイコンとなった女性］と同じヘアカットの10代の女の子たちだ。剃刀で裂かれた学校の制服を着て、肩のあたりには軍服みたいにトイレのチェーンを垂らし、ブレザーにはあちこちにチョークでパンクの歌詞や曲名が落書きされている。タイトな黒革のミニスカートに破れた網タイツを履き、サスペンダーに先の尖ったハイヒール。がりがりに痩せ、目が飛びでた男の子たちはロットン風に赤い髪をスパイキーにして、やはりタイトな黒革のパンツ、それに手作りのデストロイ・シャツを着ていた。綺麗な女の子がキルト用の大きな安全ピンを頬に刺し、黒く塗られた唇のところで留めているのも見た。彼女たちはみんなビートニク風に真っ黒なアイライナーで目を囲っていた。制服をカスタマイズしているキッズも大勢いて、黒のフェルトペンで「デストロイ」「退屈」「ホワイト・ライオット」「ヘイトと戦争」といったパンクのスローガンを描き、ストライプのスクール・タイを緩く垂らしている。黒のビニールのゴミ袋で作ったミニドレスと網タイツだけの女の子たちもいた。または、ペンキを散らしたジャンプスーツにパンクのバッジ、さらにパンクのスローガンを描いたもの。まるでヒエロニムス・ボスの絵『快楽の園』のようで、ただ群衆が70年代の精神病院から逃げだしてきた患者たちに置き換えられていた。

俺はパンク・キッズが放つパワーと自信に気後れがしていた。１９７７年のグラスゴーでは、彼らのような突拍子もない格好で外に出るには大胆さが必要で、それには感心するしかない。完全に常識と対立していたのだから。堅気の人々がパンクに挑発されたと感じた理由はよくわかる。

グラスゴーではどれだけタフかがすべてだった。暴力的な挑発は、男らしさが試される機会だった。誰かが「クレイジー」であればあるほど、ストリートでは尊敬された。ほとんどの人は普通の70年代風の装いをしていた。頭を低くして、他に紛れてしまうのがコツだった。目立っちゃダメだ、目立つとトラブルを呼び込んでしまう、と。

一方、パンクはあのとんでもなく奇妙なファッション、破れて切り刻まれた服で、群衆のなかで際立っていた。「普通」への反抗として、彼らは誇りを持って他とは違う外見になった。自分を作り替え、新たに黙示録的なアイデンティティを生んだ勇敢なキッズが、不良も堅物もビビらせていたのだ。痛快だった。あんなのは見たことがなかった。シン・リジィのライヴでは、みんな大体俺みたいな格好だったからすぐに溶け込めた。でもそこにいた俺は、言ってみればレンジャーズ側にいるセルティックのファンと同じだった。

最初は怖くて中に入れなかった。俺は通りに立ってしばらく考えていたが、やがて踵を返し、セント・ヴィンセント通りを戻りはじめた。頭は会場の外のイカれた状況でいっぱいだった。「くそ、いったいなんだったんだ？」と、俺はひとりごちた。混乱すると同時に、興奮もしていた。俺は即座に振り返り、まっすぐアポロの入り口に向かうと、警備員にチケットを渡して中に入り、自分の席に着いた。周りでは何千人ものパンクがクラッシュを待っていた。

最初に出てきたのはロータス。全員女性のスウェーデンのパンク・バンドだ。シンガーはショートヘアで、フレンチスリーヴのTシャツを着た腕の筋肉が盛り上がっていた。タフに見えた。いいバンドだった。曲は1曲も知らなかったが、なかなか喜ばないグラスゴーの観客を前に、堂々と演奏していた。

次はリチャード・ヘルだ。詩人だという記事を読んでいたが、アポロのステージに、彼は本を手にして出てきた。「ああ、ほんとなんだ」と思ったのを覚えている。詩人がどんなものか、俺は知らなかった。学校の歴史の授業でルパート・ブルックやウィルフリッド・オーウェンといった戦争詩人を勉強しただけだ。あれは上流階級のロマンチックな連中だった。リチャード・ヘルにはどこか変なところがあった。当時俺は知らなかったが、彼はジャンキーだった。それでもステージに歩いてきた彼は落ち着いていて、自信を漂わせていた。娯楽を提供しようとはしていなかった。まるで彼には主張すべき重要なことがあり、どんな代償を払ってもそれを口にしようとしているようだった。俺は彼の魔法にかかった。彼のバンド、ヴォイドイズも圧倒的で、ギターはあの忘れ難いロバート・クインだった。彼のスタイルは比すべきものがなく、まるで割れたガラスのようなソロを弾いていた。壊れた音符、ささくれだったディストーションのエレクトリックな断片。クインはロック・ギターを作り替えた。他にはいないギタリストだった。彼のソロは、リチャード・ヘルのぼろぼろになったジャンキー、象徴主義派の詩人というペルソナをパーフェクトに補完していた。ヘルの歌詞とクインのギターはまるで2匹の毒蛇のように絡み合っていた。その致死的なパワー。ヴォイドイズのサウンドは頭をおかしくさせた。イカれていた。あれを聴くと、考え方を変えざるをえない。彼らは真の撹乱者だった。俺は〝ラヴ・カムズ・イン・スパーツ〟に夢中だった。リチャード・ヘルは時代の詩人だった。

俺は空白の世代、ブランク・ジェネレーションに属している彼は見かけもグレイトだった。元祖スパイキー・ヘア、ぼろぼろに破れた服は着られなくなる一歩手前で、その奇妙なパンク・ルックをマルコム・マクラーレンがニューヨークからロンドンへ持ち帰ったのだ。

実は、クラッシュの演奏については細部を覚えていない。思いだせるのは音楽に無関係なことばかりだ。音楽的なライヴではなかったから。シン・リジィやドクター・フィールグッドのライヴでは（のちにはステータス・クオも）、彼らがどの曲をやっているのかがわかった。でもクラッシュでは、何を演奏しているのかさっぱりだった。彼らは強烈な光とともに登場し、それがずっとステージを灼き尽くしていた。息をつく間もなく、ただただハイエナジーの攻撃が続く。いちばん覚えているのはあのエナジーだ。あの夜を思うと、白い光が浮かび上がる。それは音楽を超え、言葉を超え、通常許容されているパフォーマンスや娯楽のルールを超えていた。エナジー、純粋なエナジー。それが俺を渦に吸い込んだ。

翌日、学校で、俺は前の晩に目撃したことを人に話そうとしたが、どう表現していいかわからなかった。間抜けみたいにぶつぶつ口ごもり、言葉にならなかった。シン・リジィのライヴは性的でハードな、ストリート・ロックだった。クラッシュのライヴはまったく別物だった。それは俺にまったく違う感覚、ある種の宗教的なエピファニー、啓示のようなものを与えた。俺は宗教的な人間じゃないが、あの夜、俺のなかで何かが変わったのだ。または俺の内側でずっと眠っていたものに、クラッシュが火をつけたのかもしれない。

サイアー／フォノグラムのアルバム『ニュー・ウェイヴ』には1曲、俺が77年の夏に延々かけつづけた曲があった。それは他の曲のようなロックンロールではなく、スポークン・ワードの曲だった。ジャジーなピアノのトラックにちょっとギターが混じるなか、女性の声でストーリーが語られる。彼女は好戦的な、せせら笑うような調子でこう言った。

16っていうのは金を稼ぐ年
私は小便臭い工場で働きだした

それは俺の暮らしを描いていた。この人は俺が体験したことを生き、同じ生活について語っている。まさにその時の俺の生活を。労働とは何か、その意義に疑問を持ったのは俺だけじゃなかった。でも労働者階級では当たり前のように、仕事を受け入れるしかない。ジェームズ・ブラウンはこう歌った。「働かなきゃ、食えないからな」。

俺たちは工場で、造船所で、炭鉱で、スーパーマーケットで、店で、裕福な地主が所有する農場で、大企業のため、国のために働くだけの存在だった。俺たちが存在するのはあくせく働き、貴重な人生の1秒、1分、1時間、1日を家族や愛する人と離れて費やし、利益を出して資本家を肥えさせるためだった。労働とはまた、人に居場所を叩き込むためのものでもあった。その教訓は何百年も続いた封建制度、その後の産業革命の恐怖を通して、何世代もの農夫と労働者階級の人々の骨身に染み込み、頭に灼きついた。そしていまや俺は脱工業化の始まりにおいて、働きはじめる年齢になっていた。

当時は気づいていなかったが、それは音楽のために書かれたビートの詩だった。〝ピス・ファクトリー〟はレジスタンスの歌だった。異議と不服従の賛歌だ。自由の歌、階級意識の歌。俺は曲のキャラクターが語るストーリーに心から共感していた——彼女のストーリーは俺のストーリーだったのだ。俺自身、小便臭い工場で週に40時間働いていた。彼女の名前はパティ・スミス。体験を歌ったあの曲に、抵抗の詩に、俺は本当に感謝している。〝ピス・ファクトリー〟は俺に、現実を変えるには、現実に直面しなくてはならないことを教えてくれた。また、アーティストは「普通」について、毎日の体験について書けるということも教えてくれた。それによってリスナーとの深くソウルフルな結びつきが生まれるのだと。あの曲はまた、アーティストとリスナーの間で体験をシェアすること、その同一化にこそアートの真の力はある、ということも教えてくれた。

6　文化革命
Cultural Revolution

１９７７年のある夏の日、マウント・フロリダのカスカート・ロードを歩いていると、反対側に明るい赤毛の痩せた男の子がいるのに気づいた。着ているタイトな黒のＴシャツには、西部劇で見るおたずね者の張り紙、「ウォンテッド」のような白文字で「チャイニーズ・ロックス」と書かれていた。すごくクールなＴシャツだな、と思ったのを覚えている。ザ・ハートブレイカーズのことは知っていた――あのシングルは大好きだったし、〝ボーン・トゥ・ルーズ〟も気に入っていた。

ある晩、アポロでのライヴから帰宅するためグラスゴー中央駅で電車に乗ると、同じ車両にあの赤毛の子がひとりで座っていた。アラン・マッギーだった。俺は彼の横に座ってしゃべりながら、おまえもライヴに行ったのか、と訊いた。彼は言った。「うちに来いよ、パンクのシングルも、おまえが気に入りそうなレコードも山ほどある」。

その週、俺は連絡もせずに彼の家に立ち寄った（2世帯用セミデタッチトの一戸建てで、1階に2部屋、2階に2部屋あった）。マッギーの母親が玄関に出てきて、後ろの居間に向かって怒鳴った。「アラン、ボビー・ギレスピーが来てるよ」。フロントポーチで数分待っていると、マッギーが来て、俺を2階の自室へ連れていった。彼はイーターというバンドのシングル〝アウトサイド・ヴュー〟を取りだし、レコードプレイヤーに乗せた。ジャケットはガラスが割れた窓の後ろにいるバンドの写真だった。マッギーは俺に、どう思うか訊ねた。俺は「いいんじゃないか、でも最高っていうほどじゃないな」と答えた（いまは大好きだし、〝シンキン・オブ・ザ・ＵＳＡ〟もいい。どっちもＵＫパンクの名曲だ）。マッギーは俺に、この曲を好きなのは自分にもアウトサイド・ヴュー［外側の視点］があるからだ、と言った。

それは俺にとって重大な瞬間だった。〝ゴッド・セイヴ・ザ・クイーン〟や〝ピス・ファクトリー〟、〝イン・ザ・シティ〟の歌詞にはどれも共感していたが、俺はまだ自分を社会の外に位置づけていなかった。そんなふうに考えたこともなかった。自分では、ただのロックンロール・ファンだと思っていたのだ。周りの従来のやり方にうまく適応できない感覚はあったが、俺の意識はまだちゃんと形成されていなかった。かたやマッギーはこのレコードをひとつの文化批評として、また一般社会から外れた、新たなアイデンティティを作っていく方法として見ていた。

アランは学校では俺の1学年上だった。70年代初めからレコードを買い集めていて、パンク以前はデヴィッド・ボウイとT・レックス、ロキシー・ミュージック、それにコックニー・レベルに入れ込んでいた。俺たちは同じシングルを何枚も持っていたが、アランとコリン・ドビンズのほうがレコードの数はやや多く、どれも俺が欲しくてたまらないピクチャー・スリーヴ盤だった。アランはブリティッシュ・レイルの事務所で働いていた。彼の父親は板金工で、最初は自分の修理工場でアランを見習いにした。だがうまくいかなかった。入社儀式の一環として、年上の男たちがアランを裸にしてハンドクリーナーを金玉に塗りたくり、逆さまにして機械に縛りつけたのだ。アランの父もその儀式を認めていた。当時の労働者階級の職場ではよくあったことだ。俺も見習いの最終年に、1年先に入ってジャーニーマンの資格を取ったばかりの男が、俺を裸にしてインクに浸し、縛ってやる、と脅してきた。工場の連中の目の前で辱めてやると。俺はそいつに、近寄ったらハンマーで頭をかち割ると答えた。夜勤で周りには誰もいなかった。俺は見計らって本当にやるつもりだった。そいつは実行しなかった。

1977年を通じて俺はますますライヴに通うようになった——シン・リジィ（2回）、グレアム・パーカー&ザ・ルーマー、ステータス・クオ、ザ・ジャム、ザ・ダムド、デッド・ボーイズ、クラッシュ（もう一度）、そして締めくくりに、あのクリスマス・ライヴ。ザ・レジロスがサポートを務めたラモーンズのギグだ。それは『ロケット・トゥ・ロシア』のツアーで、アポロでは全席が売り切れた。ラモーンズによるニューヨーク・シティ発のロックンロール電撃で、俺たちは完全にうちのめされた。黒革のバイカー・ジャケットに破れたジーンズ姿の4人は邪悪に見えた。彼らは俺が夢見たすべてであり、それを超えていた。演奏は軍隊のように正確で、曲間はほとんどない。チューニングや観客とのおしゃべりも一切なし。ジョーイが「次は〝ロッカウェイ・ビーチ〟！」と言うだけ。するとどの曲でも、ディーディーが鬼軍曹のように「1―2―3―4！」と吠える。ラモーンズはサウンドにおいても、ヴィジョンにおいても完璧だった。感覚に総攻撃を仕掛けてきた。ラモーンズは神だった。

ライヴのあと、俺はアポロのロビーに貼られていたロケット・トゥ・ロシア・ツアーの巨大なポスターを盗むのに成功した。アルバム・カバーのバンド写真が白黒でシルクスクリーン印刷され、その上にショッキング・ピンクで大きくラモーンズ、と書かれている。素晴らしいポスターだった。弟のグレアムにはその夜連れてってくれと頼まれていたが、恥ずかしくてできなかった。グレアムはまだ13歳だったのだ。いまに至るまでグレアムは俺を許していない。それはよくわかる。

翌年、1978年にはもっとライヴに行った。観たのはスージー&ザ・バンシーズ、エルヴィス・コステロ、エディ&ザ・ホット・ロッズ、ストラングラーズ（サポートはザ・スキッズだった）、シン・リジィ、ブームタウン・ラッツ、アスワド、スティール・パルス、クラッシュ（サポートはザ・スペシャルズとスーサイド）、トム・ロビンソン・バンド（サポートはスティッフ・リトル・フィンガーズ）、バズコックス（サポートはサブウェイ・セクト）、シャム69、ザ・ジャム、ディッキーズ、ディーヴォ、そしてまたレジロス。愛するポリー・スタイリン&Xレイ・スペックスが観られなかったときは心底がっかりした。彼らのライヴはグラスゴー大学で開かれ、学生かその連れしか入場できなかったのだ。俺はまだその年齢ではなく（見かけは15歳くらいだった）、パスポートもIDカードも持っていなかった。恨めしかった。Xレイ・スペックスのギグの夜には、家でずっといらいらしていた。ここから30分の場所でいま、ポリーがステージに立ち、無関心な堅物の大学生の前でプレイしているのだから。そんなの、パンク・ロックといったいなんの関係がある？

クラッシュの『ギヴ・エム・イナフ・ロープ』のツアーもストラスクライド大学で予定されていて、俺はムカついていた。自分は行けない、何よりもクラッシュを愛しているのに。ピストルズの解散後はクラッシュがパンクを率いていた。噂では、ジョー・ストラマーはグラスゴーに来て、レディオ・クライドで番組の取材を受け、そこからブルーシーズ、あのレンフィールド通りのレコード屋に足を運んだという。店でパンクスが何人か彼に声をかけると、ひとりがストラマーをバイクの後ろに乗せてストラスクライド大学まで走った。ジョーは事務局へ行き、クラッシュのチケットを1枚買おうとした。学生証の提示を求められ、持っていないと彼が答えると、チケットは売れないと言われた。彼はその場でライヴをキャンセルした。英雄的で、ストラマーらしい行動だと俺は思った。ファンのために動くとはこういうことだ。

いくつかのライヴはアラン・マッギーと一緒だったが、ほとんどはひとりで行った。1978年の春、アランは俺に彼の友だちのアンドリュー・イネスを紹介した。アンドリューは両親とクラークストンに住んでいた。庭付きの小綺麗なセミデタッチトの家で、ミュリエンド地区のトレド映画館から5分ほど歩いたところにあった。アランと俺がバトルフィールドからいつものバスに乗ると、降りる駅がほとんどアンドリューの家の玄関先だった。

アンドリューとアランはバンドを結成しようとしていた。アランがベース、アンドリューがギター。アンドリューは大きなアンプとレスポールのコピーのギターを持っていて、クラッシュやピストルズ、ザ・ジャム、ジェネレーションX、ラモーンズの曲を弾くことができた。どんな曲でも、アンドリューは言えばぱっと弾いてみせた。俺からすると、どの曲も実際のバンドのギタリストと同じくらいうまくプレイしていた。彼には年上のいとこがいて、1977年5月、セント・イノック広場のジバゴでザ・ジャムがライヴした時、一緒に連れていってくれたという。アンドリューは当時14歳、『イン・ザ・シティ』のツアーだった。あのアルバムの全曲を彼は見事に弾いた。分厚いビートルズのソングブックも持っていて、壁にはビートルズのポスター、パンクのアルバムのなかには『ホワイト・アルバム』が混じっていた。ザ・フーの有名な60年代の曲も全部プレイできた。15歳でものすごい才能だな、と思ったものだ。俺はギタリストをレコードで聴くか、ステージで観たことしかなかったから、実際どうやってサウンドやプレイスタイルを作っていくのか、謎でしかなかった。オカルトみたいなものだ。でもアンドリューは15歳でそれをやり遂げていた。才能も自信もあったし、曲を聴くだけでコードを拾う耳も持っていた。俺は衝撃を受けた。

アンドリューは学校でザ・ドレインズというパンク・バンドに入っていて、彼らはどこからかマルコム・マクラーレンのマネジメント会社、グリッターベスト・オフィスの電話番号を手に入れ、電話をかけて、マクラーレンにマネージャーになってくれと頼んだ。アンドリューはグラスゴー高校の生徒で、グラスゴー高校とハッチンソンズ・グラマーはグラスゴーの二大エリート私立校だった。アンドリューは頭が良く、奨学金をもらっていた。最終的には高校を卒業してロンドンの大学に進学し、化学を専攻した（ケミカルだなんて、皮肉な話だ）。彼のギター・ヒーローはウィルコ・ジョンソンとスティーヴ・ジョーンズ、ポール・ウェラー、ピート・タウンゼント、ミック・ジョーンズ、そしてレーナード・スキナードの面々。ほとんどいつもストレートのジーンズに、スパムのロゴが描かれたTシャツを着ていた。アンドリューの家に通うようになってから数か月後のある晩、マッギーが俺のほうを向いてこう言った。「イネスの父さんがスパム工場を持ってるのは知ってる？　だからあのTシャツを着てるんだ」。彼の家はかなり大きかった。少なくとも俺やマッギーの家よりは立派だったから、彼の話を真に受けた。俺がだまされやすいのは昔からだ。

マッギーと俺は毎週末アンドリューの家に行くようになり、あのふたりは缶ビールで酔っ払うと、好きなパンクの曲を弾いた。アンドリューのギターとマッギーのベースはどちらもデカいアンプに繋がれていた。俺は楽器が弾けなかったから、歌うようになった。俺たちはグレイトな曲を次々と台なしにしていった。ピストルズ『ネヴァー・マインド・ザ・ボロックス』の全曲、〝ホワイト・ライオット〟、〝ジェイニー・ジョーンズ〟、〝アイム・ソー・ボアード・オブ・USA〟、〝ヘイト・アンド・ウォー〟、〝コンプリート・コントロール〟、〝ガレージランド〟、実際、クラッシュの最初のアルバムは全曲。ザ・ジャムは〝イン・ザ・シティ〟、〝オール・アラウンド・ザ・ワールド〟、〝アウェイ・フロム・ザ・ナンバーズ〟、〝Aボム・イン・ウォードー・ストリート〟、〝デヴィッド・ワッツ〟、〝チューブ・ステーション〟、〝ミスター・クリーン〟をやった。バズコックスは〝ホワット・ドゥ・アイ・ゲット?〟、〝ラヴ・ユー・モア〟、〝オーガズム・アディクト〟、〝ファスト・カーズ〟、〝アイ・ドント・マインド〟。ジェネレーションXの〝レディ・ステディ・ゴー〟と〝キング・ロッカー〟、リッチ・キッズの〝リッチ・キッズ〟と〝ゴースツ・オブ・プリンシーズ・イン・タワーズ〟、ジ・オンリー・ワンズの〝アナザー・ガール、アナザー・プラネット〟、シャム69の〝ボースタル・ブレイクアウト〟。

マッギーによると、俺は床をごろごろ転がりながらイギー・ポップみたいに叫んでいたが、むしろジミー・パーシー［シャム69のシンガー］みたいだったらしい。俺自身はジョニー・ロットンの信者で、当時は偉大なるイギーは映像でもまだ見ていなかった（とはいえすぐに、1979年の『ニュー・ヴァリューズ』のツアーで実物を目にすることになった。ベースはセックス・ピストルズのグレン・マトロックが弾いていた）。あれはめちゃくちゃに楽しかった。アンドリューもパンクスで、マッギーや俺に負けないくらいあのカルチャーに没頭していた。彼はセックス・ピストルズのブートレグ盤、『スパンク』と『インディーセント・エクスポージャー』を持っていた。そんなクールなことってあるか？　『スパンク』はデイヴ・グッドマンとクリス・スペディングの手によるデモで、マルコム・マクラーレンが『ネヴァー・マインド・ザ・ボロックス』のリリースに合わせてリークしたと言われていた。ヴァージン・レコードのヒッピーな資本家のボス、リチャード・ブロンソンへの「くそくらえ」として。すごいアルバムだった。アンドリューは2枚とも俺に貸してくれた。『インディーセント・エクスポージャー』は1976年、バートン・オン・トレントの76クラブでピストルズがやったライヴの録音だ。ベースはグレン・マトロックで、最高にかっこいいサウンドだった。レコードの最後でロットンが数少ない観客に「もっと聴きたいなら、頼めよ」と言っているのも聞こえる。あの2枚を手にすると、自分が破壊分子になったみたいでぞくぞくした。俺は家に持って帰ってテープに録音した。「サウンズ」か「NME」の通販広告を見て、『アナーキー・イン・スウェーデン』というブートレグのテープも注文した。ピストルズのスウェーデン・ツアーを録音したテープだ。それは違法で神秘的で、アンダーグラウンドなものを所持する危険性、スリルが加わった。自分がパンクという秘密結社の新たな一員になった気がした。

マッギーと俺は1978年7月にアポロで開かれるクラッシュのソート・イット・アウト・ツアーのチケットを買った。〝ホワイト・マン（イン・ハマースミス・パレス）〟と〝ザ・プリズナー〟のシングルが出たところで、ふたりとも死ぬほどまたクラッシュのライヴに行きたいと思っていた。アポロはその夏に閉鎖されるのが決まっていて、あの会場でパンク・ロック・バンドがやる最後のパフォーマンスになる予定だった。タフなことで有名なアポロの警備員が本気でパンクスをとっちめ、傷つける最後のチャンスを待ち構えている、という噂が出回った。

俺はその頃もホリルード・ユース・クラブでフットボールをやっていた。大半がプロスペクト・ヒル・サーカスという公営住宅に住む男の子のチームだ。プロスペクト・ヒル・サーカスはラザーグレンとポルマディ、ゴーヴァンヒル地区に広がる荒れ地に建つ2棟の高層ビルで、そこには地元で恐れられたギャング、「ザ・サーカス」がいた。つまりチームメイトは「ザ・サーカス」の弟たちで、「ヤング・サーカス」のメンバーもいた。みんなフットボールがうまく、どんな時でも戦う準備ができている。イカれたギャングがうろつくキャッスルミルクみたいな地区での試合さえ、彼らは怖がらなかった。

シンプル・マインズのジム・カーの弟、ポール・カーが俺たちのキャプテンだった。びっくりするほどタフな奴で、すごいテクニックを持つフットボーラーでもあった。俺は試合中に靭帯を痛めたので、ライヴには膝にサポーターをきつく巻き、足を引きずりながら行った。俺がクラッシュのライヴに行くのを止めるものは何もなかった。

まず初めにザ・スペシャルズが出てきた。彼らが60年代のモッズ風のツートーン・スーツを着こむようになる前の年で、どんな服だったか、サウンドも思いだせない。覚えているのはステージに7人ほどいたことで、4人のパンク・バンドが主流だった時代にはかなり珍しかった。テリー・ホールはステージの端に座って歌い、そんなことをする奴も見たことがなかった。

次に奇妙な男ふたりがステージに現れた。シンガーと、キーボード・プレイヤー。ドラマーもギタリストもベーシストもいなかった。それまで、ストラングラーズやトム・ロビンソン・バンド、エルヴィス・コステロのアトラクションズ、そしてトム・ペティのハートブレイカーズ以外、UKのパンク・バンドやニューウェーヴ・バンドにキーボード奏者はいなかった。ギターだけだ。すると音が流れだした。いったいなんだ？　それはノイズの洪水だった。いわゆる「曲」はなく、しかもこのドラムの音はどっから出てきてる？　キーボードの男はX―メン風の中央にバツが付いた巨大なサングラスをかけていた。白の大きなプラスティックのXサインが顔の真んなかにきている。白人の男なのに髪はアフロだった。彼は足を広げて突っ立ち、不気味なサウンドを流しつづけていた。シンガーはイカれていた。アポロの観客は怒り狂った。クラッシュがステージに現れないかぎり、観客のジャンキーのようなパンク・ロックへの飢餓はおさまりそうになかった。

スーサイドを、俺はどう考えていいかわからなかった。名前は気に入った。究極のパンク・ステートメントだと思った。でもマッギーも俺も彼らの音楽は耳にしたことがなく、曲がまったくわからなかった。俺たちにはまだ早かったのだ。アポロの観客は座席の肘掛けを壊して投げ、他の物もアラン・ヴェガに投げつけだした。彼はあの夜、斧がひゅっと飛んできて頭をかすめたと言っている。のちに会ったとき、彼自身がそう話してくれた。パンクスは荒れ狂っていた。変な男ふたりに挑発され、どうしていいかわからなかったのだ。

もちろん、あとになってレコードを聴くと、彼らの演奏がロックンロールのコード進行に基づいているのが俺たちにもわかった（ファルフィッサのオルガンとチープなドラムマシンではあったが）。ある時点でアランン・ヴェガは自分の口にマイクをぶつけ、血を流しながら、悪意を向ける観客と休戦協定を結ぼうとした。4千人のパンクスに、「おい、おまえらと俺たちは味方同士なんだよ！」と言ったのだ。あの瞬間は忘れられない。俺もその夜のメイン・イベントを待ってはいたが、アラン・ヴェガとマーティン・レヴ、そして彼らのミニマリスティックな音楽は、ロックンロールのライヴはどうあるべきかという観客の概念に挑み、対決したうえ、決して自分を曲げないことで俺のリスペクトを勝ち取ったのだ。ヴェガの冷静だが心のこもったスピーチは観客とパフォーマーの間の壁を壊し、俺は感じ入った。たとえクラッシュより年上でも、ヴェガは俺たちのひとりだと気づいたのだ。それはムーヴメントだった。同じ事態が毎晩、クラッシュがツアーで訪れたイギリスのあらゆる町でスーサイドを待っていた。意識的だったのかどうかわからないが、あとになって俺は、スーサイドがアントナン・アルトーが提唱した「残酷劇」を実践していたことに気づいた「アントナン・アルトーは初期シュルレアリストで前衛演劇のパイオニア」。妥協せず、自由な形で、ときには暴力的なパフォーマンスで観客を動揺させる手法だ。セーフティネットなしに夜ごと即興をやるなんて、身体的にも音楽的にも、半端ない勇気を必要とする。彼らは本物のアーティストだった。

クラッシュは毎晩ステージに上がる前に観客を温めるため、ツアーにＤＪを連れてきていた。ＤＪバリー・〝スクラッチー〟・マイヤーズは当時ヒットしていたパンクの曲を全部、そこに古めの名曲も混ぜてかけ、するとフットボールの試合みたいにキッズが大声で歌った。だが彼がセックス・ピストルズの〝ボディーズ〟をかけるとふと空気が変わった。バーミンガムのパンクの女の子が中絶した赤ん坊の死体を持ち歩くという、病んだ物語。その一言一句をアポロの観客が歌い、あの箇所にきた。「これもファック、あれもファック、ファック野郎はみんなファックしやがれ」。悪意が満ち、暴力の気配が漂った。フットボールの試合ではおなじみだったが、俺はそれを初めてライヴで感じた。

突然、なんの予告もなくクラッシュが登場した。ミック・ジョーンズは真っ白な上下に赤のベスト、髪は肩までであり、アンプまで走るとプラグを挿して、すぐさま〝コンプリート・コントロール〟の破壊的なオープニング・リフをかき鳴らした。ホールの後ろからキッズが次々通路に雪崩れ込み、前を目指す。でも彼らは即座にアポロの警備員に押し戻された。俺は100キロもあるような警備員が、悲鳴をあげる同い年くらいの女の子を引きずっていくのを目にした。彼女の長い金髪をつかみ、通路を引きずり、会場の後ろの暗がりに引っ張っていく。それはこれから起きることの前兆だった。

俺とマッギーもステージの真ん前、ヒーローのそばに行きたくてしょうがなかったが、ふたつのことが俺たちを押しとどめた。凶暴な警備員と、俺の膝の怪我だ。俺は片脚で「ポゴ」の動きをしようとしたし、なんとか席で立ち上がってライヴを観ることもできた。今回はクラッシュの曲が全曲わかったし、「ゲット・トゥ・ファック」と書かれたTシャツ姿のジョー・ストラマーもかっこよかった。ポール・シムノンはタイトな白のジーンズにドクターマーチンのハイブーツ、黒革のバイカー・ジャケットの下には何も着ていなかった。シルバーの鋲付きの黒革のリストバンドを着け、短いブロンドのスパイキー・ヘアが映画スターみたいなハンサムな顔を際立たせている。あんなにクールな格好があるだろうか。トッパーの服は思いだせない。彼はドラムの後ろから離れなかった。

彼らは見かけも演奏も、ロックンロール・スターそのものだった。俺とマッギーは天にも昇る心地だった。ジョー・ストラマーは何度もライヴを止め、10代のパンクスと中年の警備員の間で起きているバトルを仲裁しようとした。連中はぞっとするようなことをしていた。キッズがステージの両袖にある出口まで連れていかれ、殴られていた。後ろまで引きずられ、もっとひどい目に遭った子たちもいた。その様子の一部は映画『ルード・ボーイ』で観ることができる。ジョーは警備員に「おい、かっとするな」と呼びかけ、ミックが「それは踊ってるんだ、喧嘩じゃない」と叫ぶ。でも何を言っても無駄だった。アポロの警備員は最初から、パンクスに一生忘れられないお仕置きをしようとしていたのだ。俺はいまでも、連中を怒らせたのはパンクスの外見だったと思っている。人と違う格好、普通じゃない格好をあいつらは許せなかった。どうしようもない堅物だったのだ。自分が考える現実、「普通」に対するごく限定的な認識がおびやかされたせいで、連中はパンクスの奇妙さを恐れた。あの時点で、グラスゴーのパンクスの子たちは乱暴でもなんでもなかった。俺たちはアウトサイダーであり、パンクに夢中になることで、ストリートの暴力やスコットランドの抑圧的な労働者階級文化から逃避しようとしていた。あのライヴで俺がいちばん覚えているのは、警備員たちの暴力だ。あいつらは罰せられることもなかった。サディスティックな最低の連中だ。

彼らはああいう振る舞いを、俺の父や労働組合の仲間のためにもすればよかったのに、と思う。70年代末、グラスゴーにナショナル・フロント［イギリスの極右政党］が介入しようとした時、父と仲間はナショナル・フロントが集会を予定していたゴーヴァンヒルの学校に向かった。学校の外には反ファシズムを求める人々が大勢集まっていた。それは反ナチ連盟の時代で［アンチ・ナチ・リーグは極右団体の勢いに対抗するため1977年に設立され、労働組合とも結びついた団体］、グラスゴーには反ファシズムの行動を起こす誇り高き伝統がある。1930年代、オズワルド・モズレー［イギリス・ファシスト連合の指導者］の黒シャツ団が列車に乗ってロンドンからやってきた時、プラットフォームに降りるとそこには何百人もの労働組合員が彼らを待ち構えていた。ロンドンの鉄道員労働組合の同志が、ファシストたちが北上しているのをグラスゴーの幹部に伝えたのだ。結局イギリス・ファシスト連合がグラスゴーに足を踏み入れることはなかった。おびえて列車から降りられなかったのだ。父とその仲間もまた、グラスゴーを訪れたナショナル・フロントに決して忘れられない思いをさせ、連中が街にやってくることは二度となかった。

ライヴが終わり、群衆が散っていくと、マッギーと俺は会場の後方に向かって歩いていた。するとほとんど空になったアポロで、同い年くらいの男の子が5人くらいの警備員の輪のなかで小突き回されていた。ひとりがその子に殴りかかると、他の連中がはやしたて、笑い、けしかける。気分が悪くなる光景だった。俺たちはドアから逃げだし、アポロの脇の小道に入ると、楽屋口の外にクラッシュを待つパンクスが集まっていた。近寄ると、怒鳴り声やガラスが割れる音が聞こえた。次に見えたのが、ジョー・ストラマーが平服の警官3人に道の真んなかを連行されていく姿だ。パンクスは皆ストラマーに向かって叫び、警官は彼に手錠をかけるとパトカーに押し込んだ。ポール・シムノンが暗い小道から現れ、ジョーを助けようとしたが、彼も手錠をかけられてパトカーに入れられた。

俺たちが歩道に立っていると、後ろから泣きそうな声がした。「ジョー、ポール、ああ!」。マッギーと俺が振り返ると、まさに目の前にミック・ジョーンズが立ち、いまにも泣きだしそうになっていた。なんという瞬間、なんという場面だったろう。パンクスのなかにはクラッシュが暴力を止めようとしなかったと感じた連中がいたらしく、怒りを彼らにぶつけていた。俺たちには、ジョーもミックも一触即発の状況をなんとかしようと尽力していたように見えた。もしライヴの途中で彼らがステージを降りていたら、暴力沙汰は前方のキッズにとどまらなかったはずだ。会場中が大混乱に陥っていただろう。何人かのパンクスがミックをホテルに送っていき、マッギーと俺は家に向かうバスに乗った。自分たちがついさっき目撃したことについて話すのをやめられなかった。驚くべき一夜だった。

そうしたライヴでは、ただの音楽以上のことが起きていた。俺たちはそれによって変えられた。だんだん普通の社会や政府だけでなく、自分自身にも疑問を持つことを学んでいたのだ。家に帰ると、クラッシュが逮捕されるのを見た、と母に言った。母はいきりたち、すぐにグラスゴーのいちばん大きな警察署に電話をかけると、こう要求した。「すぐにクラッシュを解放しなさい!」。

1978年を通じて、俺は月曜から木曜までの毎晩、レディオ1でジョン・ピール・ショウを聴いていた。週ごと音楽紙に掲載されるニュー・シングルや新作アルバムの曲を聴けるのはそこだけだった。ザ・ジャムやストラングラーズのようなバンドはもうトップ40の常連になっていて、昼のラジオでも曲が流れたが、インディペンデントのレコード・レーベルからは新たなアンダーグラウンド・シーンが生まれつつあった。

俺は雑誌「ジグザグ」を買いはじめた。それは(当時は気づいていなかったが)60年代のアンダーグラウンドの音楽を取りあげるクールな雑誌で、俺はその後、ラヴやザ・バーズ、ドアーズ、バッファロー・スプリングフィールド、ティム・ハーディン、そしてティム・バックリーに夢中になった。ただ俺が最初に「ジグザグ」を買ったのは、表紙にジョニー・サンダースのすごい写真が載っていたからだ。まるでロックンロールの海賊だった。なかにはソロ・アルバム『ソー・アローン』のプロモーションとして、クリス・ニーズによるサンダースの興味深いインタビューが掲載されていた。彼はバディ・ホリーについて語り、自分がやっているのはロックンロールで、パンクじゃないと言っていた。サブウェイ・セクトのインタビューもあった。ピストルズに影響されたロンドンのオリジナル・バンドのひとつで、100クラブで開かれたあの伝説的なパンク・スペシャル・フェスティバルにも出演していた。彼らがシングル盤を出したブレイク・レコードはクラッシュの黒幕、バーナード・ローズが始めたレーベルで、サブウェイ・セクトの音楽をリリースするためだけに設立された。〝ノーバディーズ・スケアード〟と〝ドント・スプリット・イット〟が収録されたシングルは即座に名盤となった。俺は〝ノーバディーズ・スケアード〟が好きすぎて、プライマル・スクリームの最初のギグでもあの曲をカバーした。1984年10月12日、会場はグラスゴーのソーキーホール通りのザ・ヴェニューだ。あの夜、サウンドチェックを見ていたジーザス&メリー・チェインのジム・リードは、演奏が終わると興奮して俺のところに来た。俺たちのヴァージョンは最高で、プライマル・スクリームは「世界最高のバンド」だ、と言うために。

が、それはまだずっと先の話だ。

ジョン・ピールのラジオ番組にはまだレコード契約を結んでいないバンドがよく出てきた。スージー&ザ・バンシーズやジョイ・ディヴィジョン、サイケデリック・ファーズ、ザ・スリッツ、そしてサブウェイ・セクトのようなアーティストの演奏をプロが録音し、ライヴ・セッションを番組で流すのだ。ピール・セッションはほとんどが4曲構成で、アーティストの成長にとっても、俺みたいな若い音楽ファンの文化的教育にも重要な役割を果たしていた。アーティストはピール・セッションで実験し、思いきって試せる。同時にリスナーは刺激的な新しい音楽を聴き、挑戦的なアーティストがサウンドやアートを生みだすところをリアルタイムで知ることができた。ジョン・ピールはそれを60年代の海賊ラジオ局、レディオ・ロンドンの番組「ザ・パフュームド・ガーデン」の頃から続けていた。実際、それ以前、BBCでは60年代初めから初期のビートルズやキンクス、ヤードバーズ、ザ・フー、そしてローリング・ストーンズがライヴ録音をしていた。国営放送が国の文化に寄与する、偉大なもののひとつだ。

　ピールの番組のおかげで俺はより新しく、実験的なサウンドに耳を傾けるようになった。のちにそれは一部で「ポストパンク」と呼ばれるようになる。イギリスの音楽紙も毎週ニュースを伝え、大きな影響力を持っていた。1978年の終わりにスージー&ザ・バンシーズはデビュー・アルバム『ザ・スクリーム』をリリースした。俺はバンシーズと恋に落ち、夏のヒット曲〝ホンコン・ガーデン〟にも取り憑かれた。バンシーズには他のどんなバンドにもないサウンドがあり、イメージも飛び抜けていた。スージーはまるで女性のジョニー・ロットンだった。服装のセンスがこのうえなく鋭く、見るだけでスタイルが突き刺さってくるみたいだった。彼女が着るものは全部パーフェクトだった。『ザ・スクリーム』は暗く、抑圧的なアルバムで、容赦がなかった。まるでカルトのサウンドだ。スージーは郊外の主婦の精神が壊れていくさまや、彼女自身の「ジグソーパズルのような感情」、そして軍国主義の邪悪なファシズムについて歌った。彼女は「手足をもがれるような恋」の亡骸（なきがら）を歌い、自分のなかに引きこもりすぎて、「普通というオーバーグラウンド」に浮上することさえ苦痛に感じる人間について歌った。混乱と鬱、実存的苦悩、生きづらさへの気づき。ポップ・ソングの題材としては普通じゃない。そんなテーマをレコードで聴くのは『ザ・スクリーム』が初めてだったし、バンドの音楽もその歌詞を完璧に映しだしていた。ケニー・モリスのドラムはグリッター・バンドと、クラウス・ディンガーによるノイ！の機械的ビートの組み合わせで、それがスティーヴン・セヴェリンの原始的かつモダンなベースとともにトライバルなグルーヴを生む。このリズム・セクションが強固な土台となって、ミニマルで力強く、まるでサイコホラー映画のサントラのような、フィルム・ノワール的なサウンドが立ちあがり、ギタリストのジョン・マッケイが美しい音の暴力、鋭いギターでそれを切り裂いていく。彼が弾くリフは『サイコ』

でアンソニー・パーキンスがジャネット・リーをナイフで刺すシャワー・シーン、もしくはアルフレッド・ヒッチコック『鳥』の凶暴な鳥の金切声をギターで音像化したようだった。

スージーの声は地獄からのこだまだった。彼女こそがバンシーだったのだ［バンシーは女の妖精で、その叫びが聞こえると死人が出ると言われる］。俺は彼女のヴォーカルを愛した――あれは俺の胸の奥まで響き、以来ずっとそこにある。あの氷の女王のような悪意が心をかき乱した。スージーのヴォーカルはポップの偉大な「声」のひとつであり、一度聴くと二度と忘れられない。バンドのバンシーズにも凍りつくような冷たさがあり、それは他のどんなアーティストにも似ていなかった。例外はニコだろう。ニコはハーモニウムやドローンを使い、リズムもないなか、彼女の魂の底から出てくるような太古の声、中世的なヴォーカルを響かせていた。あれは彼女にしか聞こえない、感じられない音楽だったと思う。ニコの曲では踊れないが（まあ踊りたければ踊れるが、よっぽど想像力がないと無理だ）、バンシーズは踊れた。スージー＆ザ・バンシーズとパブリック・イメージ・リミテッドは新たなロックだった。

1978年10月、ジョニー・ロットンが新しいバンドと、〝パブリック・イメージ〟というシングルとともに帰ってきた。ロットンは名前を本名のライドンに戻していた。セックス・ピストルズの曲の権利において、マルコム・マクラーレンと裁判沙汰になっていたせいだ。確か「ジョニー・ロットン」という名前の所有権も議論の的になっていた。俺がパブリック・イメージ・リミテッド、ＰＩＬを最初に聴いたのはピールの番組だった。あんな怪物みたいなレコードを聴く準備は俺にはまだできていなかった。いったいどうやったら、チャートを制する大成功をおさめたロックンロール・バンド、文化を変え、ひとつの世代をインスパイアし、定義したようなバンドをあとにできるんだ？

その新たなヴィジョンの最初の音はジャー・ウォブルによるレゲエのベースライン、ぶっといダブのサウンドだった。次にジム・ウォーカーのフィル・スペクター風のドラムがふわっと乗り、ディープなエコーがかか

グラスゴーのユーリ・ガガーリン

父に革命を教えられる。1962年のメーデーに

美しい母、俺、グレアム。1967年7月にアードロッサンで

1967年、パレルモ通り35番地の幸せな時代

「ボビーがビートルズをやる」——母によるキャプション、1963年

※クレジットがない写真はすべて著者提供

16歳、自分のベッドルームで。壁にはシン・リジィ、クラッシュ、そしてセルティックのポスター。タータン柄の壁紙に注目

1970年代のファッションはタイムレスだ

「ボーイ・アバウト・タウン」——1979年、ストラスクライド大学でのザ・ジャムの激しいライヴのあとで、ポール・ウェラーに話しかける直前［写真：レス・クック］

オルタード・イメージズ、スージー&ザ・バンシーズと回った最初のツアー。1980年（右にいるのはジム・カーの弟、ポール・カー）

最初のライヴ・パフォーマンスはオルタード・イメージズでのドラム。1980年、ミドルズブラ・ロック・ガーデンにて

自分の寝室で、アラン・マッギーにしかめっ面。1980年、マウント・フロリダにて

ザ・ウェイクでベースを弾く。1982年、グラスゴーのヘンリー・ウッド・ホールにて［写真：ビリー・トンプソン］

プライマル・スクリームの最初のフォト・セッション、1984年［写真：カレン・パーカー］

陰気な男［写真：カレン・パーカー］

最初のプライマル・スクリームのライヴ。1984年10月12日、グラスゴーのザ・ヴェニューにて［写真：カレン・パーカー］

プライマル・スクリーム［写真：ローレンス・ワトソン］

ジーザス&メリー・チェイン［写真：マイク・レイ］

「ジ・オールド・グレイ・ホイッスル・テスト」に出演するジーザス&メリー・チェイン。1985年［写真：ルーク・ヘイズ］

俺のドラミング［写真：ルーク・ヘイズ］

ドラムを観客に投げ込むのが好きだった
［写真：アラステア・イング、Camera Press London］

セカンド・アルバムでのツアー。必要なのは
革の服とスピードだけ［写真：ルーク・ヘイズ］

ドリュー・イネスがブギーをかます［写真：ルーク・ヘイズ］

ハートとソウルがスロッブ（脈動）する［写真：ルーク・ヘイズ］

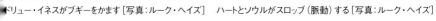

った推進力あるビートが動きだす。さらに驚かされるのがキース・レヴィンの天才的なギターだ。叫ぶような、神経を逆撫でするようなアルペジオで、まるで質の悪いシャブをキメたザ・バーズのよう。バンシーズのジョン・マッケイとPILのキース・レヴィンは、ロック・ギターというものを書き換えた。あのふたりのあと、人々はギターの弾き方を考え直す必要に迫られた。それは未来そのものだった。舞台が整うとようやくロットン、いやジョン・ライドンが真新しいヴォーカルで登場する。声域とレジスタはより高く、ピストルズでのヴォーカルよりさらにねじれ、痛みを持つ声がこう宣言する。

俺の言うことをお前は一語も聞いちゃいなかった
俺を見てただけだ
着る服を気にしただけだ

なんだと！　誰も、これは予想もしていなかった。それは啓示的なレコードだった。ジョニーはより奇妙に、より強くなって帰ってきたのだ。

大多数の人は、彼がピストルズのようなバンドをまた組むのを期待していた。腹を立てたピストルズの「ファン」が大勢音楽紙に投稿し、彼とPILをこき下ろした。そんな連中は羊だ。PILはピストルズとは別物だった。あんなのは誰も聴いたことがなかった。この怒りに満ちた曲でライドンが非難しているのはいったい誰なんだ？　マルコム・マクラーレン？　セックス・ピストルズのオーディエンスか？　それとも一般社会？　俺はこう受け取った——俺のことを勝手に決めつけるな。俺はひとつのレッテルにとどまらない。観客が求めるものを俺は与えない。PILはおまえを楽しませるためのバンドじゃない。俺たちは挑み、ソウルを剥きだしにするためにここにいる。それが嫌なら、くそくらえ。

それはアート・ロックだったが、悪意と痛みを内包していた。ライドンはまさに実存的苦悩を抱えた男だった。俺が彼に共感したのは、ワーキングクラス出身だったこととももうひとつ、俺が彼を詩人として見ていたからだ。彼から学べるのが俺にはわかっていた。ライドンは俺を導く星だった。その後何年もの間、俺とジム・ビーティ、アンドリュー・イネスは、ジョン・ライドンやＰＩＬのようなアーティストが見せたスタイルの変化にインスパイアされ、力を与えられた。あのクリエイティヴな大胆さ、挑発的な姿勢が、自分たちがなりたいバンドの青写真を与えてくれたのだ。

7 変容するイメージ、変容する意識
Altered Images, Altered States

70年代が終わる頃には、着る服に本当に俺らしいスタイルができつつあった。１９７８年に黒のクールなアーミー・パンツを買って、クラッシュみたいに見えるよう、母に頼んで脇のポケットにジッパーを付けてもらったのを覚えている。クラッシュのミリタリー・ルックが俺は大好きだった。あれは革命的なロック・スタイルだ。グラスゴーにはそういうものが買える店がひとつもなかったので、自分で真似るしかなかった。それに元々発想がそこにある。ＤＩＹだ。俺はレンフィールド通りの女性向けの店で黒革のバイカー・ジャケットを買い、「ＮＭＥ」で見つけたデンジャラズ・ギアという通販会社に、ノッティング・ヒル暴動の写真がプリントされたクラッシュのＴシャツを注文した。77年にジョー・ストラマーとポール・シムノンが着ていたのとそっくりなやつだ。あと自分でミリタリーっぽい文字のステンシルを作り、シャツに「イングリッシュ・シヴィル・ウォー」「ヨーロピアン・セイフ・ホーム」［どちらもクラッシュの曲タイトル］と描いた。ベーシストでソングライターのトニー・ジェームズがジェネレーションＸで作っていた、ポップ・アートやロシア構成主義に影響されたＴシャツも好きだった。俺のヴァージョンはジェネレーションＸのシングル〝レディ・ステディ・ゴー〟のジャケットに影響されていた。まずタイトな黄色のＴシャツを見つけ、袖を破り取り、それに黒と赤のエル・リシツキー［ロシアのグラフィック・デザイナー］風の構成主義的なデザインを描く。あれはすごく気に入っていた。構成主義者については全然知らなかったが、パンクやポストパンクのレコードのジャケットに使われた、彼らに影響されたデザインは俺のお気に入りだった。構成主義についてはのちに学ぶことになる。

ジョン・ライドンとＰＩＬのせいで、みんなが突然、年寄りが着るようなスーツをパディーズ・マーケットで探しはじめた。パディーズ・マーケットはギャロウズゲイトの近く、老朽化した鉄道の高架下に沿う道路で開かれていた市場だ。高架下のそばの地面に古着が山になって積まれていて、まるで写真で見る難民キャンプみたいだった。そこでは古いがらくたも売られていて、ほとんどはがらくた市でも置くのをためらうようなゴミばかりだった。高架のなかは湿った匂いがして、パディーズで買ったものにはその匂いが染みつき、何度洗濯しても取れなかった。

俺はラブ・Hという奴と知り合いだった。彼はパディーズから歩いて5分、プロバンド領主館に向かってアレクサンドラ・パレード駅を過ぎたところに住んでいた。ラブは朝早く起き、誰よりも先にパディーズに到着したので、いつも掘りだし物を見つけていた。履いているのは黒革のウィンクルピッカーズ・ブーツやスクエアトゥなど見事な60年代の靴と、シャープな灰色のタック・パンツ。ジャケットはいつも後ろが短く、イタリア製バム・フリーザーとでも言うべきボックス・ジャケットを気に入っていた。ジーン・ヴィンセントみたいに黒の巻毛をポマードで後ろに撫でつけ、それがよく似合っていた。栄養失調みたいに痩せこけているところもジーン風で、シンナーを吸う習癖があった。ラブはパンク・ロックが生きがいで、チャールズ・マンソンのようなサイコパスや連続殺人犯、もしくはナチスの高官ら、精神が歪んだ人々に取り憑かれていた。ブラック・パンサーに敬意を示すような黒革のボックス・ジャケットにベレー帽姿でいるのを街で見かけることもあった。ある夜、ライヴのあと俺たちは一緒に街を歩いていた。彼は俺に、ナチスの人種差別には反対だが、あのイカれたサイコパスぶりはリスペクトしている、と言った。気の優しい奴だったが、いろいろ混乱していて、祖母と一緒に暮らしていた。

金曜はほぼ毎週、俺はジョン・ホーンズでもらった給料を手にポロックショウズ・ウェスト駅で電車に乗り、グラスゴー中央駅で降りて、レコード店を見てまわった。土曜の午後にはレコードを買い漁ると、セント・イノック広場から31番バスに乗って帰宅した。よく見かけたのが少し年下の連中で、向こうはいつも俺をじっと見ていたし、彼らの着ている服が好きだったから俺も見ていた。あっちも俺の格好を気に入ってたんだろう。やがて話をするようになると、好きな音楽のテイストも似ているのがわかった。バス停で立ち話をする仲になると、バスに乗っている間もずっとしゃべるようになった。バンドをしていると彼らは言った。そしてある日、練習を見にこないか、と言ってきた。

彼らは自分たちが通うホリルードの学校の一室でリハーサルをしていた。いつも見かけていたのはジョニー、ティッチ、ティニーの3人だったが、そこにはもうひとり年上の奴がいて、シーザーだと紹介された（本名はジェラード・マキナルティだった）。俺はすぐにそのバンドのサウンドが気に入った。明らかにスージー&ザ・バンシーズに影響を受けていた。何度かリハーサルを見た頃、ベースのジョニー・マッケルホーンが俺を家に招いた。ジョニーはグラスゴー郊外にあるカーマンノックという村のきれいなバンガローに両親と一緒に住んでいた。父親はフランク・マッケルホーン、グラスゴーでもいちばん貧しく荒れた地区のひとつ、ゴーボールズの労働党議員だった。ドラマーのティッチ・アンダーソンはとても気さくで、キャッスルミルク・ロードにある親の家のロフトで暮らしていた。あいつのレコード・コレクションはすごかった。ティッチのすぐ裏の通りに住んでいたのがギタリストのシーザーで、もうひとりのギタリストのティニー・マクデイドはゴーヴァンヒルのアリソン通りの住人だった。

俺たちはいつもジョニーの家に集まってはレコードを聴いていた。ジョニーがよくジョニー・サンダースのピンクの12インチ盤、〝ユー・キャント・プット・ユア・アームズ・アラウンド・ア・メモリー〟をかけていたのを覚えている。ジョニーの兄のジェリーにも紹介された。ジェリーはカリスマのあるハンサムな男で、グラスゴー大学の学生だった。ゆったりした60年代のスーツに、『ミーン・ストリート』のデニーロみたいなガビッチのセーターを着て、キングス・ロードのロボットで買ったＰＩＬシューズを履いていた。堂々としていて、すごく存在感があった。

ジェリーはバンドのシンガーに、知り合いの女の子を試してみようとしていた。彼のガールフレンド、キャスリーン・グローガンの妹だ。ホリルードの練習室で彼女をオーディションすると、いいシンガーだと全員の意見が一致した。まるで妖精のような、純粋な雰囲気が彼女にはあり、古着屋で買った服を独創的に着こなして、ポストパンクのアンドロジナスなスタイルにしていた。名前はクレア・グローガン。バンド名はオルタード・イメージズだった。バズコックスの〝プロミシーズ〟と〝リップスティック〟のシングル盤、マルコム・ギャレットがデザインしたあのジャケットの裏に書かれた言葉から取った名前だ。ギャレットはよくスリーヴにそうしたメッセージ、「アソーテッド・イメージズ」や「オルタード・イメージズ」のようなスローガンをしのばせていた［それぞれ画像の詰め合わせ、改竄（かいざん）した画像といった意味］。バズコックスのシングル盤にはそれぞれ違うメッセージが入っていた。俺にはすぐにその由来がわかり、クールでモダンなバンド名だと思った。ホリルードで彼らがクレアとリハーサルをするのを何回か見たあと、バンドはジョニーの家の近くにあるカーマンノックの教会のホールでオリジナルの曲を書きはじめた。俺は大抵は平日の夜、彼らの練習を見にいき、ジョニーとジェリーの家に置いてあるドラムやアンプを教会まで引きずっていくのを手伝った。

ドラム・キットの設置の仕方、それに「演奏」を俺が学んだのはこの時だ。ティッチのドラム・リフや、バンシーズの〝メタル・ポストカード〟を弾いていた。基本的に単純なトライバル・ビートで、タムタムとスネア・ドラムだけで全部演奏できる。オルタード・イメージズは人前でやれると思える曲を書き溜めると、そこからいちばんいい4曲を選び、ラフなデモテープを作った。録音したのはゴーヴァンヒルの小学校で、費用は25ポンド。そしてテープをグラスゴーの中心部の小さなライヴハウスのいくつかに渡した。初めてのライヴはセント・イノック広場の外れにある、マーズ・バーというパブだった。暗くてヒップな店で、ザ・キューバン・ヒールズのような地元のバンドが演奏していた。シンプル・マインズがまだジョニー&ザ・セルフ・アビューザーズとして知られていた頃もこの店でやっていた。次に、オルタード・イメージズはザ・ドゥーン・キャッスルという店に出演が決まった。俺はこのギグのポスターをデザインした。クラッシュのTシャツをカスタマイズした時と同じようにアーミー風の文字のステンシルも作り、バンドのギターケースやアンプに「オルタード・イメージズ」とスプレーした。

俺が彼らとつるむようになったのは、アラン・マッギーにガールフレンドができたこと、それにアンドリュー・イネスが大学入試の勉強に忙しくなったのが理由だ。それにふたりは真剣にバンドを結成しようとしていた。オルタード・イメージズのキッズは俺と同じで、飽くことを知らない音楽ファンだった。マウント・フロリダへの最終バスに乗り遅れると、ジェリーがいつも車で送ってくれた。最初にヴェルヴェット・アンダーグラウンドの〝ホワット・ゴーズ・オン〟を聴いたのは彼の車のなかだったと思う。ジェリーは『1969：ザ・ヴェルヴェット・アンダーグラウンド・ライヴ』をカセットにコピーしていて、あのアルバムには痺れた。俺とジェリーはずっと聴いていた。ジェリーが運転しながら、こう訊ねたのを覚えている。「ボビー、お前の頭のなかはどうなってる？　アップか、それともダウンか？」。

初めて『アフリカン・ダブ・オールマイティ チャプター3』を聴いたのも彼の車だった。ジェリーはいつもあの2枚をかけていた。ヴェルヴェット・アンダーグラウンドの『1969』と、ジョー・ギブズ&ザ・プロフェッショナルズの『アフリカン・ダブ・オールマイティ チャプター3』。俺はどちらもすぐ好きになった。マッケルホーン家ではドクター・アリマンタード［70年代から活動するレゲエ・アーティスト］の『ベスト・ドレスト・チキン・イン・タウン』、それに12インチのシングル盤〝ボーン・フォー・ア・パーパス〟も人気だった。ああいうジャマイカのレゲエ・ソングのダブ・ヴァージョンは俺も大好きだった。ぶっ飛ばされた。あれこそ本物のサイケデリック・ミュージックだ。大量にLSDをやらなくても、エロール・Tがジョー・ギブズのためにミックスした音だけで意識がワープする。マインドを開くだけでいい。俺たちの第3の目が開き、ジャマイカのダブ・マスターたちの新しいサウンド、革新的な音を受容していた。

クラッシュとジャムがライヴをやっても、俺はもうチケットを買わなくなった。俺からするとビッグになりすぎていた。普通すぎるのだ。俺が求めていたのは小さな会場でバンドを目撃する興奮、自主レーベルから曲がリリースされる時のスリルだった。たぶん、ロックンロールのオカルト的な側面にハマりはじめてたんだろう。お高くとまったスノッブになったと思われるかもしれないが、そうじゃない。俺はただ手がかりを追い、より新しいエナジーを探していた。ザ・スリッツやオー・ペアーズ、レインコーツ、ガールズ・アット・アワ・ベスト!、ザ・ポップ・グループ、モデッツのようなアーティストがレコードでやること、語ることはメジャー・レーベルの商業的な許容範囲から外れていて、俺はそこに惹きつけられた。それは新たな意識のフロンティアだった。パンク・バンドの第一波は主に男性中心だった。女の子も時折ベースを弾いたり、関わってはいたが、バンドを率いたり曲を書いたりはしていなかった。だがいまやスージー・スーやポリー・スタイリン、アリ・アップ、レズリー・ウッズ、クリッシー・ハインドら女性アーティストが、女性の視点からストーリーを語っていた。

俺が新たに恋に落ちたバンドが、エコー&ザ・バニーメンだった。最初に観たのは1980年、フューチャーラマのフェスでオルタード・イメージズのローディをしていた時だ。イアン・マッカロクは曲をやるごとに「格が違うよ」と言っていた。どの曲でも。なんて奴だ! 偉大なフロントマンとしての資質が彼には揃っていた。ルックス、ヘア、声。彼らは基本的に、最初のアルバム『クロコダイルズ』を全曲演奏していた。バニーメンには謎めいたところがあった。超然とした態度、傲慢なよそよそしさ。でも、あのパワフルな音楽がすべてを正当化した。2枚目のタイトルを『ヘヴン・アップ・ヒア』としたのは、自分たちこそ最高で、いちばんの高みにいると思っていたからだ。当時、反論できる奴がいただろうか?

当時はズー・レコードやファクトリー・レコードといったレーベルが潮流に乗りはじめていた。耳が聞こえて、目を開いていれば、それを無視することはできなかった。リッスンの中古レコードのコーナーで、ジョイ・ディヴィジョンの『アンノウン・プレジャーズ』を2ポンド99セントで買ったのを覚えている。ファンジン「テン・コマンドメンツ［十戒］」の編集長だったロバート・ホッジェンズ［スコットランドのミュージシャンで、ザ・ブルーベルズの中心メンバー〕、のちにボビー・ブルーベルとなった彼が親切に金を貸してくれた（あとで返した）。金曜の夜にはアート・スクールというところによくひとりで行っていた。そこではポイズン・ガールズのようなバンドが演奏していて、彼女たちはアナーキスト・コミューンのシーンから出てきたクラスのコミュニティに属していた。ポイズン・ガールズのシンガーはヴァイ・サブヴァーサで、俺の母親より年上だった。彼女のレコードは持っていなかったが、面白いと思っていた。アート・スクールは金曜の夜を過ごすにはクールな場所だった。

　ある晩、ジョイ・ディヴィジョンがアポロでバズコックスのサポートを務めるのを観たあと、俺はアート・スクールへ行った。アポロには脇のドアを破って忍び込んだ。誰もいないバルコニー席に座り、がらんとしたステージ、それよりがらんとしたホールで、イアン・カーティスがセント・ヴィタスの死のダンスを踊るのを見ていた〔聖人ヴィトゥスを祝って人々が踊ったことから、神経性の病からくる舞踏運動はセント・ヴィタス・ダンスと呼ばれる。ヴィトゥスはダンサーや癲癇患者の守護聖人でもあり、イアン・カーティスは癲癇を患っていた〕。同じ頃もうひとつ新しくできたのが、ブッキャナン通りのバス停の横にあるグラスゴー職業学校のホールだった。そこではクランプスとザ・フォールのダブルヘッダーを観たが、忘れ難いライヴだった。どちらのバンドも絶頂期にあった。シンプル・マインズのセカンド・アルバム『リアル・トゥ・リアル・カコフォニー』でのライヴも観た。純粋なアート・ロックだった。

　そうした小さなギグは大きなライヴよりずっと親密で、ずっと面白かった。新しいエナジーが生まれていた。ポジティヴ・ノイズやベルリン・ブロンズのような地元のバンドも観た。たとえ地元のバンドはいまいちだと感じていても、彼らが実際に行動し、曲を書き、バンドを結成し、人前でステージに立つ勇気を持ったことには敬意を払わざるをえない。仲間に嘲笑され、馬鹿にされ、屈辱を味わうリスクもあったのだから。俺たちはみんな新しいバンドやアーティストをいちばん先に観たい、彼らが有名になる前にキャッチしたいと思っていた。

ある夜、ジェリーが俺たちを車でエジンバラまで送ってくれた。ナイトクラブ、ティファニーズでスペシャルズを観るために。ちょうど最初のシングル〝ギャングスターズ〟がリリースされたばかりだった。俺たちはみんなあのレコードに夢中で、60年代モッズ風のサテンのスーツとボタンダウンのシャツも大のお気に入りだった。彼らはシャープで、タフに見えた。チケットを持っていなかったので、エジンバラには早めに着いた。賭けはしたくなかったのだ。死ぬほどライヴを楽しみにしながら会場に向かうと、男たちの一団が通りをこっちに歩いてくるのが見えた。近づくと、スペシャルズだと気づいた。

俺たちはジェリー・ダマーズに話しかけ、グラスゴーからライヴを観にきたと言った。彼らはインド料理屋で食事をするところだった。ジェリーは腹は減っていないかと訊ね、俺たちを誘った。もちろん、断るわけがない。俺はすでに家で食べていたので、コカコーラを注文した。記憶が確かなら、俺がレストランに入ったのはあれが初めてだったはずだ。ジェリーは俺たちキッズにすごくよくしてくれた。どこから来たのか、どんな音楽が好きなのか、そんなことを訊いてきた。カレーを食べ終えると、彼は会場まで一緒に帰ろうと言った。ティファニーズのドアに近づくと、警備員が「チケットは?」と訊ねた。ジェリーが「いいんだ、俺の連れだよ」と言って、俺たちはそのまま警備員を通り過ぎた。あとについて楽屋に入ると、ライヴ前、スペシャルズの全員が揃っていた。信じられなかった。俺はとにかく冷静さを保とうとした。

それまで2年半、数えきれないほどライヴに通っていたが、その時の俺は国でいちばん注目されているバンドと一緒で、ヴィジョンのある彼らのリーダーのゲストとして楽屋にいた。リーダーはソングライター、ミュージシャンとして傑出しているだけでなく、心遣いがあり、ファンを食事に招き、キッズの生活について訊ねるような男だった。これこそ真のパンク・ロックだ、と俺は思った。

ライヴは素晴らしかった。スペシャルズは大波に乗っていた。彼らは以後2トーン・シーンの中心となり、その熱狂からザ・セレクターやザ・ビートら、人種が混合したバンドが生まれ、UK音楽シーンの顔を変えていった。スペシャルズはあらゆるレベルで変革をもたらしたのだ。音楽もヴィジュアルも100パーセント完璧で、しかもファンをリスペクトしていた。

俺たちはその夜、興奮して大騒ぎしながら車でグラスゴーに帰った。延々ギグとジェリー・ダマーズの話をしていた。俺の内側にはずっとあの時のエナジーが流れている。ジェリー・ダマーズがグラスゴーのキッズにそうだったのと同じくらい、俺は自分のファンに気さくでオープンでいようとしたし、そうだったと思いたい。

シーザーはいい曲を書いた。彼は感覚的に、完璧なポストパンクのポップ・ソングを構築することができた。ピート・シェリー［バズコックスのシンガー］のスタイルだ。他の曲は民主主義的に作られていた。全員でセッションを続けると、クレアが歌詞ノートに書きつけたものを歌いだす。俺はオルタード・イメージズのギグに機材を運び、設置するのを手伝っていた。関われるだけでエキサイティングだった。彼らのドラムビートは普通のロックと違い、すべてトライバルなビートで、俺にも演奏することができた。

オルタード・イメージズの最初の面々、オリジナルのラインナップは大したものだった。彼らには何かがあった。スージー&ザ・バンシーズのロンドンの事務所にデモテープを送ると、電話がかかってきた。「テープを聴いたんだが、すごくよかったよ。バンシーズとツアーをしないか?」と。〝ハッピー・ハウス〟と〝クリスティーン〟が大ヒットしていた頃だ。バンシーズは俺たち全員にとって、神みたいなバンドだった。崇拝していた。曲、イメージ、スタイル、何もかも。それをふまえると、俺たちがそのニュースをどう受けとめたかわかるだろう。選ばれし者になった気分だった。オルタード・イメージズのローディとしてバンシーズのツアーに同行するため、俺は印刷工場の仕事を1週間休み、毎晩バンドの機材を運び、設置し、片づけた。このツアーが俺の人生を変えた。

俺たちはグラスゴーを出る高速道路に乗った。スコットランドからイングランドへの境界線を越えると、胸が熱くなる気がした。ジェリーが運転手で、車では自分たちが好きなポストパンクの曲で作ったコンピレーション・テープを聴いていた。興奮と期待が高まった。

ツアーの最初のライヴはシェフィールドのトップ・ランク。楽屋口から暗く、人のいない会場に入ると、ファンキーなポリリズム、トライバルなドラムの恐ろしげな音が聞こえてきた。そこにはバッジーの姿があった。バンシーズの新しいドラマーだ。彼は自信たっぷりにドラムの戒厳令を敷いているところだった。顔には悦楽が表れていた。バッジーは優れたドラマーで、自分でもそれがわかっていた。

オルタード・イメージズのヴァンから機材を下ろしていると、バッジーが演奏をやめ、オルタード・イメージズがすぐサウンドチェックを始められるようにはからってくれた。ステージから見る会場は巨大だったが、その夜観客が入るとちょっと小さく感じられた。俺たちはバンドの機材をそのままバンシーズの機材の前に設置した。バンシーズのギタリスト、ジョン・マッギオークのアンプの上に大きなギターのチューナーが置かれていたのを覚えている。まるで宇宙人の機械みたいだった。

その夜、俺には新しい友だちができた。英国軍の帽子をかぶり、タイトなジーンズと袖の短いTシャツを着た男と、ハンサムなもうひとりの男。ふたりともスージーのローディだった。彼らジョス・グレインとマレイ・ミッチェルはいまも俺の友だちで、時々プライマル・スクリームの仕事をしてもらっている。

オルタード・イメージズがステージに上がる頃には、会場は人でいっぱいだった。スージー&ザ・バンシーズが向かいの楽屋にいるのが俺たちにはわかっていた。ヒーローのすぐ近くにいるなんて、ものすごく興奮していたが、みんな冷静なふりをしていた。観客の女の子たちの大半はスージーのクローンみたいだったが、あの独自のファッション・センス、パーフェクトな服のテイストは1パーセントも再現できていなかった。とはいえ、挑戦したことは認めたい。スージー・スーとクリッシー・ハインド、デビー・ハリーは新たな女性像を提示していた。まったく従属的ではない、支配的な女性。アーティストとしての女性。自分の運命を握っている女性。スージーは畏敬の念を呼ぶキャラクターで、彼女を縛るものは何もなかった。戦士の女王。その存在は大勢の若い女性に力を与え、彼女たちが自分のために立ち上がり、くだらないことをはねつけるきっかけとなった。同世代の女の子たちが長きにわたる男性からの抑圧に自分を合わせていたのに比べ、彼女らアーティストは男に媚びるためではなく、自分のために装っていた。スージーよりスタイリッシュな人は他にいなかった。例外はジョン・ライドンくらいだろう。俺はふたりとも愛していた。

俺はその夜、別世界へ足を踏み入れた。向こう側へ渡ったのだ。この時はまだパフォーマーではなかったが、バンシーズのツアーはそれがどんなものかを垣間見せてくれた。俺たちはみんなスージーと彼女のバンドをステージの脇から見た。あれほどグレイトなバンドの最盛期を、あれほど近い距離で目撃したのは忘れられない体験となった。スージーはパフォーマーとして絶頂期にあった。彼女には証明すべきことがあった。前年にバンドの半分がいなくなったのだから。ギタリストのジョン・マッケイとドラマーのケニー・モリスはアバディーンで、セカンド・アルバム『ジョイン・ハンズ』のツアー直前に姿を消していた。スージーとベーシストのスティーヴ・セヴェリンは新作で、ザ・スリッツのドラマーのバッジー、ギタリストはマガジンのジョン・マッギオークとセックス・ピストルズのスティーヴ・ジョーンズともに曲を書き、レコーディングした。その新たなサウンドともに帰ってくると、たちまち2枚の素晴らしいシングルがトップ20に入り、サード・アルバム『カレイドスコープ』の曲を披露するツアーが始まったのだ。スージーは本気だった。シャーマンのような圧倒的なパフォーマンスは観客全員を魔法にかけた。スティーヴ・セヴェリンは尊大な存在感を放っていた。彼が履いているタック・パンツは腰回りが緩く、足首に向かって細くなるシルエット。海賊のようなゆったりした黒のシャツをまとい、短髪をブロンドに染め、足元はチャイニーズ・シューズだった。彼のベースはバンドを駆動すると同時に、錨となっていた。バンシーズの曲をパワーアップするのは、セヴェリンのあの忘れ難くメロディックな、フックに満ちたベースラインだ。ミキシングでも前面に押しだされている。セヴェリンは俺のもうひとりのベーシストのヒーロー、ジョイ・ディヴィジョンとニュー・オーダーのピーター・フックのスタイルに大きな影響を与えていると思う。そしてジョン・マッギオーク。ただで移籍してきたスター選手。大したプレイヤーだった。あのツアーでは毎晩、彼のアンプの横に立つのが嬉しかった。これまで聴いたなかで最高のギタリストのひとりだ。

ライヴのあと、バンシーズはオルタード・イメージズをホテルに招待してくれた。俺たちはドアマンに、スージーに招ばれていると告げた。レスラーのような体格のスージーのセキュリティ、ビッグ・ミックという男が話をつけてくれた。俺たちは興奮してバーに行き、スージーを囲む輪に加わった。俺は彼女のすぐ右の椅子に座った。スージーがバンドと話している間、俺は彼らの言葉に耳を傾け、全部聞き取ろうとしていた。スージーはめちゃくちゃにクールだった。俺はその頃内気だったから、静かに聞いているのがいちばんだと思っていた。落ち着いているふりはしていたが、頭のなかでは人生でクソ最高の夜だ、と叫んでいた。俺の部屋の壁はスージーのポスターや写真でいっぱいだった。その横にはデビー・ハリー、セックス・ピストルズ、パブリック・イメージ・リミテッド、クラッシュ、ザ・ジャム。バンシーズにはロックスターのエゴも、傲慢さもなかった。昔のロックスターは尊大な貴族階級だったが、マルコム・マクラーレンとジョニー・ロットン、ジョー・ストラマーがそれを引き摺り下ろしたのだ。

ロンドンでは全員でマーブル・アーチの近くのポリドール・スタジオへ行った。ポリドールはザ・ジャムやザ・キュアーも抱えているバンシーズのレコード会社で、このスタジオを所有していた。スティーヴ・セヴェリンは自分が使うと言ってスタジオの時間を押さえ、オルタード・イメージズがデモを録音できるよう手配してくれていた。もちろん無料。なんという心遣いだろう。セッションを担当するエンジニアはマイク・スタヴロウという気のいい男で、〝ホンコン・ガーデン〟でエンジニアを務め、バンシーズのセカンド・アルバム『ジョイン・ハンズ』のプロデューサーでもあった。

俺はポリドールのビルの近くを歩いて回った。仲間とロンドンに来ていて、彼らが小さくても本当にクールなバンドであり、いまバンシーズと一緒に仕事をしている、という事実を楽しみながら。人生は順調だった。ジョン・ピールがずっとサポートしたこと、そして音楽メディアで評価が高まり、記事になったことで、オルタード・イメージズはCBS／エピックとレコード契約を結んだ。スティーヴ・セヴェリンがレコーディングに手を貸してくれた。それもあって最初のシングル〝デッド・ポップ・スターズ〟は最高の出来となり、ジョン・ピールの番組で何度も流れ、「NME」では誰もが狙うシングル・オブ・ザ・ウィークに輝いた。ただセカンド・シングルの〝ア・デイズ・ウェイト〟の出来は、俺からするといまいちだった。シーザーが作曲した〝デッド・ポップ・スターズ〟はポップ・スターダムの落とし穴を皮肉に描いていて、大多数のロッカーがたどる運命に警告を発している。実際、頂点に達しても、そこにいつづけられる者は多くない。ロックやポップの高速道路には事故に遭った死骸、燃え尽きた者、敗残者がごろごろ転がっている。セヴェリンは〝デッド・ポップ・スターズ〟のプロデューサーとして優れた仕事をした。PILのベースとドラムの感覚を取り込み、シーザーはバンシーズのようなリズム・ギターを刻み、トニー・マクデイドのリード・ギターのリフはバズコックスのアルバムからそのまま出てきたようだった。クレアのヴォーカルは、まるでヘリウムを吸い込んだスージー・スー。60年代の狂ったガレージ・ロック、そう、あのへんの曲を集めた『ペブルズ ボリューム3』に収録されたザ・モノクルズの〝ザ・スパイダー&ザ・フライ〟みたいな凄みがあった。

セカンド・シングル〝ア・デイズ・ウェイト〟のあと、シーザーはバンドを脱退することになる。彼はジョイ・ディヴィジョンやPIL、ワイアー、ポール・モーリーと「NME」［ポール・モーリーは「NME」のジャーナリスト］に入れ込んでいた。かなりシリアスな奴だったから、オルタード・イメージズが向かっていた方向性がわかったんだろう。バンドはバンシーズに影響されたアンダーグラウンドのポストパンク・バンドとして始まり、ダークなポップ・メロディとポストパンクのギターを組み合わせていた。ただ、クレアは生来のポップスターだった。彼女は自意識過剰になることもなく、その役割を難なくこなしていた。俺たち同様に彼女も毎週音楽紙を読み、同じ新しい音楽やポストパンクのスターに夢中になっていた。彼女に会うと、誰でもすぐに彼女を好きになった。クレアは礼儀正しく、チャーミングでファッショナブルで、本当にロマンティックで魅力的な子だった。だからこそバンドがヒット曲を出しはじめた頃、煌めくポップスターになったのだ。彼女はバンドの練習に向かうバスで『ロリータ』を読むような16歳の女の子だった。俺たちは全員ロマンティックな人間だった。それがお互いに惹かれ合っているところで、全員の共通点だった。でも当時は自分たちが場当たり的に進んでいるのをわかっていなかった。だからこそすごい冒険だった。誰もそれまでセルティックのアウェイの試合以外は、グラスゴーから出たこともなかった。クレアは抜群のフロントウーマンで、しゃれていてセクシーで、でも同時に触れられないような存在だった。彼女がその役割を愛しているのは誰にでもわかった。彼女の喜びは人に伝染した。バンドの顔になるために生まれてきたような子だった。疑いなく、クレアはポップスターだった。

オルタード・イメージズはジョン・ピール・セッションを録音した際に、ムーンライト・クラブでも演奏した。セヴェリンがライヴに来たので、俺たちはみんな大興奮していた。その数週間前にはジョイ・ディヴィジョンがムーンライト・クラブで演奏していた。『クローサー』が発売される直前で、あのアルバムはポール・モーリーが「NME」でレヴューし、記事にはイアン・カーティスが狂ったように踊っている写真が添えられていた。カーティスは体をよじり、ねじ曲げて、まるで旋風のようだった。風を写真にとらえられるのなら。断末魔のように苦しみ、あがいている人間の様相があった。

ハムステッドのムーンライト・クラブは、イアン・カーティスにとって最後に演奏した場所のひとつとなった。彼はあるライヴのあと、癲癇の発作を起こしていた。ジョイ・ディヴィジョンのライヴ映像を観ると、カーティスがパフォーマーとして全身全霊を捧げているのがわかる。まるで電気椅子に座った死刑囚のように、彼の体を音楽が流れていく。カーティスは暴力、そして黙示録的なイメージに満ちた美しい歌詞を書き、それを完全に身体で表現していた。実際、あの暗く絶望的で、実存的な詩を毎晩表現したことが大きな打撃だったのだろう。パフォーマンスごとに彼は闇の奥に飛び込み、すべてを注ぎ込んだ。俺もフロントマンだからわかるが、時には抑制しなきゃいけないこともある。特に長いツアーではペースを緩めないと、すぐに燃え尽きてしまう。でもあれを毎晩やったことで、彼はおそらく身体的、精神的な力を使い切ってしまった。それに加え、彼にはあの疾患があった。すべてが悲劇に向かっていた。でも、誰にそうわかっただろう？　イアン・カーティスを動かしていたものを縛りつけるなんて、誰にもできなかった。

俺たちはみんな、ジョイ・ディヴィジョンが演奏した会場でやることにわくわくしていたが、実際はクソみたいな会場だった。パブの横にくっつけた箱みたいなものだ。部屋の幅はステージと同じで、奥行きがその3倍くらい。その夜、オルタード・イメージズはピート・ペトロールの新バンド、レペティションの前座を務めた。ピートは眼鏡をかけたオタクっぽい男で、スピッツエナジーのギタリストをしていた。スピッツエナジーのマネージャーだったデイヴ・ウッズが、当時バンシーズのブッキング・エージェントだった。

オルタード・イメージズはバンシーズのコネを通じてライヴを始めていた。ケンジントンの伝説的なナッシュヴィル・ルームズ（ピストルズも演奏した）でもやった。ナッシュヴィルに出演した夏の夜、メイン・アクトはマーゴ・ランダム＆ザ・スペース・ヴァージンズというバンドだった。マーゴやヴァージンズがどうなったのか、俺にはわからない。宇宙のブラックホールにでも吸い込まれたんだろう。バンシーズの事務所を通じて、俺たちはさまざまなところで彼らと仕事をしている有能な人々と知り合った。ポール・オライリー、通称サスペクトはまさにナイスガイで、いつ見ても60年代の黒革のボックス・ジャケットを着て、笑顔だった。ジンジャー・バーウィックは堅実で真面目な男で、いまでも俺の親友のひとりだ。現在はニューヨークで働いている。その頃のサスペクトとジンジャーはバンシーズのツアーのクルーで、バービカンにある彼らの事務所で働いていた。ジンジャーはマーチャンダイズを売っていて、ライヴ会場の外で海賊盤を売ってファンやバンシーズから儲けをかすめとる連中がいると、すぐ彼が飛んできてそいつらを追い払った。ジンジャーには短気なところがあった。喧嘩では絶対引き下がらず、負けたこともない。クソみたいにタフな男だった。父親にそう育てられたのだ。彼はハマースミスの小さな家で両親と暮らしていて、俺たちはロンドンに行くとそこに泊まっていた。ビリー・〝チェーンソー〟・ホウルストンとも仲良くなった。気のいいバーミンガムの大男で、ユーモアのセンスがあり、バンシーズのファンクラブを取り仕切っていた。

ムーンライト・クラブでのギグのあと、セヴェリンは全員を彼のフラットでのパーティに招待した。彼はザ・スキッズのリチャード・ジョブソンとウェスト・ハムステッドで同居していた。パーティにはポップスターやロンドンで話題の人々が大勢来ていた。大量のレコード・コレクションがあったのを覚えている。セヴェリンは床にアルバムを積んでいて、ひとつの山の上に『エレクトリック・レディランド』があった。あのジャケットに写っている裸の女の子たちを見て、こんなのヒッピーのレコードじゃないか、と思った記憶がある。ヒッピーは当時禁忌扱いされていた。俺はアンドリュー・イネスが持っていた『ホワイト・アルバム』を見た時もまったく同じ気持ちになった。「ビートルズを持ってるなんて許されない!」と。１９７６年以前の音楽を好きだと認めるのは犯罪にも等しかった。例外はヴェルヴェット・アンダーグラウンド、イギー・ポップとストゥージズ、ニューヨーク・ドールズ、そしてＭＣ５だった。

オルタード・イメージズをサポートに付けることで、バンシーズが金を要求したことは一度もない。他の人気のあるバンドだと、ツアーの際サポート・バンドに見返りの金を要求することがあるという話だった。それどころか、彼らはあらゆる意味でオルタード・イメージズを助けてくれた。セヴェリンはポリドールを騙してただでスタジオを使わせてくれたし、その夜ホテルに泊まる金があるかいつも確認してくれた。次のギグに行くまでのガソリン代を出してくれたこともある。それこそがパンク・ロックだ。

１９８０年8月16日の土曜、サポートを務めるスピッツエナジーのライヴがミドルズブラのロック・ガーデンで開かれた。集合は土曜の朝9時、カーマンノックで。そこでヴァンにバンドの機材を積み、ミドルズブラに向かって高速道路を走る予定だった。俺が31番バスを降り、ジョニーとジェリー・マッケンローの家へ向かうと、バンドが話し合っているのが見えた。深刻そうだった。ドラマーのティッチ・アンダーソンが、自分は行かないと言ったのだ。ティッチは俺の親友のひとりだった。しょっちゅう彼の家に入り浸ってレコードを聴いていた。ティッチはすごいレコード・コレクションを持っていた。DAF、初期ヒューマン・リーグ、ギャング・オブ・フォー、PIL、ハートブレイカーズ、レインコーツ、ダブ・レゲエ、ジョイ・ディヴィジョン、ワイアー、キャバレー・ヴォルテール。本当に見識のある奴だった。だがその日、彼はやってこなかった。俺が気づいていなかったようなバンドの力関係があったんだと思う。

ジェリーが俺に言った。「ボブ、ドラムビートはわかってるよな——このギグで叩いてくれないか?」。俺はその場で、全員に注目されながら考えなきゃいけなかった。これを受けたら、ティッチとの友情を裏切ることになるだろうか? そのギグはバンドにとって大きなチャンスだった。ディヴ・ウッズがお膳立てしていて、台なしにすることも、信用ならないバンドだと思われることもできなかった。それで俺は言った。「ああ、いいよ。でもティッチがバンドに戻れることが条件だ」。100クラブでシド・ヴィシャスがバンシーズのためにできたことが俺にできないわけはない、と思ったのだ［シド・ヴィシャスはバンシーズのデビュー・ライヴでドラムを担当した］。

俺たちはミドルズブラまで行き、ロック・ガーデンで演奏した。ステージに上がる頃には600人くらいのイカれた連中、シンナー好きでモヒカン頭の第3世代パンクスが会場を埋めていた。彼らはジ・エクスプロイテッドみたいな鋲付きの革ジャンにタータンチェックの布を巻き、パンクのベタな紋切り型そのものだった。俺には全員脳死しているとしか思えなかった。一方、いかにもムカついているスキンヘッズの一団もいて、不満そうなガールフレンドを引き連れ、ビールが入ったままのパイントグラスを投げつけてきた。でも俺たちはステージで微動だにしなかった。負けずに曲を演奏した。最後には観客のリスペクトを勝ち得たと思う。俺たちは自分の場所を譲らず、プレイしつづけたのだ。それが俺の人生最初のギグだった。火の洗礼だ。

若い頃、自分がやっていることを信じていれば、それを止められるものは何もない。俺たちの機材はスピッツエナジーの機材の前に設置されていたので、荒れ狂う最前列の観客が俺たちの鼻先にいた。その夜ドラムを叩きながら、俺はものすごい高揚を感じていた。それまで体験したことのないスリルだ。観客として、または舞台の袖からバンドを観るのだって、すごく興奮する。でも実際にステージの真ん中に座り、一斉射撃を受けるのはまったく別物だった。そこには生きている観客、こっちを品定めし、敵意を剥きだしにする連中がいた。渦の真ん中、ハイエナジーの音の力場に放り出されるのだ。１００ワットのアンプから歪んだ轟音が響きわたる場所で、若い男たちがフェンダー・ツインをかき鳴らしていた。

ロックンロール・バンドという、仲間の集合体から生まれる魔法のようなエナジーの一部になるのは、他の何にも比べられないフィーリングだった。通じ合う意識が生みだす、リアルタイムの魔法だ。まるで映画のなかに入ったように、時間がゆっくり進む気がした。それはどんなものより深く、俺のソウルを射抜いた。

俺はそれをもっと欲しくなった。

8　ファクトリーの連中（刈り上げとカフカ）
Factory Fodder (Shaved Heads and Kafka)

シーザーは1981年夏にバンドを辞め、ザ・ウェイクを結成し、俺は以前より彼と一緒に過ごすようになった。シーザーはドラマーに17歳のスティーヴン・アレンを見つけてきた。目の下まで前髪を伸ばした、ボブカットの若者だ。ベーシストはジョー・ドネリー。いい奴だったが、ロックンローラーではなかった。

ザ・ウェイクはソーキーホール通りの西端、ローン・ホテルの向かいにある教会の地下室でデモテープを録音した。そこはヘルファイア・クラブとして知られていて、穏やかな赤毛の男、デイヴィー・ヘンダーソンが主宰していた。俺はデモテープの1曲、〝ムーヴ・ウィズ・ザ・タイムズ〟をすごくいい曲だと思った。ジョゼフ・Kが〝ザ・ミショナリー〟でやっていた、白人ファンクの引っ掻くようなギター・リフがあり、スティーヴン・アレンがシンバルで叩くディスコ・ビートがパワフルに鳴っている。シーザーにヘルファイアでのレコーディング・セッションに誘われると、俺は彼がやっていることにすっかり引き込まれた。

一方、オルタード・イメージズは押しも押されぬポップスターになりつつあった。アイドル誌「スマッシュ・ヒッツ」のグラビアを飾りながら、同時に「NME」の表紙にもなっていた。シングル〝ハッピー・バースデイ〟がリリースされるとチャートのトップ10に入り、2週間ごとに「トップ・オブ・ザ・ポップス」に出演していた。クレアは髪にカラフルなリボンをつけ、フリルのミニスカートで妖精のように踊り、その後ろで男たちが激しくプレイしていた。クレアはカメラ写りがとてもよく、俺は彼らの成功を嬉しく思った。

ある晩、ティッチが電話をかけてきて、家に来ないかと言った。ロンドンでの冒険から戻ってきたばかりで、興奮していて、ロンドンのクラブで会ったロックスターについてしゃべりたくてしょうがなかったのだ。

俺が着くと、ティッチはものすごくかっこいいラロッカの黒革のベストを着ていた。キングス・ロードのロイド・ジョンソンの店で買ったという。ブリテンダーズのマーティン・チェンバーズ、もしくはバッジーが着そうな服だった。ティッチはもう1着、ロイド・ジョンソンのジャケットも買っていた。リーバイスの名品、トラッカー・ジャケットを元にしていて、ノンウォッシュの濃いデニムに白のステッチが施されている。最高にクールだった。当時は濃いデニムは誰も着ていなかった。どれもウォッシュをかけたブルー。だからこそかっこよかった。ティッチはタイトな黒のジーンズを履きだしていて、それにワイン色のチェルシー・ブーツを合わせ、天然の巻毛を高くリーゼントにしていた。ストレイ・キャッツのヘアスタイルだ。もうどこから見てもポップスターだった。

ティッチはシングルがヒットし、「トップ・オブ・ザ・ポップス」に出演した喜びを隠しきれず、俺はちょっとだけ寂しくなった。自分だけお楽しみを逃している気がしたのだ。俺は相変わらず1日8時間、週に5日働き、工場の夜勤を2週間勤めては、次の2週間日勤の繰り返しだった。なのに仲間はロックンロールの夢を叶えている。俺は嫉妬していたのか？　もちろんそうだ。

ティッチや他のメンバーの活躍を喜んではいたが、どんどんバンドがクールじゃなくなっているとも思っていた。巨大なバースデーケーキが置かれたテーブルをぐるっと囲んでオルタード・イメージズが座っている写真を見て、『ベガーズ・バンケット』かよ、と思ったほどだ。でもティッチにとってもバンドにとっても、成功は喜ばしいことだったし、彼らにはその資格があった。あの夏はどこを見てもオルタード・イメージズだった。メディアは彼らを「ニュー・ポップ」と呼んだ。

俺はザ・ウェイクがギグをやるたびに観にいっていた。でも観客はほとんどいなかった。シーザーはどう思ってるんだろう、と考えたものだ。彼はオルタード・イメージズが成功を収める直前に脱退したのだから。信条を曲げずず、自分のヴィジョンを実現させようとするシーザーを俺は尊敬していた。

シーザーとスティーヴン、俺は親友になった。スティーヴンは俺より年下で、PILとピストルズ、クラッシュ、ジョイ・ディヴィジョンに取り憑かれていた。彼には姉のキャロリンがいた。彼女もPILが大好きで、特にジャネット・リーに夢中だった。ジャネットはミュージシャンではないPILのメンバーで、ガンター・グローヴにあるPIL本社で暮らしていた。キャロルはジャネット・リーのルックをそのまま真似ていた（つまり、『ザ・フラワーズ・オブ・ロマンス』のジャケット写真だ）。肩までの黒髪、濃い黒のアイライン、タータンチェックのミニスカート、黒タイツ、フラットシューズ。素敵だった。キャロリンとスティーヴン、俺の3人はスティーヴンの部屋にこもり、ダンセットのレコード・プレイヤーでずっとレコードを聴いていた。スティーヴンは明るい性格で、俺と同じくらい音楽を愛していた。男の子っぽい情熱があった。キャロリンには、チャンスさえあれば並外れた人物になりそうな雰囲気があった。どこか官能的なエッジが彼女にはあった。文学も好きで、俺が読んだことのない本について話していた。頭がいいな、と俺は思った。うわべは気さくだが、内側には「みくびるな」とでもいうようなタフさを隠し持っていた。

俺たち4人は固く結ばれていた。毎週金曜の夜には、みんなでシティズンズ・シアターに出かけたものだ。ゴーボールズ地区の劇場は進歩的な社会主義劇団、7：84の本拠地だった。カンパニーの名前は社会においては7パーセントの富裕層が84パーセントの富を寡占している、という事実に由来していた。それは81年、マーガレット・サッチャー政権になってから2年、自由市場主義が始まったばかりの段階での数字だ。もちろん、新自由主義が40年も続いた現在はもっとひどくなっている。シティズンズの入場料は学生、もしくは失業者だと1ポンドだった。俺たちはそこですごい戯曲を次々に観た。ベルトルト・ブレヒトの『マハゴニー市の興亡』、マルキ・ド・サドの『閨房哲学』、ジャン・ジュネの『黒んぼたち』、『花のノートルダム』、『バルコニー』。シティズンズの演出家、ジャイルズ・ハヴァーゴルは黒一色の背景にワイマール風の白熱照明を当てるミニマリスティックな演出で、そうした作品を素晴らしい舞台にしていた。彼はブレヒトの「第4の壁を破る」手法も使い、俳優が劇の途中で急に観客に語りかけてきた。「演者」と「観る者」の壁を打ち壊し、オーディエンスを演劇に巻き込むのだ。ハヴァーゴルはアントナン・アルトーの残酷劇にも影響されていた。パンクの原型となった、観客と対決する手法だ。そのラジカルさは俺たちのようなティーンエイジャーの思考を刺激し、俺のものの見方を変えた。7：84カンパニーはまた、スコットランドの地方の労働者階級コミュニティを巡業し、そういった思想家や詩人による反体制的な急進思想に溢れた演劇、実験的な舞台を演じていた。文化は中流や上流階級だけでなく、あらゆる人のものだと彼らは信じていたのだ。

シティズンズの予算は労働党が多数を占めるグラスゴー市議会から出ていた。そうあるべきだ。アートはすべての人に開かれているべきなのだから。経済的な余裕がある人々だけが、文化の枠組みとなる基礎教育を独占してはいけない。そう、教養というものは、階級という病んだエリート主義が旧来の権力構造を保ち、批判的思考を阻むための悪意ある手段のひとつだ。労働者階級の子どもたちが最低限の教育しか受けられないのには理由がある。体制側は、教養と情報が持つ意味と力を理解しているのだ。だからこそなんとしてでも、下層の人々が高い教育を受けられる手段を握りつぶそうとする。こっちを無知なまま、暗闇に閉じ込めておこうとしているのだ。イギリスで保守党が学校の予算を削減し、無料の高等教育を廃止したのはこれが理由だ。教育（生来の権利であるべきだ）を受けるだけで何万ポンドもかかり、一生分の借金を抱えるようになったのは、貧しいキッズが生活を豊かにするのを邪魔するためだ。得をするのは特権を持つ連中だけで、階級間の格差はさらに広がる。俺が10代だった頃は、試験でいい点を取れば国の金で大学や職業学校、アートスクールにだって進めた。当時は企業税や富裕税が高く、それが高等教育の助成金や補助金の財源となっていた。そのおかげで社会ももう少し平等だった。１９４４年の教育法、いわゆるバトラー法までは、大学やアートスクールの学費を払えるのは上流階級や中産階級、貴族の子女だけだった。ダンサーやアーティスト、詩人のほとんどがこの階層だったのはそのためだ。「ハイ・カルチャー」に触れられるのは彼らだけだったのだから。他の人々は働いて生計を立てるのに忙しく、自分の本当の可能性に気づくひまなどなかった。第二次世界大戦まで、俺のような人間の前で城門はしっかりと閉ざされていた。

だが60年代、70年代には、戦後の世論が火を放った。その結果、文化と政治が前進し、社会もより自由になり、労働者階級の戯曲家や作家、アーティスト、映画監督、ポップスターが新たな教育の自由を大いに活用した。俺は社会民主主義の子どもだ。個人としては大勢が恩恵にあずかった教育システムからおちこぼれたが、その後、福祉国家以前のイギリスでは不可能だった人生を送ることができた。富の再配分によって、社会民主主義は社会を確実に改善した。マーガレット・サッチャーが権力を握ったことで、すべてが再び変わってしまったが。

あの劇場で素晴らしい舞台を見た思い出を、俺は大切にしている。ジャイルズと彼の劇団は、学校では与えられなかった文化的教育を俺に与えてくれたのだ。

1981年の冬、ザ・ウェイクはシングルを録音するためにエジンバラまで行った。スタジオはファイア・エンジンズが〝ゲット・アップ・アンド・ユーズ・ミー〟をレコーディングしたところだった。〝ゲット・アップ・アンド・ユーズ・ミー〟は俺たちにとって至高のレコードだった。暴力的で尖ったギター、ロウファイでとっ散らかったドラム、そこにヴォーカルのデイヴィー・ヘンダーソンの原始的な叫びが乗る。まるでビーフハートがモハーヴェ砂漠ではなくエジンバラの公営住宅で育ったような、壊れかけた精神の本能的な声だった。あれは完璧なポストパンクだった。

ウィルフ・スマーティーズが作ったプラネット・スタジオで録音する、というのはシーザーの考えで、いいアイデアだった。もらった住所に到着すると、スタジオは真っ黒に煤けたエジンバラの共同住宅の1階の部屋のなかにあった（エジンバラの人々は故郷をオールド・リーキー、煙立ち込める古都と呼ぶ。産業革命によって中心部や周辺の工場の煙突からつねに石炭の煙が出ていたからだ）。バンドは準備を終え、曲を演奏しはじめた。シングル盤のA面となる〝オン・アワ・ハネムーン〟は、ロマンティックな恋愛や結婚の愚かさを皮肉った曲だった。ヘッドフォンから聴こえる音のバランスに全員が満足すると、ウィルフが録音ボタンを押し、バンドが曲を5、6回プレイした。ウィルフは狭いコントロール・ルームにバンドを呼び、録音したものを聴かせた。みんなグレイトなサウンドだと同意した。次はB面曲、タイトルは〝ギヴ・アップ〟。シーザーは俺に、シンセサイザーを弾いてくれと言った。彼がそんなつもりだったとは全然知らなかったが、俺は興奮してコルグにプラグを挿した。シーザーと俺はシンセのスイッチやパッチの設定をいじったあげく、ジョルジオ・モロダー風のシーケンサーの音を見つけ、気に入った。シーザーが合図するとバンドが演奏を始め、俺はただそれを追いかけていった。練習もリハーサルも一切なし。全部その場の即興演奏だった。ウィルフはコントロール・ルームのマイクから、いいテイクだったと告げた。俺たちは最後まで続け、大きなスピーカーから轟音が流れるのを聴いた。ファンタスティックだった。

何週間かするとシーザーの手元にサンプル盤が届き、俺はそれを自分の寝室の小さなステレオでかけた。ぞくぞくした。いいバンドなのにもぞくぞくしたし、シングルの出来にもぞくぞくした。そしてもちろん、7インチのヴァイナル盤、本物のレコードで自分が演奏していることにめちゃくちゃ興奮していた。

シーザーは俺に、ジャケットのアートワークのデザインを頼んできた。俺はカトリックの司祭が聖体拝領で赤ん坊を抱いている絵を描いた。それはバンド名の宗教的な響きと［ウェイクは夜間の礼拝や通夜という意味もある］、教会が持つ邪悪な支配力をかけた絵だった。それまでにも俺は、アラン・マッギーとアンドリュー・イネスのバンド、ザ・ラフィング・アップルのEP盤〝ハ・ハ・ヒー・ヒー〟のジャケットをデザインしていた。その時にはジョン・ホーンズで働いている年寄りの印刷工に頼み、彼の家の車庫に置いてある小さな印刷機でジャケットを刷ってもらった。

オルタード・イメージズからザ・ウェイクに、12月のティファニーズでのライヴでサポートをしないかというオファーが届いた。オルタード・イメージズにとっては華々しい凱旋ライヴとなる。シーザーは俺に、数曲でバンドに加わってギターとシンセサイザーを弾いてくれと言った。新曲〝フェイヴァー〟のバーズ風のアルペジオのギター・リフ、それに〝アン・イマキュレイト・コンセプション〟の1本指で弾く単純なストリング・マシンのリフを彼に教えてもらい、家でみっちり練習した。

俺はギグのために、当時流行していた赤いセミ・アコースティックのギターを借りた。すごく緊張していた——ミドルズブラの知らない連中の前で演奏するのとは話が別だ。グラスゴーでは全員が俺たちを品定めしている気がした。その感覚は90年代初めにプライマル・スクリームがブレイクするまでずっと続くことになる。しかし本番ではアドレナリンが緊張を上回り、なんとか最後までやれた。いいライヴだったし、俺たちもいい演奏をした。堂々とやれた。その1年前、俺はバス通りのマコーマックス楽器店で、レスポール・クラシックのコピーを買っていた。色はチェリーがかった赤茶で、いかにもシン・リジィ風のギターだった。俺はピーヴィー・バンディットのアンプも買っていた。正統派のロックンロール・ギターだ。シーザーとアンドリュー・イネスにいくつかバレーコードを教えてもらい、バズコックスの〝タイムズ・アップ〟、それに〝ボアダム〟の2音のソロも弾けるようになった。

シーザーはなんとかロブ・グレットンの電話番号を手に入れた。ロブはニュー・オーダーのマネージャーで、その前はジョイ・ディヴィジョンのマネージャーだった。彼はファクトリー・レコードの重役でもあった。彼に会いにマンチェスターに行った時、マンチェスター・ユナイテッドのファンかどうか訊いたのを覚えている。ロブは大きな眼鏡越しに俺をちらっと見ると、吐きだすように「冗談じゃない! マンチェスターじゃ誰もユナイテッドをサポートしない——俺はシティだよ」と言って、ずり落ちた眼鏡を元の位置に戻した。すごくロブらしい。彼は親切にもその晩自宅の床に寝かせてくれ、俺たちは翌日グラスゴーに帰るバスに乗った。

1週間ほどすると、シーザーにロブから電話がかかってきた。彼はシムシルの母親の家でそれを受けた。ニュー・オーダーのライヴのサポートを務めて、ファクトリー・レコードでアルバムを作らないか、という提案だった。神からの贈り物だ。

ニュー・オーダーのライヴは1982年2月26日、ブリストルのトリニティ・ホールで開かれた。当日、俺たちがベーシストを迎えに家に寄ると、彼の母親が出てきて、どこにいるかわからないと言った。姿を消したのだ。あいつはおそらく、怖気づいたがシーザーに直接言う勇気がなく、母親に嘘をつかせたんだろう。あのマヌケはとんでもないことをしてくれた。俺はああいう連中、タマのない奴らを心から軽蔑する。ライヴはバンドのブレイクとなるはずだった。シーザーは俺に、ベースを弾けるか訊いてきた。ベースは持っていなかったが、俺はやるよ、と答えた。

ブリストルに到着するともう陽が落ちていて、俺たちはヴァンをトリニティ・ホールの外に停めた。トリニティ・ホールは古い教会で、ニュー・オーダーとザ・ウェイクのゴシックな雰囲気、陰鬱で暗いサウンドにぴったりだった。全員で機材を運び入れると、ロブ・グレットンがホールの向こう側に立っているのが見えた。俺は歩いていって、ベース・プレイヤーが失踪したから今晩は俺が代わりに弾く、とロブに告げた。そしてこう言った。「唯一問題なのは、ベースもアンプも持ってなくて。ニュー・オーダーで使ってないベースはない？　貸してくれないか？」。

ロブは俺をじっと見て、からかうような、にべもない調子で「フッキーに訊いてくれ」と答えた。俺はピーター・フックを探してバックステージを見回した。漏らしそうなほどびびりながら。フッキーは俺のヒーローだったのだ。彼がクルーの誰かとふざけ合っているのが見えると、俺は勇気を振りしぼり、ゆっくり近づいていった。どきどきしながら彼に自己紹介し、ロブに言ったのと同じ話を繰り返した。気まずい沈黙が流れた。

フッキーは俺を睨んで、「本気か？」と言ってから、「もちろん。ステージにあるから、ヤマハを取ってくれ——エディには俺から借りたと言えばいい」と答えた。

その瞬間の気持ちをどう言えばいいだろうか。恐怖と高揚がない混ぜになりながら、俺はトリニティ・ホールのステージに上がり、巨大なヤマハのベースを手にすると、そのままフッキーのハイワットのベース・アンプに挿した。雷神ソーが現れたような轟音、その強力なベース・サウンドに俺はほとんどステージから転げ落ちそうになった。

サウンドチェックのあと、楽屋ではシーザーが俺につきっきりで曲を全部チェックした。デモを聴いていたおかげでベースラインはわかっていたし、バンドの練習を何度も見ていたからすぐに呑み込めた。

ライヴは緊張したまま、あっという間に過ぎていった。フッキーのアンプのパワーを抑えるのに俺は苦労した。あがって手がぶるぶる震えていたから、どうやって弦を押さえて音を出せたのか、いま思うと不思議だ。でも俺はプレイする興奮に完全にハマっていた。ステージにいる体験で神経はぎりぎりまで張り詰め、意識の変容状態、オルタード・ステイツに入っていた。持っているヤマハのベースは、フッキーがジョイ・ディヴィジョンの〝ラヴ・ウィル・テア・アス・アパート〟のビデオで弾いていたものだった。それほどクールなことが他にあるか？

そのあとロブ・グレットンが俺たちの楽屋に来て、ニュー・オーダーの他のライヴもやらないか、と言った。少し酒を飲んでから、俺たちは全員トリニティ・ホールの暗闇に戻り、ニュー・オーダーを観た。最高だった。セットは聴いたことのない新曲、〝テンプテーション〟で始まり、それから最近リリースされたアルバム『ムーヴメント』のほぼ全曲が演奏された。彼らの音楽にはダークな力と重々しさがあり、バンドのイメージも謎めいていた。それは忘れられない一夜となった。シーザーもスティーヴンも俺の演奏を褒め、バンドに加わらないかと言ってきた。

ザ・ウェイクがニュー・オーダーとライヴをやるたび、俺はポータブルのカセットレコーダーで、自分で聴くためのブートレグ・テープを作った。セットには毎回、それまで聴いたことのない新曲があった。時間が経つにつれ、そうした曲はギグごとに変化し、改良された。ニュー・オーダーの音楽は「進行中」であることを恐れない好例だった。曲をいじって、毎晩違う形でプレイしてみせるのだ。ニュー・オーダーとのツアーで俺は多くを学び、それを将来、プライマル・スクリームで実践することになる。

グラスゴーに戻ると、俺は黒のフェンダー・ムスタングのベースと、エレクトロ・ハーモニクスのクローン・セオリーのエフェクト・ペダルを買った。ＰＩＬやジョイ・ディヴィジョン、（アルバム『セヴンティーン・セカンズ』での）ザ・キュアーのように、バンドがサウンド・ミックスでベースギターを前面に押しだし、リード楽器としてフィーチャーしているのが俺は好きだった。レゲエのレコードのベースラインも気に入っていた。そうしたレコードでは歌よりむしろベースがフックになっている。ポップやロックでは伝統的に、フックはリード・ヴォーカルもしくはギターで、ベースは大抵ドラムとともにリズムを刻む隠れた駆動力とされている。堂々とフィーチャーされるのはファンクやディスコ、レゲエといったブラック・ミュージックだけだ。

ザ・ウェイクはファクトリーから出すアルバムのために、ヘルファイア・クラブで練習を始めた。シーザーはすでに何曲か書き、歌詞もコード進行も全部決めていたが、他の曲はグループで一緒に作っていった。俺はずっと彼をリーダーだと考えていた。彼がバンドを結成し、そのヴィジョンに従ってバンドは形作られていた。キーボードとしてキャロリン・アレンが加わった。俺の知るかぎり、彼女はそれまで楽器に触ったことがなかったが、それがあの頃の気風だった。パンク・ロックのバンドはどれもアマチュアと熟練したプレイヤーの混合だったのだ。キャロリンは子どもみたいに2本指で3音のリフを弾いた。キーボードには設定がひとつしかなく、冷ややかでよそよそしいシンセのオーケストラル・ストリングスの音だった。それはファッド・ガジェットやデペッシュ・モード、ニュー・オーダーといったアーティストによる80年代初めのポストパンクの音楽スタイルでもあった。単純で、ほとんどおもちゃのような楽器のチープなサウンドだ。

ロブ・グレットンがシーザーに電話で、アルバムはストックポートのストロベリー・スタジオで録音すると告げた。ジョイ・ディヴィジョンがあの名作『アンノウン・プレジャーズ』をストロベリーでレコーディングしたのはほんの3年前だった。プロデューサーはマーティン・ハネットと仕事をしたクリス・ネイグルに決まった。ハネットはもちろん、ファクトリーにおけるフィル・スペクターのような存在だ。俺たちはまさに火中に飛び込もうとしていた。ロブの信頼を全員が感じたし、南へ向かいながら興奮以上のものが湧きあがっていた。

俺たちはストロベリーの外に車を停め、機材を業務用エレベーターに積んだ。エレベーターは地階へ向かい、金属の連結扉が開くと、俺たちは伝説のストロベリー・スタジオに足を踏み入れた。あとでクリス・ネイグルからは、マーティン・ハネットにエレベーターの扉にマイクを付けさせられた話を聞いた。それが『アンノウン・プレジャーズ』で聞こえる神秘的でインダストリアルな音になったのだ。

クリス・ネイグルからアルバムをどうレコーディングするか説明を受けると、俺たちはショックを受けた。戦略はこうだ。まずスティーヴン・アレンのドラム・パートから始める。最初はバスドラムのトラック、次にスネア、それからハイ・ハットのトラックを録音する。タムタムとシンバルはまた別の録音。ネイグルはアルバムの全曲をこのやり方で録音したが、ひどく難しかった。スティーヴンはいつも俺のベースに合わせて、もしくはシーザーのヴォーカルやギター・リフ、キャロリンのキーボードを合図に演奏するのに慣れていたからだ。スティーヴンがすべてのドラム・トラックを完了すると、次は俺の番だった。スティーヴンのドラムのみを頼りに、俺は全曲のベースのパートだけ、思い出しながら弾いていった。それからキャロリンがストリング・マシンのパートを録音した。彼女はそれまでスタジオに入ったこともなかったから、神経がすり減ったはずだが、ネイグルはとても感じのいい男で、彼のくつろいだ優しい振る舞いに俺たちはかなり元気づけられた。彼に後押しされ、俺たちはできるだけいいプレイを続けた。4人のうち、いちばん自信があったのがシーザーだ。彼にはオルタード・イメージズとしてスタジオでレコーディングした経験もあったし、ギグも重ねていた。ギタリストとしても熟達していたし、自分が書いた歌詞を信じていた。ネイグルのレコーディング方法は、マーティン・ハネットとの仕事で学んだものだと思う。ハネットはそのやり方でバンドとレコーディングすることで、あらゆる楽器を完全にコントロールしていた。あの方法でやると、あるトラックから、欲しくない音が他のトラックへ「にじみだす」こともない。ハネットはまた、各トラックにさまざまなデジタルのサウンド・エフェクトをかけ、自在に操った。使うのは彼が買った奇妙な機材。個々のトラックをサイケデリックにすることで、彼はサウンドを思いのままに形成し、未来的なヴィジョンに到達した。マーティン・ハネットはポストパンクにおけるジャン・リュック・ゴダール、サウンドの名匠だった。

セッションの合間にはロブ・グレットンが顔を出し、様子を見にきた。トニー・ウィルソン［ファクトリー・レコードの主宰者］もやってきた。俺たちは彼の前でちょっと気後れがして、あまりしゃべれなかった。トニーはその時、ア・サータン・レイシオを思わせるカーキのシャツを着ていた。ファクトリー周りで流行っていたシャツだ。髪は１９３０年代の貴族のような、『ブライズヘッドふたたび』から出てきたようなスタイルで、前髪をふわっと垂らしていた。見るからにマンチェスターの労働者階級的なロブに比べ、トニーは高い教育を受けた、オックスフォードやケンブリッジの空気を漂わせていた。ロブとトニーがスタジオに来たことで俺たちは刺激を受け、さらにやる気が出た。彼らをがっかりさせたくなかったのだ。アルバムのレコーディングをお膳立てしてくれたということは、彼らがバンドを信用しているということだ。それが若いアーティストに不可欠な自信を俺たちに与えてくれた。すでに人生で多くのことを達成した人から支援されると、余計に勇気が湧くものだ。ネイグルはアルバムを１週間でレコーディングし、ミックスした。俺たちは喜びと幸運を感じながらグラスゴーへ戻っていった。

Part Three (1982–1985)

AC30

9　グラスゴー労働者階級のインダストリアル・ブルーズ
Working-Class Glaswegian Industrial Blues

俺はJ・G・バラード、フランツ・カフカ、ウィリアム・バロウズといった作家の本を買い、読んでいた。愛読したのはバラードの『残虐行為展覧会』で、カフカ『審判』の恐怖とパラノイアがつねにつきまとう感覚、そして大衆向け探偵小説の麻薬版のようなバロウズ『ジャンキー』にも共感していた。ジョージ・オーウェルの『カタロニア讃歌』を読んだのは、スペイン内戦に興味があったからだ。実際、その頃父はクライド川岸にスペイン内戦のヒロイン、ドロレス・イバルリ、別名「ラ・パショナリア」の像を建てるのに助力していた。像は自ら志願してスペインに赴き、新たに生まれた民主的なスペイン共和国をフランコ将軍の軍隊から守ったグラスゴーの男女を讃えるものだった。シーザーはコリン・ウィルソンの『アウトサイダー』に夢中で、あの本の影響でアルベール・カミュや実存主義者の作品を読むようになった。『アウトサイダー』は文学における彼の地図だった。俺も借りて読んだが、ウィルソンの文章は無味乾燥で退屈だと思った。まったく刺激されなかった。

ザ・ウェイクのアルバム『ハーモニー』は1982年、ファクトリー・レコードからカタログ番号FAC60としてリリースされた。カバー・アートはバンドとジェームズ・ケイによるもので、東欧の共産主義国家でよく見られるインダストリアルなデザインで輪が描かれていた。どこか独裁国家的な趣で、ファシズムと共産主義の中間にあるイラストは、グレーの背景に黒の線で描かれ、墓石にも似ていた。バンド・メンバーは全員社会主義者だったし、カバーはファクトリー・レコードの美学にも沿っていた。俺たちは全員、ピーター・サヴィルがジョイ・ディヴィジョンやア・サータン・レイシオ、ドゥルッティ・コラムで手がけたカバー・アートが大好きで、自分たちなりのオマージュだったのだ。シーザーはカトリック教の儀式にも魅了されていて、ジョイ・ディヴィジョン『クローサー』のジャケットが、彼が堂々とそれをやる理由になった。シーザーの母親は毎週日曜ミサに通っていた。

俺はすべての宗教を憎んでいた。宗教は大衆を支配し、世界のいたる場所で階級や権力構造を強化するための手段だと思っていた。宗教、それにロマンティックな恋愛は人類最古の詐欺だ。若い頃の俺はそう感じていた。いまでも組織化された宗教には批判的だし、納得できないことが多い。ただ大勢の人々にとって神と教会への信仰が生活基盤になっていることは理解するようになったし、リスペクトしている。俺はいまクリスチャンの女性と暮らしていて、彼女は善人でモラルがあり、キリストの教えに従い、それに則って生活している。世界にとってためにしかならないような人だ。彼女の内面の強さは見習うべきだし、俺をインスパイアする。神秘とスピリチュアリティ自体は美しいものだ。父はいつもキリストの山上の説教と、マタイの福音書を褒めていた。彼にとっては社会主義のテキストだったのだ。ピエル・パオロ・パゾリーニが映画を撮ったことでもわかるように［64年のパゾリーニ監督作『奇跡の丘』は、マタイによる福音書の映画化］、キリスト教と社会主義の信条はとても似ている。

アルバムの評価はまあまあだったが、「サウンズ」のライター、デイヴ・マッカロウがザ・ウェイクを取材しにグラスゴーにやってきた。雑誌では1ページの記事となり、マッカロウも好意的だった。その記事にはポール・スラタリーが撮ったいい写真が添えられ、市庁舎の丸天井の下で俺たちが立っている。俺が着ていたのは60年代の黒革の4つボタンボックス・ジャケットで、クリームイエローのサイケデリックなペイズリー柄のスカーフを巻いていた。死んだ祖父のものだ。髪はサイドと後ろを高く刈り上げ、残りを左で分け、撫でつけていた。前髪は眉毛の上で短く切っていた。その記事で俺たちはほとんど発言していなかった。マッカロウは「サウンズ」のポストパンク担当記者で、シーザーが慕うヒーロー、「NME」のポール・モーリーほど仰々しくなかった。

アルバムが出ると、ヘンリー・ウッド・ホールでライヴをやった。ソーキーホール通りの近くにある教会のホールだ。興行は自分たちでやり、俺の友だちのジム・ビーティが前座を務めた。ビーティはカセットレコーダーからあらかじめ録音した曲を流しながら、ベースを弾き、歌った。彼がバックの音楽を録音したその機械にはドラムマシンが内蔵されていて、設定が4つあった。ロック、サンバ、ワルツ、そしてディスコだ。当時流行っていた2トラック同時録音機能も付いていて、90分、60分、30分のカセットテープにレコーディングできた。ビーティはそういうテープにアイデアを多重録音し、短いライヴ・セットをやれるほどのトラックを録り溜めていた。俺は1981年の夏からビーティと一緒に音楽を作っていた。彼は弟のグレアムと同じ学年で、両親とマウント・フロリダの共同住宅に住んでいた。ブラウンリー通り39番地、俺が住んでいたスタンモア・ロードからは坂を下って1分のところだ。同じ通りに住んでいたようなもので、俺は坂の上、ビーティが下だった。

ビーティの母親はボーイ・スカウトやガール・ガイドが集まるホールの鍵を持っていた。ビーティと俺は土曜の夜、ホールが使われていない時にそこへ行った。ビーティは日本製のレスポール・クラシックの安いコピーと小さなギター・アンプを持ち、俺はゴミの缶の金属製の蓋を持っていった。ビーティの家の（共用の）裏庭とスカウト・ホールの間にある小屋のそばのゴミ缶から取ってきたやつだ。ホールに入ると、ビーティがギターとアンプを電源に繋ぎ、俺は寄木の床の上に蓋をふたつ置く。ビーティがバンシーズやPILみたいな1コードの叫ぶようなギター・リフを弾くと、俺がゴミ缶の蓋で原始的なトライバル・ビートを叩き、金属のガンガンしたインダストリアルな音が響き渡る。するとふたり一緒に延々とスクリームするのだった。歌詞も何もなく、ただただスクリームし、叫び、叫びつづける！　最高のサウンドだった。どっちもまともに楽器を弾けなかったが、そんなのどうでもよかった。大したことじゃない。大事なのは、悪魔祓いの儀式を始めることだ。当時自分たちでは気づいていなかったが、それはカタルシスの効果をもたらしていた。セッションのあとはいつも笑いころげて、シリアスに考えていなかった。ただ土曜の夜、通りで悪さをする代わりにやっていただけだ。ビーティはそんなスクリーミング・セッションも、安いポータブルのカセットレコーダーに録音していた。スカウト・ホールの壁を這う太い排気管やセントラル・ヒーティングの配管をふたりして拳でガンガン叩くこともあった。排気管からはものすごいサウンドが返ってきた。不協和音のポリリズムだ。空っぽのホールは天井が高く、壁はコンクリートで、床が寄木だった。そのがらんとした空間では音がよく反響した。ドラムはまるで戦争のような、暴力的な音に聞こえた。グラスゴー労働者階級のインダストリアル・ブルーズだ。

少し前、俺はシーザーからザ・フォールのアルバムを借りていた。『ライヴ・アット・ザ・ウィッチ・トライアルズ』にはスポークンワードの曲〝クラップ・ラップ2〟があり、俺はすごく気に入った。マーク・E・スミスはこう語っていた。

俺たちはザ・フォール
白人のゴミが言い返す……

曲の最後はこんなふうだった。

俺はロックンロールの夢を信じる
俺はプライマル・スクリームを信じる

俺はビーティに、自分たちがスカウト・ホールで作っている音楽をプライマル・スクリームと名づけるのはどうか、と提案した。ビーティはその名前をひどく気に入った。パンク、かつポストパンクで、完璧だと。そうして、1981年の夏から続く俺たちのノイズ実験に名前が付いた。長年、この名前にはジョン・レノンの影響があるのかと何度も訊ねられたが、当時はレノンとアーサー・ヤノフによる精神療法の関わりなんてまったく知らなかった［アメリカの精神科医、アーサー・ヤノフが考案したプライマル・スクリーム療法は「原初の叫び」によって過去のトラウマや感情を解放するもので、ジョン・レノンもその療法を受けていた］。俺たちは若いパンクスで、何事もゼロ年の精神だった［ゼロ年は元々はクメール・ルージュの思想。すべての伝統や文化を破壊し、新たに革命的文化を築くこと］。だいたいポール・ウェラーが〝スタート！〟で〝タックスマン〟をパクり、その結果ビーティが『リボルバー』を買うまでは、ビートルズを聴いたこともなかった。その時だって、いいと思ったのは〝シー・セッド・シー・セッド〟と〝トゥモロー・ネヴァー・ノウズ〟、〝タックスマン〟だけ。アルバムの他の曲はゴミだと思った。つまりビーティも俺も、この名前には多重の意味があり、自分たちがやることすべてを音楽的に提示するんじゃないかと考えたのだ。ヘンリー・ウッド・ホールでのライヴでは、ビーティがプライマル・スクリーム名義で演奏した。2トラックのカセットプレイヤーで作ったサウンド・コラージュに合わせて歌い、ベースを弾くソロ・プロジェクトとして。初めてまともにフル・バンドでプライマル・スクリームのライヴをやるのは、まだずっと先のことだ。

俺にはエリオット・デイヴィーズという友だちがいて、土曜の朝、グラスゴー工業学校でブートレグのテープを売っていた。手伝うと10ポンドくれたし、いつもすごい音源を持っていた。ヴェルヴェット・アンダーグラウンドのギグやレアなスタジオ・セッション。まだ誰もヴェルヴェッツを聴いていなかった頃だ。ドアーズの有名な1968年のマイアミ公演もあった。15分間、延々と〝バック・ドア・マン〟のインストが流れるなか、ジム・モリソンが10代の観客に「おまえら、みんなクソ奴隷だ」と言うやつだ。あれにはすごく刺激された。俺はその2年ほど前にフランシス・フォード・コッポラの『地獄の黙示録』で〝ジ・エンド〟を聴いてから、取り憑かれたようにドアーズを聴くようになっていた。弟のグレアムと俺は深夜、グラスゴーで母親の小さなルノーを乗り回しながら、片面にベスト盤『13』、もう片面にデビュー盤が入った90分のテープをずっと聴いていた。ジム・モリソンの挑発的な態度、痛烈な物言いを俺は愛していた。ベルトルト・ブレヒトのように——ブレヒトの詩「アラバマ・ソング」はドアーズのレパートリーだった——モリソンは演者と観客の間の「第4の壁」を壊そうとしていた。彼の十八番は、ロックのライヴに来る連中はそこにいるだけで「革命的」になったつもりでいる、というやつだ。60年代のカウンターカルチャーから出てきた真に反抗的なものはどれもレコード会社に買収され、マディソン街の広告代理店にパッケージされ、ロックに飢えたキッズに「革命」として売られていた。モリソンはサンフランシスコのビート詩人、マイケル・マクルーアと付き合いがあり、リヴィング・シアターによるLA公演にも足を運んでいた。リヴィング・シアターは「パラダイス・ナウ」と掲げる舞台を上演した、ヒッピーの役者たちの過激な集団だ。モリソンは反戦カウンターカルチャーのあらゆる側面にのめり込み、ロックがマス・カルチャーに変化を起こす可能性が去勢され、骨抜きにされ、パッケージされて、単なる娯楽として大衆に提供されていることに気づいていた。大衆には革命的な変化にコミットする準備ができていなかったし、ジム・モリソンにはそれがわかっていた。

だからこそ、彼はそれを与えたのだ。あのライヴは実質的にドアーズのキャリアに終止符を打った。たっぷり儲けるはずだった全米アリーナ・ツアーは不安になったプロモーターにキャンセルされ、モリソンは逮捕されて、公然わいせつ罪で裁判となった。ライヴにいた観客の何人かが地元マイアミのニュース局に、ジムがライヴ中に陰部を露出したと言ったのだ。あの夜会場にはフォトグラファーが何人もいたが、それを示す写真は存在しない。警官たちはモリソンを憎んでいた。各地のライヴで警官を敵に回していたからだ。コネチカット州ニューヘイヴンでは、楽屋のトイレで女の子といちゃついていたら突然おまわりが入ってきた、という話を観客に語り、そのままステージで逮捕された。楽屋のお楽しみを邪魔した奴を「ちっちゃな青の制服を着て、ちっちゃな棒を持った、ちっちゃな男」とからかったのだ。警官がステージをぐるっと囲み、ハイエナが鹿を追い詰めるようにジムに襲いかかろうとしている写真が残っている。ジムは観客の目前で逮捕された。あれは旧世界対新世界、保守的で人種差別的なクリスチャン、KKKのアメリカという体制側と、それに対するヒッピーのカウンターカルチャー、反戦、フリー・ラブの若い世代という構図を見せつける写真だ。

5対1だ、ベイビー
5つにひとつ
ここから生きて出られる奴はいない

ジム・モリソンはまさにこの歌のままに生きていた。将来、俺自身も、それが非常に危険なゲームであるのに気づくことになる。

エリオットは俺がザ・ウェイクでやっていたことに興味を持った。バンド・メンバーになる前から彼とは友だちで、ザ・ウェイクがファクトリー・レコードとのコネで上向きになってきたのに一枚噛みたがったのだ。一方、ニュー・オーダーのマネージャーのロブ・グレットンとのコネを通じて、アンドリュー・イネスの同級生のニック・ロウがグラスゴーのティファニーズでのニュー・オーダーの興行を仕切ることになった。4月12日、エジンバラのアッセンブリー・ルームズと、13日のスターリングのセント・アンドリュー大学、そして14日のティファニーズの3公演ではザ・ウェイクが前座に決まった。チャートでは〝ブルー・マンデイ〟が急上昇し、あらゆる場所で旋風を起こしていた。アンダーグラウンドの音楽が勝利したようなものだ。というのも〝ブルー・マンデイ〟は実験的なエレクトロニック・ダンスのトラックというだけでなく、はっきりした曲の構造がなかった。あの時チャートに入っていた他のヒット曲と比べれば、その意味がわかるだろう。それが状況主義にインスパイアされたファクトリー・レコードからリリースされた、という事実にも俺は興奮した。ナイーヴかもしれないが、無政府組合主義の思想を音楽ビジネスに適用した、彼らの手法に心酔していたのだ。ファクトリーのレコード契約では利益が分配された。十分な数のレコードが売れると、会社がレコーディングにかかったコストを差し引き、レーベルとアーティストで印税を2等分する。何らかの理由でレーベルが閉鎖になれば、トニー・ウィルソンは録音物をアーティストに返却する。つまり作品の著作権は会社ではなく、作者が所有しているのだ。

いま聞くと破天荒に思えるかもしれないが、あの頃にはそういう気風があった。パンクはいわゆる「ビジネス」の新たなやり方を切り開き、ファクトリーのようなレーベルが既存のレコード業界の腐敗した慣習に疑問を突きつけていた。バンドの妥協しない姿勢が「トップ・オブ・ザ・ポップス」での演奏を混乱に陥れたことさえあった。ロブ・グレットンは、ニュー・オーダーが番組のスタジオで完全に生演奏するのを要求したのだ。本当かどうか知らないが、バーナード・サムナーはあの時LSDでトリップしながら〝ブルー・マンデイ〟をやった、と聞いたことがある。ジム・ビーティと俺にとっては伝説的な偉業だった。

ツアーはその倍もエキサイティングだった。ジョージ・オーウェルの引用を掲げたニュー・オーダーのセカンド・アルバム『パワー、コラプション・アンド・ライズ』［邦題は「権力の美学」。原題の「権力、腐敗と嘘」はオーウェルの小説『1984』の一節］は5月2日にリリースされる予定で、いやがうえにも期待が高まっていた。ザ・ウェイクは毎晩いいプレイをし、ステージから自分たちの機材を撤去し、ギターを片づけると、観客席に行ってニュー・オーダーが出てくるのを待った。ニュー・オーダーは絶頂期だった。そこにはまだジョイ・ディヴィジョンを動かしていた暗い力、彼らがまとっていた神秘のベールも残っていた。バンドは一切観客に語りかけなかった。ピーター・フックはギグのほとんどの間、観客に背を向け、「ベース・ネロ＆サルフォード」とペイントされたアンプの方を向いていた［黒のベースとサルフォード、の意味。サルフォードはピーター・フックらの出身地］。傲慢、軽蔑そのものだ。それは決して「娯楽」ではなかった。スーサイドやポップ・グループ、ザ・フォールといったバンドを観ることで、俺は挑発的なパフォーマンス、彼らバンドの「くそくらえ」的態度に魅了されていた。時に観客は家畜のように、草原でのんびり草を食み、また別の草原に移されるのを待っているだけだ。何も考えず、何も知らず、一生そうやって飼われている。だからこそ、アーティストは大胆でなきゃいけない。「先を行く者は矢を受ける」の諺のように。それは孤独な場所でもある。意識の限界、魂の暗がり、未知の領域。恐ろしい狂気には普通の人間は近寄ろうともしない。群れは集団になり、その数に安心して、みんな同じ方向に動いていく。飼い主が定期的に餌をくれるとわかっているからだ。彼らは巨大な構造（大きくない時もあるが）における自分の場所を知っている。一方、一匹狼はいつも腹を空かせ、社会が見向きもしないものを探している。忘れられ、利用価値がないとされたものを。狼はそんな文化の「ゴミ」をソウル・フードとして、ある意味本能的な錬金術によってパワフルなアートを生みだす。ラドヤード・キプリングの使い古された言葉、だが的を射た言葉を引用すると、「ひとりで旅する者はもっとも速く進む」のだ。

このツアーでのニュー・オーダーはまさにハイな状態だった。〃ブルー・マンデイ〃の成功と間近に迫ったアルバム・リリースによって、彼らの音楽にはそれまでなかった輝き、高揚感があった。そんな彼らを見られたことは本当に幸運だった。ニュー・オーダーは俺に強い印象を残した。音楽だけでなく、グレットンの人々の扱いにも感心した。彼らはザ・ウェイクに対して寛大で、何かと助けてくれた。90年代末、本当に何年も経ってから、俺はやっとフッキーに礼が言えた。すると彼は、「自分がそう扱われたいと思うやり方で他人を扱わなきゃな」と答えた。彼らはそれ以上だった。本当にすごい連中だ。俺はニュー・オーダーの全員を愛している。

その前にはちょっと奇妙なことが起きていた。1月29日、カーディフ大学のグレイト・ホールでのライヴで、ザ・ウェイクはニュー・オーダーの前座を務めていた。ニュー・オーダーのサウンドチェックが終わるのを舞台裏で待っていたのを覚えている。バーナード・サムナーは60年代の綿のアノラックを着て歩き回っていた。バニーメンのウィル・サージェントが着ていたようなやつだ。かっこよかった。髪はヒトラーユーゲント風に刈り上げ、片側に分けて前髪を少し垂らしていた。俺も同じような髪型だったが、前髪が少し長かった。バーナードはいつも驚いたような顔つきで、ギュンター・グラスの小説をフォルカー・シュレンドルフが映画化した『ブリキの太鼓』の主役、オスカルのようだった。あの映画を俺はグラスゴーのフィルム・シアターで観たばかりだった。バーナードは本当にカリスマのある男で、ステージでは超然としていながら、何かが憑依したようにも見えた。ギター・プレイは超一級で、あのチョップで弾くパンク／ファンクのリズムは『1969』でのルー・リード・スターリング・モリソンにも劣らない。〝エイジ・オブ・コンセント〟のような曲での3音のリード・ラインとヴォーカルは、俺の感情のダムを決壊させた。彼のソウルが泣いているようだった。トーンとタイミングも素晴らしい。解離的な感傷、とでも言いたいものがある。彼はグレイトなフロントマンだった。いまもそうだ。

ともかく、ロブが「バーニー」と呼んでいた男は青のアノラックのポケットから小さなポルノ本をのぞかせ、舞台を歩き回っていた。彼の意識は銀河の果てまでぶっ飛んでいた。目はこっちには見えない惑星やヴィジョンに定まっていた。ニュー・オーダーは当時アシッドにハマっていて、おそらくバーニーもあの日カーディフでトリップしていたんだろう。俺がクールだと思ったのは、彼の明らかなカリスマだけでなく、あの小さなポルノ本だった。ザ・ウェイクが醸す抑圧的なカトリックの罪悪感、禁欲的で童貞的なセックスの不在とはまるで正反対だ。シーザーはニュー・オーダーと50年代フランスの実存主義小説について会話を交わすのを夢見ていたが、俺が立ち聞きしたバーニーとフッキー、そしてローディたちの会話はいつだってツアー中に知り合った「女の子」のことだった。彼らはまぎれもなくロックンロール・バンドで、「アンチ・ロック」なところはどこにもなかった。あれはただ、「NME」の訳知り顔のライターがニュー・オーダーにかこつけ、自分の文学的影響を喧伝していただけだ。当時のニュー・オーダーのイメージはみじめったらしい実存主義の若者、40年代風のレインコートを着て、ポケットからはジョセフ・コンラッドやアルベール・カミュの小説がのぞいている、というものだった。でも実際のバーニーが持っていたのは安いポルノ本で、それを気にもしていなかった。俺はそこにやられた。

ザ・ウェイクがステージに上がる頃、グレイト・ホールは人でいっぱいだった。俺たちのことを知っている観客はひとりもいなかった。ザ・ウェイクの曲はピールの番組で二度ほど流れた以外、ラジオでかからなかったし、取り上げたメディアも「サウンズ」だけだった。セットは問題なく進んでいたが、半分くらいのところで俺は興味を失っていった。バンドに退屈し、曲に退屈したのだ。その頃のザ・ウェイクの曲はどれも8分ほどの長さで、ロックのダイナミズムはどこにもなかった。曲の始まりも終わりもまったく同じで、陰鬱なフーガのように暗く単調なサウンドが延々続くだけだ。

俺は自分のシャーゴールドの6弦ベースを肩から下ろし、ベース・アンプの前に置くと、ステージを横切っていった。歌っているシーザー、ドラム・プレイに没頭しているスティーヴン、そしてキーボードの上でうつむいているキャロリンを通りすぎ、まだ演奏している3人を残して楽屋に向かった。そこでひとり腰を下ろすと、俺は彼らがセットを終えるのを待った。PAから轟音が流れているのが聞こえた。ニュー・オーダーを待つ学生のオーディエンスからぱらぱらと拍手が起きると、静かになった。すると楽屋のドアが開き、3人が急いで入ってきた。ひとりずつ、全員が俺を怒鳴りつけた。自分の正しさと怒りをふりかざす、バカの不協和音だ。俺は座ったまま何も言わなかった。ひとりとして、それまで彼らがぶち切れたところは見たことがなかった。いつも受動的な無関心、計算された「クール」を装っていたからだ。ただし、それは「クール」じゃなかった。退屈なだけだ。しばらく俺は黙ったまま、好きなだけ怒鳴らせていた。ステージから下りた理由を訊かれると、俺はやっとこう言った。「曲が長すぎて退屈なんだよ」。それが効いた。2千人の前で恥をかかされただけでなく、3人にとってもっと心配なのは、ロブとニュー・オーダー、そしてファクトリーがどう思うかだった。だが実のところ、向こうはそんなこと構っちゃいなかった。彼らには彼らの問題があり、ステージに上がってプレイする準備に忙しくて、俺のちょっとした反抗なんて気にも留めていなかった。

楽屋の雰囲気はひどく気まずく、居心地が悪かった。沈黙が重く、感情的な閉所恐怖症のようだった。狭くごちゃごちゃした部屋で、逃げ場もなかった。俺はライヴ中、ステージで解離症状が起きるようになっていた。感情的な痛みを感じたり、暴力にさらされたりすると、俺は幼い頃からそうやって自分を消していた。いったんそれが意識を覆い、離脱したようになると、どんな状況においても俺はそこにいなくなる。体はあっても、心や魂のない抜け殻になってしまうのだ。それはトラウマへの反応、自己防御だった。両親が喧嘩をするたび、俺はどこでもいいから自分の家以外の場所にいたくなった。恐怖と不安でいっぱいで逃げだしたくなったが、子どもだと無理だ。するとトラウマがトリガーとなり、俺の心と体はそんな反応を見せるようになった。昔はバンドと一緒に舞台で歌っているると、時折それを体験していた。楽屋ではやる気満々で、早くステージに出て演奏したいと思っているのに、いったん上がって観客を見るともうそこにいたくなくなる。するとどんなに頑張っても、気持ちがライヴに入っていけなかった。体も頭も全部凍りついたようになる。ケタミンみたいなドラッグをやったような感じ、存在するのにしない、世界にいるのにいないような感覚。手が届く場所にいるのに、絶対届かないような感じになる。俺からこの反応を引きだすトリガーがあり、大抵は屈辱感や感情的な暴力、または物理的な暴力への恐怖だ。俺の性格には奇妙なところがあり、感情的な距離がないと自分を「安全」に保てない。世界のなかにいても、そこから切り離されているのだ。それは長年かけて培われ、俺はそれがすごくうまい。ぴりぴりした神経が肌のすぐ下にあって、表に出やすい。だからこそ、俺はリード・シンガーにぴったりなんだろう。

その日、俺は楽屋を出て、カーディフ大学のグレイト・ホールの暗闇に戻った。匿名になれる場所へ。そしてニュー・オーダーが出てくるのを待った。ヒーローは俺を失望させなかった。

1983年の夏、俺たちはファクトリー・ベネルクスのためにシングルを録音しないかと言われた。ベネルクスからはいくつかいいシングルがリリースされていた。ジョセフ・Kの〝ザ・ミショナリー〟、スライ・ストーンの名曲〝ランニン・アウェイ〟のポール・ヘイグ・ヴァージョン。ロブ・グレットンがマンチェスターの外れ、チードル・ハルムの田舎にあるレヴォリューション・スタジオを予約し、ニュー・オーダーのスタッフ、オズをプロデューサーに提案してきた。ニュー・オーダーのライヴのすごさを知っている俺たちにはいいアイデアに思えた。オズが手がけるサウンドのバランスはいつも完璧だったのだ。

その時できていた新曲は2曲。〝サムシング・アウトサイド〟と〝ホスト〟（これもシーザーによるカトリックの引用だ）で、ヘルファイア・クラブでの練習のジャム演奏から生まれた曲だ［カトリックの聖体拝領で供されるパンをホストと呼ぶ］。俺はギターの下のEの弦で、どっちの曲でもダブ・レゲエに影響されたベースラインを弾いた。スティーヴンもレゲエのスタイルでリム・ショットを叩いた。オズのレコーディング方法はクリス・ネイグルとまったく同じだった。ロックンロールを偉大にしていたものを全部消してしまう、ごく80年代的なやり方だ。例えば楽器間の緊張、音のせめぎ合い。プレイヤーは自分がいちばんよく聴こえるように戦い、その「血」がアンプから轟音として流れだす。だが、このレコーディングでもアンプは使われなかった。オズは俺のベースを直接ミキシング・デスクに繋ぎ、録音した。それはDIとして知られている——ダイレクト・インプットの略だ。ディスコやエレクトロニック・ミュージックで使うと、クリーンではっきりした音の効果が出る。でもロックンロールには自由が必要だ。サウンドがこぼれ、カオスになると、ロックのレコードには空気感が生まれ、ぐっとよくなる。それがリスナーにアナーキーな印象を与え、サウンドで扇動するのだ。だが、オズらのやり方は冷たく無感情で、正確第一だった。レコードは1983年10月、12インチ盤としてリリースされた。ジャケットにはエル・リシツキーの作品「赤い楔（くさび）で白を穿（うが）て」を使った。カジミール・マレーヴィチとともに20年代ロシアの前衛集団、シュプレマティスムに加わったロシアのアーティストだ。シュプレマティストはボルシェヴィキ革命を支持し、自分たちのアートが「変化を起こす力」になると信じていた。俺はロシア構成主義の本で「赤い楔で白を穿て」を知り、バンドに見せて、シングルのジャケットにいいんじゃないかと提案した。

　レコード・ジャケットのデザインに関わるのは楽しかったし、その後もずっと手がけることになった。いまでもそうだ。俺はプライマル・スクリームのレコードは全部、ジャケットのコンセプトやデザインに参加してきた。デザインというプロセスに魅了されている。アイデアの小さな胚芽や種から命が生まれ、実際に手にできる物になっていくのを見るのは驚異的な体験だ。レコードはフェティッシュの対象で、オカルトなパワーを持つ。だが、その繋がりは努力して作らなきゃいけない。ぱっと生まれるようなものじゃない。心理的なエナジーを込め、自分自身の意志と想像力を使って、スピリチュアルな繋がりを生みだす必要がある。

グラスゴーの曇った秋の日、なんでもない日に、誰かがドアをノックするのが聞こえた。開けるとそこにはシーザーとスティーヴン・アレンがいた。ふたりがわざわざうちまで来たことは一度もなかったので、俺はすでに妙な事態になったことに気づいた。ふたりともそわそわしていたが、やがてシーザーが吐きだすように言った。「もうおまえとは音楽をやりたくない、バンドにいてほしくないんだ」。スティーヴン・アレンもオウムのように、一言一句同じことを繰り返した。俺はショックを受けた。まったく予想もしていなかった。ふたりが去ると、俺はドアを閉め、居間に行って腰を下ろした。ひどく動揺していた。その日俺はバンドを失ったばかりか、3人の友だちを失い、傷ついていた。何日か経ってやっと落ち着くと、俺はシーザーに電話をかけ、やり直してほしいと頼んだ。3人と会い、バンドにいられるよう自分の言い分を伝えたが、屈辱的でみじめになっただけだった。俺がその場に来る前から、もう結論は出ていたのだから。まるで彼らは俺をわざと傷つけ、懇願するのを見物しにきたようだった。残酷で、サディスティックでさえある。死んだような沈黙が流れ、何も起きなかった。それでおしまい。俺はバンドをクビになった。しょうがない。幕は引かれた。グッバイ、ジ・エンドだ。本当に屈辱を味わい、痛みを感じた。フラットの外に出るとバトルフィールド・ロードを横切り、角を曲がって、セルティックの元選手のジム・ブローガンの車工場を通りすぎた。工場の裏にはレース場があった。俺はさらにボーイズ・ブリゲードが集会を開くスコットランド教会を過ぎ、ホームストレッチに入った。カスカート・ロードがキャッスルミルク・ロードになるところにあるマッギーの母親の家を過ぎると、4番アヴェニューに渡り、家に着いた。なかに入ると俺は電話を取り、ビーティの家にかけた。

「いま、ザ・ウェイクから追いだされた。バンドを組まないか？」。

ビーティは「ああ、いいよ。明日の夜は何してる？　うちに来て曲を書くか？」と言った。

俺は「イエス」と答えた。

「7時はどうだ?」。

「よし、じゃあ7時に」。

次の夜、俺たちは正式にプライマル・スクリームを結成した。

俺はザ・ウェイクのメンバーだった時に作ったレコードを誇りに思っている。もしファクトリーが完璧な「ファクトリー・バンド」をクローン培養したら、俺たちになっただろう。ザ・ウェイクは「ファクトリーユーゲント」だったのだ。髪は30年代ドイツ国防軍風の刈り上げで、服は年寄りの古着、憂鬱で、冷淡で、感情もユーモアもない態度を取っていた。とにかく深刻すぎた。20、21歳ならそれでもいいかもしれないが、いつか気づかなきゃいけない時が来る。

ザ・ウェイクの音楽に俺が退屈し、不満だった大きな理由は、ビーティと一緒に60年代のサイケデリック・ロックを山ほど聴いていたせいでもあった。俺もビーティもいわゆる当時の「ロック」にはまったく興味を持てなかったせいで、シド・バレットやピンク・フロイド、ディラン、ヴェルヴェット・アンダーグラウンド、アーサー・リーのラヴ、ドアーズ、バーズ、ローリング・ストーンズ、キンクスの聖なるサウンドを聴くようになり、それによってもっと深く、遠く、「ガレージ・パンク」の異界を掘り下げていた。サーティーンス・フロア・エレヴェーターズ、ザ・シーズ、エレクトリック・プルーンズ、チョコレート・ウォッチバンド、そして無名のティーン・パンクのシングルを集めたコンピ盤『ペブルズ』のシリーズ。彼らの曲は2分半のハイエナジー・ロックの爆発で、ほとんどが10代の性的不満と社会への怒りを歌っていた。より「ヘヴィ」で文学的なバンドでは、ドラッグのサイコシス、パラノイア、狂気もテーマだった。彼ら60年代のアーティストには、俺たちが好きな70年代のパンク・バンドに共通する反抗精神があるのにも気づいた。すでにイギー・ポップは大好きで、俺は実際、1979年にアポロ・シアターでイギーを観ていた。名曲〝アイム・ボアード〟を出した時のニュー・ヴァリューズ・ツアーだ。俺たちはビーティの家で〝パッセンジャー〟のシングルを繰り返しかけ、ストゥージズは至高の存在だった。よくアシッドをやって、絨毯に寝転がり、頭をスピーカーの間に入れてストゥージズの最初の2枚をずっとかけていたものだ。言っとくが、このやり方で〝ウィ・ウィル・フォール〟と〝ダート〟を聴かないかぎり、生きている価値はない。あの美しく原始的なアーバン・ブルーズ。メンフィスの偉大なピアニスト、プロデューサー、シャーマンでもあるジム・ディキンソンの言葉を言い換えておこう――ザ・ストゥージズは「原始的なモダニスト」だったのだ。彼らはブルーズをやったが、ピーター・グリーンのフリートウッド・マックやジョン・メイヨール&ザ・ブルーズブレイカーズら、イギリスのブルーズ・エクスプロージョンのバンドみたいに、元々のアメリカの黒人アーティストをそのまま模倣はしなかった。その代わり、イギーとアシュトン兄弟、ベーシストのデイヴ・アレクサンダーは青年後期の白人アーバン・ブルーズを生み、あらゆる10代のアウトサイダーの恐怖、希望、性的不満、欲望、そして実存的な退屈をとらえた。彼らはあまりに時代に先駆けていた。堅物には理解の範疇を超えていた。いわゆる「ヒップ」なカウンターカルチャーでさえ、彼らをどう扱っていいかわからなかったのだ。当時の「ターン・オン」した連中はカリフォルニアのソフト・ロックやシンガー・ソングライターの「アダルト」なサウンドのほうを好んだ。クロスビー・スティルズ・ナッシュ&ヤング、ジョニ・ミッチェル、ニール・ヤング、キャロル・キング。ストゥージズこそがヤング・アメリカの真実を鳴らしていたが、いつものごとく、誰も耳を傾けなかった。大衆は愚かだ。馬糞を与えて、キャビアだと言えばわかる。パッケージさえよければ、みんなそう信じるはずだ。

10 スカイブルーのヴォックス・ファントムの叫び
Scream of the Sky-Blue Vox Phantom

ザ・ウェイクで演奏していた曲にはロックのダイナミズムが一切なかった。最初から最後までエナジーが同じで、平坦で。まあいい、もう終わったことだ。俺たちはまだ若く、学びながら、ゆっくりと自分たちなりのやり方、音楽やソングライティングの無限の可能性を見つけようとしていた。シェイン・マガウアンは一度俺に、ソングライティングは「競争じゃない」と言ったことがある。その通りで、レースでもない。俺はずっと、曲を作るのはリアルタイムの実験だと思っている。新曲を書くたび興奮して、これは史上最高の曲だ、と思う。そしてレコーディングする。何年か経ってたまたまどこかで耳にすると、「あそこの歌詞はこうすればよかった」とか「あのギター・リフはいまいちだ」とか、「アレンジが間違ってる」とかなんとか、果てしなく考えてしまう。つねに「進行中」なのだ。大事なのは過程であり（使い古された言い方だが）、作曲の技法やミュージシャンシップ、歌唱、プロダクションをどれだけ進化させられるかが鍵だ。そのプロセスに終わりはなく、だからこそ永遠に魅力的なのだ。新作を作りつづける理由はそこにある――過去の仕事に完全に満足することはない。向上し、もっと明確で、ベターで、詩的なランゲージによって自分を表現できるはずだ、という感覚がつねにある。俺はクリエイティヴな旅の途中にあり、それが終わらないことを願っている。

ビーティと俺は、ミック・ジャガーとキース・リチャーズ、ジム・モリソン、ルー・リード、レイ・デイヴィス、イギー・ポップのようなソングライターのやり方が好きだった。彼らは多くてもふたつ、3つのヴァースで言うべきことが言える。ディランもいいが、あの悪意に満ちた言葉、象徴主義的でビート的なイメージ、次々に移り変わるアンフェタミンの幻想が7、8ヴァースも続くのは俺たちの手に余った。ボブ・ディランは天性の詩人であり、到底及びもしない。俺は覚えているかぎりずっと、家で彼の音楽を聴いていた。１９８０年からは母のタイプライターで詩を書きはじめ、仕上がると切り取って青いノートに貼り付けていた。書くことに夢中になっていたが、誰にも言わず、ザ・ウェイクのメンバーだった頃も秘密にしていた。俺は時が来るのを待っていた。ザ・ジャムのポール・ウェラーが出版社、ライオット・ストーリーズを設立したという記事を読んだ時にはインスパイアされた。ウェラーは音楽メディアでそれを発表し、キッズに詩や短編、小説を送ってくれと言っていた。気に入ったら出版すると。いまもそうだが、労働者階級にとって出版界は手の届かない場所だった。特にザ・ジャムのファン層のティーンエイジャーには。ウェラーの試みは本当にパンク・ロックだと思った。あの男を俺は愛している。ライオット・ストーリーズに自分の詩を送るつもりはなかったが、それが存在しているだけで嬉しかった。俺みたいな人間のことを気にかけている人がいる、と知るだけで。

ビーティと俺は、没頭していた60年代の名曲のテクニックや構成を使って曲を書こうとしていた。簡単じゃなかった。スカウト・ホールで原初の叫び（プライマル・スクリーム）を始めた１９８１年夏から、俺とビーティは彼の2トラック録音のテープマシンにそのままレコーディングするのも始めていた。ビーティはベースにエコーのエフェクトをかけて弾いた。音が極端に歪み、まるでコミック『ファンタスティック・フォー』のザ・シングの体のような、褐色の岩の割れた筋肉みたいにバキバキになるまで。俺はほとんど共感覚的に音を視覚化することがあり、ビーティのベースはいつもザ・シングみたいに聞こえた。コズミックな超能力がみなぎっていた。俺のほうはＰＩＬの『メタル・ボックス』を叩いてリズムを刻んでいた。あのアルバムのパッケージはフィルム缶の複製だったので、なかにマイクを入れ、その音にもエコーをかけていた。それでシックの〝グッド・タイムス〟とクランプスの〝フィーヴァー〟の原始的なヴァージョンを録音したこともある（母はオリジナルのペギー・スミスの〝フィーヴァー〟を78回転の10インチ盤で持っていた。音がめちゃくちゃデカいやつだ）。あれはすごいレコードだ。50年代にしかないセクシーさがある。

ビーティはアコースティックの12弦ギターを買った。俺たちはラヴやバーズみたいなフォーク・ロック・バンドになるというアイデアを気に入っていたし、ビーティはロジャー・マッギンのリッケンバッカーが鳴らすジングル・ジャングルの魔法にかかっていた。俺もバーズとラヴにはとことんハマっていた。ヴォックス・ファントムのギター、それも60年代のオリジナルが150ポンドで売りに出ているのを見つけると、連絡して日にちを決め、列車でマザーウェルまで取りにいった。売り手の家はワーキングクラスが住む郊外にあり、小さな庭があって、テレビドラマ『ブルックサイド』の家に似ていた。俺はドアを叩き、燃え尽きた年寄りのヒッピーを想像していたら、出てきたのはごく普通の、全然ロックンロールじゃない40代の男だった。彼に招き入れられ、居間に行くとそれがあった。美しいスカイブルーのヴォックス・ファントム。俺のヒーローであるヴェルヴェット・アンダーグラウンドのスターリング・モリソン、あの異才のギタリストが弾いていたギターだ。手に取り、いくつかコードを弾くと、たちまちしっくり馴染んだ。実際、このギターは俺の「馴染み」になる運命だった。サイキックなパワーを呼び起こし、稲妻を落とす魔法のオブジェクト。俺は金を渡し、ギターをケースに戻し、小さな家をあとにすると、ずっと列車の駅まで歩いていった。そして家に着くと、プライマル・スクリームの最初の曲を書きはじめた。

ビーティと俺はよく彼の母親の家の居間で時間を過ごしていた。レコード・プレイヤーがあったからだ。デッキの下にはふたつ棚があり、アルバムが収められていた。片方にはビーティの兄のレコード(キャメル、エマーソン・レイク&パーマー、ジェスロ・タル、イエス、ジェネシス、ピーター・ゲイブリエル、タンジェリン・ドリーム)。もう片方にはジムのレコード(セックス・ピストルズ、クラッシュ、PIL、ジョイ・ディヴィジョン、バンシーズ、ジャム、サイケデリック・ファーズ、ヴェルヴェット・アンダーグラウンド、イギー、ドアーズ、バニー・ウェイラー、リー・ペリー、そしてドクター・アリマンタード)。俺たちは座り込んで音楽を聴き、ファントムと12弦ギターでジャムって曲のアイデアを練っていた。俺は〝ジェントル・チューズデイ〟という曲を書きあげ、自分なりのコード進行でジムに歌って聞かせた。彼が加わると、すぐに美しくメロディックなアルペジオを弾きはじめ、その響きがマリファナの煙のように歌詞を包んだ。ギターは同時に優しく、海のようなリズムで曲を動かしていた。

俺たちは同じやり方で〝リーヴズ〟という曲を書き、それから〝オール・フォール・ダウン〟、〝イット・ハプンズ〟、〝ヴィ・ゴー・ダウン・スロウリー・ライジング〟が続いた。１９８４年の夏には、曲が溢れでてくるようだった。それを録音し、スピーカーから流れても自分の頭のなかで鳴っているほどいい曲かどうか確かめたかったので、俺たちはエリオット・デイヴィーズに連絡した。エリオットはティアック（東京電気音響の略だ）の4トラックの録音機材を持っていて、それを使って音を普通の90分のカセットテープに移すことができた。あの頃しばらくティアックの機械が流行ったのは、曲のアイデアを家で安くデモテープにできたからだ。大金を払ってプロの録音スタジオに入らないでもいい。エリオットはビーティの知り合いで、彼を気に入っていた。エリオットによるとビーティはいい意味での変人、イカれた奴だった。ある晴れた日、俺たちは〝ジェントル・チューズデイ〟と〝リーヴズ〟の初期ヴァージョンを録音した。俺がリズム・ギターとヴォーカル、ビーティは12弦のアコースティック・ギターとベース。ドラムはローランド６０６のドラムマシンでビーティが設定した。トラックが完成すると、納得するまでミキシングした。ビーティはサウンドのバランスを取るのがうまかったし、レコーディング、それに音を操作するのも大好きだった。

新たにできたデモを聴き返していると、エリオットが言った。「どっちの曲もすごくいいけど、ボビー、お前はシンガーじゃないいな」。

俺は「どういう意味だ？」と言った。

「アル・グリーンとかマーティ・ペロウみたいな、真っ当なシンガーじゃないってこと。もうちょっと、ニュー・オーダーのバーナードみたいな」。

俺はこう答えた。「バーナードみたいなら、俺には十分だね」。

エリオットはグラスゴーのレコード店、リッスンで働いていたので、幅の広い、見事なレコード・コレクシヨンを持っていた。スタックス、モータウン、フィリー・ソウル、ディスコ、UKインディ・パンク、ポストパンク、60年代サイケデリック。でも彼の趣味は、本当はロックンロールではなかった。大好きなのはマーヴィン・ゲイにアル・グリーン、そしてデキシーズ・ミッドナイト・ランナーズ。特に『トゥ・ライ・アイ』時代に夢中だった。エリオットは俺にずっと親切だったし、ひとりでいるのが好きなところも似ていた。痩せて眼鏡をかけたグラスゴーのユダヤの男の子で、音楽に情熱を傾けていた。コメディアンのジェリー・サドウィッツを見つけだしたのも彼だ。ある日、道端でトランプの手品をしている彼を見て、マネージャーはいないのか、と訊いたそうだ。ジェリーがいないと答えると、エリオットは自分がなろうと申し出た。この時、エリオットは俺と同様、失業手当をもらいながら、福祉局が借りあげたポロックシールズ・ロードの2部屋のフラットで暮らしていた。だが世間より先にサドウィッツのダークで圧倒的なコメディの才能を発見したのはエリオットであり、それは認められるべきだ。１９８4年夏、社会保障制度が家賃を払っているポロックシールズ・ロードのフラットで、彼はサドウィッツとウェット・ウェット・ウェットのマネージャー業を営んでいた。ショウビズ界への手がかりとしては悪くない。

ある夜エリオットを訪ねていくと、ライターのアンドレア・ミラーがいた。アンドレアは「NME」のグラスゴーの記者だった。俺は彼女が書いた冷淡な調子の、ちょっと傲慢とも言えるライヴ評を読んだことがあり、気取ってるな、と思った。実際に会うとごくフレンドリーだったが、どこか警戒している様子もあった。音楽ジャーナリストには絶対近づいちゃいけない。アンドレアは友だちのカレン・パーカーという18歳の女の子を連れてきていた。夜がふけるとみんなでワインを2本空け、俺はカレンがバークレイ銀行で働いていること、夜学で写真の授業を取っていることを知った。アンドレアとはそこで知り合ったという。カレンはバースデイ・パーティ、そして新たに結成されたニック・ケイヴ&ザ・バッド・シーズにかなり入れ込んでいた。

カレンは若い頃のレスリー・キャロンを思わせた。濃いブラウンの髪は中性的なショートカットで、猫みたいな目が生き生きと輝き、知性が宿っている。官能的な体と蜂に刺されたような唇は、蜜のように俺を引き寄せた。エリオットとアンドレアと一緒に何度か音楽関係のイベントに行くと、お互いにだんだん強く惹かれ合うのを感じた。俺はカレンをデートに誘った――選んだ場所は、グラスゴーの中心にあるネクロポリス墓地。俺はロマンティックな人間なのだ。しかし嬉しいことに彼女の答えはイエスで、俺たちは土曜の午後、そこで会う約束をした。死人の間を歩いているとふと肌が触れ合い、エロティックだった。墓地の派手な墓石や像は19世紀のタバコ成金や実業家、グラスゴーの大富豪のものだ。グラスゴーが「商人の都市」として世界に知られたのにはちゃんと理由がある。そんな大英帝国の偉人たちのゴシックな記念碑の間を歩き、しゃべったのがうまくいったらしく、ほどなくして俺たちはカップルになった。ジムと曲を書いていない時には、俺はほとんどの時間をカレンと過ごした。カレンは銀行の窓口係で、彼女の昼休みには俺が街へ出て、一緒にピザ・ハットで昼食をとった。彼女は俺と同じくらい音楽に情熱的で、家へ行くと、かなりのレコード・コレクターだとわかった。バースデイ・パーティやクランプス、イギーのアルバムの他にも、カレンはジョン・リー・フッカーやハンク・ウィリアムズ、ライトニング・ホプキンス、ニーナ・シモン、ハウリング・ウルフのようなアーティストのレコードを持っていた。俺はひどく感心した。彼女の服の着こなしも好きだった――白黒のタータンチェックの膝上丈のスカートに、60年代の茶のスウェードのボックス・ジャケット、それに黒のウールのタイツとフラットシューズを合わせていた。ヒールがある靴は履かなかったが、数年後、ヴィヴィアン・ウェストウッドに夢中になると履いていた。花柄のドレスを着ることもあった。必ず袖なしのワンピースで、やっぱり50年代から60年代初期のスタイルだ。俺たちはともに意識的に現代から離れていた――それは反抗としての排除であり、現在を未来とする古着の夢だった。過去のスタイルに解離するという反抗だ。80年代半ばに流行ったインディ・ガールのスタイルには性的なところがなく、アンドロジナスだった。初期プライマル・スクリームのライヴに来ていた女の子や男の子、その大半がティーンエイジャーだったことを思うと納得がいく。まだ自分のセクシュアリティも自意識も確立していないキッズだったのだから。インディ・ガールとは、社会で女性がセクシュアライズされ、商品化されることへの意識的な反応だった。男性の視線や快楽のためだけに女性が装うとされる、その期待への反抗、ストレートな社会への反抗だったのだ。同時に、インディ・ミュージックのファンにとっては経済的に手が届く唯一の服でもあった。古着ファッション、フリー・マーケットで培う美学。俺たちはほとんど、60年代というもうひとつの中性的な時代の服を探していた。

一般には80年代は男性ならビッグ・ショルダーのスーツ、女性は絞ったウエストに肩パッド、胸まで開いたネックラインの時代だった。「パワー」という概念がブームとなり、スーツでは「男らしさ」が強調され、すでにコカインまみれでインフレになっていた男たちのエゴをさらに拡大した。重工業に代わって英米の経済の柱となった金融業に就く「シティ・ボーイズ」が新たに世界の王となったのだ。女性にも「パワー・ドレス」が推奨された——ベッドルームの快楽の前章として、ボードルーム［役員会議室］で戦う準備をしろ、と。80年代デザイナーの一派のセールス・ポイントはこうだ。金＋欲望＋成功＋セックス＝「スタイル」。貪欲さは善とされた。富はセクシーで、貧困はそうじゃない。勝者が全部かっさらい、敗者は突き落とされた。毎回、毎回。資本主義では勝つことがすべてなのだ。ポルシェとアルマーニのスーツは、欲望の時代における成功の象徴だった。

だが当然、金で本物のスタイルは買えない。スタイルは生来の感性だ。男の子みたいな服を着るのは、女の子にはいい隠れ場所になる。男の子にとって女性的に装うこと、服や振る舞いを中性的にすることがそうなるように。境界は曖昧になり、古臭い性差が否定される。そんなスタイルの可能性、ストリートやステージで装うことの影響力を俺は意識していた。ある夜カレンの家に行くと、ドアを開けた彼女がまったく違って見えたのを覚えている。彼女は髪を赤毛っぽい色に染めていて、なぜか一変したように見えた。前より唇までふっくらと赤くなったようで、そのせいで肌に透明感があった。まるで幽霊みたいに。新しい髪の色がカレンに自信を与えていて、それがとてもセクシーだった。たぶん、アニタ・レインの写真を見て思いついたんだろう。ニック・ケイヴの恋人でミューズ、そしてソングライティングのパートナーだった女性だ。

カレンは俺が古着を探しにパディーズ・マーケットに行くのにもついてきた。彼女は「i－D」や「ブリッツ」、「ザ・フェイス」、「エル」といった雑誌の熱心な読者だった。「エル」によく登場するジェニー・ホーワースというモデルがいて、俺たちは彼女が大好きだった。ジェニーは少年みたいなショートヘアで、タイトな黒のポロシャツに黒のタイツ、ミニスカートが似合っていた。メイクは黒のアイライナーを少し入れ、真っ赤なリップを引くだけ。すごくクリーンでシャープで、時代を超えるイメージだった。カレンは崇拝する男女のロッカーと同じくらい、ジェニーのスタイルに影響されていた。

のちにジーザス&メリー・チェインで少し金が入ってきた時、俺はカレンにヴィヴィアン・ウェストウッドの素晴らしいピースを買ってやることができた（18世紀の「ヴェルサイユ」風のコルセット、それと黒のヴェルヴェットのフリル・スカートで、一緒に着るとダイナマイト級だった）。あとは胸元の風変わりな装飾が目を引く深紅のコーデュロイのドレス（ビョークもシュガーキューブス時代、同じドレスを着ていた）。作ったのはグラスゴーのデザイナーで、俺の友人のパム・ホッグ。ドレスはケンジントン・ハイ・ストリートのハイパー・ハイパーで買った。クイーン通りの駅から列車に乗り、エジンバラでレコード屋を巡るのも楽しかった。俺たちは若く、恋に落ちていた。カレンは本当にきれいで優しく、心の広い女性だった。そんな彼女に愛され、大切にされることが俺に安らぎを与え、自信になった。カレンはクールな恋人だったが、時折そのオープンで寛大な性格がナイーヴだと思われることもあった。彼女には子どもみたいなセンス・オブ・ワンダー、なんにでも感動する素直さがあり、本当に音楽のために生きていて、ローランド・S・ハワードやイギー・ポップ、スーサイドといったアーティストには無条件の愛を捧げていた。カレンは俺と同じで、ロマンティックな人間だったのだ。ロマンティックな人間はほとんどの人より深くものを感じる。傷つけるのは簡単だ。すでに感じすぎているのだから。カレンも時々ちょっと繊細すぎて、自信を欠くことがあった。でも一緒にいると俺たちは強力なカップルとなり、力を与え合った。人生は順調だった。

ある時、ヨーロッパだったかアメリカだったか忘れたが、ジーザス&メリー・チェインのツアーから帰ると、カレンが俺にプレゼントを用意していた。西部劇の悪役が着けるような、ギャンブラー風のボウタイだ。上で結んだボウから両脇にリボンが垂れ、オフホワイトの生地に血の跡が散っていた。どこで買ったのか訊くと、彼女はこう答えた。「ルイーズ・ライトとジョニー・サンダースのライヴを観にナイト・ムーヴズに行ったら、最前列になって。ほとんど彼の足元で、ステージに座るみたいな格好だった。ふたりともアシッドがキマってたんだけど、ジョニーが歌ううちにネクタイが外れて、ステージに落ちた瞬間につかんだの。ジョニーはマイクで返してくれ、って言ったんだけど、私はポケットに入れて、ボビーへのプレゼントにしよう、って。あのライヴに行けなくて残念がってたのを知ってたから。だから、ほら、あげる」。俺はその愛情表現、思いやりの深さに言葉を失った。

俺はずっとこのジョニーのボウタイを大切にしている。小さな町から都会へ、いろんなフラットや家に何度引っ越してもなくさず、俺にとってはお守りのようなものになった。2006年に妻のケイティと結婚した時に着けたほどだ。合わせたのはアレキサンダー・マックイーンが作った、グラム・パーソンズとヌーディ・コーンにインスパイアされたスーツだった。思い出を腕に抱くことはできないが、俺はいつでもジョニー・サンダースのボウタイを手に握り、ロックンロールの魔法を感じることができる。ジョニー・サンダースの血が染みつき、オカルトのパワーがこもった、まさにフェティッシュのオブジェクトなのだ。これを着けると、若い頃の恋、イノセントな日々がよみがえってくる。

カレンと付き合っていた間、彼女は俺にソングライティングの本を何冊も買ってくれた。それにはボブ・ディランやニール・ヤングらの楽譜や歌詞が載っていた。それは俺が若いソングライターとして成長するのに大きな影響を与えた。そうした本で曲の構成や新しいギターのコードを知ったし、詩や言葉の力にも刺激を受けた。本当に思慮深いプレゼントだった。

その年、ビーティと俺はキャンディ・クラブに行った。ソーキーホール通りにあるローン・ホテルのホールで開かれていたクラブで、ヘルファイア・クラブからは通りひとつ離れていた。その夜はキッチンウェア・レコードのバンド、フラー!が出演していた。俺たちは寒くてみじめな日曜の夜、何かしたくて出かけていた。その日の仕切りはニック・ロウだった。もちろん、〝(ホワッツ・ソー・ファニー・アバウト・)ピース・ラヴ・アンド・アンダースタンディング〟や〝クルーエル・トゥ・ビー・カインド〟を作曲したあの天才ではない。アンドリュー・イネスの親友で、グラスゴー高校の同級生だったニック・ロウだ。ニックは優しい、いい奴で、鋭く知的でもあった。いまはBBCラジオのプロデューサーとして成功している。

ライヴが終わると、ビーティと俺はニックに挨拶に行った。すると彼が最近何をやってるんだ、と訊いた。一緒にロックンロール・バンドを始めるところだが、まだメンバーがふたりだけで、他のメンバーを探さなきゃいけない、でもどうやったら自分たちが好きな音楽にハマってるような奴を見つけられるかわからない、と俺たちは答えた。

1984年には、UKの音楽メディアではパンク・ロックは恥ずかしいものとされ、グラスゴーの自称「ヒップ」な連中はみんな、『ヤング・アメリカンズ』のボウイのひどい真似をしていた。最低の服にへなへなの髪で、白人「ファンク」とやらを演奏するのだ。だがあれにはファンクのかけらもなく、まるでマーガレット・サッチャーが夫とファンキー・チキンを踊っているみたいで、つまりは凡庸そのものだった。当時のグラスゴーはポストカード・レコードに拒否された連中、もしくは自分はヤング・ソウル・レベル［若き魂の反抗者。デキシーズ・ミッドナイト・ランナーズのアルバム名の一部］だと思い込んでいる野心的な間抜けで溢れていた。全員に共通していたのは着ている服にせよ、やってるソウルのない音楽にせよ、まったく品格がなかったこと。アーティストになるんじゃなく、有名になるのがすべてだった。誰にも言いたいことがなかった。ニックは俺たちに、前の週のキャンディ・クラブでデモテープを渡してきた奴らがいる、と言った。自分には音楽がわからないが、とニックは前置きして、おまえらならあのテープを気に入ると思う、と。俺とビーティがあとで大いに感心したことに、どんぴしゃ、デモテープはまさに俺たちの好みだった。しかも、カセットの片面にはシド・バレットのアルバムが録音されていた。ニックは俺たちがシド・バレットに夢中なのを知っていた。彼にとってはそれが、俺たちと謎の連中の気が合うサインだったのだ。

11 祖母がアシッド・ファクトリーで着けたサッシュ
The Sash My Granny Wore at the Acid Factory

ベッドから起きだし、郵便配達が玄関に置いていった小包を開け、中身を見て俺は興奮した。プライマル・スクリーム以前は遠くから手紙やメッセージが届くことはあまりなかったし、入っていた90分のカセットテープと、ニック・ロウからの短い手紙が嬉しかったのだ。

ボビーへ
この前はキャンディ・クラブでおまえとジムに会えてよかった。これが話したテープだ。このふたりにバンドに加わるよう誘ってみたらどうだ？
元気で
ニック

カセットの厚紙には黒のボールペンで、子どもみたいな字でこう走り書きされていた。「ジーザス&メリー・チェイン――ネヴァー・アンダースタンド、アップサイド・ダウン、インサイド・ミー、イン・ア・ホール」。それから「連絡はダグラス・ハートへ」とあり、イースト・キルブライドの電話番号が書かれていた。テープを三菱の日本製の赤いカセットプレイヤーに入れると、ひずんだドラムマシンの轟音がスピーカーから流れ、シンセサイザーのホワイト・ノイズがそれに続いた。するとシンガーが歌いはじめた。

日が昇り、また1日が始まる
俺は自分の状態を心配さえしてない

なんだこれは！　まるでビリー・アイドルが歌うスーサイドみたいだった。曲が進むにつれ、このふたりにはまともなロックンロール・ソング、フックのあるポップ・ソングが書けることがわかった。次の曲〝アップサイド・ダウン〟にも同じサウンド、スーサイドとビリー・アイドルの必殺コンビがあった。他の2曲は俺からするとジョイ・ディヴィジョンによく似ていたが、どれも気に入った。

俺はこの発見に飛びあがり、すぐビーティに電話をかけ、受け取ったばかりのテープについて話した。ふたりに連絡して、一緒にバンドをやろうと誘うことで意見が一致した。テープに書かれた番号にかけると年配の女性が出てきた。明らかにそいつの母親だ。ダグラスがいるか訊ねると、いま学校だが、番号を教えてもらえれば午後、学校から戻ったらかけ直させると言われた。ダグラス・ハートの話では、最初の電話で、彼の母親は「で、あなたは有名なの？」と訊き、俺は「まだですが、将来そうなりますよ」と答えたという。その会話は正直、記憶にないが、まあそういうことにしておこう。

夜7時頃、俺は再度ダグラスに電話をかけた。自分について説明し、彼らのデモテープを持っていること、すごく気に入っていることを伝えた。そして彼と彼のパートナーに、俺とビーティと一緒に新しいバンドを作る気はないか訊ねた。ダグラスは俺に、バンドにはもう4人いて、新しい名前もあると告げた。ザ・ジーザス&メリー・チェインだと。だがお互いわくわくしながら、少なくとも2時間は好きなバンドやレコード、映画についてしゃべったはずだ。偏愛しているものや影響を受けたものがたくさん共通しているのも嬉しかった。俺が「シンセのホワイト・ノイズ」だと思ったのはギターだ、と彼は言った。俺は心のなかで、くそ、なんてギター・サウンドだ、と思った。完璧にオーバードライヴしたファズトーン、そのめちゃくちゃにイカれた音が脳みそを直撃し、至福のサウンドウェーヴへと変化する。彼らは最高にいかした曲を作っていた。グラスゴーで一緒にライヴをやろう、とダグラスは俺に言った。あの4曲入りのデモテープをスコットランドのあらゆるラジオ局、新聞、学生組合、パブ、それにロンドンのライヴ会場全部に送ったが、まったく返事がなく、興味を示した人もいないという。彼らの音楽を気に入って、ポジティヴな反応を見せたのは俺が初めてだと彼は言った。ビーティと俺は曲を書きはじめたところだし、まだバンドもない、だから電話したんだ、と俺は伝えた。

ダグラスと話して俺は大いに刺激を受け、ぐんとやる気が出るのを感じた。それまではパンクの力をまだ信じているのはスコットランドで俺たちだけなんじゃないか、とビーティと俺は思っていた。ふたりともサイケデリックに夢中で、アンダーグラウンド・ロックの先駆者、あの傷ついた男の情報に飢えていた。暗く悲劇的で、詩的でロマンティックな若者、LSDの十字架にかけられたケンブリッジの男、シド・バレットだ。80年代はまだ「モジョ」や「アンカット」といったレトロ・ロックの雑誌がなく、情報が大洪水になる前だったから、謎めいた人々については誰も何も知らなかった。アーサー・リー、シド・バレット、ブライアン・ウィルソン、アレックス・チルトン。彼らの名前には神話とアンダーグラウンドの伝説がつきまとっていた。音楽シーンから姿を消し、手が届かなくなったことで謎はさらに深まり、俺やジム・ビーティみたいな人間にとっては異世界的な魅力を増していた。そうしたアーティストに興味を持つ人はあまりいなかった。彼らは60年代にドラッグの犠牲となって燃え尽きた人物、前時代の恥ずべき遺物とされていた。

俺は火曜にメリー・チェインの連中と会う手はずを整えた。6月の晴れた午後、場所はアーガイル通りのドラッグストア、ブーツの外。予定より少し早く着くと、3人が俺を待っていた。俺たちはお互いに自己紹介すると、カフェを探しにいった。彼らはみんなラモーンズみたいな破れたブルージーンズを履いていた。俺も破れたジーンズを履いていたから、明らかにいい兆候だ。3人の髪は高く逆立てられていた。ゴスというよりは、バニーメンを大袈裟にした感じだ。ジムとウィリアムはふたりとも茶色の巻毛で、ふわっとした軽い質感だった。ダグラスの髪は真っ黒で、ちりちりの巻毛。彼は他のふたりよりずっと若かった。全員フレンドリーで礼儀正しい。俺はもうひとりのメンバーについて訊いた。彼はどこにいる？

「ドラマーのマレイか、彼はいま学校なんだ」。

カフェを見つけて席に着くと、3人は俺にジョイント・ライヴをやるつもりはあるか訊いてきた。俺は自分たちの状況を説明し、でもドラマーを見つけてあと何曲かできたら、もちろん一緒にやりたいと答えた。

しかし幸運なことに、プライマル・スクリームはすでにもうひとりメンバーが増えようとしていた。ロバート・ヤングだ。マウント地区で「ダンゴ」と呼ばれていた彼は、ビーティと同じ通りの育ちだった。当時はブレア・コーウァンというキングス・パーク出身の男が率いるバンド、ブラック・イースターでベースを弾いていた。俺は70年代の初めからロバートと知り合いだった。一緒にフットボールをやっていたのだ。その頃は背の低い太めの男の子で、いつ見てもハイバーニアンのアウェイのユニフォーム、紫と白のシャツを着ていた。グラスゴーでハイバーニアンのシャツを着るような奴は、俺が生きてきたなかでロバートしかいない。例外はもちろん、エジンバラから試合のために遠征してくる、ハイバーニアンのイカれたサポーターたちだ。

ダンゴは気が弱く、よくいじめられていた。70年代末のクリスマス、ジョン・ホーンズでの日勤を終えて家に帰ろうしていた時に彼と会ったのを覚えている。ブラウンリー通りのきつい坂を上っていると、彼が共同住宅の階段の下にいるのが見えた。俺たちは通りを挟んで大声で話した。

「クリスマスに何をもらった？」と俺。

「テレキャスターのギター」と彼。

「うわ、すごいな。弾いてみてもいいか？」。

「いいよ。いまうちに上がって、見てみる？」。

俺たちは共同住宅の3階に上がった。彼の家に行ったのはそれが最初で最後だ。彼の父親は妙な雰囲気の男で、俺たちキッズは通りで彼を見かけると、みんな目を逸らした。彼にはどこか険悪な感じがあった。ダンゴのあとについて暗い廊下を通り、彼の部屋へ行くと、ダンゴは興奮して段ボールの箱からクリーム色のフェンダー・テレキャスターのコピーを取りだし、手に取ってクラッシュの〝イングリッシュ・シヴィル・ウォー〟を弾きはじめた。あの緊迫した初めのリフだ。俺は信じられないような気持ちだった。普段いじめられている14歳の子が、ミック・ジョーンズと同じくらい巧みにクラッシュの曲を弾いている。いったいどういうことだ？　すごい音だった。ロバートは弟のグレアムの仲間で、同学年だった。グレアムがうちで俺のレコードを聴かせて、パンク・ロックにハマらせたらしい。ダンゴは以前にも、持ってるなかでいちばんいいパンク・ロックのアルバムとシングルでコンピレーション・テープを作ってほしい、と頼んできたことがあった。俺は彼に何本かテープを作り、年下の子を夢中にさせるのを楽しんだ。謙虚な奴だったが、俺が新しいギターに感心していること、さらには、彼がギターを演奏できるのに俺が気づいて、ひそかに喜んでいるようだった。その夜、俺は彼の家を出て、あんなガキがひとりでパンクのギターを弾くのを覚えたなんて、なんてクールなんだ、と思った。何年も経ってから俺はあの夜を思い返し、ロバートには最初から純粋に才能があったのだ、と理解することになる。彼のハートとソウルから出てきた、ありのままの情熱。彼の腕のタトゥーにはまさに「ハート&ソウル」と記されていた。

そんなわけで1984年の夏、俺はロバートをブラック・イースターから奪取し、彼ならではのメロディックなベースという素材が俺たちのサイケデリックなシチューに加わることになった。ロバートは俺がザ・ウェイクのメンバーだったことを尊敬していたし、ブラック・イースターの連中より俺とビーティのほうがずっと真剣に上を目指していると気づいたのだ。初期プライマル・スクリームのサウンドは、ビーティが新たに発見したギター・スタイルをフィーチャーしていた。〝ミスター・タンブリン・マン〟を繰り返し聴き、ロジャー・マッギンによる12弦のアルペジオの魔法を吸収した賜物だ。ロバートのほうはラヴのファースト・アルバムに執着していた。彼のベース・スタイルはフォーク・ロックとポストパンクの混合で、バーズのクリス・ヒルマンによるマッカートニー風のフォーク・ファンクに、ラヴのベーシスト、ケン・フォルシの超攻撃的なセッティング、さらにピーター・フックのロマンティックなメロディを加えた必殺のミクスチャーだった。俺の歌詞とヴォーカルはそんなふたりのマジシャンと、606のドラムマシンに囲まれていた。ドラムマシンの設定は「フライング・シンバル」のディスコ・ビート。俺たちは60年代の快楽的で超越的なサイケデリック・ポップと、80年代のエレクトロニック・ダンス・ビートの融合を目指していた。

メリー・チェインと初めて会った時、ギグをやらせてもらえる場所がないと聞き、俺は彼らに、友だちが最近ロンドンで小さな自主レーベル、クリエイション・レコードを立ち上げた話をしていた。そいつがポスト・オフィス・タワーの近く、フィッツロビアのパブでリヴィング・ルームというクラブもやっていると。彼に電話すれば、絶対そこでギグをやらせてくれるはずだ、と俺は主張した。その夜、俺はアラン・マッギーに電話をかけ、知り合ったばかりのジーザス&メリー・チェインというバンドを絶賛して、あいつらにギグをやらせないなんてありえない、と言った。彼らの曲は最高だ、自分が聴いたなかでもすでに世に出るべきシングルが2曲ある、そのレコードはお前が出すんだ、と。マッギーはこう言った。「わかったよ、おまえがそんなに言うんならいいんだろう。そいつらに俺の住所を渡して、デモを送るよう言ってくれ。気に入ったらクラブに出演してもらう」。俺はそれを実行し、マッギーはテープはまあまあだと考えた。最高とは言えないが、それでも俺の推薦でメリー・チェインはギグをやることになった。

ある日曜の午後、マッギーが電話をかけてきた。まるでエセックスのヘルズ・エンジェルズの最高級アンフェタミンを3グラム飲み下したみたいに、あいつは時速1000マイルでまくしたてた。「ギレスピー、昨日のメリー・チェインは天才的だった」。

俺は「いったい何が起きた?」と訊いた。

マッギーがなんとか説明したところによると、ジムとウィリアムがギグの前にビールで酔っ払い、初めの曲でウィリアムは〝イン・ア・ホール〟のコードを弾いたが、ジムは〝アップサイド・ダウン〟を歌い、ダグラスは〝インサイド・ミー〟を弾いていたという。曲の最初のヴァースくらいまでいったところで全部ダメになり、兄弟がステージで殴り合ったが、ふたりともへべれけで、パンチはひとつも当たらなかった。すると全員が逃げだし、それがギグの終わりだったらしい。マッギーは電話の向こうでずっと、「天才だよ！　奴らは天才だ！」と叫びつづけていた。俺はまったく驚かなかった。

1984年の夏中、マッギーはロンドンのインディ・サーキットのコネを通じてジーザス&メリー・チェインのギグをブッキングしていた。ほとんどはパブの裏の部屋か小さなソーホーのクラブで、そうした場所ではネオ・サイケデリックやサイコビリーのシーンが生まれていた。マッギーはそういう連中全員と知り合いだった。

俺はメリー・チェインの擁護者だった。本当に彼らのことを信じていた。ビーティと俺がそうだったように、彼らは本物のアウトサイダーだった。やがて俺の支持は報われた。人々がメリー・チェインに気づきはじめたのだ。マッギーはシングル・リリースを決定した。

1984年夏、リード兄弟とダグラス、俺と他の数人は一緒にアシッドでトリップすることにした。イースト・キルブライドにはトリップするための場所があって、アシッド・ファクトリーと呼ばれていた。工場の跡地で、俺たちはそこへ行った。メリー・チェインはよくそういう廃墟になった工場に行っては音楽を聴き、写真を撮っていた。終末後の世界、まるでチャールトン・ヘストンの映画『地球最後の男オメガマン』みたいで、すごくクールだった。

ジム、ウィリアム、ダグラス、俺、そしてビーティは土曜の午後に工場で落ち合った。7月の半ば、たまたま12日だった。俺たちはふたりほど仲間を連れていて、ひとりはポール・ハート、もうひとりはそいつのキャッスルミルクの友だちで、ビッグ・ポールと呼ばれていた（彼はやがてザ・サブマリンズというバンドを組み、1年後、スプラッシュ・ワンのライヴで俺たちの前座を務めた）。ポール・ハートは俺の親友で、よく一緒に彼のフラットでキャバレー・ヴォルテールの『ザ・クラックダウン』やサイキックTVを聴き、ラルフ・レコード／ダブルヴィジョンが出していたVHSのコンピレーション・ビデオを観ていた。彼はポストパンクのインダストリアルもの、ピストルズ、PILが好きだった。この時ふたりのポールはLSDをやらず、やったのはビーティと俺、それにメリー・チェインの3人だった。

その何日か前に電話で、マッギーにこのサイケデリックなデートの話をしたのを覚えている。俺は「スクリームとメリー・チェインで今度の土曜、一緒にアシッドをやるんだ」と言った。

マッギーは「マインドの邂逅だな。伝説的な日になる」と言った。

トリップは順調に始まり、俺たちとメリー・チェインの魂は深く結ばれつつあった。彼らはカセットプレイヤーを持ってきていて、この機会のために特別に作ったコンピレーション・テープをかけていた。〝アイ・ウォナ・ビー・ユア・ドッグ〟が流れると、ジム・リードが転がっていた金属のパイプをコンクリートの壁に叩きつけ、素晴らしくパーカッシヴな音を鳴らした。あの瞬間をテープに録音していれば、と思う。いまでもはっきり思いだせる。まるでノイバウテンが西アフリカのヨルバ族に出会ったみたいに、原始的でバイオレントな音がインダストリアルの儀式と融合していた。陽光が俺たちに降り注ぎ、熱くなった地面に腰を下ろすと、ザ・クランプスの〝ケイヴマン〟がかかった。俺は木の枝を2本手に取り、クランプスの原始的かつモダンな名曲に合わせて叩いた。まるで時間を遡って退行するようだった。俺は何百万年もの人類学的な「文明の進化」が逆再生されるのを感じ、真にプリミティヴな自分に戻ると、曲中のケイヴマン［原始人］となった。枝のドラムスティックで叩くひとつひとつのビートが青紫のサウンドとして鳴り響き、視覚的イメージがノイズになる。俺には色が見えるだけでなく、聴こえた。めちゃくちゃに強力なアシッドだった。外界のヴィジョンと内なるヴィジョンの両方がリズムと同期し、神になったような心地だった。

だが神の妄想が消えると、俺にはあらゆる場所に無数のイナゴがいるのが見えた。どっちを向いても、草原の緑と茶のテクスチャーがイナゴへと変化していく。俺たちはスコットランドの田舎、イースト・キルブライドの郊外にいて、アシッド・ファクトリーは農場と森に囲まれていた。そこらじゅうに草が生えている。パラノイアに襲われ、急速に溶けていくアシッドにやられた頭のなかで、なぜか切り株か岩の上に立てばイナゴをよけられると自分に言い聞かせ、俺は頑として切り株から離れようとしなかった。あたり一面の草がイナゴに見えていたし、アシッドがキマりすぎて口もきけなかった。俺は自分で創作した、自分だけに見える地獄に閉じ込められていた。

その頃にはジムとウィリアムはふたりして姿を消していた。あとで聞くとウィリアムもバッド・トリップしていて、目から蜘蛛が入り、脳みそを這い回る幻覚でパニクっていたらしい。彼の前髪は目を隠すほど長い巻毛だったので、それが脳みそを食おうとしている蜘蛛に見えたという。まさにホラー映画だ。アシッドをやらなかったふたりのポールは「もう行こう、森の外に出なきゃ」と言っていた。

でも俺は「絶対動かないぞ、俺は」と譲らなかった。俺に見えていたものはふたりには見えなかった。のちに俺は〝バーニング・ホイール〟という曲の歌詞で、ケミカルの実験時代にみずから生みだした狂気、パラノイアについて書くことになる。あれはその時代の始まりだった。

トリップのあと、俺はパニクっていた間に服を全部脱ぎ、ダグラス・ハートにしがみついていたことを知った。彼はどうやって突き放せばいいのかわからなかったという。ダグラス自身トリップしてびびっていたので、ただ寝っ転がっていた。聞いた話では、森のなかで寝ていた彼の上に俺が乗り、だんだん自分が1枚の厚紙になったような気持ちだったらしい。裸の死体のような俺が乗っかる下で、自分がどんどん薄くなっていったと。ダグラスは緊張して、「ボビー! お願いだから降りてくれ!」とささやいていた。ダグラスはまた、トリップしている間に銃弾が木を撃つ音を聞いたという。見ると地元の男が俺たちがいる方向にエアガンを発砲していた。ダグラスはエアガンの男のところまで行き、俺がアシッドでぶっ飛んでいるから、こっちに向かって撃たないでくれ、と言った。ありがたいことに、銃の愛好家はダグラスの頼みを聞き入れた。

このふたつの出来事の間、俺の意識はほぼ完全に飛んでいた。このあともずっと、ドラッグや酒をやると何度もその状態になった。自分ではまったく覚えていないが、一度は裸で田舎の道路に飛びだし、走っている車を襲って意識不明になった。あとでそう言われた。あの日、帰宅して鏡を見ると顔や髪が汚れていて、田舎の乾いた地面の砂や土にまみれていた。なにせ1日中、裸で森のなかを転がり回っていたのだから。仲間の話では、彼らが俺に服を着せたという。

アシッドの効き目が薄れ、どうにか正気が戻ってくると、俺たちは森を出て、徒歩でイースト・キルブライドの町中に戻りはじめた。ビーティと俺、ふたりのポールもそこからバスに乗り、グラスゴーに、文明に、正気に戻らなくてはならない。じりじり太陽が照りつけるなか、イースト・キルブライド郊外のきつい坂を延々歩いていると、滝のように汗が流れた。だが悪夢はまだ終わりではなかった。町が近づくと何棟か建物が見えた。高くても5階くらいの公営住宅で、俺はそれを見ながら丘を上りつづけていた。ぜいぜい息が切れ、汗が止まらなかった。あの夏、いちばん暑い日だった。すると俺の呼吸に合わせて建物が拡張しては、収縮するのが見えた。息を吸うと、すうっと縮む。息を吐くと、大きく広がっていく……その間俺はずっと、あの公営住宅はいまにでも爆発する、と思っていた。ビルの屋上が吹っ飛んだら、俺の頭のてっぺんも爆発して脳みそが飛びだすだろう、家に住んでる人々や家具が全部飛びだしてくるのと同時に。心臓がどくどくと脈打ち、恐怖が迫ってきた。頭のなかでドン、ドン、ドン、と音が響き、俺は自分のゴルゴタの丘を上っていた。俺は汚れていて、罪深い。こんな目に遭って当然だ、と言い聞かせていた。こんな悪魔のクスリをやるなんてバカでしかない、サイケデリックな罪を背負ったのは全部自分のせいなんだ、と。LSDは悪魔の毒薬だった。荒れ狂う精神の海をうまく航行できるのは、年季の入ったトリッパーだけだ。アシッド・トリップによる精神と魂の探索、未知の領域への神秘的な旅は、最初からできるものじゃない。俺は自分のアマチュアぶりを恥じていた。週末だけの船乗りがまんまと座礁して、いまや愚行の代償を払わされようとしている、と思った。くらくらする頭のなかで、軍隊的な太鼓のビートが聞こえた。こりゃあなんだ、と思い、俺は足を止めて振り返った。

午後の日差しはきつく、視界もアシッドで歪んでいたが、遠くからオレンジ結社［18世紀にアイルランドで結成されたプロテスタントの政治団体］のバグパイプ隊がゆっくり行進してくるのが見えた。LSDに苦しむ俺たちが立っているところに向かっている。誓ってもいいが、俺の目にはバグパイプ隊とオレンジ結社の連中が溶け合い、巨大なオレンジのアメーバのようなクリーチャーとなって、べたついたオレンジ色の粘液の跡を残しながら近づいていた。彼らはその日の朝イースト・キルブライドを発ち、プロテスタントの勝利の歌を演奏しながらグラスゴーへと行進していた。楽器はバグパイプと太鼓、伴奏にアコーディオン。俺は彼らが演奏する曲の歌詞を全部知っていた。小さい頃から聴いて育ったのだから。オレンジ結社は毎年7月12日にパレルモ通りに集まり、1690年にボイン川でウィリアム3世がカトリックの王、ジェームズ2世の軍を破った日を祝っていた。あの日付はどこにでもつきまとった。グラスゴー中の壁にスプレーで描かれていたし、デニムのジャケットにも学校の机にも書かれていた。イカれた連中はラフな手書きの「刑務所風」に、腕に刺青で入れていた。何も知らない子どもの頃、俺はバグパイプ隊長が職杖を高く投げるのを眺めていた。杖には重厚な銀のヘッドが付いていて、杖の部分には赤、青、白のリボンが巻かれていた。俺は古いモップの柄を銀色に塗り、飾り紐を巻いて自分なりの杖を作った。通りの男の子たちもみんな同じような杖を作り、誰がいちばん高くまで投げて、地面に落ちる前にキャッチできるか競ったものだ。俺はこのゲームがうまかった。俺たちは隊長が職杖を左右に振る動きや、背中や首の周りでぐるっと回してからまた高く投げるのを真似した。バグパイプ隊の隊長がそれをやると、あとに続いて行進するメンバーから歓声が沸いた。

7歳だった俺の目には、バグパイプ隊はエキサイティングでかっこよく映った。オレンジの行進が意味する差別的な宗派主義などまったく知らなかった。俺たちにとってバグパイプ隊は中世やナポレオン時代の活劇冒険映画に出てくる兵士のようで、鎧や馬がないだけだった。午後6時頃には、バグパイプ隊もあとについて行進するオレンジ結社の連中も、1日中酒を飲みつづけてひどく酔っ払っている。グラスゴー・グリーンで指導者たちがスピーチを済ませると、連中はさらに酒を飲んでから長い帰途につく。グラスゴーやランカシャー、それぞれが住んでいるところに散っていくのだった。

オレンジ色の巨大なアメーバが俺たちの横をのろのろ這ううち、俺の目はバグパイプ隊の面々の汗をかいた丸顔に吸い寄せられた。近くで見ると、1日じゅう日焼けどめも塗らず屋外にいたせいで、全員真っ赤に日焼けしていた。アシッドをやった目にはさらに強調されて、まるで夏の日差しの下、被爆して溶けていく顔のように見えた。俺は彼らが敵視する対象ではなかったので、オレンジの男女を怖がる理由はなかった。ただただ、連中が家に向かって最後に行進する姿を眺めていた。向こうは俺やビーティ、ふたりのポールに気づきもしなかった。長い1日を終えようとしていて、それは俺たちも同じだった。行進を見ながら、自業自得だ、と俺は思った。それが磔の妄想のフィナーレだった。

グラスゴー行きのバスに乗る頃にはムードが変わり、ふたりのポールが俺を変な目つきで見ていた。彼らはぽつぽつと俺の行状を話していたが、俺は黙っていた。言い訳することもできなかった——その時もやっとのことで現実にしがみついていたのだから。ビーティもまだラリっていたので何も言わず、窓の外や足元を見ていた。普段なら皮肉や辛辣なことを言うのに、沈黙していた。

やっと玄関にたどり着くと、うちには誰もいなかった。ほっとしてクロフトフットの小さな家の狭い階段を上り、洗面所に入ると、すぐに泥まみれの服を脱ぎ、鏡に映る自分を眺めた。顔の輪郭と目の周りをなぞるように青紫の線が走っていて、そこに数秒おき、まるで誰かが俺の体に電流を流しているようなショックが走る。ビビッ、ビビッ。6時間前にみずから放った毒のせいで、中枢神経系が不自然な過負荷と闘っていたのだ。ドラッグを含む汗が全身の毛穴から吹きだし、髪の毛には土の塊がこびりつき、べたべたに固まっていた。どんなに石鹸やシャンプーを使っても、髪や肌についた土も、魂に染み込んだ罪も洗い落とせなかった。

俺は本当に深く罪悪感を感じたし、ふたりのポールの話にも恥じ入っていた。アシッドが薄れ、汗や尿や糞となって体内から外に出たら、なんとか正気を取り戻して普通の精神状態に戻り、心のバランスが取れることを願っていた。とはいえ普段から、俺の「バランス」は憂鬱に傾く傾向にあった。それでもこのＬＳＤのホラーショウよりはマシだ。俺はカレンに電話をかけ、彼女の家に泊まってもいいか訊ねた。そして31番のバスでセント・イノック広場まで行き、アーガイル通りから別のバスに乗ってマウント・ヴァーノンへ向かった。カレンの家はイーストエンドの郊外にあり、バスはブリッジトンやパークヘッド、シェトルストンも過ぎていく。カレンは親の家のドアを開け、俺を彼女の部屋に連れていった。やっと甘い安らぎが訪れた。

あの夏、俺たちはかなりアシッドをやった。金を稼ぐと、あの日アシッド・ファクトリーにいたジューグズという奴に渡した。するとジューグズがドラッグ・ディーラーのサミーを探しだしてくれる。俺たちはサミーを「トリップメイカー」と呼んでいた。トリップメイカーはおそらく30代後半で、オレンジ色の髪を肩まで伸ばし、痩せぎすで神経質な、怪しげな小男だった。70年代初期のヒッピー時代の生き残りで、いつ見ても顔の皮膚が剥けていた。日焼けしたせいではなく、何か見えない力が彼の命を少しずつ削っているような感じがした。ゆっくり、目の前で彼の存在自体が剥がれていくような。彼はまさにアシッドの犠牲者だった。そういうことを全部別にすると、まあまあいい奴だったと思う。こっちを騙すことも、脅すこともなかった。

ジューグズのことは数年前から、ライヴやレコード屋やパディーズ・マーケットで見かけていた。パンクス同士、ちょっと会釈することはあったが、それだけだった。だがどこかである時話をして、ふたりとも同じ音楽が大好きなのがわかった。いちばんの共通点はザ・クランプスだった。彼も俺たちのように、当時の音楽シーンの99パーセントに飽き飽きして、60年代の埋もれたガレージ・パンクやサイケデリック・ロックを掘りはじめていた。俺のレコードをチェックしないか、と彼は俺をゴーヴァンヒルのフラットに招いた。

ジューグズはアリソン通りの共同住宅に家族と暮らしていた。ビーティと俺が髪を切っていた年寄りの散髪屋のちょうど向かいだ。この散髪屋はヤバかった。彼の「サロン」、路面店に入っていくと、暗がりに洗面台と鏡がいくつか、革製の椅子が4台ある。電球はなし。光源は通りに面した、排気ガスで汚れた窓から入ってくる自然光だけだ。父親や母親が散髪させるため子どもを連れてきた時、椅子の肘掛けに渡す木の板もあった。そこに子どもを座らせると、髪を切れる高さになる。散髪屋には（彼の名前は知らなかった）あまり客がついていないようだった。ビーティと俺が行くと、彼はいつもひとり立って剃刀を黒革のベルトで研いでいた。それこそスウィーニー・トッドが持っていそうな道具だ。どうするのか訊ねられると、ふたりとも「ヒトラーユーゲント」と答えた。彼に写真は必要なかった。後頭部と横を高く刈り上げると、俺のほうはいつも前髪を長く残した。剃刀の扱いは抜群だったから、俺たちはいつも彼を怒らせないよう気を付けていた。散髪料金は1ポンド80ペンス。ビーティと俺が「サロン」を出ると、通りでみんなが俺たちを笑った。子どもたちは指差してクスクス笑い、野郎たちは嘲った。それでいい髪型だとわかった。「堅気の連中が腹を立てるものは、グレイトに違いない」という法則だ。

アリソン通りのジューグズのうちに行くのは、ひとつの体験だった。うちの家族はワーキングクラスだったし、俺は19世紀に建てられた共同住宅で育ったが、彼が住む場所はタイムマシンで30年代に行ったみたいだった。廊下に絨毯はなく、剥きだしの床板がプロレタリアの人々が長年暮らしてきたせいですり減っている。家のなかには湿った、暗い空気が漂っていて、まるですべての人、すべてのものが慣性状態のまま永遠に止まっているようだった。ジューグズの部屋に行くと、彼がコーヒーを飲むか訊いてきたので、俺はもらうよ、と答えた。

ジューグズは何よりもまず、クランプスのファンだった。あとはシスターズ・オブ・マーシーとバースデイ・パーティのファンだった。バースデイ・パーティの12インチ盤も持っていた。彼はローランド・S・ハワードに取り憑かれていた。バースデイ・パーティの伝説的なギタリストだ。60年代ものはまだあまり持っていなかったが、集めようとしていた。だがフランスのレーベル、エヴァの『ザ・シーズ』と題されたアルバムがあった。スカイ・サクソンの初期の曲、リトル・リッチー・マーシュ名義で出された60年代のドゥワップのシングルを集めたコンピ盤だ。ジューグズのは海賊盤で、パンクの先駆けとなったザ・シーズ後の名曲〝バッド・パート・オブ・タウン〟と〝ディド・

ヒー・ダイ〟も収録されていた。それらの曲を聴いて、ジョニー・ロットンはスカイ・サクソンの大ファンだったに違いない、と俺たちは気づいた。ビーティとジューグズ、俺の3人はソーキーホール通りのマクレラン・ギャラリーで毎月開かれていたレコード市で、いろんな獲物を仕留めた。エレクトリック・プルーンズのオリジナルのヴァイナル盤、エレクトラから出たラヴのデビュー盤、エディ・フロイド、アイザック・ヘイズ、スタックスのシングル、シド・バレット時代のピンク・フロイドのシングル、サーティーンス・フロア・エレヴェーターズ、バーズ、ザ・ミスアンダーストゥッド……そうして俺たちの探索は続いた。

俺はサイケデリック・ロックのファンジンでデヴォンにあるレコード屋の住所を見つけ、通販でガレージ・サイケのコンピレーション・アルバムをいろいろ買った。『アシッド・ドリームズ』、『ホワット・ア・ウェイ・トゥ・ダイ』、『パフューームド・ガーデン』、『バック・フロム・ザ・グレイヴ』。ロサンゼルスのライノ・レコードからは直接、ザ・チョコレート・ウォッチバンドの素晴らしいコンピ盤を買った。ドイツのライン・レコードはちょうどザ・シーズのカタログを全部リイシューしたところで、あれはすごかった。そんな輸入盤はレンフィールド通りのヴァージン・ストアで買えた。俺はカレンと一緒にエジンバラまで日帰りで行き、ブルーシーズで買い物をした。あのレコード屋にはガレージ・サイケのセクションがあり、グラスゴーのどこよりもディープな品揃えだった。

1984年の夏、俺たちはずっとトリップしていた。サイケデリックのヒーローたちと同じようになろうとしていた。ジム・モリソン、ラックス・インテリア、ロッキー・エリクソン、シド・バレット、アーサー・リー。サイケデリックな音楽をやるなら、トリップを体験する必要がある。俺はそれが曲を書く助けになると本気で思っていた。サイケデリックな人間にはなれない、サイケデリックなドラッグをやらなきゃダメだ、じゃないとサイケデリックな人間にはなれない、と。もちろん、アシッドをやってる時には何も書けない。そんな状態じゃない。でもおそらく感覚や、グラスゴーという街への見方は変わったと思う。ある晩、みんなでトリップして、グリフィンのパブからマウント・フロリダへ、さらにクロフトフットまで歩いて帰ったことがある。クライド川のそばを歩いていると、吊り橋と、練習場所にしていた向かいのコミュニスト・クラブ、それに労働組合のクラブが見えたのを覚えている。60年代後半から70年代の前半、母は労働組合のクラブで働いていた。どの場所もまるで印象派の美しい油絵、ターナーの絵のように見えた。夜のなかで輝いていて、魔法みたいだった。

ある夜、カレンと俺はグリフィンでLSDを手に入れて帰宅した。ふたりでベッドに入り、セックスしていると、彼女が穴熊のようなクリーチャーに変身した。本能的なセクシュアリティが姿を現したのだ。ドラッグで俺が好きなことのひとつに、普段人が自衛のために築いている心の壁が崩れる、というのがある。その時も俺たちは欲望の嵐に吹かれ、あらゆる抑圧や抵抗が霧散するのを感じていた。

［章タイトルはここで登場するアイルランドのプロテスタントの王党派のバラッド、〝The Sash My Father Wore（俺の父が着けたサッシュ）〟のもじり。サッシュは軍人の制服で肩から斜めがけにする飾り帯。歌はボイン川の戦いの勝利を讃えている］

12 ジーザスが歩く
Jesus Walks

その夏、俺はグラスゴーでジーザス&メリー・チェインの初ライヴをセッティングした。助けてくれたのは知り合いのタム・コイル。彼はあちこちで小さなライヴを開いていて、デカくも派手でもないギグだったが、本当に音楽に情熱を持っている奴だった。眼鏡をかけた、オタクっぽい、無害で優しいワーキングクラスの若者。タムは俺を見るといつもにっこり笑い、「おう、ボビー、調子はどうだ?」と気さくに声をかけてきた。彼は時折ナイト・ムーヴズのライヴ興行もやっていた。ソーキーホール通りの中華料理屋の2階にあったロックンロール・クラブだ。ナイト・ムーヴズではいいバンドをたくさん観た。23スキドゥー、ザ・ファイア・エンジンズ、アズテック・カメラ、REMのセカンド・アルバムのツアー、シアター・オブ・ヘイト、ア・サータン・レイシオ。4、500人ほどの会場だったから、インディ・サーキットである程度名前が知られると、あそこでライヴがやれた。俺がタムに、イースト・キルブライドのバンドと仲良くなった話をすると、リズム・システムとプロジェクト・GKという地元のバンドの前座をやらせてもらえることになった。メリー・チェインの最初のギグはグラスゴーで、1984年6月19日に行われた。バンドはギターしか持ってこなかったので、メインのバンドに頼んで機材とドラムキット、アンプを借りた。この時、彼らのドラマーはマレイ・ダルグリッシュという名前の18歳だった。

会場が半分くらい埋まると、メリー・チェインがステージに飛びだしてきた。明らかに泥酔している。ひどく体をぶつけ合い、アンプにもぶつかっていた。演奏はただのノイズ、殺戮で、粗大ゴミ置き場がヒステリーになったみたいだった。つまりは、『メタリックKO』のサウンド。ストゥージズに似ていたわけじゃない、あのタイトルそのものが鳴っていたのだ。

同時に、とてもセクシュアルでもあった。ぼろい服を着た、痩せっぽちの若い男たちがぶつかり合い、全員にハイ・ヴォルテージの電気的エナジー、ぴりぴりしたアドレナリンが満ちている。すごくホモエロティックだった。ほかのスコットランドのバンド、アズテック・カメラやオレンジ・ジュース、ジョセフ・K、ザ・ファイア・エンジンズにはこの暗いセクシュアリティがなかった。メリー・チェインは暴力的な脅威と性的混乱という、イカれたオーラを放っていた。実際に会うとみんなシャイで、神経質で、短気で、疑い深いパラノイアだったが、ステージに上がるとファズトーンの狂乱という4つ頭の怪獣になる。彼らの内的宇宙は精神が溶けるほど暴力的だった。何か超ディープで強力なものをチャネリングしていて、それがどんなにパワフルか、彼ら自身意識していなかったと思う。自分たちが呼び覚ました邪悪なエナジーをコントロールすることもできていなかった。演奏したのは3曲ほどで、どれもバイオレントで挑発的なノイズ。まったく非音楽的だったが、ビーティと俺はそのランゲージを理解していた。ノイズに入れ込んでいたから、馴染みがあったのだ。俺たちはノイズとカオスと狂乱から出てきていて、彼らの音楽にも同じ本能的な怒りがあった。最高の音楽がすべてそうであるように、メリー・チェインの音楽は言葉が届かない場所にあった。どんな説明も必要ない。彼らの制御不能な暗いエナジー、無表情な顔が多くを物語っていた。

ビーティと俺は目の前の光景、不穏な不協和音、彼らの受動的攻撃性にぞくぞくしていた。俺たちはステージのすぐそば、最前列に立っていた。ただ俺たちふたり以外はメリー・チェインを気に入らず、バンドはステージから引きずり下ろされた。ナイト・ムーヴズの警備員が舞台に上がってきて彼らを袖に押しやり、それがギグの終わりだった。メインのバンドはメリー・チェインがアンプに倒れ込み、マイクスタンドを振り回したことに文句を言った。あとで知ったが、メリー・チェインは緊張しまくったあげく、酒をがぶ飲みして、ほとんど立てない状態だった。バンドが警備員に引きずり下ろされ、出口から階段に突きだされるのを見て、ビーティと俺はあいつらが袋叩きにされると思った。ふたりで顔を見合わせ、こう言った。「助けにいこう」。タフガイなんかじゃなかったから、本当に助けられるわけはない。だがあの頃はそうするものだった。

俺たちは彼らを追っていった。覚えているのは通りに出て、ダグラスと一緒に立っていたことだ。ダグラスは体格も性格もいい奴で、知的で好奇心があり、ハンサムな18歳だった。女の子はみんな彼に夢中だった。ビーティと俺は、まるで宗教的な体験をしたと感じていた。宇宙の未知のエナジー、黒い星の力が解き放たれるのを目撃したのだから。高圧送電網に直接繋がれたみたいだった。いや、送電網よりずっといい。彼らは万有のサイケデリックでパンクなエナジーの源からそのまま力を得ていた。ずっと存在するのを望みながらも、生きている間に行けるかどうかわからなかった場所に転送されたみたいな気がした。今夜、俺たちはそれを体験したのだ。

俺たちはメリー・チェインを褒めちぎった。ギグはぶっ飛んでいた、これで何もかも変わると彼らに告げた。次の革命の先鋒になるのはこいつらだ。脳みそといい耳を持っていたら、それはもう自明の理だった。ライバルなんていない。1984年、ロックンロールは死に絶えていた。だが俺たちはロマンティックにも、自分たちがロックンロールを取り戻すと信じていた。ロックンロールの真のパワー、その原始的な力に触れさえすれば、キッズもメインストリームの音楽メディアに無理やり与えられている、安全でクリーンで、性的でもないゴミみたいな音楽を忘れ、ロックンロールに反応し、インスパイアされるはずだと。俺たちには変化が、革命が必要だった。意識が変わろうとしていた。俺はその一部になろうとしていた。その晩、俺は幸せな眠りについた。

9月にアラン・マッギーがやっとメリー・チェインのシングルをレコーディングした。バンドは何度か音楽紙に取りあげられたが、大きな記事にはならなかった。マッギーは電話で、新たにレコーディングした音源のすごさについて熱弁をふるった。俺に会いに、わざわざグラスゴーまで夜行バスで来るという。マッギーは言った。「今晩バスに乗る、おまえに聴かせたいんだ――ヴァージョンがふたつあって、どっちがいいか決められなくて。おまえに決めてほしい」。彼は夜行バスに乗った。バスは片道10ポンドで、乗るとキャラメルひとつとオレンジジュースの小さな紙パックがもらえる。席は自由。反対方向の夜行バス、グラスゴーからロンドンに向かうバスに乗ると俺はいつも、見知らぬ乗客たちの唯一の共通点は、みんなわびしく貧しい過去から逃げ、できればましで金のある未来に消えるためにロンドンを目指していることだ、という感覚に襲われた。運がよければ、だが。ロンドン行きの夜行バスは朝7時にセント・パンクラス駅の横、鉄条網で囲まれた、ゴミ捨て場みたいな場所に到着した。いま大英図書館が建っているところだ。俺には爆撃跡みたいに見えた。ロンドンへようこそ。

マッギーは朝8時にうちに来た。失業手当で食っていた当時の俺にとっては、ちょっと早すぎる時間だ。8時間バスに乗ったあとでも彼は興奮していた。そしてコートのポケットからカセットを取りだし、俺がデッキに入れた。サウンドは大いに気に入った。ひずみまくったトレブル、アタック。アランは〝アップサイド・ダウン〟のふたつのヴァージョンを再生した。ジョー・フォスター［アラン・マッギーとともにクリエイションを設立したプロデューサー］が手がけたヴァージョンはフィードバックがなく、ラモーンズみたいに聴こえた。いまみんなが聴いているヴァージョンは、ウィリアム・リードとアラン・マッギーがやったほうだ。俺はすぐに「こっちだな、天才的だ」と言った。

「そう言うと思った」とマッギー。「よし、こっちをリリースする」。

B面用に、彼らはシド・バレット／ピンク・フロイドの未発表曲〝ベジタブル・マン〟をカバーしていた。俺もビーティも好きな曲で、マクレラン・ギャラリーのレコード市で買った海賊盤のレコードに収録されていた。俺たちはサイケ・パンクのアンダーグラウンドのレア音源、未発表曲はなんでも好きだった。アーサー・リー、スカイ・サクソン、ロッキー・エリクソン、シド・バレットら、サイケデリック・ロックの神秘的な人物をめぐる謎、神話、逸話を愛していたのだ。メリー・チェインの〝ベジタブル・マン〟のヴァージョンは、シド・バレット／ピンク・フロイドのヴァージョンと同じくらいイカれていた。彼らは特別だった。シングルは最高だった。そして世界がそれに気づく時が近づいていた。

その頃もビーティと俺はバンドをなんとかしようとしていた。夏中ずっと、俺はヴォックス・ファントムのギターを抱えてクロフトフットからマウント・フロリダまで歩いて通い、ふたりで書いた曲に取り組んでいた。曲のギター・コードと上に乗るヴォーカル・メロディができ、歌詞が付くと、ビーティが12弦のリフを作り、その時点でロバート・ヤングも一緒にセッションをして、あいつがベースラインを付ける。俺たち3人はビーティが兄のデヴィッドと共用していた狭く散らかった部屋にこもり、アカイの2トラックのテープレコーダーを囲んで、何度も何度も曲を繰り返し弾いた。生まれつつある曲にぴったりだ、と全員が納得できるベースラインをロバートが思いつくまで。プライマル・スクリーム初期のサウンドは、まさにそこが本質だった。マウント・フロリダの同じ通りで育った3人が、頭と心とソウルを深く同期させて作るハーモニー。俺たちはサイケデリックの神を呼びだそうとしていた。少なくとも、俺たちにとってはそうだった。俺は昔から、音楽が人々を本当にひとつにするところを愛している。エゴが消え、全員はひとりのため、ひとりは全員のためになる。ただそれにはある種の人間が必要で、誰でもロックンロールの栄光に到達できるわけじゃない。だからこそ、ある種の出会いだけが名作アルバムを生み、偉大なバンドとなる。重要なメンバーがいなくなると、そのバンドのサウンドは永遠に変わってしまうのだ。

最強のロックンロールは本物の魔法だ。錬金術のような変化だって可能だが、儀式に関わる人間の心構えや精神状態、スピリットが正しい場合に限られる。ビーティとロバート、俺には曲について話す必要がほとんどなかった——いや、他のことでも話さなくとも通じた。子どもの頃から同じ通りで育ってきた、その経験を共有することでしか生まれない深い理解があったからだ。ロバートにはいちばん才能があり、生来のミュージシャンだった。彼と一緒にやれたことは俺にとって宝物だ。あいつからは音楽が溢れだし、メロディのアイデアも尽きることがなかった。俺たちはただ彼をインスパイアする曲を書き、あの美しく傷ついた魂に触れるだけでよかった。すると彼の頭と心と体からアイデアが湧き、指先を通して弦が鳴る。すごいものを演奏しようとロバートが必死になっている姿は見たことがない。最高のミュージシャンは頑張らない。もう「そこにある」からだ。ロバートにはバケツに汲めるほど才能があった。ビーティにも荒削りで、飼い慣らされていない才能があった。彼の鋭く、独創的でメロディックなギター、高揚と哀感をあわせ持つ12弦の演奏は、陽光が煌めくようなサイケデリアと響き合い、トリップの感覚を呼び起こした——太陽でラリるような感じだ。彼が弾く美しいリフは、自分たちがいる灰色の場所から逃避する、空想の非常階段みたいだった。グラスゴーの共同住宅から生まれた、フォーク・ロックの幻覚。俺たちはそれでハイになっていた。ビーティとロバートはふたりとも素晴らしい音楽を演奏し、歌詞を引きたてていた。

俺は本当の自分について正直に書くと、曲がよくなることに気づいた。メタファーや3人称を使っていてもそうだ。〝ジェントル・チューズデイ〟では女の子のふりをして、自分という存在に対する疑念、痛み、恐怖について書くことができた。その日何も言うことがなく、ただスペースを埋めるために歌詞を書くと、その曲はあまり遠くまで届かないこともわかった。俺にとって無意味なものが他人にとって意味を持つはずがない。

プライマル・スクリームの初期の曲の多くには悲しみや憂鬱がある。〝ジェントル・チューズデイ〟、〝ビウィッチト・アンド・ビウィルダード〟、〝メイ・ザ・サン・シャイン・ブライト・フォー・ユー〟、〝ウィ・ゴー・ダウン・スロウリー・ライジング〟、〝オール・フォール・ダウン〟、〝ラヴ・ユー〟、〝アフターマス〟。どの曲にも恋煩いのような、メランコリックな思いがこもっている。憂鬱な若者が書き、歌っていたからだ。彼はどこか解離した場所、シニカルで傷ついたところから人生を見ていた。生きること、愛することの絶望が重くのしかかり、世界は美しく、危険に満ちていた。グラスゴーの実存的ブルーズだ。曲調は意識的に穏やかにしていた。俺は自分のソウルから呼び起こせる、最高に美しいメロディを歌っていた。メロディを書くのは簡単だった。ビーティとロバートの魔法のようなギターがアシッドの天国、夢の世界を作りだしていたのだから。俺たちは美しさで人々の感覚をかきみだし、ささやき声で詩を伝えようとしていた。柔らかな革命、優しい誘惑だ。

自分たちの曲を聴かせようと、俺はゴーヴァンヒルのパンク・ロッカー、ジューグズをビーティの家に招いた。しばらくすると誰かが彼に、タンバリンを叩いたらどうだと言った。そうすれば俺たち3人が演奏し、歌うのをベッドの端に座って聴いているだけじゃなくて、やることができる。俺たちはよく、そんなふうに人を巻き込もうとした（結果はまちまちだったが）。ジューグズには持って生まれたリズム感はなかったが、ガレージ・パンク的な姿勢と服のセンスがそれを補っていた。ただそのおかげで、改めて自分たちに欠けているものが認識できた――ギグをやるにはアカイのドラムマシンじゃだめだ。リズムを刻める生身の人間を探さなきゃいけない。

どうやって、どこで彼を見つけたのかは覚えていない。でも俺たちはタム・マクガークを見つけた。彼はポロックというかなり荒れた地区のさびれた公営住宅に住んでいた。好きなバンドはエコー&ザ・バニーメン、シンプル・マインズ、ザ・スミスで、他は特になし。マクガークは着ている服も考え方も俺たちとは違っていた。俺たちはメリー・チェインと一緒にライヴがやりたくてしょうがなくて、とりあえずはこいつでいこうと思ったのだ。マクガークはちょっと傲慢で、酒と喧嘩とファックが好きで、言い換えると、グラスゴーによくいる血気盛んな20歳だった。

その前の年、83年末から84年の初めにかけて、俺たちは曲を書きながら何人かシンガーのオーディションをした。俺はギタリストになりたかったが自信がなく、ビーティと俺はラジオ局、レディオ・クライドの「ビリー・スローン・ショウ」に広告を出した。スコットランドで大人気だった番組だ。俺たちの広告の文句は「プライマル・スクリームがサイケデリック・パンク・ロックのシンガーを募集中」で、ビーティの電話番号を加えた。ビーティの母親のベティはレディ・クライドの電話交換手だったので、メッセージを直接ビリー・スローンに渡してくれた。

オーディションを受けにビーティの家に現れたのはひとりきりだった。イギーやヴェルヴェッツ、バーズの曲をいくつか通してやってみたが、ほぼ即座に結果がわかった。そいつがいなくなると、俺はビーティの顔を見て、バンドのシンガーは俺がやらなきゃだめだな、と言った。他の誰かが歌う歌詞を書くのは妙な気がした。ビーティが賛成すると、それで決まりだった。ジム・リードの話では、彼が夜に「ビリー・スローン・ショウ」を聴いていると、「プライマル・スクリームがシンガー募集中」というCMが聞こえてきて、真剣に電話をかけてオーディションを受けようとしたらしい。でも兄のウィリアムに話し、結局はやめるよう説得された――ウィリアムはその時、ジーザス&メリー・チェインの初期の曲を書き、デモをポータスタジオに録音しているところだった。ふたりがシェアしていた、イースト・キルブライドの公営住宅のベッドルームで。バンドは自分とやるように、ウィリアムはジムを納得させた。でももしジムが電話をかけてたら、どうなっていただろう?

プライマル・スクリームとメリー・チェインは、いつか出会う運命だったのだ。だが皮肉なことに、ふたつのバンドの交差はかなり違う形を取ることになった。

9月の終わりに、マッギーがいきなり電話をかけてきた。「メリー・チェインがドラマーをクビにした。代わりにお前にやってほしいそうだ。やるか?」。

俺はこう答えた。「まあ、いいアイデアだな、マッギー」(俺はいつも彼を姓で呼んでいた)。「問題なのは、俺がドラマーじゃないことだ」。

「ああ、それはわかってる」と彼。「でもおまえが叩けるのもわかってる。ジムには、ボビーはオルタード・イメージズのドラマーをやってたって話したんだ。あいつらはオルタード・イメージズが大好きだった。本当におまえにメリー・チェインのドラマーになってほしがってるんだよ」。

俺に断れるわけがない。「マッギー、わかった」と俺。「だったら、ヘルファイア・クラブでリハーサルをやってみないか？　あいつらが俺を気に入ればそれでいいし、気に入らなくてもかまわない。ただ俺としては、まずは演奏を聴いてもらわないと」。

俺はヘルファイア・クラブを予約し、平日の午後にそこでジムとウィリアム、ダグラスと会う約束をした。彼らは全員ギターを持ってバスでやってきた。俺は2本のデモテープで聴いた、ジーザス&メリー・チェインの曲を7曲知っていた。そのうち2曲を軽く流し、お互いに肩慣らしをした。新しいプレイヤーと一緒にやる時、ミュージシャンはそうするものだ。俺たちはもう仲が良かったので、そういう状況でありがちな緊張はなかった。ああいう場はめちゃくちゃに居心地が悪くなることがある。まったく知らない相手をオーディションするのは、時にはばつが悪すぎる。でもあの時はそんなに演奏しないうちに、ジムかウィリアムのどっちかが弾くのをやめ、こう言ったはずだ。「いいな、バンドに加わってくれるか？」。俺はもちろん、イエスと答え、それで決まりだった。俺はいまやジーザス&メリー・チェインのドラマーだった。

何年か経った頃、ダグラスが俺に話したところでは、あのあと3人はイースト・キルブライドに戻るバスに乗り、全員リハーサルに興奮していたという。顔を見合わせて、こう言っていたそうだ。「最高だ、これでまともなバンドができた、俺たちはついにバンドになったんだ」。ダグラスによると、俺が一員となったことにみんな喜んでいたが、当然、リード兄弟はあまり感情を表に出さなかったらしい。ジムとウィリアムは喧嘩している時以外はほとんどそうで、無口だった。あの頃はダグラスが外界とのコミュニケーション役だった。俺が見たところ、ジムとウィリアムの喧嘩は大抵は言葉での侮辱、辛辣なやり取りだったが、時折何か物が壊れた。俺が自分の弟とやる喧嘩はまた違っていた。グレアムは仕事から酔っ払って帰宅すると、いきなりなんの理由もなく襲いかかってきた。一度は俺を担ぎあげ、床に投げだすと、顔の上に飛び乗ろうとしたことがある。やられる前に間一髪で顔を背けると、グレアムが棚に体当たりした。俺はナイフを取りにいこうと飛び起きた。ラッキーだったのは、グレアムがナイロンの靴下を履いていたことだ。そのせいであいつは俺の洗いたての長髪に足を取られ、まるでスキーのスロープみたいに滑った。これこそ、グラスゴー流の兄弟愛だ。

13 十字軍 Crusaders

マッギーはジーザス&メリー・チェインのドイツ・ツアーを手配した。マッギー自身のバンド、ビフ・バン・パウ!と、アバディーンのガレージ・モッズ・パンクロッカー集団、ザ・ジャスミン・ミンクスと一緒のパッケージ・ツアーだ。どんなに俺が興奮したか、うまく説明できない。俺は当時4年間まるまる失業手当で暮らしていて、どんづまりの生活に落ち込み、いらいらしていた。ビーティとプライマル・スクリームの曲を書き、バンドを形にしようとすることで元気は出たが、まだ一度もライヴをやっていなかった。バンドは形成期にあり、ジョン・ホーンズで働いて貯めた金も尽きかけていた。

俺はそれまで、国外に出たことが1回しかなかった。12歳で学校からベルギーに行き、フランダースで戦死者の白い十字架が何列も並ぶのを見た時だ。学校のああいう旅行でなんのメッセージを伝えたいのか、俺にはちっとも理解できなかった。生徒は「二度と繰り返してはいけない!」とか「戦争反対!」と感じるべきなのか、それとも過去の世代が払った血の犠牲に敬意を払えと? 俺はむしろ、戦争を美化しようとしていると思った。休戦記念日のたび、女王と国の元首がホワイトホールの戦没者記念碑に花輪を置くのと同じだ。俺は平和主義者として育てられた。資本家の戦争を戦うために大人になるわけじゃない。ブラックウォーター［アメリカの民間軍事会社］やBPシェル［石油会社］の社長なんかより、イラク市民のほうが俺と共通点が多い。本当の敵はあっちだ。

というわけでドイツのツアーに出ることになったが、俺には問題がひとつあった。パスポートを持っていなかったのだ。そこで旅券事務所に日にちを予約して、ダグラスと出かけた。事務所はソーキーホール通りの端にあり、行く途中、中央駅の証明写真ボックスで写真を撮った。その頃の俺は髪を長めのマッシュルーム・ヘア、ザ・バーズのマイケル・クラークとザ・シーズのスカイ・サクソンの中間みたいにしていて、ただ刈り上げと長い前髪はそのまま。フレッシュでクリーンな感じがした。いいヘアカットはそういう気分にしてくれるものだ。パスポートを受け取るとダグラスと俺はカフェを探し、座ってアイスクリームを食べた。ダグラスはものすごく興奮していて、俺にこう言った。「ボビー、きっとハンブルグのビートルズみたいになるぜ。俺たち全員、頭から爪先まで黒革で決めて、イギリスに戻ってきたらロックンロール・スターになるんだ」。

俺はカフェのテーブルの向かいで笑い、「だといいな」と言った。

プライマル・スクリームはやっと短いギグをやれるだけの曲を作り、バンドのラインナップも揃ったので、俺はメリー・チェインに連絡してライヴをやることにした。1984年10月12日、場所はソーキーホール通りのザ・ヴェニュー。会場とPAシステムを借りる経費の半分は俺が自腹で払い、もう半分はメリー・チェインが払った。ライヴの興行は共同でやった。出演したのはプライマル・スクリームとメリー・チェイン、アラン・マッギーのバンドのビフ・バン・パウ！、そしてオーカー・ファイヴというイースト・キルブライドのバンドだ。『バットマン』や『ファンタスティック・フォー』、『2000AD』などで有名なDCコミックの作者、グラント・モリソンはオーカー・ファイヴのメンバーだった。

彼らはライヴ当日、パブリック・スクールの制服とケープを着て現れた。リンゼイ・アンダーソンの映画、『If もしも……』でのマルコム・マクダウェルと彼の革命仲間のコスチュームかと思った。変な話だが、俺がデザインした宣伝用のフライヤーとポスターは、まさにあの映画のポスターの手榴弾の画像を使っていた。『If もしも……』はメリー・チェインとプライマル・スクリームのお気に入りの映画だった。初めてダグラスに電話をかけた時も、ふたりであの映画で盛り上がったものだ。ポスターではマルコム・マクダウェルが巨大な手榴弾の前に立ち、片側では学校の制服、もう片側ではティアドロップ・エクスプローズのジュリアン・

コープが〝リワード〟のビデオで着ていたようなフライング・ジャケットを着ている。彼は機関銃を抱え、写真の下には「おまえはどっち側だ？」と書かれていた。その挑発的な質問とイメージが俺たちにぴったりだと思った。ビーティと俺は使命を負っていたし、ジーザス＆メリー・チェインもそうだったから。俺は画像の上にレトラセットで全部のバンド名を入れ、「サイケデリック・パンク・ロック・ディスコ、入場料2ポンド」と加えた。

マッギーからは、ビフ・バン・パウ！のドラマー、デヴィッド・スウィフトを一晩泊めてやってくれと頼まれていた。彼は11日の夜遅くに到着した。スウィフトはニュージーランド出身の「NME」のライターで、マッギーのクラブ、リヴィング・ルームの常連だった。俺たちはちょっとしゃべり、寝床についた。明日は大事な1日になる。12日の朝、父は俺を起こして、IRAがグランド・ブライトン・ホテルを爆破した、マーガレット・サッチャーと保守党の閣僚を殺そうとしたんだ、と言った。俺はサッチャーを憎んでいた。もし戦時中に生きていたら、ヒトラーを憎んでいたのと同じくらい。俺はずっと、サッチャーと政府がイギリスの労働者階級に構造的な戦争を仕掛けるのを、なすすべもなく見ていた。工場が次々閉鎖され、労働法は大企業のトップに都合のいいように書き換えられた――すでに労働者から搾取してきた連中に、さらなる権力と利益が与えられたのだ。人々はさらに貧困化した。サッチャーは右翼の革命家であり、労働組合運動と、それに関わる労働者階級の壊滅を決意していた。84年夏には警察を政治利用し、全国炭鉱労働者組合との戦いにおける自前の軍隊にした。アーサー・スカーギル率いる組合は果敢にもサッチャーの戦争に抵抗した。スト破り、警察、国のあらゆるシステム、出版メディアに放送メディア、どんな不満も押し潰そうとする反組合法、そうしたすべてに寄ってたかって降伏させられるまで。

炭鉱ストに深く関わっていた父と徹夜で政治談義をしたおかげで、この攻撃は最初の一撃にすぎないということも俺にはわかっていた。労働者階級が勝ち取ってきた労働の権利、賃金交渉の手段をイギリスという国が奪おうとしていて、サッチャーは戦後のコンセンサス、「社会契約」をぶっ潰そうと決意しているのだと。彼女は俺がそこで育ってきた社会民主主義のシステムを破壊し、ネオリベのシステムに差し替え、私有化された、競争的な資本主義社会にしようとしていた。弱肉強食の経済を思い描いていたのだ。国は貧困層を援助するべきではないとサッチャーは信じていた。彼女の考えでは、貧しい者にはそうなった理由がある——努力が足りないのだと。状況という概念はない。貧しい環境に生まれた人々は、財産を相続する連中より貧乏になる確率が高い、なんて当たり前なのに。もしくはわかっていても、彼女は自分のプチブルな、下位中産階級の育ちによる差別意識を隠せなかったのかもしれない。サッチャーは労働者階級を軽蔑していた。サッチャー政権の閣僚のひとり、マイケル・ヘーゼルタインは、彼女をあの手の大勢の典型的なひとりだと説明した。サッチャーの家族は下位中産階級にしがみつき、上った梯子を自分たちの後ろで引っ張りあげ、「残された」人々を蔑む連中だったのだ。サッチャーは炭鉱ストをする人々を「内なる敵」と呼んだ。スピーチでは戦争のアナロジーを多用し、１９８３年には二度目の選挙の勝利を確保するため、イギリスが支配するフォークランド諸島（マルヴィナス諸島）をめぐってアルゼンチンに戦争を仕掛けさえした。おかげで大勢のイギリス人、アルゼンチン人の若者が無駄死にし、彼女の邪悪なキャリアを長らえさせるための犠牲となった。

俺からすると、サッチャーはイギリスという国が持つ力をめいっぱい利用していた。英国産業連盟のような強力な既得権益、ビジネス界のエリート、右翼の富豪が所有する新聞、国有のＢＢＣテレビやラジオ。加えて高度に政治化された警察が上からの命令を受け、ピケを張る炭鉱夫に暴力を振るっていた。労働組合主義者の情報を集め、スパイするためにＭＩ５課報員と公安部員が使われた。実際、この頃うちの電話は盗聴されていたし、チャリング・クロスの父の事務所は何度か公安部に強制捜査された。

父は炭鉱夫に食料を補給するための資金を集めていた。連帯のため、同志のために、新鮮な食料を積んだ大型トラックを毎週、ランカシャーやヨークシャーのフードキッチンに送り込んでいたのだ。それまではさまざまな労働組合がバケツを持って工場をまわり、他の業界、他の場所でのストライキを援助する募金をしていた。だが、政府が全国炭鉱労働者組合の銀行口座を凍結するとそれが不可能になった。そこで父とスコットランド炭鉱労働者の指導者のミック・マクゲイヒー、そしてファイフ出身の共産主義者で策を練り、食料を送ることにしたのだ。俺は父が誇らしかった。うちには時々、妙な時間に妙な電話がかかってくることがあり、俺が出ると向こうはただ無言で、沈黙のあと何度かカチカチと音がした。そういうのにはこう答えたものだ。「聞いてるのはわかってるぞ、保守党のマヌケめ、くそくらえだ」。笑えるし、哀れな連中だと思っていた。政府の見解では、全国炭鉱労働者組合の指導者、アーサー・スカーギルが組合員の票決を取らずに決定したストライキは違法とされた。そして組合の銀行口座を凍結する非常法が持ちだされ、大規模なストライキを戦うための資金を差し押さえる権限が政府に与えられた。炭鉱夫は失業手当の資格を失い、住宅手当ももらえなかった。彼らとその家族を飢えさせ、降伏させるのがサッチャーの戦略だった。1974年に全国炭鉱労働者組合が停電によって国を止め、それによってヒース政権を引きずりおろした前例を避けるべく、すべての炭鉱を閉鎖するのが狙いだった。彼女はあの屈辱を晴らし、組合が持つ力を永遠に握り潰そうとしていたのだ。

議会が法案を可決し、国家公務員がそれを強制するのは、社会の貧困層に対する直接的な暴力だと俺は思っている。デヴィッド・キャメロンとジョージ・オズボーンが2010年に通過させた「緊縮財政」だってそうだ。あれは公共予算を完全に削りながら、大企業には減税を認め、富裕層の所得税も減らした。ワーキングクラスに対する階級闘争以外のなんでもない。人は貧困によって力を失う。連中はそれを知っていて、不運な人々を苦しめるのを楽しんでいる。国には金が十分あった。すべての人に職があり、衣食住が行き渡るほど生活基準が上がってもおかしくないほど裕福な時代に、なんであんなことをする必要がある？　単に、それが可能だからだ。何百年もの間、ずっとそうだったからだ。「社会民主主義」として富の分配が行われた素晴らしい時代、50年代前半から1979年にかけてのほうが、歴史のちょっとした逸脱だったのだ。60年代に労働者や黒人、ゲイの人々、そして女性運動が勝ち得た社会的前進と自由、すべての公民権や社会的権利は、西欧世界における太古からの権力側にとっては度し難いものとなった。レーガンとサッチャーが始めた新自由主義革命は、人々が獲得してきた権利を再び奪回し、企業と政府が牛耳る体制側に権力を戻す、長期的戦略の始まりだったのだ。

俺はサッチャーが炭鉱夫たちを潰すのを見て、それを止めるのに何かできるのを願っていたが、無力だった。彼女はイギリスだけでなく、世界にとっても悪意ある存在だった。大勢の似たような詐欺師、イカれた弟子どもが次々に出てきたのだから。ずる賢く、いやらしい、名門大学で教育を受けた政治家もどきたち。トニー・ブレア、ボリス・ジョンソン、ナイジェル・ファラージ、ジョージ・オズボーン――みんなサッチャーのチルドレンで、俺は彼らを等しく憎んでいる。でもいちばん憎んでいるのはサッチャーだ。彼女はあの連中にとってのエルヴィス・プレスリーだった。


その夜、ザ・ヴェニューは俺にとって、メリー・チェインで、そしてプライマル・スクリームでも最初のライヴ会場となった。ブライトンの爆破事件のせいでその日の重みが増した気がして、俺は静かに興奮していた。メリー・チェインとリハーサルをしたことは一度もなかった。初めにリハーサル・ルームに入ったのは、自分のドラムを聴いてもらい、メンバーにするかどうか決めてもらおうと俺が要求したからだ。メリー・チェインはまったく、どんな曲も練習しなかった。ギグは毎回一発勝負。まったく予測不能だった。『サイコキャンディ』を作った頃でさえ、一発勝負だった。まさに俺の好きなやり方だ。

初めてのプライマル・スクリームのライヴで着る服はもう決めていた。俺は赤のクルーネックのセーターを着て、ポール・ハートから借りた赤のセミアコースティック・ギターを弾いた。ブルーのヴォックス・ファントムは使わないことにした――色が合わない。あの夜の俺の格好は、サブウェイ・セクトへのトリビュートだった。1978年、バズコックスの2枚目のアルバム『ラヴ・バイツ』のツアーでサポートをしていたバンドだ。あの時のサブウェイ・セクトは全員赤いセーターを着け、ヴィック・ゴダードが赤いギターを弾いていた。その姿が頭にこびりついていた。バーニー・ローズ（クラッシュとサブウェイ・セクトのマネージャーだ）のアイデアだったという。バーニーはヴィックに、全員が赤を着れば、観客がバンドを忘れないと言った。19

76年と77年のサブウェイ・セクトはいつもグレーの学校の制服を着ていて、それも俺は大好きだった。学生のキッズが共感できる。あるギグで、マッギーとイネスがサブウェイ・セクトを観なかったことをひどくなじったのを覚えている。あいつらはロビーに出て、パンクスの女の子たちの品定めでもしてたんだろう。サブウェイ・セクトが終わって外に出ると、ふたりがいて、俺は叱りつけた。マッギーによると、俺は当時やたら挑発的で、いらつく奴だったらしい。まあ、あんまり変わっていないってことだ。

あの夜のプライマル・スクリームのメンバーは、俺が6弦のエレキギターとリード・ヴォーカル、ロバート・ヤングがベース、タム・マクガークがドラム、ビーティがアコースティックの12弦にマイクを付け、友だちのジューグズがタンバリンを叩いていた。俺たちはアーサー・リーのアルバムに夢中で、『ダ・カーポ』のジャケットにラヴの7人のメンバーが写っているのが気に入っていた。まるで奇妙なサイケデリックのストリート・ギャングみたいで、ジューグズにはまともなリズム感がなかったが、それでも彼がステージにいることが重要な視覚的要素となった――それに彼は情熱いっぱいで、できたばかりのバンドの音楽的実験のひとつでもあった。ジューグズの皮肉で棘のあるユーモアは、俺たちと一致していた。

サウンドチェックでは空っぽの暗いクラブでジム・リードが真ん前に立ち、俺たちを見ていたのを覚えている。サウンドチェックが終わると興奮してやってきて、「ボビー、おまえは世界最高のバンドにいる」と言った。即座に気分が上がった。彼の音楽のテイストのよさを知っていたからだ。

自分たちの出番になると、俺たちはステージの前に並んだ。ロバートとビーティが俺の両脇に立つ。まるでギャングのような3人は、ギターを弾くタフガイふたりを俺が引き連れる格好で、いまにも喧嘩しそうだった。が、ふたりとも見かけは強面でも、弾くのは優しいフォーク・ロックだった。ロバートがグラスゴーのパンクのルーツから離れることはほとんどなかった。彼にとって人生は苦闘と対決を意味した。俺にとってもそうだし、ビーティもそうだ。俺たちはそこが同じだった。世界は敵意に満ちた非情な場所で、俺たちは手に入れるものすべてのために闘わなきゃいけない。ただでもらえるものなんてなかったし、人生にどんなクソを投げつけられるかもわからない。それは勝ち目のないゲームで、だからこそつねに心構えが必要だ。実のところ、俺たちはまだ20代初めの若者で、ロックンロールの栄光というロマンティックな夢を見ていた。経済的な状況と受けてきた教育のせいで、俺たちには飢えと決意、政治的思想があった。のちにロンドンのライヴ・サーキットで出会ったような、郊外のインディ・ボーイズとはそこが決定的に違っていた。この最初のライヴのことはあまり覚えていない。プライマル・スクリームのセットは短く、6、7曲くらいで、どの曲も2分くらいだった。ギター・ソロはなく、あの夜やった曲にはサブウェイ・セクトの〝ノーバディーズ・スケアード〟もあった。10分ほどの短い休憩を挟んで、俺はまたステージに上がり、今度はメリー・チェインでドラムを叩いた。どちらもクリエイティヴな意味では満足な出来で、クールなバンドふたつにいるのはすごくいい気分だった。

クリエイションによるドイツ・ツアーに出発する前に、メリー・チェインはイズリントンのパブ、スリー・ジョンズでライヴをやった。もうすぐリリースされる〝アップサイド・ダウン〟のシングルの宣伝のため、アラン・マッギーは「NME」や「サウンド」のジャーナリストを招待していた。俺たちは失敗することも途中で止まることもない、ごくまともなセットをやった。曲をあるべき形で、いじることもなく、パワフルに演奏した。俺はその出来が嬉しかったし、みんなそうだった。ライヴのあとは楽屋を兼ねた廊下で4人で笑い、自分たちの演奏に満足していた。ジーザス&メリー・チェインの初期にはそんなふうにバンドが団結し、お互い満足し、楽しんだ瞬間がいくつもあった。無名でも俺たちはグレイトなロックンロール・バンドで、自分たちでもそれがよくわかっていた。だがバンドが有名になり、悪評が立つと、バンドの周囲の暴力や混乱のせいでそんな瞬間がなくなっていった。だからこそあれは、俺が彼らと一緒だった時期におけるいちばん貴重な思い出のひとつだ。スリー・ジョンズではメリー・チェインに勢いがつき、エナジーが集まっているのが感じられた。

ライヴはパブの2階の部屋だったと思う。100人くらいいただろうか。部屋はとても暗く、「ステージ」

と呼ばれる場所の両脇に裸電球がひとつずつ灯っているだけ。ステージといっても高さは観客と同じだった。ヴォーカル用の小さなPAがあり、マッギーは俺のためにスネアドラムとフロアタムを借りていて、それに付けたマイクがPAを通してジムのヴォーカルと一緒になり、観客に向けられたウィリアムとダグラスのギター・アンプはまっすぐ轟音を浴びせていた。

ジーザス&メリー・チェインのライヴはそっけないホワイト・ノイズのウォール・オブ・サウンドで、割れたガラスや鉄条網を思い起こさせた。サイキックの嵐、バラバラになった不協和音。そこに暗いロマンティシズムと実存的失敗を歌う、厭世的な歌詞が乗る。ウィリアム・リードは青春のあとのノーフューチャーなブルーズ、苦い真実について書いていた。10代のパンクスのむなしさ、ロマンティック・ラブという呪いと病。セックスさえ恐怖と疑念に満ちていた。彼らの曲は孤独と希望のなさについて語っていて、俺は完璧に共感した。奇妙な詩情、のるかそるか的な態度。それは疎外された連中による、疎外された連中のための音楽だった。〝インサイド・ミー〟や〝イン・ア・ホール〟のような攻撃的な曲にさえ、どこか悲しみが漂っていて、俺はそこが好きだった。アウトサイダーの音楽だ。

ジーザス&メリー・チェインのステージには居心地の悪さがあった。卑屈で挑発的な攻撃性、突発的な暴力、そして怒り。俺たちはひとりひとりが社会の不公平に怒りを抱え、繊細で好奇心が強く、世界に疑問を持つ若者として、実存的な痛みを感じていた。俺たちが政治について話すことはまったくなかった。ほとんど音楽や映画の話ばかりだったが、それでも本物の怒りがあった。歌詞にも、曲にも、パフォーマンスにも感じられたはずだ。当時、俺はリード兄弟とそんな話をしたことはなかったが、あとになって彼らが俺とまったく同じ状況で育ったことを知った。パークヘッドの共同住宅の生まれだったのだ。

14 アンフェタミンをキメた革服の男たち
Leather Boys on Amphetamine

日曜の午後、俺たちはロンドンに向かう列車に乗った。普段は5時間の旅が、その日は11時間かかった。勝手に1等車の客室を使っていたが、切符を見にきた車掌は放っておいてくれた。その4人が一緒になってから初のツアーだった。ロックンロールの夢が実現したのだ。

ロンドンに着くとユーストン駅から地下鉄に乗り、ヴィクトリア線でトッテナムに向かった。マッギーのフラットには空き部屋があり、そこに寝かせてもらった。メリー・チェインのメンバー4人で寝袋に入って床に転がり、固まって温め合ったのはいい思い出だ。ロンドンの秋の夜は冷えた。仲間意識が生まれていた。

ドーバー海峡を渡ってカレイに上陸すると、そのまま徹夜で車を走らせ、ドイツのケルン郊外の小さな町に着いた。そこで会ったのがトーマス・ジマーマン、今回のツアー・プロモーターで、彼はイギリスのインディ音楽のファンだった。物腰の柔らかな男で、理想主義的な音楽好きだった。その後数年間で、俺はトーマスのような伝道活動をする人々と知り合うことになる。彼やジェフ・バレットのような人からの励まし、支えは――ジェフとはそのあとすぐ出会った――俺たちがパフォーマーとして成長するのに重要な役割を果たした。彼らは無名のバンドのライヴを主催するという危険を冒し、ロックンロールへの情熱にコミットしていたのだ。当然、それは商業的というよりはロマンティックな行為だった。

ツアーでは出演順もヘッドライナーも毎日変わるはずだったが、ジーザス&メリー・チェインはいちばん無名のアクトだと思われていたので、ほとんどの場合扱いが小さかった。俺たちは気にしなかった。いいバンドだと自負していたし、ツアーができるだけで感謝していた。それは冒険だったのだ。80年代、西ドイツ連邦政府はアートを支援し、地方の町や村に助成金をかなり出していた。連邦政府に申し込み、小さな町でライヴを主催したいと言えば、金がもらえてライヴができた。ザ・ガン・クラブやグリーン・オン・レッドのような英米のバンドはドイツに渡り、小さな町を回って、アンダーグラウンドのクラブや村のホールでライヴをやっていた。俺たちも同じサーキットにいた。

メリー・チェインでの最高の思い出のひとつは、ウィーンでの出来事だ。ライヴの前日がオフで、地元のプロモーターが別のライヴに連れていってくれた。会場は天井の高い陰気な場所で、18世紀の建物だったかもしれない。とにかく本物のナチスっぽい雰囲気があった。ドイツとオーストリアでは、第二次世界大戦への俺の妄想が荒れ狂い、ブラウンシャツやヒトラーユーゲント、SSなど、独裁国家によるあらゆる恐怖がほんの50年前に起きていたことを思い描いていた。その晩演奏したバンドは思い出せない。たぶん地元のバンドだろう。ライヴの合間には数百人の人々が立ち話をし、酒を飲んだり煙草を吸ったりしていた——メリー・チェインの4人をのぞいては。当時、俺たちは椅子には座らず、いつも床に座り込んでいた。そうすると他人の目には入らないが、こっちからはなんでも見える。俺はジムとウィリアム、ダグラスを眺めて満足感に浸った。俺はこいつらの仲間なんだ、と思い、心のなかでにんまりした。あれは俺の人生でもいちばんの思い出のひとつだ。誰にも、何も話す必要を感じなかった。それくらい俺たちは気持ちが通じ合っていて、ちょっとした視線、軽く頷くだけでわかり合えた。最高の関係性はそんなものだ。それが本当にスピリチュアルな瞬間であること、自分がついに他の人間と深く繋がったことに俺は気づいた。俺が、俺たち全員がここにいるのには何かしらの意味、目的があるのだと。4人は同じで、理由があって一緒になったこと、これまで感じたことのない形で結びついたのも感じた。もしかすると、そんなのは俺の人生でもあの時だけだったかもしれない。俺はギャングの一員で、彼らをただ愛していた。相手は若い男だったが、俺は彼らを愛した。全員と恋に落ちていた。

ツアー中はずっと窓の壊れたミニバスで過ごすことになったが、俺は構わなかった。天国みたいだった。

初めて訪れたベルリンには驚いた。ベルリンへ行くには、車で「回廊（コリドー）」を通らないといけない——共産国家である東ドイツ国内で許可された、西ドイツとベルリンを結ぶ唯一の道路で、当時の首都ボンよりもポーランド側を走っていた。俺たちと同じくらいの年齢の東独の兵士たちが一時停車を求め、ヴァンを点検し、パスポートを提示するよう言ってきたが、彼らはとても感じが良かった。軍に徴兵されるのがどんなに大変か、俺は考えずにはいられなかった。俺たちは自由で、ロック・バンドをやっているというのに。俺は少し同情した。

ベルリンの会場はロフトという名のクラブで、モニカという女性が主宰していた。当時40代だったと思う。もう80代だが、彼女はいまもベルリンでライヴをプロモートしている。本物のロックンロールだ。モニカの様子からすると、明らかに60代、70代を通じてずっと人生を楽しんでいる。まさに音楽狂だ。彼女は俺たちを気に入り、観客もメリー・チェインを気に入ってくれた。まだ俺たちがレコードを1枚も作っていない頃の話だ。ダグラスがモニカの友人のひとり、30代初めくらいのセクシーな女性といちゃつくのを見て、俺たちがうわあ、ダグ、やるじゃないか、となったのを覚えている。

ライヴで俺はウォッカの瓶を半分空け、セットの途中でドラムキットを飛び越えた。ツアーで使っていたキットはドラム台に設置されていたので、興奮のあまり俺はキットの上から飛び込むような格好になり、ジムの足元に落ちた。モニターの真ん前だ。彼はただ笑って演奏を続けた。純粋に楽しく、イカれた瞬間だった。ロックンロールはこんなふうにも人に作用する。

ツアーが終わると俺たちはバスに詰め込まれ、ローディのデイヴ・エヴァンズが長い帰途の運転手となった。デイヴは運転がうまかった。ベルリン産のスピードもその一因だったかもしれない。デイヴの短所は、カセットを1本しか持っていないことだった。彼はベルリンからカレイに向かう道中、『ザ・クレイジー・ワールド・オブ・アーサー・ブラウン』を最大音量、ノンストップでかけつづけた。最初は俺も、これは聴いたことがないな、試してみるか、と思っていたが、10度目くらいになると、くそ、もうたくさんだ、となった。まるでエヴァンズが俺たちを洗脳しようとしているようだった。そのくらいあいつはこっちの頭に『ザ・クレイジー・ワールド・オブ・アーサー・ブラウン』を叩き込んだ。しかも、ある程度効いたらしい。3年後、『ダークランズ』のツアーで、メリー・チェインはリズム・ギタリストにデイヴを任命したのだから——ローディから そのまんま、バンド・メンバーになったのだ。ともかくこの時点では俺たちは無力で、黙って耐えていたが、長くはもたなかった。

ドーバー海峡を渡ってイギリスに上陸すると、俺はみんなに、ちょっと「NME」を買いにいってくる、と告げた。イズリントンでのライヴ評、それにシングル〝アップサイド・ダウン〟のレヴューが載っているはずだと。他の3人は自分の目で見るのを怖がっていた。

俺はバスを降りて「NME」と「サウンズ」を両方買い、戻って「ほら、見てみなよ」と言った。「NME」のニール・テイラーは「このバンドは新たなセックス・ピストルズだ」と記していた。ジーザス&メリー・チェインの〝アップサイド・ダウン〟はすべての音楽紙で「今週注目のシングル」に選ばれていた。スリー・ジョンズでのライヴの評価は最高で、まさにダグラスが予想した通りになった。「俺たちはハンブルグのビートルズみたいに、ドイツへ行って、黒革で決めたロックンロール・スターとしてイギリスに戻ってくるんだ」と。出発した時は無名だったが、帰ってくると突然音楽メディアでバンドへの期待が高まっていて、メジャーなレコード会社がメリー・チェインと契約を結ぼうとマッギーの周辺を嗅ぎ回っていた。

ドイツから戻ると、俺たちは1984年の末にもう1回ライヴをやった。会場はオールド・ケント・ロードのアンビュランス・ステーション。アナーキストが不法占拠していた場所で、時折ギグが開かれていた。マッギーはこのライヴを「ショウケース」にしていた。2階の部屋の壁に開けられた大きな穴をくぐると、そこが楽屋だったのを覚えている。俺たちはスクワッター［占拠者］のひとりからアンフェタミンの上物を手に入れ、さらにウォッカをかなり飲んでから、1階のステージに上がった。部屋は人でいっぱいだった。全員が自分の目で、「新たなセックス・ピストルズ」を見ようとしていた。マッギーはあとで俺に、ザ・スミスのジョニー・マーとモリッシーが来ていたと言った。俺は有頂天になった。彼らの作る音楽、テイスト、そして姿勢を尊敬していた。ザ・スミスは単独で、地味で惨めで、瀕死状態だったインディ・シーンをよみがえらせていた。スミス以前とスミス以後はまるきり別物だった。ライヴでは観客が次々ステージに侵入してきて、ドラムやアンプ、ジムのマイクスタンドを倒したせいで、ところどころ中断した。ある時点では俺がフロアタムを頭上に持ちあげ、観客に投げ込んだ。ひどく酔っ払っていた。幸運なことに俺の後ろは壁だったので、ライヴの間はなんとか体を支えていられた。

あの夜のグレイトな写真が何枚か残っている。俺たちはたがが外れたように笑っていて、みんな笑顔だ。ウィリアムは観客に背を向け、フェンダー・ツインのアンプに向かって跪いている。彼のギターはつんざくようなフィードバックを響かせていた。あいつにしか鳴らせないイカれた音だ。ジムが着ているのは手作りのパンク・シャツで、古着のシャツをグレーに染め、「キャンディ・カント・カント・カント」というステンシルの文字を黒のスプレーで描き、裾が裂かれている。俺は1980年にフリップで買った、青と白のチェック柄のアメリカ製シャツを着ていた。顔を覆う黒のサングラスをかけ、ジーンズはダークブルーのストレート。そしてキングス・ロードのロボットで買った、ジョージ・コックスのラバーソールを履いていた。刈り上げたヘアは前髪だけ長い。ルックは俺にとってつねに重要だった。

秘密めいたアンビュランス・ステーションでのギグ、その混乱がバンドの神秘性をさらに深めた。何か月もジョン・ピールやジャニス・ロングらDJがサポートし、ジーザス&メリー・チェインの「はちゃめちゃぶり」が週刊の音楽紙を賑わせると、〝アップサイド・ダウン〟はついにインディ・チャートで1位となった。このチャートは「ザ・カルテル」に加入しているイギリス中のレコード店のセールスを集計していた。ファクトリーやラフ・トレード、ミュート、4AD、他の小さな自主レーベルがイギリスのインディペンデントなレコード店と提携して設立した、協同組合的なもうひとつの流通サーヴィスだ。それによって、昔からのレコードの流通網を所有する大手レーベルの力が及ばないところで、オルタナティヴ・ミュージックが独自に存在するようになった。このアイデアは、労働者は生産手段を所有した時にのみ解放される、というマルクス主義の原理に基づいていた。少なくとも、俺はずっとそう考えていた。

メリー・チェインを説得し、WEA［ワーナーの音楽部門］が出資した新レーベル、ブランコ・イ・ネグロと契約させようとして、ラフ・トレードのボスのジェフ・トラヴィスがロンドンからやってきた。話し合いはキングス・パークにあるマッギーの母親の家で行われた。ちょっと奇妙な感じだったのを覚えている。文化的に洗練された、アッパー・ミドルクラス出身のトラヴィスにとって、メリー・チェインの4人は都市部のちんぴらに見えたはずだ。俺たちは全員マッギーの母親のソファに座り、黙っていた。しゃべるのはマッギーだった。俺はジェフに、ヴィック・ゴダードとサブウェイ・セクトについていくつか質問した。ラフ・トレードはヴィックのソロのシングルを何枚かリリースし、トラヴィスはまだ彼のキャリアに関わっていたので、いまどんなふうなのか知りたかったのだ。ジェフからは、彼のような出自の人間が備えている自信が感じられた。初めてあれにでくわすと、まったく自分とは異質に思え、恐れをなしてしまうものだ。ジェフが悪いわけじゃない。俺たちみたいな生まれの人間には、彼みたいな相手と会話をするのに必要な経験、自信が欠けているのだ。第一、彼は俺たちより少なくとも10歳は年上で、すでに10年くらい音楽業界に関わり、店やレーベルを経営していた。つまりジェフには、業界での経験と知識というパワーがあった――それにもちろん、WEAの資金も。ジーザス&メリー・チェインはメジャー・レーベルからレコードを出したかったし、前金をたんまりもらって失業手当から外れ、ヒット曲を出し、ロックンロール・スターになりたかった。トラヴィスはその世界への入り口だった。

ジェフはただ、彼らしく振る舞っているだけだった。俺たちと同様、彼も育ってきた環境の産物だったのだ。他の3人が俺と同じように観察していたかどうかはわからない。だが俺は階級の違いに気づかずにはいられなかった。ラフ・トレードでアウトサイダーのアーティスト、アンダーグラウンドのアーティストと契約を結んできた実績によって、ジェフには説得力があった。

ジーザス&メリー・チェインはブランコ・イ・ネグロと契約し、1984年12月、ジェフは〝アップサイド・ダウン〟に続くシングルのレコーディングのため、バンドをスタジオに送り込んだ。プロデューサーにはザ・スミスとの仕事で有名になったスティーヴン・ストリートが指名された。場所はロンドンのアイランド・スタジオ。A面曲には〝ネヴァー・アンダースタンド〟が選ばれ、B面曲にはサブウェイ・セクトの〝アンビション〟をカバーした。同じセッションでは即興のノイズ曲、〝サック〟もやった。ストリートはザ・ウェイクでクリス・ネイグルがやったように、ひとりひとり別に録音した。このやり方はメリー・チェインには全然合わなかった。俺たちはパンク・ロックのバンドで、サウンドは4人が一緒に演奏すること、そこに情熱とパワーを注ぎ込むことから生まれていたのだから。MC5のマネージャーでホワイト・パンサーのジョン・シンクレアの言葉を借りると、「分離は破滅」なのだ。スティーヴン・ストリートが手がけた〝ネヴァー・アンダースタンド〟の問題は、ただただ、よくないことだった。音がクリーンで、プロデュースされすぎていて、セックスも危険も暴力も感じられない。彼はバンドをまったく理解していなかった。聴いてすぐ、俺たちはもう一度レコーディングすること、自分たちでプロデュースすることを決めた。マッギーがアラスカ・スタジオを1日押さえ、エンジニアはノエル・トンプソンがやった。アラスカの所有者、パット・コリアーはザ・ヴァイブレーターズのベーシストだった。企業が雇ったプロデューサーのプレッシャーから離れ、俺たちは〝ネヴァー・アンダースタンド〟をやすやすとものにした。すごいセッションだった。俺たち4人とマッギー、ノエルだけで、レコード会社は一切無関係。最終ミックスを再生すると、あの曲を完璧に捉えたことを全員が悟った。〝ネヴァー・アンダースタンド〟で、俺はジムにひとつ提案をした。最後のヴァースの歌詞は元々、こんなふうだった。

じっと見つめても、おまえには俺が見えない
本当のことを言っても、おまえは俺を信じない

俺はこう言った。『おまえはプッシュしすぎる（ユー・アー・プッシング・トゥー・ハード）』にするのはどうだ？　ザ・シーズのスカイ・サクソンへのトリビュートとして」。

ジムは「そうしたほうがいいかな？」と言った。

「うん、やれよ」と俺。「グレイトだから」。

そこで彼は、「おまえはプッシュしすぎて、俺のことが見えない」と歌った。ヴォーカルのブースから出てきて、歌ったばかりの部分を聴くと、ジムが俺を見てにっこりした。「ああ、クールだな。これを使おう」。あれは彼なりに、「いまは俺たちが受け継いでるんだ」と言いたかったんだと思う。印象に残る瞬間だった。ロックンロールの先人へのオマージュだ。


メジャー・レーベルから出る初のシングルのプロモーションとして、ワーナーは人気番組、「ジ・オールド・グレイ・ホイッスル・テスト」の枠をメリー・チェインのために確保した。収録は2月の寒い朝、午前9時。マッギーのアイデアだった。それだけ早い時間だったら、初めてのテレビ出演に緊張しても酒を飲むことはないだろうと。だが当然、そうはいかなかった。あの頃、俺たちはマッギーのフラットの裏の部屋に泊まっていた。俺がグラスゴーで印刷した〝アップサイド・ダウン〟のジャケットを、マッギーは俺たち4人に折らせていた。退屈した俺たちはそこに下品なメッセージを書き込んだ。「これを股に突っ込め、尻軽」とか、「おまえが母親とやってる間に、父親は警官を吸ってるぞ」みたいな最低なやつ、反吐が出るほど幼稚で卑猥なやつ。それもこれも、ジャケットを折るという作業の退屈をまぎらわせ、お互い怒らせたり笑わせたりするためだった。「デュラン・デュランならこんな仕事はしないでいいだろうな」と話したものだ。

　マッギーは朝8時に俺たちを起こした。あんなに早い時間に起きたことはもう何年もなかった。ジムとウィリアムと俺は長年失業手当で暮らしていて、8時に目を覚ましたことなんてなかった。俺はだいたい11時に起きだし、夜は午前5時まで音楽を聴いたり、本を読んだりしていた。なのにマッギーがいきなり俺たちを朝8時に叩き起こし、小さな寒いミニバスの中で凍えながら、身を寄せ合ってBBCに向かう羽目になったのだ。するとジムとウィリアムが急にビニール袋から缶ビールを取りだし、午前8時半に安ビールを飲みはじめた。俺は彼らに、「何やってるんだ？　もうすぐテレビに出るんだぞ?」と言った。

ふたりはずっと、「緊張してるんだ、素面じゃやってられない」と言っていた。

そうしてBBCのスタジオに着く頃には、ジムもウィリアムもすっかり酔っ払っていた。俺は素面だった。こんなチャンスを逃すわけにはいかない。俺たちは最高の演奏をした。〝インサイド・ミー〟と〝イン・ア・ホール〟の激しく、迫力あるヴァージョンを披露したのだ。何万人、何十万人もの人々がメリー・チェインをあの番組で初めて知り、バンドには勢いがつきだした。

「ジ・オールド・グレイ・ホイッスル・テスト」が放映された月に、俺たちはブライトンのザ・ドームで1回きりのライヴをやった。会場は俺たちを観にきた人々の熱気でいっぱいだった。俺たちは自信満々でステージに上がった。インディ・チャートでは〝アップサイド・ダウン〟が1位で、〝ネヴァー・アンダースタンド〟がリリースされようとしていた。ピール・セッションを二度録音すると、ジョン・ピールは俺たちを絶賛した。音楽紙には毎週取りあげられていた。

ブライトンのギグはソールドアウトで、目の前のオーディエンスからはざわめきと期待が感じ取れた。最初はパワフルな〝イン・ア・ホール〟。ステートメントとなる始まりだ。バンドはタイトで、俺のドラムは絶好調だった。ウィリアムの叫ぶようなファズトーン、鉄条網のようなギターのシンフォニーでさらに乗っていく。俺はあのグルーヴに完全にハマり、パンクの天国にいた。ビートとフォーカスは絶対に外さなかった。左腕を空中に高く上げ、ドラムスティックをスネアドラムに激しく叩き落とすたび、俺は観客全員の横っ面を張るところを思い描いた。俺は連中を憎んでいた。俺たちは楽しませるためじゃない、あいつらを罰するためにここにいる、と信じていた。無知で腹を立てたモブ、フリークショウを見物に来たポストパンクの下衆ども。彼らはみんな同じ、バイカー・ジャケットにブリーチしたジーンズ、ドクターマーチンという画一的で、スタイルのない服を着ていた。エクスプロイテッド［スコットランドのハードコア・パンク・バンド］でさえ、ダサすぎて着ないような格好だ。文化的インポの間抜けなトライブ。パンクの第一波を見逃した連中が、いまやパブロフの犬みたいに俺たちに唾を吐きかけ、瓶を投げつけている。フリークショウは彼らのほうだった。

2曲目で、何かが飛んできて俺の頭をかすめた。ほっとけ、続けるんだ、と俺は思った。するとまた物が投げられ、今度は俺の頭をかすめ、後ろの壁にぶつかって割れた。頭上からも物が投げられているのを感じたので、リズムを崩さないまま一瞬見上げると、巨体の男が左側のPAによじ登っていた。そいつは何本も瓶が入った袋を持っていて、俺たちの上には他に何が投げられているか、わかったもんじゃない。俺は曲の途中で叩くのをやめ、ジムがいるところへ行った。彼はまだステージの前方で歌いつづけていた。完璧にその瞬間に没頭していたので、俺がなぜ演奏をやめて前に出てきたのか、混乱しているようだった。ウィリアムとダグラスも演奏に集中していた。俺はジムの耳に、ステージを降りよう、こんなに物が投げられてる、と怒鳴り、PAの上にいる男を指差した。ジムは困惑していたが、その瞬間、ガン、とふたりの顔に瓶が当たった。ラッキーなことに瓶は割れなかったが、俺たちはショックを受けた。

するとカレンの姿が見えた。彼女も俺たちとともにステージにいたが、その顔にワインの瓶がまともに当たった。俺はキレた。ステージに転がっていた瓶を手当たり次第に拾い、観客に投げ返した。10代の頃、フットボールの試合で瓶を投げていたから、頭の狙い方は知っていた。俺は目の前のクソ野郎どもを軽蔑していた。俺たちはハイエナジーのすごいロックンロール・バンドで、自分たちの音楽をやろうとしているのに、この低脳連中はチャンスさえあれば瓶を投げ、俺たちの頭を蹴ろうとしている。フットボールには暴力がつきものだったが、俺たちはあの狂乱から逃れるためにロックンロール・バンドを始めたのだ。15分ほどすると客灯がつき、会場は暴動みたいになった。人々が叫び、さらに瓶が割れ、そのカオスのなかで俺たちの機材が次々壊された。

プロモーターは楽屋にやってくると、ステージに戻るよう懇願した。このままだとホールが破壊され、弁償しなければいけなくなるのを彼は恐れていた。くそくらえだ、と俺たちは答えた。俺は彼の顔の真ん前で怒鳴っていた。この頃にはカレンの額が腫れ、クリケットの球くらいのこぶになっていて、救急医療に行く必要があった。ジョー・フォスターと俺がタクシーで彼女をブライトン病院に連れていくと、医者は一目見て、瓶で顔が裂傷にならなかっただけ運がよかった、と告げた。待合室にはコンサートの客もいて、俺たちに気づいて罵りだした。彼らにも瓶が投げられたと文句を言っていた。ジョーと俺は連中のところへ行き、いいかげんにしろ、おまえらもアホな観客のひとりだったんだ、そうなって当然だ、と言った。

ただ、あの夜が１９８５年のメリー・チェインの残りのライヴのテンプレートになってしまった。俺たちは見せ物のフリークショウで、町ごとのイカれた連中の格好の的になった。「新たなセックス・ピストルズ」というレッテルが、褒め言葉にせよ、首枷になりつつあった。80年代、人々は愚かだった。イギリス社会には怒りが溜まっていた。トックステス、ブリクストン、ブリストル、マンチェスター、各都市で若者たちが警察に対して暴動を起こし、フーリガンが組織化されると、国中のフットボール・スタジアムで70年代よりさらに暴力が激化した。だが俺が知るかぎり、ロックンロールの世界において、同じようなスケールの暴力を引きつけたのはジーザス&メリー・チェインのライヴだけだ。俺たちはヘイトの導管だった。正直、俺はそれを大いに気に入っていた。どのギグでも10分経つと次々瓶が投げられ、ステージが続行不能になるとさすがにうんざりしたが、あれほどのヘイトの対象になるのは楽しかった。俺自身、内側に大きな怒りを抱えていて、人をいらだたせ、そんなに挑発的なバンドのメンバーであることが愉快だった。実を言うと、バンドのほうもあらゆる方法で観客を怒らせ、楽しんでいたのだ。１９８５年の夏、カムデンのエレクトリック・ボールルームでのライヴ映像では、ジム・リードが満杯の観客をこき下ろしているのが聞こえる。「おまえら、半年前にはどこにいた？　軽蔑するね」。増えつつあるオーディエンスに、そんなことを言って成功したバンドは他にひとつもない。ただ俺たちは優れたバンドで、自分たちでもそれがわかっていた。傲慢な若者であり、観客が投げてきた瓶を、そいつの顔に突き返そうとしていた。少なくとも俺はそうだった。

15 サイコキャンディ Psychocandy

1985年の初め、俺たちは〝ネヴァー・アンダースタンド〟のビデオをワッピングの倉庫で撮影した。監督のティム・ブロードは感じのいい、穏やかな男で、俺がバンドにいる間、メリー・チェインのビデオは全部彼が撮っていた。ティムは90年代にエイズで亡くなった。以前はデレク・ジャーマンの周辺にいた。どのビデオでも俺のクロッチ・ショット、股間がたくさん映っているのに気づくはずだ。〝ジャスト・ライク・ハニー〟では革のパンツの股のあたりがスローモーションで映され、ホモエロティックだった。俺はティムのビデオが大好きだった。なかでも〝ネヴァー・アンダースタンド〟のビデオは図抜けていた。メリー・チェインのメンバー全員が格好よく映り、静的な映像がクールな反抗、超然とした挑発に見える。芝居じみたところもない。視覚的には冷ややかだが、音楽はハイエナジーの猛襲で、イカれたフィードバックに生々しいスクリーム、そこにブライアン・ウィルソンも羨むような甘く切ないポップ・メロディが乗る。「サイコ」と「キャンディ」という致命的なコンボだった。優しい暴力、同量のラブとヘイト。まさにカオスのサウンドだ。そこでは長年俺たちを苦しめてきた実存的な混乱、心理的な痛みがロックンロールの悪魔祓いとして解放され、爆発していた。

アルバム『サイコキャンディ』のレコーディングはウッド・グリーンのサザン・スタジオで行われた。スタジオを所有し、経営していたのは40代初めのジョン・ローダーという男だった。アルバムのエンジニアを務めた彼は小さなスタジオの勝手を知り尽くしていて、いいサウンドになった。サザン・スタジオはテラスハウスのなかにあり、「ライヴ・ルーム」はふたつの部屋の壁を取り壊して、大きな部屋にしていた。といっても

4ピース、5ピースのロック・バンドがちょうど入るくらいの大きさで、ライヴ録音ができるようになっていた。ミキシング・デスクが置かれた「コントロール・ルーム」はトタン小屋で、もともと中庭だった戸外にある。何もかもロウファイだったが、クールだった。

ジョン・ローダーはディストリビューションの会社も経営していた。彼が扱うのはクラスというアナーキストのグループによる同名レーベルのレコードで、同時にディスコードのようなアメリカのアンダーグラウンドの新興パンク・ロック・レーベルも扱っていた。実際、最近知ったのだが、『サイコキャンディ』のセッションにはフガジのイアン・マッケイもいたらしい。彼はジョンのアシスタントとしてケーブルを繋いだり、茶を汲んだりしていた。エイドリアン・シャーウッドもあのスタジオをよく使い、オン・ユー・サウンドやマーク・スチュワート、ビム・シャーマン、タックヘッド、ニュー・エイジ・ステッパーズの作品を手がけていた。

スティーヴン・ストリートで大失敗したあと、〝ネヴァー・アンダースタンド〟がヒットしたので、トラヴィスとWEAはメリー・チェインがアルバムをセルフ・プロデュースするのを信頼してくれた。あのアルバムはジムとウィリアムが全部、ジョン・ローダーの手を借りて作った作品だ。ウィリアムは特に、自分が書いた曲のヴィジョンを形にするにはスタジオでどうすればいいかを心得ていた。曲はジムも書いていたが、ウィリアムは彼より3歳年上だったし、いい曲とそれに合うプロダクションの組み合わせがリスナーの意識にどう作用するか、本能的に深く理解していた。

1984年の終わり、イースト・キルブライドのカルダー・アヴェニューにあるリード家に一度だけ、客として招ばれたことがある。兄弟がシェアしている部屋に行くと、ウィリアムが小さなレコードプレイヤーに45回転のシングル盤を乗せ、デイル・ホーキンズの〝スージーQ〟が流れた。ダンセットのプレイヤーだったかもしれない。ウィリアムはあの曲がどんなに「ダーティでセクシー」かを話していた。偉大なロックンロールのレコードを批評的に分析していたのだ。すると彼は曲のスピードがグルーヴのうねりと同調していて、息をつける空間を作りだしているのに気づいた。と同時にそれが肉食的な、威嚇するような自信にもなっていて、セクシーに聞こえる。スピードが速かったらそうはならないだろう。彼は俺に、ラモーンズはなんでスーパースターじゃないかわかるか、と訊いた。みんな好きなすごい曲があんなにたくさんあったら、そうなっていても不思議じゃないのに。俺は、大衆は洗練されていないし、クールな曲が大ヒットすることなんてない、と答えた。彼は言い返した。「じゃあ、ストーンズはどうなんだ?」。ウィリアムの考えでは、ラモーンズは天才だが曲がセクシーじゃない、ビッグになるにはセクシーな音楽を作らなきゃいけないという。俺はあの日、音楽というアートフォームをより深く理解し、教訓を得た。ウィリアム、ありがとう。

アルバムのレコーディング中、ウィリアムが俺に〝ジャスト・ライク・ハニー〟を演奏させようとした。彼は「ロネッツの〝ビー・マイ・ベイビー〟のドラムビートみたいにやってくれ——できるか?」と言った。

俺は「ああ」と答えた。

「じゃあ、ここからやろう」と彼。

俺は「OK」と言って、ドラムを叩いた。どうすればいいかわかっていた。簡単にできたのは、純粋にフィーリングと勘でやっていたから、そして彼らの曲を愛していたからだ。『サイコキャンディ』のレコーディングに参加していることが俺は本当に嬉しかった。ふたりが書いてきた曲がどんなにすごいか、知っていたから。ジムの声はこのうえないロックンロール・ヴォイスだった。疎外感、痛み、怒り、嫌悪、そして愛を求める切実さがちょうどいいバランスで混ざっている。彼は生来のフロントマンでもあった。ステージ上のスキゾイド的キャラクターは、ある瞬間には拗ねた攻撃性を見せ、不機嫌な10代の少年詩人のようでいて、次の瞬間には人を殺しかねないようなイカれた野蛮人、ニヒリスティックで自己破壊的な男になる。ただステージを降りたジムは、まるで田舎の教会の庭みたいに静かだった。タフだが脆く、痛いほど内気なのだ。彼は外界とのコミュニケーションを一切遮断することで自分を守っていた。ある意味、彼のステージでのペルソナは、内面の極端なヴァージョンにすぎない。彼は元々憂鬱で、混乱し、解離していた。俺はジムに似ていたし、ふたりともそれを知っていて、理解していたと思う。俺がリード兄弟と気が合ったのにはいくつか理由があったが、気性が似ていたのもそのひとつだった。

あのアルバムのバックトラックは、すべての録音がすぐに終わり、ふたりがそこからオーバーダブを始めた。ウィリアムは次々と曲に重ねるギターのレイヤーをレコーディングしていった。彼には本能的に、自分が求めているサウンドがわかった。メリー・チェインのファズトーンは、チープな日本製のファズ・ペダルから生まれている。シンエイという会社のエフェクト・ペダルだ。リード兄弟はそれをグラスゴーの世界的に有名な会場、バロウランド・ボールルームの向かいにある楽器店で買った。25ポンドか30ポンドだったはずだ。あのペダルを買おうとする客はいなかった。80年代半ばにはどのレコードでもフィル・コリンズみたいなゲートエコーをかけたスネアドラムが使われていて、プロダクションも無味乾燥で超クリーンだった。隙がなく、機械的に正確で、無駄な音は一切なし。楽器店の男はあのペダルの在庫を抱えていて、買ったのはメリー・チェインだけだったと思う。そのくらい流行から外れていた。みんなが欲しがったのはコーラス・ペダルで、あれを使うといちばん良くてザ・キュアー、最悪だとザ・ポリスみたいなサウンドになる。しかも、ファズ・ペダルから出るサウンドはコントロール不能だった。たとえば、巨大な蜂の巣がぱかっと割れ、何千もの怒った巨大スズメバチが巣を守るために飛びだし、敵を刺して死に至らせる場面を想像してほしい。日本のモンド映画、チープなＳＦホラーみたいなやつだ。映画『放射能Ｘ』での巨大化した蟻をスズメバチに置き換えてもいい。シンエイのファズ・ペダルからはまさにそんな音が出た。ダークで恐ろしい、黙示録的サウンドだったが、ウィリアム・リードはなぜかしらその怪物をコントロールし、意のままに操ることができた。そして叫ぶような暴力的なフィードバックのサウンド・コラージュを作りあげ、フィードバックのループのエディットを注意深く選んで、『サイコキャンディ』の曲のミックスに打ち込んでいったのだ。それは優れたアーティストのスキルとヴィジョンによって完成した。曲のある場所ではフィードバックがラウドに、めちゃくちゃクレイジーになり、ランダムに聞こえるような錯覚をウィリアムは作っていた。天才的なタッチだ。彼がやっていたことは実に巧みで、考え抜かれていた。

俺が知るかぎり、あんなことをやった人間はそれまでいなかった。ジムとウィリアムが自宅のベッドルームで録音した初期のデモは、タスカムのポータスタジオを使っていた。4トラックの録音機で、一般に普及していた30分、60分、90分のカセットテープに直接録音することができる。ふたりの父親は一時解雇されていた。彼はイースト・キルブライドのロールス・ロイスだったか、とにかく大企業の車の工場で働いていたがクビになり、その退職手当で兄弟にタスカムを買ったのだ。最初のデモはそれで録音された。俺がカセットで初めて聴いたやつだ。ふたりは試行錯誤によってオーバーダブの初歩的な技術を学んでいた。家でいろいろ実験し、ロックンロールのポテンシャルを最大化する形を見つけだしたのだ。ウィリアムは本能的なアーティストだった。彼の音楽的な知性、ソングライティングのヴィジョン、天才的ギター・プレイ、そしてこの時の集中力とインテンシティは比肩するものがなかった。

俺はグラスゴーからロンドンに向かい、そこでバンドと合流してアルバムをレコーディングした。セッションは気楽でくつろいだ雰囲気で行われた。俺たちはすでに〝ネヴァー・アンダースタンド〟を一緒にレコーディングしていた。それから5、6日間で録音したのが〝ユー・トリップ・ミー・アップ〟、〝ジャスト・ライク・ハニー〟、〝ソウイング・シーズ〟、〝テイスト・ザ・フロア〟、〝テイスト・オブ・シンディ〟、〝インサイド・ミー〟、〝ザ・リヴィング・エンド〟、〝マイ・リトル・アンダーグラウンド〟。加えてスロウでドラッギーな実験的トラックをレコーディングし、それが〝ヘッド〟や〝クラックト〟などB面曲になった。ほとんどの曲はもう知っていたが、ある午後、ウィリアムが「新曲を聴かせたいんだ。今日これをレコーディングする」と言った。彼が〝ザ・ハーデスト・ウォーク〟のコードをざっと弾くと、すぐに自分がドラムでやることがわかった。フレンズ・アゲインというグラスゴーのバンドの曲、〝ハニー・アット・ザ・コア〟のサビを思いだすと俺が言うと、ウィリアムは「なんでわかったんだ？」と言った。俺はただにんまり笑い、ドラムのところへ行って、他のメンバーと一緒に曲に取り組みはじめた。

週の終わりにはカレンがやってきた。ウィリアムとジムは彼女に、〝ジャスト・ライク・ハニー〟のバック・ヴォーカルを歌ってほしいと頼んだ。その2か月ほど前、カレンが「ジョン・ピール・セッション」を観にきた時にも、ふたりはその場で彼女に歌ってほしいと言ってきた。彼女はレコードでも、どんな場所でもそれまで歌ったことがなかったが、メリー・チェインに説得されて承諾した。みんな彼女の声が気に入り、カレンにはヴェルヴェット・アンダーグラウンドのモー・タッカーのようなナイーヴな魅力があると言った。ジムとカレンが歌った「ジョン・ピール・セッション」の出来が上々だったので、リード兄弟は〝ジャスト・ライク・ハニー〟のアルバム・ヴァージョンでも同じようにしたがったのだ。のちに〝ジャスト・ライク・ハニー〟はシングルとしてリリースされた。


〝ユー・トリップ・ミー・アップ〟のシングルがリリースされる直前、俺たちは短いヨーロッパ・ツアーに出発した。ブランコ・イ・ネグロのボス、ジェフ・トラヴィスがウィリアムとジムの承認を得るため、シングルのサンプル盤を携えて飛行機でやってきた。ライヴのサウンドチェックのあと、俺たちは音楽ジャーナリストの家に行ってサンプル盤を聴いた。明るく晴れた午後で、きれいなフラットだったのを覚えている。大陸の音楽ジャーナリストは大抵すごく大人で、ロックをアートフォームとして真剣に捉え、それを作る人々をアーティストとして尊敬していた。

その男がデッキにレコードを置くと、ハイファイのスピーカーから〝ユー・トリップ・ミー・アップ〟の轟音が流れだした。それはマインドを溶かすようなサイケデリックなポップ・パンク、ノイードバックとファズの名曲だった。まるでフィル・スペクターとアインシュテュルツェンデ・ノイバウテンの私生児だ。ジムとウィリアムはずっと、「これはヒットするな、絶対ヒットする」と言っていた。俺はひとり、「理想的な世界だったらヒットするが、この世界じゃ無理だ」と心のなかでつぶやいていた。俺がリード兄弟を愛していた理由のひとつは、ふたりのロマンティックな信条だ。ロックンロールの超越的な力が人々を救い、不完全で敵意に満ちた世界を変える、たとえ3分20秒の間だけでも（当時のポップ・シングルの平均的な長さだ）——彼らはそう信じていたし、それは俺も同じだった。とはいえ、〝ユー・トリップ・ミー・アップ〟がシャーデーやワム！、ティアーズ・フォー・フィアーズとともに昼のラジオで流れる見込みはまったくなかった。メリー・チェインがリリースしたなかでももっともエクストリームなレコードなのだから。あれは意志表明であり、リード兄弟という存在、彼らが信じるものすべての完璧な宣言だった。パンクの美しい行為は通常の世界では必ず失敗する運命にあるが、ヴェルヴェット・アンダーグラウンドやストゥージズがそうだったように、大勢の若いパンク・ロッカーを刺激し、何千ものガレージ・バンドを結成させ、あらゆる場所のアウトサイダーに声と勇気を与える。その意味で成功なのだ。あれはティーン・パンクの名曲であり、スコットランドの機能不全なワーキングクラスの環境で育った4人のフリークによるロックンロールであり、そのリアルな疎外感の結晶だった。ああいうのをでっちあげることはできない。すべてがあのフィーリングのなかに存在していたし、メリー・チェインはあの感覚についてのバンドだった。俺はあれほどエクストリームで素晴らしいレコードの一部になれたことを誇りに思っていた。

『サイコキャンディ』がリリースされると、スリーヴの俺の写真の横にはこんな歌詞が記されていた。

全能の海のような愛
それが凍ると
おまえのハートとなる

俺は嬉しかった。〝カット・デッド〟のなかでも好きな歌詞だったし、俺はいつも、ジムかウィリアムが俺のやや憂鬱な気質を汲み取って、キャラクターに合う箇所を選んだんだろうか、と思っていた。理由が何にせよ、クールだった。

サンプル盤を聴いたあと、バンドとマッギーは食事に連れだされた。俺たちは音楽業界に入るまでレストランなんて行ったこともなかったし、テーブルマナーもまるで知らなかった。フィッシュ&チップスみたいなスコットランド西部の普通の食べ物に慣れていたので、メニューを渡されても何を注文すればいいのかさっぱりだった。しかも外国だと、プロモーターにいちいちメニューを翻訳してもらわないといけない。俺たちは馬鹿みたいにむっつり黙って座り、誰かが注文するのを待っていた。そうすれば自分も同じものを、と言って恥をかかずにすむ。ビフ・バン・パウ!との1984年のドイツ・ツアーではコーヒーを注文し、ウェイターが運んでくると、こう言ったことがある。「コーヒーを頼んだんだ、洗眼カップじゃない!」。ウェイターが持ってきたのはエスプレッソで、俺は人生でそんなものを見たことがなかった。

ともかく、この食事では笑えることが起きた。俺自身はまったく覚えていないが、ダグラス・ハートとアラン・マッギーの両方がそれぞれ別に俺に話したし、ふたりとも本当に起きたといまだに主張している。メリー・チェインの4人がまったく同じメニューを注文すると、ウェイターがまずふたり分の皿を持ってきて、俺とダグラスの前に置いた。するとジェフ・トラヴィスがテーブル越しに皿をつかみ、そのままジムとウィリアムに渡したので、ふたりがびっくりしたという。音楽業界ではよくあることだ。レコード会社のお偉いさん、マネジメントや取り巻きの連中はいつだって「重要」だとか、「才能がある」とされる人間を特別扱いする。金の卵を産む鶏の世話が彼らの仕事なのだ。俺自身、そういう特別扱いをされてきた。だが奇妙なことに、俺はその場面を覚えていない。そんなことは起きなかったのかもしれない。早くから音楽業界の胡散臭さに気づいていた、俺の親友ふたりが仕返しにでっちあげた話なのかもしれない。ただひとつ確かなことがある。音楽業界で今日、誰かが誰かにひどい扱いをしていたら、明日には自分がそいつにいっぱい食わされる。できるだけ知り合いと仕事をするのがいちばんだし、信用できる数少ない友人は手放しちゃだめだ。人生の他のところでも通用する教訓なのは間違いない。

初めての北欧は強く印象に残った。コペンハーゲンでのメリー・チェインのライヴはソールドアウトとなり、観客のほとんどはゴスのキッズだった。それはヨーロッパ中で同じだった。ヘルシンキでサウンドチェックした時のことは忘れられない。予定がかなりずれ込み、主催者にはサウンドチェックの間に会場をオープンしてもいいか、と言われた。凍えるような外でもう2千人ほどのキッズが待っているという。暗く、がらんとした広い会場で曲を演奏していると、いきなり何百人ものゴスの子たちがなだれ込んできた。ゴスの大群だ。俺はヴェルナー・ヘルツォークの『ノスフェラトゥ』の場面を思い出した。誰も乗っていない船が運河を下ってくると、無数のネズミが上陸し、町に疫病をもたらすところだ。ヨーロッパをツアーするまで、俺はゴスのムーヴメントがどれだけ広がっているか知らなかった。彼らはありとあらゆる場所にいた。まるで疫病だ。俺がゴスだったことはないが、メリー・チェインはなぜか彼らを惹きつけた。ウィリアムは特にゴスの女の子たちが好きだった。でもゴスの音楽は嫌いで、あの音楽はアイデアとしてはいいが、それが実現されていないという。一理あった。俺はあの夜、過ちを犯した。ツアーというのはあらゆる誘惑や罠を投げかけてくる。体験して、学ぶしかない。

ステージに上がると、会場はものすごい雰囲気だった。俺は本当にこのライヴを楽しみにしていた。最初の曲は〝イン・ア・ホール〟。俺たちは本気だった。全員が剃刀みたいにシャープで、余計なものは一切なし。サイコ・ブギーのハード・ロックで、まさにそうあるべき演奏をしていた。バンドは絶好調で、俺は素面だった。ジムもダグラスも。俺たちはノリまくっていた。

だがライヴの途中、ひとりだけ酒を飲んでいたウィリアムがジムのマイクスタンドのところに行くと、観客にケチをつけだした。ダグと俺は顔を見合わせた。ウィリアムがそんなことをしたのはあれが初めてだった。暴言のほとんどは何を言っているかわからず、グラスゴー訛りだったのでデンマーク人にはさっぱりだっただろう。それでもある部分ははっきり聞こえた。「ベーコンばっかり食ってる野蛮人め」。酔っ払った兄の乱行にショックを受け、ジムは頭にきていた。ダグと俺は笑いだしたが、それを押し殺そうとした。間違っているとわかっていたが、馬鹿馬鹿しすぎたのだ。ウィリアムはまるで悪魔が乗り移ったみたいで、まったく彼らしくなかった。この毒々しさはどっから出てきたんだ？　マッギーは袖に立ち、ジム、ダグラス、俺にステージを降りるよう合図した。俺たちは即座に階段を駆けあがり、会場の上に設置された楽屋に入ると、ドアを閉めて顔を見合わせた。ショックでみんな無言だった。ウィリアムはまだひとりステージで、引き続きデンマークの観客を叱りつけていた。やっとわめくのをやめると、ウィリアムが楽屋に来て、ジムが彼に喰ってかかった（兄弟だからできることだ）。こんなすごいライヴを台なしにするなんて、なんのつもりだ、と。するとウィリアムが爆発した。彼はワインボトルを手にすると、鏡ばりの楽屋の壁に投げつけて粉々にした。さらにはウォッカの瓶や椅子、手当たり次第になんでも投げ、部屋とそこに置かれた物を全部壊していった。ジムとダグラスはすぐ部屋を出たが、マッギーと俺は残って彼をそそのかした。その場のアナーキーで暴力的なカオスを楽しんでいたのだ。ウィリアムの根深い怒りを目にしたのはそれが初めてだった。俺も同じような怒りを抱えていたから、彼の気持ちがわかった。壊す物がなくなると、マッギーは静かになったウィリアムの肩を抱き、ホテルに連れて帰った。会場がどうなっているか見にいくと、ダグラスが何人かのファンとしゃべっていた。可愛いデンマークの女の子たちにフラットでのパーティに招かれると、俺たちはありがたく受け入れ、そこで一晩過ごした。みんな気のいい、音楽ファンの子たちで、俺たちは楽しんだ。悲惨なことになるとわかっている、メリー・チェインのホテルに帰るよりずっとましだ。

リード兄弟の間ではこういうことがしばしば起きた。俺が参加した最後のツアー、1986年2月のコヴェントリー大学でのライヴもそうだった。前座はジョン・ピールのお気に入りのバンド、ウィヴ・ガット・ア・ファズボックス・アンド・ウィアー・ゴナ・ユーズ・イットだった。全員女の子のパンク・バンドで、蛍光色のファッションに網タイツ、髪はツンツンに立てた金髪のゴス・ヘア、そしてドクターマーチンを履いていた。ファズボックスのあと俺たちはステージに上がり、目の前の黒ずくめの使徒たち、ノイズによる救済を待つゴス信者に説教を始めた。演奏はばっちりで、あの夜の俺たちの出来は上々だった。あとは引き続き、プロフェッショナルらしく演奏すればいい（まあ、俺たちの基準でだが）。

セットが4分の3くらいまでいくと、曲と曲の合間に、ウィリアムがそっと弟を呼んでいるのが見えた。ジムは観客のほうを向き、ウィリアムに背を向けていたので、耳に入らなかったようだった。俺たちはそのまま続けてセットを終え、ステージを降りて楽屋へ向かった。自分たちのパフォーマンスに満足していた。少なくとも俺はそうだった。だがいったん楽屋に入り、ドアが閉まると、ウィリアムがジムに言った。「曲の合間に俺がステージで呼んだのに、無視したな」。

ジムは驚いていた。「何？　なんの話だ？」。

ウィリアムの声が怒りでうわずった。「なんの話だって？　お前は俺を2千人の前で侮辱したんだ！」。

「俺が？　何も聞いてないよ」とジム。「ほんとに……頭がおかしくなったのか？」。

部屋にいた全員が黙り込み、場が凍りついた。最悪だった。ウィリアムは瓶を手に持つと、床に叩きつけた。ジムが皮肉な調子で吐き捨てた。「まるでシド・ヴィシャスだな……ウィリアム、よくやった」。

ウィリアムはぶち切れ、怒り狂った。腕をさっと一振りすると、バンドのために用意された大量の缶ビール、ワインやウォッカの瓶をテーブルから落とし、楽屋の鏡の前でそれが全部割れた。彼は目に入る物を何もかも壊しはじめた。今回はマッギーも俺も面白いとは思わなかった。俺たちはジムとダグラスと一緒に楽屋を出て、ひとりわめき、叫んでいるウィリアムを置き去りにした。グレイトなライヴのみじめな幕引きだった。ウィリアムの弁護としてひとつだけ言えるのは、人によってツアーはひどく重荷になる、ということだ。そもそも負荷のかかる環境であるうえ、ライヴで自分をオープンにしていると、2千人に見つめられて、まるで心の奥まで侵入され、解剖されるような気持ちになる。俺はドラマーとして後ろに引っ込んでいたし、ウィリアムみたいなヴィジョンを持つソングライターでも、バンドのリーダーでもなかった。俺のプレッシャーはゼロに近く、気楽だった。演奏するだけでよくて、それを楽しんでいた。でもフロントマンは大変だ。つねに「どうやったらもっとよくなる?」と考えていて、本当にリラックスすることがない。自己分析は自分が書く曲にとどまらず、作品のすべてに完璧を求めてしまう。レコードのジャケット、ステージング、提示方法、服、インタビューと、限りはなく、気が抜けない。匿名の時には隠せても、バンドにいることで、アーティストは自分が抱える不安、強迫観念を表にさらしかねない。神経質で、自分と世界の間に盾がほとんどないアーティストは大勢いる――彼らは繊細なのだ。盾を作り、タフにならなきゃいけないのは間違いない。だが大勢がそれにトライし、失敗してきた。ツアーを長く続けることも可能だが、それには強靭な精神と、新たな発見への飢えが必要だ。つねに好奇心を持ち、探し求めること。最高のアーティストはそういう連中で、決して止まることがない。ツアーに向いている人と、そうでない人がいるのは確かだ。

ジーザス&メリー・チェインと過ごした時間は俺にいろんなことを教えてくれた。ジムとウィリアムは、世界に自分たちをどう提示するかに取り憑かれていた。ジャケットのデザインから、オーディエンスと一切関わらないことまで、彼らはあらゆる側面を考え抜いていた。「レディ・ステディ・ゴー」の昔の映像を見て、有名なアーティストの振る舞いを研究していたほどだ。あの番組でゼムが〝ベイビー・プリーズ・ドント・ゴー〟を演奏するクリップについてふたりが話していたのを覚えている。演奏中にヴァン・モリソンが手で鼻をかき、そんなヘマを(彼らにとっては)しているのにショックを受けていた。ジムとウィリアムの細かな配慮に俺は刺激された。メリー・チェインでは、イメージもラインナップも完璧だった。まるでギャングみたいに見た目が決まっていた。黒革に破れた黒のシャツ、クールな髪型。一方、初期のプライマル・スクリームはイメージがばらばらだったし、それは俺にもわかっていた。俺がリード兄弟と通じていたのは、それぞれ度合いは違っても、3人とも解離していたからだ。ダグラスはもっと地に足が付いていた。メリー・チェインでは俺たちはほとんど、ひとつのマインドで動いていた。言葉にしなくてもわかり合えた。全員がパンク・ロック、グラム、60年代と70年代のポップを学んでいて、マルコム・マクラーレンとジョニー・ロットンによるパンクの教養を理解していた。俺たちはアウトサイダーだった。いまでは気軽に使われる言葉だが、当時は違った。リード兄弟はイースト・キルブライドの両親の家の同じベッドルームで暮らし、俺が知るかぎり、ウィリアムには友だちがひとりもいなかった。ジムにはふたりだけいた──ダグラスと、キャスという男だ。

俺たちは全員ロックンロールに取り憑かれていた。それは宗教だった。メリー・チェインは音楽とイメージを信奉し、オブセッションを抱いていた。一方この時点では、プライマル・スクリームにはちょっとちぐなところがあった。ファンは気づかないかもしれないが、バンドというのは、ほとんどの場合メンバー全員が意志統一できているとは限らず、同じ目的を共有していない。人はいろんな理由でバンドに参加するものだ──大抵はセックスや名声のような、ありきたりなものが目当て。ヴェルヴェッツやストゥージズ、MC5、サーティーンス・フロア・エレヴェーターズのような聖なるバンドだけが、純粋なヴィジョンの共有によって繋がっていた（クラッシュはそれに近かった。セックス・ピストルズさえ、全員の美的レベルが同じだったとは言えない）。だがこの純粋なヴィジョンへの偏執的なこだわりは、長期間保つのが難しい。集中力、インテンシティを保つには、音楽的な神話や魔法、美しさ、謎への飽くなき探求、それに集団としてのコミットメントが必要で、それにはどうしても精神的にも身体的にも限界があり、大抵燃え尽きてしまう。まるでドン・キホーテのような、英雄的でドラッグにまみれたアート・ロッカーたちの失墜は、ケムトレイルのようにアートの夢という空に傷を残している。それは警告であり、インスピレーションでもある。俺からすると、バンドは知性の集合体でなければいけない。世界や自分への見方を、アートの探求と調和させる必要がある。だがほとんどの人間はそれを面倒くさがり、いくらロック・バンドの制服を着て闘っているふりをしても、結局は音楽そのものを動かしている哲学に耳を傾けることもなければ、目を向けることもない。ミューズは誰にでも呼びかけるわけじゃない。メリー・チェインにいる間、俺はひとつの探求の一部であるのを感じていた。自分たちがやっていることには文化的な意味があるとわかっていた。全員が言葉にならない、深い繋がりを共有していた。自分たちは唯一の目的のために集まり、それが運命だと感じられた。プライマル・スクリームはまだそこに至っていなかった。俺はそれに気づいていたし、事実として理解していた。ひとりこう思ったものだ——そこに至ることはあるんだろうか、と。

ジーザス&メリー・チェインは本物のバンドだった。まるで磁場のように全員がそこに引き寄せられた。この時点ではプライマル・スクリームにはパートタイマーが何人かいたし、ギターは何人かが加入してはやめていって、定まらなかった。俺が思うに、真剣なのは俺とビーティとロバートだけだった。メリー・チェインでは全員が音楽とイメージを狂信的に信じ、取り憑かれていた。

メリー・チェインが部屋に入ると、またはステージに上がると、俺は高揚感を感じた。自分たちが本物で、本気だと他人が認識するのが伝わってきたのだ。ポーズじゃない、それは生き方だった。「ちゃんとした」仕事なんて誰も欲しくなかった。俺たちはクリエイティヴな人生を送りたかったし、毎日曲を作り、音楽を演奏し、かっこよくいたかった。職に就いて結婚して子どもを持つ、なんていう人生は向いていないとみんなわかっていた。俺たちにとってそんな生活は罠だった。パンク・ロックが俺たちの目を開き、それとは別の生き方がある、俺たちみたいなキッズでもクリエイティヴに生きられるし、アーティストやロックンロール・スターになれるんだ、と気づかせてくれたのだ。ロックンロールは素晴らしく民主主義的なアートフォームだ。どんな子どもでもバンドが組めるし、熟達したプレイヤーである必要はない。情熱さえあればその日が過ごせるし、キッズにも自分自身を表現する方法を見つけられる、それだけで革命的だった。パンクの力をともに信じることで、俺たちには強力な結びつきがあったのだ。

16 スプラッシュ・ワン・ハプニング A Splash One Happening

俺は曲を書こうとしていたが、何を語ればいいのか、まだ模索していた。自分自身を見せたくなかったから、多くは暗号みたいな曲になった。歌詞はよかった。つまり、いいものを感じさせるような歌詞だった。だが、ダイレクトではなかった。のちに俺はもっと直接的に書くようになった。ハンク・ウィリアムズやダン・ペンのようなソウル、カントリーの書き手の正直さに影響され、自分の人生について語る勇気がついたからだ。でも初めはメロディに合う歌詞を書いていただけだった。俺たちの曲ではメロディに力があり、コードがよく変化した。俺自身は少ししかコードを知らなかったので、ギター・リフがおざなりで、メロディがすべてを決めるような、ちょっと変わった曲を書いていた。プライマル・スクリームではビーティが曲に合うギター・リフを書いていたが、曲そのものはメロディから作られた。どの曲もどこか悲しげで、失望がセンス・オブ・ワンダーとない混ぜになり、ほろ苦い二重性があった。諦めとロマンスと憂鬱の混合だ。

俺はメリー・チェインとともにヨーロッパやイングランドを回っていたので、グラスゴーにほとんどいなかった。ただ、自分たちでプライマル・スクリームのライヴをまた開催することになり、今回の会場はジャマイカ通りのルシファーズになった。ここは将来、グラスゴーのアシッド・ハウスの拠点、サブ・クラブとして有名になる。ライヴのポスターは俺が作った。元ネタはハーシェル・ゴードン・ルイス［スプラッターで知られるアメリカの監督］の映画で、顔が血塗れで、トリップしているような女の子が写っている。前座はカンバーノールドのバンド、ジ・オリジナル・ミックストアップ・キッド。バンド名の由来はモット・ザ・フープルの曲名だ。俺が彼らを引き込んだのは、PAと会場を借りる金をいくらか出してくれたからだった。それに友だちを客として集めてくれたので、悪い話じゃなかった。俺たちはなるべく自腹を切らないようにしていた。友だちでアーティストのジム・ランビーはあのギグを観て、ぶっ飛ばされたと言った。プライマル・スクリームの二度目のライヴだった。アンドレア・ミラーが「NME」でライヴ評を書いたはずだ。二度目にしては上出来だった。

そのあと、ジェフ・バレットがプリマスにある小さなクラブ、ジギーズでプライマル・スクリームのライヴを主催した。マッギーにも呼ばれ、ロンドンのクラレンドン・ボールルームで何度かギグをやった。マッギーは〝イット・ハプンズ〟と〝オール・フォール・ダウン〟が収録されたシングルをリリースし、「NME」ではまるまる1ページの記事になり、ローレンス・ワトソンが撮った写真が使われた。俺たちは教会の入り口に立ち、俺は全身黒革で決め、髪が長く、頭を後ろに反らしている。化粧もしているように見え、とてもフェミニンだった。

1985年夏に、俺は何人かの友だちと共同でスプラッシュ・ワンというクラブを始めた。名前を思いついたのは俺で、サーティーンス・フロア・エレヴェーターズの同名曲にインスパイアされていた。

おまえの顔は見たことがある
昔から知っていた
確かにおまえなのに
そのイメージがナイフのように俺を切りつける
そして俺はホームにいる、帰れる場所に

あれは思いを同じくする人々へのメッセージだった。このクラブはすべてのサイケデリック・ヘッズ、アンダーグラウンド・ロックのフリークが集まる場所になる、という。一緒に始めた人たちとはポール・ハートを通じて知り合った。ポールはバイアーズ・ロードの西側のフラットに住んでいて、この頃リズム・ギタリストとしてバンドに加わった。ポールの向かいのフラットの住人に、グラント・マクドゥーガルという男がいた――本当にいい奴で、オークション・ハウスのクリスティーズで働いていた。好きなバンドはポップ・グループとスロッビング・グリッスル、23スキドゥー。グラントはポップ・グループのファースト・アルバムの見事なコラージュのポスターを部屋の壁に貼っていて、横には本物のナチスの鉤十字旗も飾られていた。もちろん、彼自身はファシストじゃない。ポストパンク期にはそういうのがボヘミアンとされていた。グラントはファクトリー・レコードにも夢中だったし、ファシストのイメージと戯れるのは、当時は社会からの逸脱と見做されていた。いま説明しようとするとなかなか難しい。あの頃ロンドンにはファイナル・ソリューション［ユダヤ人のホロコースト計画をナチスは最終的解決と呼んでいた］というプロモーターがあり、ジョイ・ディヴィジョンやキリング・ジョークのライヴを開催していたが、音楽業界でその名前に激怒する人はいなかった。それがあの頃のカルチャーで、いまとはかけ離れている。スロッビング・グリッスルのようなバンドもファシズムや独裁主義のイメージを使っていたし、ジョイ・ディヴィジョンはバンド名をニュー・オーダーに変えた。どちらもナチスと関わりがある［ジョイ・ディヴィジョンは性的慰安所の名称、ニュー・オーダーはナチスが掲げた新秩序の意］。ア・サータン・レイシオのバンド名はブライアン・イーノの歌詞から取られているが、それも元はハインリヒ・ヒムラーの「異邦人のある割合(ア・サータン・レイシオ)はユダヤ人である」という発言だ。あの時代にはそういう空気があり、明らかにティーンエイジャーに影響を与えていた。ほとんどはショック・ヴァリュー、衝撃を与えるのを狙ったステートメントだった。俺がフットボールの試合に通っていた70年代、よく連れだっていたのがビッグ・ハーティという奴で、あいつは完璧にイカれていた。人前で逸脱行為をするのに熱中していて、俺は彼が信じられないことをやるのを何度も目撃した。一度、ホリルード学校の体育館でユース・クラブの活動として5人制フットボールをしていた時には、ビッグ・ハーティが壁の肋木(ろくぼく)に登り、「おい、こっちこっち！」と叫んだ。全員が止まって見あげると、彼はパンツを下ろして肋木の上から脱糞し、寄木の床を汚した。逸脱アートだ。俺たちは笑うべきか、恐れるべきかわからなかった。ふたつの感情の板挟みになっていた。まるで現実で映画館のスクリーンを破ってみせるような行動だった。確かにステートメントだ――10代の退屈に抗うステートメント。驚異的だった。

グラントと彼の友だちのデレク・ルードン、俺、カレン、ルイーズ・ライト、そして他の何人かで金を出し合うと、俺たちはダディ・ウォーバックスというクラブを借りた。ウェスト・ナイル通りとジョージ通りの角にあり、クイーン通りの駅からは歩いて1分、グラスゴー市議会があるジョージ広場からもすぐだ。通りからは狭い階段を上がってクラブに入る。ドアの脇で用心棒のチェックを受けると、引き出しが付いたコンシェルジェ風の机があり、そこで俺たち全員が当番で客から入場料を取る。右にはクロークがあって、真ん前がダンスフロアへの入り口だ。なかはいつも暗かった。壁はマットな黒で、ところどころシルバーに塗られていた。派手じゃないが、ナイトクラブにいるのがわかるくらいの量だ。照明も最小限。ディスコ・ライトとミラーボールもあったかもしれないが、俺たちは使わず、暗いままにしていた。バンドが楽器を見られるように、ステージの照明だけいくつかつけていた。入場料は2ポンド。それだけでグラスゴーの他のどこでもかからないようなハイエナジーのロックンロールが5時間聴け、いま注目のガレージ・ロック・バンドのライヴまで付いてくる。かなりのお買い得だ。ソニック・ユースがスコットランドで初めてライヴをやった時、俺がドアで受付をしたのを覚えている。髪をブロンドに染めたパンク風の女の子が、入場料が3ポンドになったと文句を言ってきた。俺は彼女に、わざわざバンドをアメリカから呼んだんだ、ツアーの経費を捻出しなきゃいけないし(ソニック・ユースにはすでに500ポンド払っていたが、彼女には言わなかった)、グラスゴーに連れてこれただけであんたはラッキーなんだよ、と答えた。

スプラッシュ・ワンに来る観客は月毎に増えつづけ、俺たちはイギリスの音楽シーンで注目の新バンドを次々呼べるようになった。ほとんどはクリエイション・レーベルのバンドで、当然俺にはコネがあった。ジャスミン・ミンクス、ザ・パステルズ、ザ・ウェザー・プロフェッツ、フェルト、ミート・ホイップラッシュ、ザ・ボーディンズ、ザ・ショップ・アシスタンツ。そうしたバンドは皆1985年か86年にエキサイティングなシングルをリリースし、音楽メディアに取り上げられ、ジョン・ピールのBBCのラジオ番組に出演していた。もちろん、ジーザス&メリー・チェインが巻き起こした旋風の文化的な余波も起きていて、新たな人々がクラブに足を運ぶきっかけになった。

俺たちはスプラッシュ・ワンを基本的に非営利で運営していた。関わっていた全員が音楽への情熱からやっていたし、興奮できる新しいバンドをグラスゴーに呼ぼうとしていた。長年何も起きなかった街で、自分たちがひとつの「シーン」を築いている気がした。グラスゴーでは長い間、ロックンロールのシーンというものがなかった。1980年にはポストカード・レコードがあったが、あれはロックンロールじゃない、また別物だ。80年代にはロックンロールは見下され、「NME」のライターたちも勝手にもっともロックだと決めたバンドをからかい、馬鹿にしていた。ただロックには変わる必要がある、という意味では彼らは正しかった。社会の変化を意識し、フェミニズムを取り入れ、性差別的な男性至上主義、マッチョなあれこれを終わりにしなければいけない。あれは体制側の権力構造を強化するだけだ。彼らはまた、ロックンロールの「フェミニゼーション」、女性化という新たな変化こそエキサイティングだ、という点でも正しかった。それによってオー・ペアーズやスリッツ、スージー・スー、クリッシー・ハインドといった挑戦的なバンドやアーティストが曲を書き、彼女たちの視点からストーリーを語っていた。ああいった女性たちの背後に、操るような男性はいなかった。いるわけがない。男たちは彼女らを恐れていたのだから。

とはいえ、どこかの時点ですべてがカクテル・ミュージックの渦に吸い込まれてしまい、「NME」では野心的ではあっても対決は好まないスタイルが「ニュー・ポップ」として持ちあげられた。大事なのはチャートでの成功とあたりさわりのない歌詞、安全で行儀のいい「隣の男の子/女の子」風のパーソナリティだ。その頃にもABCの〝オール・オブ・マイ・ハート〟など、いいレコードは出ていた。あの曲は85、86年の初期プライマル・スクリームのサウンドチェックでよく演奏したし、マーティン・フライはクールな男だ。でも俺の意見では、1981年あたりで何かが大きく間違いはじめた。反抗としての音楽という考えはメディアで馬鹿にされた。クラッシュは過去のバンドとなり、〝ザ・マグニフィセント・セヴン〟のような素晴らしいシングルを出したにもかかわらず、落伍者扱いされた。あの曲では仕事に就くことに抗うストラマーのビート的な詩と、グランドマスター・フラッシュやシュガーヒル・ギャングのようなNYラップのリズムが組み合わさっている。

リンリン！　朝の7時だ！
また起きなきゃいけない
冷たい水で顔を洗って
あの最低な場所に行かなきゃいけない

俺は毎朝7時に起き、ジョン・ホーンズの印刷工場に出勤する支度をする間、公営住宅のバスルームで、冷たい水で顔を洗いながらあの歌詞について考えていた。俺は自分の生活の現実を描く曲が好きだった。その繋がりは強く、俺の意識に響いた。ストラマーはわかっていたのだ。

「ニュー・ポップ」というのは、架空の生活への憧れだった。ワム！やヘアカット100、キッド・クレオールはいいポップ・シングルを作っていたし、ニュー・ロマンティクスもそうだ。だがそれらのレコードは俺の生活について何も語っていなかった。バンドによっては一目見るだけで、ボウイの犠牲者にすぎないとわかった。形がすべてで、中身なし。有名になることだけが目的で、彼らに言いたいことなんてなかった。

ザ・ジャムの〝ア・タウン・コールド・マリス〟や〝ホエン・ユーアー・ヤング〟のような曲ほど、深く刺さるものはない。ポール・ウェラーもまた、ストラマーと同様、まだパンクの志を掲げていた。ワーキングクラスの詩人だ。モッズやパンク期のイメージと同じくらい、ウェラーの歌詞はこっちに鋭く切り込んできた。

一切ごまかしがなく、本気だった。あの頃俺が好きだった曲にもうひとつ、マッドネスの〝グレイ・デイ〟がある。あの曲は1981年の俺の生活をパーフェクトに描写していた。

朝目が覚めると
腕も脚も身体中が痛む
外の空はどんよりと曇っていて
またうんざりする1日が始まる

自分の生活と一致し、それを描くポップ・ミュージックが俺は好きだった。ある歌詞に完全に共感できる、という感覚はとてもパワフルだ。詩や音楽に心動かされる体験を、俺は渇望していた。だからこそ感情に乏しいポップ・ミュージック、物事の表面に触れるだけの音楽には夢中になれなかった。俺はぐっとディープにいきたかったのだ。

ダディ・ウォーバックスという店は元々ごろつきどもが女の子をひっかけに行く場所、酔っ払って喧嘩をするような場所で、平日も営業していた。俺たちは日曜の夜を借りたので、いつも静かだった。全員が頑固なレコード・コレクターだったから、音楽はカセットテープでかけた。誰も自分のレコード、大事なシングルを持ちだそうとはしなかった。傷でもついたら大変だ。なので、週日はみんなカセットテープを作っていた。ギグをやるたび、違うコンピレーションを作ったりもした。どれもいいテープだった。ヴェルヴェッツ、ストゥージズ、シャングリラズ、ロネッツ、セックス・ピストルズ、エレクトリック・プルーンズ、ザ・シーズ、そういうやつだ。

グラスゴーにあんなクラブは他になかった。ナイト・ムーヴズはゴス・バンドが中心だったし、ヘンリー・

アフリカズというクラブではボウイの物真似みたいなジャズ・ファンクのバンドが演奏していた。あの頃にはもうアポロは閉鎖されていたはずだ。ハスカー・ドゥやバニーメンくらい大きくなったバンドが出演する、ティファニーズというクラブもあったが、小さなクラブは野郎連中が行くところで、俺たちみたいなのが行く場所はどこにもなかった。ある夜、ラリったままアート・スクールに行って追いだされたこともある。あそこの天井からは短いロープがいくつも垂れ、先にペナントの旗が釣られていたが、トリップしていた俺は飛びあがっては旗を引っぱった。あの場所をめちゃくちゃにしようとしていたので、用心棒に放りだされたのだ。俺はわめきまくっていた。昔はドラッグをやると暴れることが多かった。外には車が停まっていて、俺はその上に登った。アシッドをやって、車の屋根で飛び跳ねる——本当に、それくらいしかやることがなかった。自分たちでスプラッシュ・ワンを始めるまでは出かけて遊べる場所がなかったのだ。クラブが人気になると、大勢の人がそこで出会い、山ほどバンドが結成された。

　スプラッシュ・ワンでキッズが出会うと、ベルズヒルみたいな田舎でもバンドが結成された。突然、ノーマン・ブレイクみたいな奴とも知り合いになった。彼はアーティストのジム・ランビーとボーイ・ヘアドレッサーズというバンドを組んでいた。ボーイ・ヘアドレッサーズが解散すると、ノーマンはティーンエイジ・ファンクラブを結成した。あのクラブから生まれたもうひとつのバンドが、カート・コバーンのお気に入りだったザ・ヴァセリンズだ。フランシスとユージーンはスプラッシュ・ワンで出会った。ふたりは恋人になり、スティーヴン・パステルが彼らのレコードを自分のレーベル、53rd&3rdレコードから出した。カート・コバーンがそれを聴いて、ヴァセリンズの虜になったのだ。ニルヴァーナの『MTVアンプラグド』でも彼らの曲を2曲カバーしている。俺はユージーンの兄、チャーリーを通じて彼と知り合った。80年代初め、ニュー・ロマンティクス時代のマエストロズというクラブでだった。チャーリーはすごくおしゃれな男で、いつも格好よかった。

　ユージーンにはヴェルヴェッツの海賊盤を録音したテープを作ったこともある。するとあいつはジョン・ケイルみたいに髪を伸ばした。あれはクールなシーンで、みんなアシッドをやってはクラブに来て、ぶっ飛ぶほどトリップしながらサイケデリックなパンク・ロックのグルーヴに乗っていた。

スティーヴン・パステルとはマッギーとクリエイションを通じて知り合いになった。パステルズのシングル盤、〝サムシング・ゴーイング・オン〟のアートワークを受け取りに行った時のことだ。俺はあの頃、マッギーのためにそういう仕事をよくやっていた――クリエイション・レコードの初期のレコード・スリーヴの製作作業だ。A3の紙にプリントして半分に切り、折ってビニール袋に入れる。プリントはジョン・ホーンの印刷工場で一緒に働いていた男に頼んだ。俺はすぐにスティーヴンが気に入った。風変わりな奴で、独特なアウトサイダーだったが、ショックを受けたのはセックス・ピストルズが好きかどうか、俺が訊いた時だ。彼は「ピストルズは好きじゃない」と答えたのだ。

俺は「は?」って感じで、「なんでピストルズが嫌いなんだ?」と訊いた。

「ヘヴィ・メタルみたいだから」とスティーヴンは答えた。彼が好きなのはダン・トレイシーとテレヴィジョン・パーソナリティーズ、スウェル・マップスだった。ただシャングリラズとヴェルヴェッツ、サブウェイ・セクトでは意見が一致した。プライマル・スクリームはスターダムを目指していたし、アルバムやシングルが大ヒットするのを望んでいた。俺たちはドラッグ漬けの映画『パフォーマンス』(ドナルド・キャメルとニコラス・ローグによる60年代の傑作だ)的なデカダンを夢見ていたが、スティーヴンはそういうものに一切興味がなかった。放蕩や名声には無関心で、彼の美意識はすべて、80年代のインディペンデント・シーンから生まれた思想で形成されていた。特にラフ・トレードやWhaam!みたいなレーベルの考え方だ。一方、俺のほうは、自分のバンドのメンバーには優れたプレイヤーになる野心を持ってほしかった。好きな60年代のレコードで演奏していた、ラヴやドアーズ、バーズに負けないくらいに。スティーヴンはむしろ、レインコーツのようなアマチュア的なサウンドに惹かれていた――退屈な日常、その現実に根ざすようなアーティストだ。イギリス版のシネマ・ヴェリテ、キッチン・シンクのサウンド。キャリアなんて考えず、ただ楽しむために友だちと音楽を作ることを彼は信じていた。とても純粋で、理想主義的だ。俺は彼の固い決意を尊重したし、いまでもリスペクトしている。スティーヴンは現在もいい音楽を作りつづけ、グラスゴーの音楽コミュニティに関わっている。グラスゴーの素晴らしいレコード店、モノレールの経営者でもある。

プライマル・スクリームの最初のシングル〝オール・フォール・ダウン〟のカバーには、60年代のフランソワーズ・アルディのアルバムの写真を使った。ジョー・フォスターのダルストンの部屋の床に落ちていたのを見て、あのイメージが頭に焼きつき、いつか使おうと思っていたのだ。プライマル・スクリームのジャケットでは彼女の顔がちょうど半分のところでカットされ、髪が風になびいているので、一見アルディだとはわからない。あのイメージでは彼女の髪の形が抽象的でミステリアスに見え、気に入っていた。ジャケットの裏面にはカレンが撮ったバンドの写真を使った。

シングル曲〝クリスタル・クレセント〟のレコーディングのため、プライマル・スクリームはロンドンに来ていた。場所はウォータールー駅の向かい、高架下にあるアラスカ・スタジオだ。何年も経った2009年、俺たちはそこでモーター・シティことデトロイトの伝説、ハイエナジーの英雄たちとリハーサルをすることになる。MC5のウェイン・クレイマー、マイケル・デイヴィス、デニス・トンプソンと、マッシヴ・アタックがキュレートするメルトダウン・フェスティバルで共演することになったのだ。〝オール・フォール・ダウン〟と同様、シングルはジョー・フォスターと俺たちの共同プロデュースだった。〝オール・フォール・ダウン〟は初期の曲のひとつだが、シングル向けの選曲じゃなかった。ティアドロップ・エクスプローズやデキシーズのサウンドを目指してトランペットを入れたのに、実際は音がフラットで活気がなく、俺自身恥ずかしくなったほどだ。マッギーにはリリースしないでくれと懇願した。クソだと思ったからだが、彼はレコーディングに160ポンドほど費やしたので、出さないわけにはいかないと言い張った。

〝クリスタル・クレセント〟は7インチ盤、それに12インチ盤でもリリースされた。アートワークは俺がデザインした。写っているのは『午後の網目』の監督で女優のマヤ・デレンで――あれはアンダーグラウンド実験映画の名作だ――他にはプライマル・スクリーム、とバンド名しか記されていない。曲名もなし。ピーター・サヴィルとファクトリー・レコードへのオマージュだった。マヤはケネス・アンガーと友人で、フリー・ラブとオカルトを信奉した人物で、本当に美しい。彼女の姿を俺はブルーの地にシルバーで印刷した。いいジャケットだ。裏面には当時タンバリンを担当していた奴の写真を使った。ディック・グリーンが撮ったもので、サイケデリックな無法者のローン・レンジャーみたいに見える。ネッカチーフを巻いて顔が見えないところが気に入っていた。

〝クリスタル・クレセント〟のB面には、俺があの60年代のギター、スカイブルーのヴォックス・ファントムで作った曲〝ヴェロシティ・ガール〟をレコーディングした。あの曲にはヴァースがひとつ、サビがひとつしかない。それで言うべきことは全部言ったと思ったからだ。自分ではルー・リードの〝キャロライン・セッズII〟みたいなバラッドを思い描いていたが、バンドで演奏するとテンポが速くなった。録音前には練習もしなかったはずだ。俺たちはグラスゴーのポロックシールズ・ロードにあったパーク・レーン・スタジオに行き、そのままばっとやっただけだ。それがいまみんなが好きなヴァージョンとなった。プロデュースはバンドと、エンジニアのボビー・パターソン。同じセッションでは、ご機嫌なリンク・レイ風のガレージ・インストゥルメンタルも録音した。ビーティが作ったトラックで、タイトルは〝スパイレアX〟。あの曲には『時計じかけのオレンジ』のマルコム・マクダウェルのこのセリフも収録されている。「現実世界の色が本当にリアルに見えるのは、スクリーンに映された時だっていうのは、おかしなもんだな」。

映画のセリフをサンプリングするという発想は、俺たちが好きだった2枚のレコードからもらった。トミー・ボーイ・レコードから出たエレクトロ・ラップの12インチ盤、マルコムXの〝ノー・セル・アウト〟と、もう1枚がビッグ・オーディオ・ダイナマイトの〝E=MC²〟だ。あのレコードではミック・ジョーンズとドン・レッツがニコラス・ローグの映画のダイアローグをサンプリングしている。俺の世代にとって『時計じかけのオレンジ』の影響がどんなに大きかったかは、説明してもうまく伝わらないだろう。１９７１年、最初に公開された時には俺はまだ子どもで観られず、そのうちスタンリー・キューブリック監督の要求でイギリスの映画館からすぐ引きあげられ、上映禁止になってしまった。あの映画にヒントを得たとされる暴力的な事件がいくつか起きたせいだ。イギリスのストリートで白のオーバーオールにボウラー帽をかぶったキッズが「ウルトラ・ヴァイオレンス」を勃発させたので、キューブリックは公開を取りやめた。妙な話だが、あの映画が上映禁止になったのはイギリスだけだ。監督みずからプラットフォームから排除したことで、『時計じかけのオレンジ』はカルト映画となった。反道徳的な傾向のあるシネフィルにとっては必見の1本となり、かつ海賊版のＶＨＳビデオを買って観るしかない。自宅用のＶＨＳプレイヤーが普及したのが１９８３年頃だから、それまではほとんど観られない映画となり、さらに神秘性を深めていた。

　俺は１９８３年にマクレラン・ギャラリーのレコード市でＶＨＳテープを見つけ、わくわくして家に帰り、ついにキューブリックの名作を目にした。数年前にアンソニー・バージェスの原作は読んでいたし、ストーリーは大体知っていた。アレックスと彼のドルーグ仲間は自分たちの言語、ナッドサット語を話し、コロヴァ・ミルクバーでヴェロセットを飲んで興奮すると、出かけては「ちょっとしたウルトラ・ヴァイオレンス」を働く。高解像度テレビやブルーレイが普及したいまでは、映像がシャープでクリアなのは当然とされているが、80年代はそうはいかなかった。俺が買った海賊版の『時計じかけのオレンジ』は、うちのテレビの画面で幻覚みたいにゆらゆら揺れていた。4、5世代目のダビングだったのだろう——何度もコピーしたせいで映像は荒く、色もカラーコピーを使ったアート作品みたいに混ざっていた。映像はコピーするたび質が落ち、粗悪になる。だがその過程で新たなイメージとなり、映画も別物になっていた。そんなすべてが『時計じかけのオレンジ』の暗く暴力的な謎を深め、この禁じられた映画、逸脱的な名作は俺やジム、ロバート・ヤング、そしてメリー・チェインに大きな影響を与えた。

　ずっとあと、１９９２年にキングス・クロスの映画館、ザ・スカラで『時計じかけのオレンジ』が1回きり上映されるのをダグラス・ハートが教えてくれた。俺は興奮して、当時ガールフレンドだったエミリーと一緒にブライトンからロンドンまで出かけ、ダグラスと映画館の外で落ち合った。寒く、曇った午後だったと思う。上映にはきっと熱烈なファン、「クロッキー」が詰めかけるはずだと思っていたが、なかに入ると客は俺たち3人と、たぶん他に4人くらいが座席に散らばっているだけだった。スカラの大きなスクリーンで初めて、美しいテクニカラーであの映画を観るのはものすごい体験だった。まさに他にはない作品だ。だが残念なことに、この無許可上映をワーナー・ブラザーズが聞きつけ、スカラを訴えたせいで、あの映画館は閉鎖されることになってしまった。ロンドンのカルト映画好きには大打撃だった。金曜の夜から土曜の朝にかけてスカラではオールナイトでアンダーグラウンド映画、カルト映画を上映していて、伝説となっていた。俺はあそこでロジャー・コーマンが監督した60年代のサイケデリックなエクスプロイテーション・ムービー、『白昼の幻想』〔原題はザ・トリップ〕を観たことがある。自分もLSDでトリップしながら。真夜中にキングス・クロスから地下鉄に乗り、さらにブライトンに帰る列車に乗るのは、それ自体が強烈なアシッド体験だった。酔っ払った深夜の乗客たちが、まるでヒエロニムス・ボスの『快楽の園』みたいに見えた。『時計じかけのオレンジ』のアレックスのセリフを借りると、「本物のホラーショウ」だったのだ。

〝クリスタル・クレセント〟と〝ヴェロシティ・ガール〟が収録されたシングル盤は1986年にリリースされた。たまたま同時期、「NME」の何人かのライターが、イギリスのアンダーグラウンドから出てきた新しいバンドには共通点がある、と言いはじめた。彼らはその「シーン」に名前をつけ、新たなムーヴメントだと断定した。それがC86だ。「NME」には当時、彼らが決めたその年最高の曲を収録したカセットテープが付録で付いていた。ある種のサンプラーだ。C86のテープの最初の曲は〝ヴェロシティ・ガール〟で、みんなが飛びついた。このB面曲のおかげでシングルが売れ、ジョン・ピールが選ぶ「年末の50曲」では第4位に選ばれた。

1 〝ゼア・イズ・ア・ライト・ザット・ネヴァー・ゴーズ・アウト〟 ザ・スミス
2 〝キッス〟 エイジ・オブ・チャンス
3 〝ミスター・ファーマシスト〟 ザ・フォール
4 〝ヴェロシティ・ガール〟 プライマル・スクリーム
5 〝パニック〟 ザ・スミス
6 〝アイ・ノウ・イッツ・オーヴァー〟 ザ・スミス
7 〝ザ・クイーン・イズ・デッド〟 ザ・スミス
8 〝セイフティ・ネット〟 ザ・ショップ・アシスタンツ
9 〝サム・キャンディ・トーキング〟 ザ・ジーザス&メリー・チェイン
10 〝U.S. 80's-90's〟 ザ・フォール

あの当時、これはデカい出来事だった。

何度かライヴをやると、「NME」を読み、ジョン・ピールの番組を聴くような大学生がクリエイションに電話をかけてくるようになった。プライマル・スクリームのギグをやりたいんだけど、と言われると、俺たちが150ポンドくらいのギャラで出かけていく。およそガソリン代とヴァンのレンタル代だ。プライマル・スクリームはそういうギグを山ほどやった。プリマスからミドルズブラまで、あらゆる場所でファンが主催する小規模のライヴだった。のちにヘヴンリー・レコーディングを始めたジェフ・バレットとはそのひとつで出会った。ジェフは1985年春にプリマスのジギーズでメリー・チェインのライヴを主催し、夏にはプライマル・スクリームを招いた。以来、俺たちは生涯の友人にして共犯者となった。リーズのザ・ダッチェス・オブ・ヨークで演奏した時には、ティム・トゥーハーと知り合った。

ティムと彼の友人のマイク・スタウトはふたりともリーズ大学を中退していて、メリー・チェインとプライマル・スクリーム、バースデイ・パーティの大ファンだった。彼らのような熱狂的な音楽ファンが、俺たちや他のバンド、ザ・ロフト、ジャスミン・ミンクス、フェルト、ザ・ウェザー・プロフェッツ、ザ・ジューン・ブライズ、ザ・ボーディンズ、ザ・パステルズらのライヴを国中で主催していた。ロマンティックで文学的な男女、ハイエナジーのガレージ・ロックを愛好する若者たち、ラジオやテレビに溢れかえる企業のポップ音楽や、メインストリームを支配する嘘っぽい音楽にうんざりしたキッズによる、ちょっとした文化的抵抗だ。俺自身、ウェンブリー・スタジアムで開かれたライヴ・エイドに嬉々として登場してきた、前時代の遺物には気分が悪くなった。たとえば1984年、フレディ・マーキュリー率いるクイーンは、国連による反アパルトヘイトの文化ボイコットを破り、南アフリカの豪華リゾート、サンシティで一連のライヴをやっている。当時あの国ではピーター・ウィレム・ボータ大統領によるボーア人部隊が徘徊し、裁判も開かずに国の勅令で殺人を重ね、反アパルトヘイトの活動家や不平分子を暗殺していた。ネルソン・マンデラは収監され、黒人の大半は「タウンシップ」や「バンツースタン」と呼ばれる黒人専用の貧しい居住区に隔離されていた。ちょうどその時期、クイーンやロッド・スチュワート、エルトン・ジョンといったイギリスの大物アーティストたちは皆、アパルトヘイトの金を受け取っていたのだ。サンシティで演奏したバンドがライヴ・エイドに出演する——その恐ろしいアイロニーに誰も気づいていないようだった。

60年代、70年代の放蕩を「生き延びた」ロック界のエリートの自己満足、彼らが作っていた最低な音楽。その露骨な不快さに俺たちは反抗した。ロンドンとフィラデルフィアに設置されたライヴ・エイドの舞台には続々とベビーブーマー世代のヒーロー、カウンターカルチャーの元立役者が出てきた。無駄になった才能のホラーショウが世界中に放映され、昔は美しかったが、いまや歪み、むくみ、ドラッグや酒でぼろぼろになった顔を見るだけで、彼らが特権的でデカダンな無為の人生を送っていることがわかった。連中はヒット曲を演奏した。60年代にヒッピー革命を大衆の意識に植えつけた曲には、もうエナジーも誠実さも残っていなかった。

コカインをやり、無関心になった彼らは上の空で、まごついているようにも見えた。観客にも、自分自身の名曲の数々にも、もはや傲慢な軽蔑しか見せていなかった。

60年代のポップ革命が世界を変えた、なんていうのは真っ赤な嘘だ。変えたとしても有害なものでしかない。以前カリスマだったパフォーマーの多くの脳みそがドラッグにやられているのは、あのステージを見れば火を見るより明らかだった。ここには学ぶべき教訓がある。ウィリアム・リードは俺に、ライヴ・エイドで吐きそうになったと言ったし、俺にはそれが痛いほどわかった。パンク革命ですら、何も変えなかったのだ。ポップ・カルチャーでは昔ながらのスーパースターが祭りあげられていた。1977年もそうだったし、いまだって同じだ。

若い頃、キャリアを始めたばかりだと、自分の純粋さに酔って批判的になりがちだ。まだ失敗もせず、ほとんどライヴもやらず、アーティストとしてのステートメントを出していない時期には、簡単に他人をジャッジできる。若いアーティストは全部わかった気になって、道を切り開いてきた先人を自信満々にこき下ろしてしまう。

ただ、そんな「イヤー・ゼロ」の精神、世代的な姿勢も必要だと俺は思う。現状を一掃して再出発するために、カルチャーを活気づけ、若い世代が共感できるものにするために。若者には「声」が必要だ。若者のことを語れるのは、彼らだけなのだから。俺たちが感じた失望、自分たちをインスパイアした上の世代の一部がアーティストとして失墜したことに幻滅し、俺たちは自分たちは決してそうならないと決意していた。今回は違う、と。

新しいバンドでひとつ顕著だったのは、政治的な意識をシェアしていたことだ。表だって語らずとも、左派で反体制的な精神があった（例外はフェルトのローレンスだろう。彼は「非政治的」だった）。この左寄りの姿勢はUKのインディペンデント・シーンに行き渡っていて、ザ・スミス（彼らは大ロンドン議会のためのチャリティ・コンサートに出演した）にせよ、ニュー・オーダーやスタイル・カウンシルにせよ、なんらかの形で階級政治に関わっていた。マーガレット・サッチャーは国を二極化し、ロック・バンドもその影響を受けずにはいられなかった。時折ミュージシャンシップに欠けていたかもしれないが、新たなバンドがリリースするレコードには若者の誠実さが感じられた。聴くと、本気で言っているのがわかった。ジューン・ブライズの〝エヴリー・カンヴァセーション〟やザ・ロフトの〝アップ・ザ・ヒル&ダウン・ザ・スロープ〟には切迫感があり、バンドもシンガーも皆自分の人生をここに賭けている、この曲は書かれなければいけなかった、という感覚を呼び起こしていた。

やはり俺は、若者の誠実さについて考えさせられる。つねに「いま、この瞬間」を生きていると、すべてが生死を賭けたぎりぎりのものに思えるものだ。時間の感覚がまだ経験に基づいていないと、時間は必要不可欠で、いつも足りず、何もかも重要で、いますぐ実行しなきゃいけない——そう感じられる。新たに書いた曲を「いま、死ぬ前にレコーディングしなきゃいけない」という感覚。そんな7インチ盤、45RPMのマニフェストがもたらすスリルと興奮は、若い頃の俺には中毒的だったし、この時期には何枚ものグレイトなレコードがリリースされた（ほとんどはシングルだった。フェルト以外、持ち曲をフル・アルバムとして録音したバンドはいなかった）。フェルトの〝バラッド・オブ・ザ・バンド〟と〝プリミティヴ・ペインターズ〟、ジャスミン・ミンクスの〝シンク！〟、パステルズの〝ベイビー・ハニー〟。彼らは企業の甘ったるい音楽、ラジオの大半を占めるゴミとは違う、オルタナティヴなサウンドトラックを提供した。「NME」のニール・テイラーや「サウンズ」のジョン・ロブのような記者たち、そしてジョン・ピールやジャニス・ロングのようなDJたちの支援のおかげもあり、「C86」と名付けられたレジスタンスが知られるようになると、世界中のキッズがクリエイションのロンドンの事務所に電話をかけてきた（実際はクラーケンウェル・ロード83番地のワンルームだったが）。自分たちで主催するライヴをプライマル・スクリームや他のバンドにオファーしてきたのだ。あれは口コミのシーンで、あちこちでファンジンが立ちあがった。将来「NME」や「ローデッド」、「GQ」の編集長となるジェームズ・ブラウンに初めて会ったのは、俺がリーズ大学の食堂でのギグを終え、ステージを降りたところで彼に飛びつかれた時だ。16歳の彼は発散できないエナジーの塊で、自分のファンジン「アタック・オン・ブザーグ！」でインタビューしたいと言ってきた。俺はもちろん、快諾した。「ザ・レジェンド」という名前で活動していたジェリー・サックレイという男は、最初のシングルをクリエイション・レコードからリリースし、「ザ・レジェンド！」というファンジンを作り、俺たちやパステルズ、ショップ・アシスタンツのようなバンドを絶賛していた。「NME」や「サウンズ」に寄稿する時も、ジェリーはつねにプライマル・スクリームに好意的で、サポートしてくれた。音楽誌では他の誰も見向きもしなかった頃だ。アラン・マッギー自身、「コミュニケーション・ブラー」というファンジンをやっていて、俺も表紙のデザインを一度手がけたことがある。

こうした若者たちの活動、彼らの情熱はじっくり地下で醸造され、しばらくは表面化しなかったと思う。1981年初めにはポストパンクも尻すぼみになり、シスターズ・オブ・マーシーやバースデイ・パーティ、ザ・スミスのようなバンド以外には、インディ・ロックでは興奮するようなこともなかった。だが再び状況を揺り動かしたのが、ジーザス&メリー・チェインの爆発的な登場だ。パンクの第一波に乗り遅れた世代にも、本当に心を動かすバンドができたのだ。俺たちやザ・ロフト、ジャスミン・ミンクス、スローター・ジョー（クリエイションのプロデューサーで文化的扇動者のジョー・フォスターがやっていた）のようなクリエイションのアーティストは皆、メリー・チェインが生んだ気流に乗っていた。ロックンロール・バンドにいる若者にとっては最高の時期だった。1977年以来初めて、文化的革命は可能だと感じられ、俺たちはその先頭にいた。

プライマル・スクリームのギタリスト、ポール・ハートがバンドを脱退したのは1986年だ。バンドに将来性があると思わなかったのだろう。俺は他のメンバーを説き伏せて、スチュワート・メイという男を加入させた。彼はスプラッシュ・ワンの常連で、いつも俺からガレージやサイケデリックのレコードの情報を聞きだそうとしていた。ハンサムな奴で、ヘアスタイルは前髪が長く、横は刈りあげたアシメトリー。服はいつもポロネックのセーターにタイトなジーンズ、先の尖ったチェルシー・ブーツで、60年代の音楽に入れ込んでいた。バンドでのあだ名は「悪ガキ（ザ・ブラット）」。彼はある意味、攻撃的なメンバーのいじめられ役になった。ロバート・ヤングが俺に、「このバンドにはスケープゴートが必要だな」と言ったのを覚えている。

ある晴れた日の午後、スチュワートがうちにやってくると、俺は彼にリー・ヘイゼルウッドとナンシー・シナトラが歌う〝サム・ヴェルヴェット・モーニング〟を聴かせた。初めて聴いた彼は目を丸くして、口をぽかんと開けた。あの曲のギャロップするようなビートが突然サイケデリックなワルツに転換し、またギャロップに戻ると、時間の流れが変わる感覚に度肝を抜かれているのが表情でわかった。ギリシャ神話とカウボーイのサイケデリアをカットアップしたような名曲、まるでウィリアム・S・バロウズが製作した映画みたいな曲だ。終わると、俺は彼に「どう思う？」と訊いた。

彼は「ひどいマッシュルームでトリップしたみたいだ」と答えた。

天才的な観察だな、と俺は思った。

１９８６年５月、マッギーはプライマル・スクリームをウェザー・プロフェッツとのツアーに送り込んだ。ベルギーとオランダではダブルネームのライヴとなった。ウェザー・プロフェッツとはピーター・アスターとも、他のメンバーとも仲が良かった。ある晩、ライヴのあとホテルの階段を上ると――あの時俺たちは２階に泊まっていて、長い廊下に15部屋並んでいた――悪ガキとドラマーのタム・マクガークがふたり、廊下の先に立っていた。俺は廊下のこっち側、ふたりは向こう側。悪ガキは消火ホースを手にしていて、俺が近づくとにっこり笑った。「おまえら、いったい何やってる？」と言うと、悪ガキがホースを向け、津波のような水流が飛びだした。長い廊下の端から端まで届くくらいの水圧だ。すると彼は俺を見て笑い、「ラリってるんだ」と言った。廊下を水浸しにしたあとで。俺たちは涙が出るほど大笑いした。

プライマル・スクリームにはつねに強固な仲間意識があった。何人かは喧嘩が強く、ギグが騒ぎになることもなかった。前面に立つのは俺とタンバリン奏者、ビーティの3人で、後ろにロバート・ヤングと、ポール・ハートもしくは悪ガキ。ステージにずらっと並び、ギターを高く構えた俺たちは、観客にとって脅威だった。それはデキシーズ・ミッドナイト・ランナーズの「トップ・オブ・ザ・ポップス」での〝ジーノ〟の演奏を参考にしていた。彼らはまるで軍隊だった。あの攻撃的なスタンスは特にビーティの十八番だった。彼によるとアーサー・リーのラヴについて、あるロサンゼルスのミュージシャンはこう言ったらしい。「あいつらラヴって名前だけど、本当はヘイトだな」。甘い音楽を演奏していても、クソな奴には一発お見舞いできる、というのを彼は気に入っていた。

俺たちは音楽メディアで話題になりはじめた。金曜の夜、ニュー・クロスでのライヴが超満員になったことがある。ただステージに上がると、状況は散々だった。アシッドをやったような気分になったが、俺は完璧に素面だった。まず、ギタリストのふたりとベーシストがそれぞれ別に、耳を頼りにチューニングしていたし、隣の部屋のPAでは大音量でディスコがかかっていた。チューニングが合っていないのはステージで初めて気がついた。歌おうとしても歌えなかったのを覚えている。気の毒な観客はびっくりして俺たちを見ていて、俺たちも同様にびっくりして顔を見合わせていた。3曲やってステージから降りると、それがギグの終わりだった。俺たちはあの日ヘッドライナーだった。俺は穴があったら隠れたかった。メリー・チェインでやったあと、こんなことがあると、死ぬほど恥ずかしかった。

とはいえ、初期のツアーでは楽しいこともあった。1986年のある時、俺たちはイングランドのどこかで高速道路を降り、路肩の草が生えているところに全員並んで立っていた。ライヴへ向かう途中で小便をしていたのだ。7人揃って用を足していると、誰かが「なんだあれ、あのサイズ見てみろ!」と言った。全員が騒ぎが起きているほうを見ると、それはロバートの巨大なペニスだった。まるで馬みたいな巨根だ。

ロバートは「なんだ?」と言った。

俺はこう言った。「おまえのペニスだよ! まるで大蛇じゃないか!」。

彼はただ笑って言い返した。「俺のが大きいんじゃなくて、おまえらのが小さすぎるんだよ」。それ以降、彼のバンドでの呼び名はもうダンゴではなく、スロップとなった。彼のベースラインが振動しているから、そして巨根を自慢にしていたからだ。ロバートはバンドの旗印だった。

俺たちはリーズとシェフィールド、マンチェスターでライヴをやるため、金曜の午後にグラスゴーを出発した。日曜にはスプラッシュ・ワンでやるために高速を逆戻りする予定だった。白いヴァンはポロックシールズ・ロードのレンタル会社から借りていた。クリエイションに夢中で、地元のベースメント・クラブで俺たちのライヴを主催したブライトンの若者、ジョシュ・ディーンが運転をかってでた。普段はダグラス・ハートの兄、アランがツアーの運転手だったが、今回は都合がつかなかったのだ。レンタル会社には白の大きな運送用ヴァンしかなく、なかには座席が付いていなかったので、俺たちはポール・ハートの同居人からソファをひとつ、椅子をふたつ、彼が仕事に出ている間に「拝借」していた。あいつならわかってくれるはずだ。ソファと椅子、それにアンプとドラムキット、ギターをヴァンに積み込み、全員が乗車すると、週末のライヴに出発した。リーズとシェフィールドでの出来は上々で、俺たちは次のマンチェスターに向かった。マンチェスターはいつもプライマル・スクリームに好意的な街で、楽しみだった。

こんな場面を思い浮かべてほしい。俺たちは高速に乗り、ジョシュが運転し、デッキからは俺が作ったコンピレーション・テープからクールな音楽が轟音で流れていた。前の席に座っているのはスロップとマクガーク。残りはヴァンの後ろの「拝借した」ソファやドラムケースに座っていて、俺は100ワットのフェンダー・ツインリヴァーブのアンプに腰かけていた。高速を飛ばしていると、マクガークがジョシュに言った。「おい、マンチェスターの出口はここだ！　急げ、降りそこなうぞ！」。パニックになったジョシュが乱暴にハンドルを左に切ると、車がそっちの2輪に傾き、反動でがくんと右の2輪に傾いた。すると彼がハンドルをまた左に切り、ヴァンがごろんとひっくり返った。何もかもがスローモーションで起き、夢みたいだった。時速80マイルで動く巨大な洗濯機に閉じ込められたようなものだ。俺はヴァンの天井に張りつけられ、アンプやギター、ドラム、それに大きな居間のソファに埋もれていた。ヴァンが高速をがりがりと滑っていくのが感じられた。俺の背中と3車線の道路の間には、薄い金属の天井があるだけだ。

このホラーみたいな場面はたぶん数秒しか続かなかったが、30分くらいに思えた。俺の体験では、事故に遭うといつも時間が空中に溶けだすような感覚になる。サイケデリックなドラッグや向精神薬で時間が飛び飛びになる感覚にも似ている。ヴァンが軋みながらやっと止まると、一瞬沈黙が降り、やがて誰かが痛みに耐えている呻き声、死にかけてびびっている情けない声が聞こえてきた。ジューグズだったかもしれない。俺は怪我をしていないのがわかったが、他のみんなは？　ヴァンのドアが開くと、ジョシュとスロップが次々に機材を外に運んだ。ドラム、アンプ、ギター、それにソファ。全員がなんとか路肩に這いだすと、ヴァンが大破しているのがわかった。しばらくはみんな、緑地帯に座り込んでいた。ジューグズは革のパンツが破れ、膝に怪我をしていて、まだ呻いていた。もうひとりは脳震盪を起こしていて、怪我人はそのふたりだけのようだった。ジョシュは泣きながら俺のところに来ると、何度も何度も謝った。俺が「もういい！」と言うまで。俺は感情を見せなかった。いまは泣く時じゃない。俺は全員の具合を調べ、怪我がないか確かめた。ジューグズは病院に行く必要があるが、他は大丈夫だ。ジューグズが演奏しなくてもライヴはできるが、アンプやドラムキットがだめになっていて、しかもボードウォークでのサウンドチェックに間に合わせなきゃいけない。ジューグズは痛がり、ジャケットを頭にかぶって寝転んでいたので、観光客を乗せたバスが徐行して事故現場をのぞきにきた。ヴァンは壊れたまま中央レーンに置かれていたが、バスは助けが必要かどうか訊きもせず、また去っていった。最低な連中だ。俺はそっちに向けて指を立てた。ファック！　ジョシュは電話を探しにいき、そこから警察とAA［自動車協会、日本でのJAF］に連絡して、事故を報告した。ライヴのプロモーターのネイサン・マッゴウが何台か車を出し、俺たちをマンチェスターに、ジューグズを病院に送ってくれた。彼は必要な機材を借りる手はずも整えた。結局、俺たちはサウンドチェックに間に合い、最高のライヴをやった。あのライヴにはストーン・ローゼズのメンバーも何人か来ていたらしい。繰り返すが、マンチェスターはいつも俺たちにとっていい街なのだ。ネイサンはその晩泊まる場所とソファを見つけてくれ、悪ガキは恩返しに、なんとネイサンのガールフレンドのアリーと姿を消して、しけこんだ。まあ、ツアーっていうのはそういうものだ。

俺はザ・ウェイクにいた頃にネイサンと知り合った。彼はファクトリーのバンド、ザ・ロイヤル・ファミリー&ザ・プアのマネージャーだった。俺たちはすぐにうまが合った。彼はリバプール出身で、父親は詩人のロジャー・マッゴウだ。ネイサンはポール・マッカートニーに似ていると言う人もいた。とてもハンサムな若者で、女性はみんな彼が好きになった。ネイサンはのちに、マッドチェスターの最盛期にハッピー・マンデーズのマネージャーとなる。俺はいまでもネイサンと出くわすと嬉しくなる。大した男だ。

俺たちはヴァンをなくし、ソールド・アウトしたスプラッシュ・ワンでの凱旋ギグに戻る手段がなかった。俺はメンバーに、日曜の午後、マンチェスターの長距離バス停で会おうと言った。そこからバスに乗って帰ろうと。電車代は高すぎたし、そのほうが安かった。俺たちはなんとか無事だった機材を抱えてバスに乗った。事故にもかかわらず、グラスゴーでのライヴをすごいものにしようと決意していた。クライシスはつねに人の性格を試す機会になる。危機に直面すると、目的を信じている奴と信じていない奴がはっきりわかる。絶対にいいライヴにしてやる、と思ったのを覚えている。ビーティとスロッブもそうだった。俺たちがライヴをやるのを止めるものはなかった。一切、何も。

17 エレクトリック・ボールルームの電撃(脳天を割られ、鎖を外される)
Electric Ballroom Blitz (Brained and De-Chained)

ジーザス&メリー・チェインのツアーでは、俺はダグラスと相部屋だった。ダグは気安く、オープンで人懐っこい、知的な若者だった。好奇心が強くて、いつも何かに熱をあげていた。映画、レコード、本、またはフットボール。天真爛漫で、女の子はみんなダグラスが好きだったし、俺もそうだった。一度か二度、ウィリアムと同じ部屋になったこともあり、彼のまた違う面を知ることができた。ふたりで夜遅くまで議論したものだ。ウィリアムは人前では寡黙で控えめだったが、信用する相手と1対1になると心を開いた。音楽紙の取材では無口で、曲に語らせるのを好んだが、いろんな問題に彼独自の意見を持っていて、その思考が興味深かった。バンドに対するウィリアムとジムのヴィジョンは純粋で、考え抜かれていた。たまたま成功したわけじゃない。メリー・チェインにはロックンロールはどうあるべきか、どうあるべきではないのか、クリアなヴィジョンがあった。彼らの周りにいたことで俺は本当に多くのことを学んだ。

ビーティと俺にもプライマル・スクリームのヴィジョンがあったが、バンドはまだ形成期で、場当たり的なところがあった。自分たちでもまだ完璧なバンドじゃないとわかっていたが、それでも外へ出てレコードを作り、ライヴをやる必要があった。リアルタイムでやり方を学んでいたのだ。メリー・チェインはもうすごい曲を書き溜めていたし、ウィルは俺より3歳年上で、そのぶん長く作曲をしていた。メリー・チェインはバンドとして、そのままで完璧だった。確かな意志を持つパンクスが4人集まり、挑戦的で、集団としての美学が熟考されていたのだから。メリー・チェインにいいかげんな奴はいなかった。プライマル・スクリームには何人かいた。俺はメリー・チェインの純粋さを愛した。まるで宗教のようだった。実際、あれは純粋なロックンロールという宗教だった。

バンドがビッグになると、それぞれにダブルベッドを備えたシングルルームが与えられたが、その頃でもツアーで泊まるホテルは安っぽくて気味が悪く、俺には壁から幽霊が出てくるような気がした。一度ベルリンで、現代的なコンクリートの高層ホテルに泊まったことがある。寒々しいビルで、自分の部屋が取り憑かれていると思った俺は、ダグラスにそっちの部屋で寝てもいいかと訊ねた。俺たちは大きなダブルベッドで一緒に眠った。俺たちはよくそうしていた。1985年に初めてニューヨークを訪れた時も、ジ・イロコイの部屋をシェアした。ゴキブリだらけのホテルの1階には美容室があり、そこでジェームス・ディーンが髪を切ったという。クールな話だ。

メリー・チェインがロンドンでライヴをやると、毎回最後は暴動になった。1985年3月15日のギグはホロウェイ・ロードのノース・ロンドン工科大学。あれはイカれていた。俺はあの時生まれて初めて飛行機に乗った。ライヴのために、マッギーが俺をグラスゴーから飛行機に乗せたのだ。着陸すると降下中のキャビンの気圧のせいで耳がやられ、何も聞こえなかった。会場に着いて最初に見えたのがジャスミン・ミンクスのギタリスト、アダム・サンダーソンの姿だった。彼はグレンチェックのクロンビー・コートを着ていた。70年代のごろつきっぽいアイテムだ。彼は俺のところに来るとコートの前を開き、奥の手を明かすように「ボビー、見ろ」と言った。ポケットには金槌が入っていた。あいつはアバディーンの出身だった。

「なんのために？」と俺は訊いた。

「念のためだよ」と言って、彼は続けた。「噂じゃ今晩、メリー・チェインが狙われるらしい。バンドを痛めつけに大勢やってくるらしいぞ」。

俺は「なんてことだ……」という感じだった。

最初にステージに上がったのはメリー・チェインの友人で、ミート・ホイップラッシュというイースト・キルブライドのバンドだった。その名義でクリエイションから1枚、いいシングルを出している。いかにも『ペブルズ』や『バック・フロム・ザ・グレイヴ』みたいなコンピに収録されそうなガレージ・バンドだった。演奏はお粗末だったが、大事なのはそこじゃない。彼らのセットの途中で瓶が投げられると、シンガーのマックディーがすぐに投げ返した。すごい奴だ。俺からすると、そうなっても仕方がない。だがそれが観客に火をつけ、ステージにはさらに瓶やいろんな物が投げられた。次はジャスミン・ミンクスの出番だ。金槌が使われたかどうか、俺はメリー・チェインと楽屋にいたのでわからない。すると誰かがバックステージに来て、会場に入れなかった連中が外に大勢いると言った。俺とダグラスは観客の間を抜けてロビーに出ると、防火扉を蹴破った。すると革ジャンに身を包み、髪をスパイキーにした何百人ものゴス・パンクスが走ってきて、開いたドアから雪崩れ込み、ただで入場した。すでに満員で、殺気だっていた観客がさらにふくれあがった。ライヴは500枚ほどのチケットが売り切れていたが、会場には急に700人から800人が詰め込まれた。俺たちはわざと出番を遅らせたが、その頃には険悪な雰囲気で、演奏を始めてしばらくすると次々物が投げられ、ジムが観客に引きずり込まれた。彼をステージに戻すために、みんな飛び込まなきゃいけなかった。あの連中はジムを袋叩きにしようとしていたのだ。その間もずっと物が飛んできていた。

20分ほどすると、結局俺たちはステージを降りることになった。あれほどずっと瓶やなんかが投げられていると、誰かが大怪我をしかねない。俺の頭のそばを何本もの瓶がかすめていった。ギグは何度も中断した。やっとステージから去ると、観客がPAの山を崩しにかかり、ステージに上がろうとした。その音と騒ぎを耳にして、俺は楽屋からステージの袖に走っていった。会場は荒れまくっていた。ジェフ・トラヴィスは危険を冒してステージに飛びだすとドラムを取り戻し、俺は割れていない瓶を見つけては観客に投げはじめた。おかしくてたまらなかったが、マッギーが俺を捕まえ、楽屋に全員を閉じ込めた。あいつは観客がステージに上がったら、もうおしまいだと思ったのだ。ライヴの前でさえ、楽屋の窓から侵入してきた連中がいたのを覚えている。まあ、マッギーが正しかったんだろう。ただ俺たちはいい演奏をしていたので、口惜しかった。メリー・

チェインは本当にグレイトなバンドだった。北欧やアメリカでもライヴをやったが、暴動にはならなかった。イングランドだけだ。

毎晩、俺たちは曲を1曲その場ででっちあげていた。バンドで練習をしたことはない。いつもただ演奏を始めて、終わらせるだけだった。その曲はフリーフォームの狂乱で、俺は大好きだった。ウィルとダグと俺でドローン・サウンドを出すと、ジムが「ジーザス・ファック」というフレーズを中心に、ビートの詩の断片を歌う。カンの〝マッシュルーム〟のカバーもやった。憂鬱で、ゴシックで乾いた、全然ファンキーじゃない、疫病みたいなロック・ヴァージョンだ。俺は元の曲とは違うドラムビートを編みだした。偉大なるヤキ・リーベツァイトのようなポリリズムを叩けるわけがない。代わりに俺はひっきりなしにタンバリンとフロアタムを刻み、他のメンバーがそこに鉄条網のような刺々しいギターを乗せる。このヴァージョンを、俺は「臨終前の喘鳴ブルーズ」と呼んだことがある。ちょうどそんな感じだった。

あの時のライヴはオーストラリアのクルーが撮影していて、暴動のあとに取材された。俺もそのインタビューにちょっと出ている。会場から客が出され、照明が消えたステージに座って、なぜか気取った口調でこう答えている。「みんなに来てもらって、俺たちの音楽を聴いてもらいたいだけだ。暴力は求めていない」。どっかのお坊ちゃんみたいだ。しかし、この同じ男が45分前には観客に瓶を投げていた。テレビに取材されるのはあれが初めてで、俺は大いに気に入った。観る人全員が理解できるよう、ゆっくり、はっきり話そうとしたのを覚えている。俺にはきついグラスゴー訛りがあり、不明瞭に聞こえるかもしれないとわかっていたし、本当に理解されたかった。少し緊張していたし、クールに聞こえるよう、馬鹿だと思われないようにゆっくり話していたのも事実だ。俺たちは一夜にして有名になったせいで、テレビ出演に備えた、いわゆる「メディア・トレーニング」は一切受けていなかった。一度ドイツのテレビ取材でジム・リードが自分は天才だと宣言し、同時にジョイ・ディヴィジョンをこき下ろして、インタビュアーを驚愕させたことがある。横のソファではカレンと俺がいちゃついていて、カメラも目に入らず、アンディ・ウォーホルの映画みたいな若い恋人たちを演じている。露出趣味か、LSDと恋愛のミックスといったところだ。
イングランドでは、俺たちがライヴをやるたび暴動になった。次はエレクトリック・ボールルームで、もっと過激だった。いまや人々はメリー・チェインを殺そうとしていた。その前にジム・リードがニック・ケイヴ&ザ・バッド・シーズのハマースミス・パレスのライヴに行った時には、いきなり男が近寄ってきて、「おい、メリー・チェインのシンガーか？」と訊き、6人の男が彼を袋叩きにした。殴る蹴るの乱暴を働いたのだ。ジムによると、床に倒れていた彼にそいつらはこう吐き捨てたという。「ドラマーに、次はおまえだと言っとけ」。

9月21日、カムデン・タウンのエレクトリック・ボールルームで俺たちは「演奏」した。ノース・ロンドン工科大学での暴動のあと、マッギーは、まあ自称だが、元空挺部隊の連中を警備に雇った。本当に最低で、性差別的な男たちだった。マッギーがどこであいつらを見つけたのかは知らない。傭兵情報誌「ソルジャー・オブ・フォーチュン」でも購読してたんだろう。出番を待つ間、楽屋には妙な期待と興奮が漂っていた。強烈で危険なエナジーで、ニコチンで汚れた狭い楽屋でもそれが感じ取れた。あんなのがロックの「グラマー」、魅力だっていうのか？　やっとステージに上がると、いきなりワインボトルが俺の頭をかすめた。まだドラムスティックも握っていなかった。また始まった、と俺はひとりごちた。北欧ツアーをこなし、タイトになった演奏は最高だった。でもあの夜、観客はロックンロール・バンドが曲を演奏するのを観にきたわけじゃない。俺たちを磔にして、怒りを発散しにきたのだ。バンドは連中が溜めまくった憎悪や欲求不満を投影するスクリーンにすぎず、しばらくすると瓶やパイントグラスの一斉射撃が手に負えなくなってきた。こっちに飛んでくる物をよけながら音楽に集中するなんて不可能だ。20分ほど経った頃、俺たちはステージを降りた。大音量でブーイングが起き、腹を立てたモブはいまや俺たちの血を求めていた。何世紀も前、罪人の絞首刑が見せ物になったタイバーン、現在のマーブル・アーチに集まってきた猟奇趣味の群衆のように。バックステージでは誰かが、PAの山が崩され、観客がステージに上がっていると言ったので、俺たちは再び、「安全のために」楽屋に閉じ込められた。空挺部隊のひとりはギター・アンプを取り戻そうとして、ハゲ頭に瓶が命中した。そいつは自分がしくじったくせに、かっかして楽屋に走ってくると、俺たちに毒づいた。本当は殴りたかったのだろうが、やったら職業上問題になる。俺たちは彼を無視して、まったく共感も感情も見せず、黙っていた。そいつが部屋を出ていくと一気に爆笑して、「あのアホは自業自得だ」と言い合った。嫌な男だった。

メリー・チェインでステージに上がることを当時の俺がどう感じていたのか、怖くはなかったのか、と思うかもしれない。答えはノーだ。ドラムスティックを持つ前に瓶やパイントグラス、中身が入った缶が頭を目がけて飛んでくる日もあった。でも俺はまだ若く、自分は無敵だと思っていた。俺に音楽とそのパワーがあるかぎり、あいつらには触れることもできない、と。自分たち4人は磁場のようなもの、メリー・チェインのサウンドによって生まれた魔法の力場に囲まれている気がしていた。とにかく、バンド対観客なら、俺たちはいつだって勝てると感じていた。

80年代のライヴには大きな怒りがあった。理由はわからない。サッチャー時代と関係があったのかもしれない。80年代半ばには、人々はすでに長期間サッチャリズムを耐えていたし、おそらくロックのライヴやフットボールの試合がその怒りを発散する場所になったんだろう。ギグは時に暴力的だった。俺は1987年頃、ジョニー・サンダースのライヴで襲われたこともある。弟のグレアムとスロッブ、アンドリューのために4人分のビールを持って会場のバーから戻ろうとしていると、男が後ろからやってきて俺の後頭部を殴り、そのまま人混みに紛れていった。メリー・チェインではギグをやるたびに暴力が激化し、怪我人が出るようになり、俺たちはうんざりした。

初めてニューヨークに行ったのは1985年4月、メリー・チェインでの渡米だった。夢にまで見たパンク・シティだ。信じられなかった。まず最初に、俺はセント・マークス・プレイスのジェム・スパを探し、ニューヨーク・ドールズにオマージュを捧げた。彼らのファースト・アルバムの裏に写っている店だ。次に向かったのがチェルシーのミッドナイト・レコード。俺はこの店がサイケデリックのレコードを扱っているのを発見していた。『バック・フロム・ザ・グレイヴ』や『サイケデリック・アンノウンズ』、『アシッド・ドリームズ』、イギリスでは見つからないような重要なものが全部揃っていた。ああいうレコードを手に入れるには、当時はアメリカまで通販で申し込まなければいけなかった。俺がラックをチェックしていると、すぐ右に男がいて、横のラックを熱心に見ているのに気づいた。もう一度見直すと、なんとザ・ヴォイドイズのギタリスト、ロバート・クインだった。嘘だろ！ 俺は彼に、「ロバート・クインですか？」と訊いた。

「ああ」と彼は答えた。

「友だちのためにサインをもらえますか？ ジムへ、って書いてもらえれば」と俺は言った。ビーティがいなくて残念だった。あいつはロバート・クインのギターを愛していた。俺たちみんなそうだった。彼みたいにプレイするギタリストはその前にも、あとにも、ひとりもいない。

ニューヨーク滞在中、俺はずっと興奮していた。映画のなかにいるみたいだった。俺にとっては何にも代え難く、それはヨーロッパでのライヴや北欧ツアーも同様だった。ロックスターになるのは最高の気分で、当時世界でいちばんエキサイティングなバンドにいることは、それだけでトリップするような体験だった。エコー&ザ・バニーメンのような大好きなバンドさえ、あの頃はメリー・チェインに似た曲を録音していたのだから。バニーメンの新曲〝ブリング・オン・ザ・ダンシング・ホーセズ〟のリリース前のテープを、彼らのPR担当のミック・ホートンにもらったことがある。B面曲のタイトルは〝オーヴァー・ユア・ショルダー〟で、まさにメリー・チェインみたいなサウンドだった。バニーメンがメリー・チェインをやっている！ あの神みたいな連中が！ 何年も経ってバニーメンのボックスセットが出た時、イアン・マッカロクはスリーヴノートでこうコメントしていた。「あれは俺たちがメリー・チェインに、こうやるべきだと示した曲だ」。さすがだった。

アメリカ・ツアーは順調だった。2週間で合衆国の主要都市を回るツアーは、まるでロックンロールの天国(ニルヴァーナ)だった。俺はアメリカを愛している。政治はどうでもいい。俺はアメリカのコミックと映画、テレビ番組、ロックとポップのレコードで育ったのだ。あのツアーの間中、俺はハッピーだったし、バンドも毎晩最高のプレイを見せた。ウルトラ・ヴァイオレントな暴動もなく、ただすごい音楽があり、バンドの結束も固かった。

ステージでは、俺のモニターからはウィリアムのギターの音だけ聴こえていたが、彼は毎晩違うプレイをした。初めは聴き覚えのあるリフを弾くので、どの曲かがわかる。するとどんどんフリーフォームになり、ただコード進行は決まっていたので、それで曲がまとまっていた。彼は扇動的なミュージシャンだった。音でアクション・ペインティングをやっているような日もあった。まさにサウンドによるアーティストで、本能と感情のままに演奏しつつ、音楽を深く理解していた。ウィリアム・リードには直感と技巧の両方が備わっていた。彼のギターを聴くと、高品質のアンフェタミンをキメたみたいに力が湧いてきた。あのホワイト・ライトとホワイト・ヒート、ピュアな天賦の才。彼の弾くリフ、エナジーが俺のリズムを前進させていたし、あの衝撃がつねに俺をチャージしていた。ダグラスと俺はギグの間中アイコンタクトを保っていて、笑い合ったりもしていた。ふたりともロックンロールの悦楽、恍惚に満たされていた。一方ジムはいちばん前でイカれた発作を起こし、床を転がったり、マイクスタンドを壊したり、うめいたり毒づいたりしていた。時には完全に意識を失ったようになって、うわごとを言うこともあった。曲の歌詞もわからなくなり、バンドの荒々しいサウンドに爪を立ててしがみついているのだ。音の渦に飲み込まれて床に倒れ、胎児の姿勢で丸くなっていることもよくあった。ジムは台風の目であり、彼自身それがわかっていた。危険な場所だ。

彼はシャイな男だったが、毎晩ステージでは音楽に取り憑かれ、シャーマンのようなパフォーマーに変身した。俺たち4人の間には高電圧の回路ができていた。サイキックな力場だ。ウォール・オブ・サウンドは強固で、貫通不可能だった。ファック・ユー！　新たなファン、増えつづける観客に「俺たちはおまえらを軽蔑する」と叫ぶようなバンドが他にいるだろうか？　ある何人かの配置、その精神的な繋がりが、偉大なロックンロールを生む錬金術となる。ある集団より他の集団のほうがうまくいく理由はなんなのか。同じ曲でも、弾く人間が違うと呪文は効かない。結局、元から魔法を使える人間がいて、正しければ疑問にも思わないものだ。

そうなると言葉を交わさなくてもいい。それこそがロックンロールのオカルトなパワーだ。初期のメリー・チェインでは、その力が正しく働いていた。

全米ツアーの初日、イースト・ヴィレッジの東2丁目254番地にあるザ・ワールドは、ギャングがオーナーだと噂されていた。そこを皮切りに、ボストン、ワシントン、トロント、シカゴ、サンフランシスコ、サンディエゴと回って、最後がロサンゼルスのロキシーだった。LAではKROQのロドニー・ビンゲンハイマーの番組に出てくれと言われた。ロサンゼルスのイギリス音楽好きに人気のラジオ番組で、DJのロドニーは新たに出てきた注目のイギリスのポップ・バンド、ロック・バンドを長年サポートしていた。古くはデヴィッド・ボウイから、スレイド、ザ・スウィート、セックス・ピストルズ、クラッシュもサンセット通りにある彼のクラブ、イングリッシュ・ディスコに出演した。そこではキム・フォウリーやニューヨーク・ドールズ、イギー・ポップのようなアンダーグラウンドの変人がレッド・ツェッペリンのようなスーパースターとつるみ、ローリー・マドックスやセイブル・スターら、鎮静剤漬けの10代のグルーピーとどんちゃん騒ぎをしていた。ロドニーは西海岸のラジオで初めてブロンディ、ラモーンズ、セックス・ピストルズ他、ニューウェーヴやパンクをかけた。彼のロックンロールへの愛情は伝説的だった。

番組では俺たちのうち誰かが、60年代のガレージ・ロック・バンド、ザ・シーズのファンだと話した。ロドニーはスカイ・サクソンは友人だから、よければ会えるように計らうと言った。俺たちはロドニーとデニーズで昼食の約束をした。彼は毎日朝食と昼食、ディナーをあのダイナーで取っていた。スカイ・サクソンは取り巻きを連れてきた。ぱっと見、ろくに体も洗っていない、ぼろを着たホームレスの中年男たちに見えた。アシッドの犠牲になった、60年代カウンターカルチャーの敗残者だ。ロドニーが俺たちをスカイに紹介すると、彼はまあまあ気さくだった。自分の名前を挙げるようなイギリスの若いバンドに好奇心を持ったんだろう。スカイは１９６６年の名曲〝プッシング・トゥー・ハード〟以来ヒットを出していなかったが、その曲名こそ、ジム・リードが〝ネヴァー・アンダースタンド〟で歌ったフレーズだった。スカイは明らかにもう運が尽きていて、見ていて悲しくなった。俺たちにとってはロックンロール・ヒーローだったのだから。ザ・シーズは崇拝の対象だったし、そもそも俺たちがバンドを結成した理由のひとつだった。その夜のロキシーでのライヴに、俺たちはスカイを招待した。観にいくと彼は言い、俺たちは喜んだ。

　ザ・ロキシーは1975年にデヴィッド・ゲフィンが始めたクラブだ。オープニング・ナイトに出演したのはニール・ヤング。クラブには彼がローレル・キャニオンで書いたシンガー・ソングライターもの、〝オールド・マン〟や〝ハート・オブ・ゴールド〟などソフト・ロックのヒット曲を聴きにハリウッドの元ヒッピーやコカイン・カウボーイの連中が集まったが、代わりに披露されたのはどれもヒッピー・カルチャーの暗黒面を描く未発表曲だった。天使の街(ロサンゼルス)の闇をつづるレイモンド・チャンドラーら、LAノワールの作家の伝統にならって、ニール・ヤングはカウンターカルチャーのドラッグの世界、その不道徳といかがわしさ、暴力について書いた。客が期待していた曲とは違っていた。

　ロキシーでは酒類を販売していたので、俺たちはアンダーエイジのキッズのために夜7時のライヴもやった。シンガー・ソングライターのベックは俺に、16歳の時、あのライヴを観るために並び、楽しかったと話してくれた。優れたアーティストにそう言ってもらえて嬉しかった。

　一度目のギグはグレイトだった。何時間か休憩を挟んで二度目のギグになる。俺は退屈して、コカインの首都にいるんだからと、アランに怒鳴った。「マッギー、ノー・コカイン(スノウ)ならノー・ライヴ(ショウ)だ!」。イアン・マッカロクが、バニーメンのライヴ前に毎回言ったとされるセリフだ。アランはスタッフのひとりを呼びつけ、コカインが手に入るかどうか訊ねた。その男は綺麗な女の子を買いにやらせた。30分ほどして彼女がブツとともに戻ってくると、ジムとダグラスと俺は別の部屋を見つけ、コカインを刻むと、袋に入っていたぶんを3人で全部鼻から吸った。本当の話だ。二度目のステージに上がる頃には、俺たち3人はもうギンギンで、跳ねまくっていた。ジムは歌詞を忘れ、ダグのベースは乱れていた。俺自身はリズムを刻む代わりに、気づくと一、二度床に仰向けに寝ていた。ちゃんと演奏したのはウィリアムだけだった。ラジオ局が録音したのはそのライヴで、音源がヴァイナル盤にプレスされ、全米のラジオ局に送られた。残念ながら、バンドのいい宣伝になるとは言えない。一度目のライヴが録音されていれば！

ギグのあと、俺はなんとか落ち着いた。神経もピリピリせず、コカインでいい気分だった。ドラッグは最初が最高だと言われるが、俺にとってはその通りだった。俺はロキシーのステージに腰かけ、周りでは美しいブロンドのカリフォルニア・ガールズが俺の言葉のひとつひとつに聞き入っている。ビーチ・ボーイズとレッド・ツェッペリンの夢が叶ったみたいだった。ステージを横切ってきたスカイ・サクソンは、俺の耳にこうささやいた。「ボビー、ドラッグはなんか持ってるか？」。

俺は「ごめん、全部やっちゃったよ」と答えた。彼はがっかりして去っていった。ソニック・ユースのサーストン・ムーアとキム・ゴードンもいた。何日か前、俺たちはソニック・ユースとスワンズのすごいライヴを観ていた。場所は砂漠に近い、どこかの工場の廃墟だ。スワンズのサウンドは破壊的かつ閉所恐怖症的で、ソニック・ユースは『バッド・ムーン・ライジング』や『ＥＶＯＬ』期の邪悪で神秘的な音を鳴らしていた。キムとサーストンはバックステージに来て、話していった。ソニック・ユースはジーザス＆メリー・チェインに親近感を持っていた。サーストンとは春にニューヨークで会っていたが、キムと会うのはあの時が初めてだった。聡明な女性で、俺とダグラスはすぐに彼女と仲良くなった。翌日、俺たちはジューイッシュ・デリのカントーズでロドニーと会うことになった。フィル・スペクターがウォール・オブ・サウンドの名作を作る間、食事を注文していた店だ。フィル・スペクターとレッキング・クルーはカントーズの軽食を食べて暮らしていた。サーストンは俺たちと一緒にカントーズに来て、キムはダグラスを連れ、車で街を案内した。ハリウッド・ヒルズ観光だ。俺はその時もコカインと、ロキシーでのライヴの栄光でハイなままだった。ロサンゼルスでスカイ・サクソンやソニック・ユースとつるむのは楽しかった。ダグラスと俺は同じ週に、ギター・ヒロインとして崇める女性にもレコード屋で出くわしていた。ザ・クランプスのポイズン・アイヴィ・ロールシャッハだ。

緊張して口もきけなかったこと、店ではライノ・レコードのガール・グループのコンピ盤を買ったのを覚えている。話は全部ダグラスがして、俺はただ黙ってじっと彼女を見ていた。アイヴィは最高にセクシーだった。ロックンロールの女王だ。俺はロサンゼルスが気に入った。グラスゴーに帰りたくなかった。このままツアーが終わらなければいいのに、と思っていた。

数か月後、ジーザス&メリー・チェインがプライマル・スクリームに、夏の2回のギグでのサポート出演を頼んできた。この申し出に俺たちは喜んだ。最初のライヴは1985年6月25日、場所はノッティンガムの伝説的なヴェニュー、ロック・シティだ。俺は24歳になったばかりで、人生を楽しんでいた。なにせクールなロックンロール・バンドふたつでプレイしていたのだから。出番の前に、俺たちは会場の警備を担当していたヘルズ・エンジェルズのひとりとしゃべっていた。彼からスピードを勧められると、当然ありがたくもらった。そいつは大きなナイフを取りだし、ピュアな白い粉で満杯の袋に突っ込むと、スピードが付いたナイフの先をひとりひとりの鼻の前に突きだして、俺たちがそれを吸った。極上のシャブだ。プライマル・スクリームのセットを終えると、みんなまた階下に戻り、狭い廊下で酒を飲んだ。廊下はロック・シティの全部の楽屋に通じていた。マッギーが雇った空挺部隊のひとり、筋骨隆々でハゲの男が俺たちを呼んだ。彼はドアのそばで警備をしていて、何事かと歩いていくと、そいつが「見ろよ」と言った。空っぽの部屋の床には女の子が倒れていて、20歳くらいだろうか、すっかり意識を失っていた。会場でメリー・チェインを待つ間に人混みに押されて気絶したんだろう。空挺部隊は俺たちと女の子を交互に見て、こう言った。「輪姦できるかもな。やるか?」。俺たちは胸が悪くなって顔を見合わせ、下劣なカスから離れた。俺は会場の警備担当のところに行くと、女の子を見張ってくれと頼んだ。

その日、俺はメリー・チェインとともにノッティンガムのホテルに泊まった。マッギーがそうしてほしがったからだ。プライマル・スクリームは別の場所に泊まっていた。翌朝、俺が新聞かコーラかパイか、何か買いにいこうとすると、あのハゲの空挺部隊が飛びだしてきた。まるでスナイパーが俺を狙っているとでもいうように、ホテルの周りのビルを見回している。「動くな！　何やってる！　どこに行くんだ！」。

新聞を買いに、と俺は答えた。

「バカか！　動くな！　外に出るな！」。そいつは通りの向かいのビルや屋上を見ていた。馬鹿馬鹿しい。危険なのはそいつのほうだった。

そのあとはプライマル・スクリームと一緒にマンチェスターに移動することにした。よく晴れた夏の日で、俺たちはハシエンダで演奏することになっていた。夢が叶うのだ。スロッブは腕のタトゥーに、ジョイ・ディヴィジョンの曲名、「ハート＆ソウル」と入れていた。俺とビーティとスロッブはファクトリーを信奉していたので、プライマル・スクリームがハシエンダでライヴをやるなんて、奇跡みたいな出来事だった。ノッティンガムからマンチェスターまで、車で短い距離を走ると、FAC51［クラブであるハシエンダにもファクトリー・レコードのカタログ番号が振られていた］にはすでにカレンが到着していた。彼女はグラスゴーから列車で来ていた。サウンドチェックの直前になってカレンが口を開いた。「あの、ボビー……メリー・チェインが私に、今晩ドラムをやってくれって」。

俺は、「は？　冗談言ってるのか？」と言った。

「冗談じゃない」とカレン。「ウィリアムがさっき、プレイしてくれって」。

「なんて答えたんだ？」。

「最初は無理、って言った。ドラムなんて触ったこともないし。でもウィリアムが、気を変えてくれるのに、自分たちがあげられるものはないか、って。欲しいものを言えば、なんでも手に入れるからって言われて……」。

「なるほど」と俺。

「私はスピードを1グラムくれたらやる、って答えたの」。

「それでやるって言ったのか?」。

カレンは「ええ」と答えた。

彼女は人生で一度もドラムを叩いたことがなかった。まったく、どういうことだ、と思った。俺には一言もなかったのだから。マッギーがあのギグにいたのかどうかもわからない。とにかく、メリー・チェイン側からは何も知らされていなかった。俺はこう思った。あいつらがそうしたいなら、俺に何ができる? どうでもいい、プライマル・スクリームがハシエンダでやるんだ、俺はそれに集中するだけだ。

演奏している間、観客のほうを見ると、左手にドアがあった。階下の楽屋に続くドアだ。そこに立って俺たちを見ていたのは、なんとマーク・E・スミスだった。俺が愛し尊敬する男、その彼がプライマル・スクリームを観ているのだ。ギグが終わると、スロッブが最初にステージを降り、マーク・E・スミスの横を通ろうとしたが、彼が動かなかった。スロッブは「すみません、ちょっとどいてもらえますか?」と言ったが、マーク・E・スミスは彼を無視して立っていた。スロッブはまた、「どいてください」と言ったが、それでもマーク・E・スミスは無視したまま立ちはだかっている。スロッブは彼にぶつかり、肩で押しのけて通っていった。

プライマル・スクリームのあとにメリー・チェインがステージに上がり、俺は袖からガールフレンドが自分のバンドで演奏するのを見ていた。カレンはドラムが叩けないし、生まれてからドラムスティックを持ったこともない。メリー・チェインはヴェルヴェッツのモー・タッカー的なものを目指していたのかもしれないが、モー・タッカーはれっきとしたドラマーだった。そこが違う。もっと別の思惑があるのを俺は感じ取った。ピンク・シャンパン(マンチェスターのスピードだ)1グラムで買収するなんて。奇妙な話だった。プライマル・スクリームのメンバーには、なんで俺がやらないのか訊かれた。なんと答えればいい? リード兄弟はそういう直接的ないざこざについては話さないし、俺からも何も言えなかった。受け入れたのは、彼らのバンドだったからだ。実のところ、俺たちは全員コミュニケーション障害を抱えていたが、いかにも後味が悪かった。

それは俺がバンドから追いだされる、終わりの始まりだった。

ついに『サイコキャンディ』が1985年11月にリリースされると、音楽メディアはアルバムを絶賛し、すぐに売り上げがシルバーに到達して、全員にシルバーディスクが渡された。当時は6万枚売れると、レコード会社がそれをアーティストに贈与していた。しばらくしてゴールドディスクになった。アルバムとカセットの売り上げが10万に達したということだ。俺はどこかであのシルバーディスクをなくしてしまった。1988年にブライトンに引っ越した時かもしれない。ただ『サイコキャンディ』のゴールドディスクはいまも堂々とトイレに飾ってある。音楽紙にはメリー・チェインの記事が溢れていた。あのアルバムは大人気で、リリース後すぐ31位になり、10週間チャートに入った。シングルの〝ジャスト・ライク・ハニー〟もよく売れ、45位になった。ジーザス&メリー・チェインのようなバンドが昼のラジオでかかることはなかったから、リリース日にファンベースがみんなレコードを買ったということだ。でも俺たちはまだ、一般大衆には届いていなかった。それにはラジオで流れる必要があり、チャートはゴミみたいな曲、操り人形みたいなパフォーマー、ぺらぺらの連中でいっぱいだった。90年代になるまでBBCレディオ1も商業ラジオ局も進んでギター・バンドの曲をかけようとはしなかったし、その頃にはほとんどのギター・バンドが去勢され、安全になっていた。ブリットポップにはセックスも危険も、革命意識もまったくなかった。

俺にとって1985年は重大な年だったし、新年にはどんな驚きが待ってるんだろう、と思っていた。その冬のある夜、夕食時に、俺が家にいると電話が鳴った。ジム・リードだった。メリー・チェインでの俺への連絡役は初めの頃はダグラス・ハートで、いまはほとんどがマッギーだったから、いつもと様子が違っていた。

「ああ」と俺。「ジム、話せて嬉しいよ。調子はどうだ?」。

ジムはすぐ本題に入った。緊張したような早口で、彼はこう言った。「メリー・チェインのフルタイムのドラマーになってほしいんだ。プライマル・スクリームはやめてほしい。両方のバンドをやるのは無理だ、選んでくれ」。

そんな事態はまったく予期していなかった。あの電話の記憶はいまだにぼんやりしている。ショックを受けて、凍りついていたんだろう。血の気が引くのがわかった。俺は何も言えなかった。ずいぶん長い間黙っていた気がしたが、たぶん数秒だったはずだ。俺は答えた。「OK、じゃあ俺はプライマル・スクリームをやる」。それで終わりだった。もう話すことはない。ごく短い会話だった。俺はひどい気分だった。これでもうおしまいだ。ジ・エンド。俺はメリー・チェインを愛していた。彼らは兄弟だった。自分にできることは全部やっていたし、全力を注いでいた。失望させたこともなかった。いつも格好よく決め、いい演奏をし、仕事には時間通りに行った。しかも、俺たちは親友だった。自分はギャングの一員だと感じていた。バンドに重要なものをもたらしていると思っていた。自分で考えていたより価値があったかもしれない。

もちろん、俺が演奏できるのはいくつかのビートに限られていたし、そういうドラムの技術のせいかもしれない、と自分を納得させてもみた。ドラムふたつとシンバルを叩く原始的なロックンロール、トライバルなビートしか弾けなかったのだから。でもいまのバンドの状況ではそれでパーフェクトだった。俺のふたつのドラムによって、メリー・チェインの音楽にはスペースが生まれていた。普通のロックのドラマーだったらシンバルやタム、リフなんかのがちゃがちゃした音で埋めてしまうだろう。そんなの当たり前で、退屈だ。ただ、彼らがあの頃やっていた原始的なガレージ・ロック以上のものに進化したいなら、おそらく俺よりもう少しプレイできるドラマーが必要だろう。それには自分でも気づいていたし、理解できる。俺はバッファロー・スプリングフィールドやラヴ、ザ・ドアーズが好きだった。どのバンドにもシンコペーションがやれるドラマー、ロックでもソウルでも、シャッフルやワルツも叩けるプレイヤーがいる。俺はもっと初歩的だった。あの時のメリー・チェインのドラマーとしては完璧だったが、彼らがサウンドを進化させたがっていること、もっと音楽的な洗練を求めていることも知っていた。たぶん、あの選択は正しかったんだろう。

どんなに自分に言い聞かせても、胸は痛んだ。だが同時に、俺には自分の曲を書き、自分自身のストーリーを語る力があるのもわかっていた。その時どこまでいい曲が書けるか、思い違いはしていなかったが。まだ先は長くても、いつかもっといいソングライターになれると信じていた。ジムとウィリアムをリスペクトしていたので、俺が将来彼らに曲を提供するとか、ビーティと書いた曲をメリー・チェインが録音するなんてことは夢にも思わなかった。ありえない！　メリー・チェインへの俺の貢献はイメージとリズム、そしてバンドのチアリーダー役に限られていた。その役目で満足していた。彼らのバンドの一員であることを、俺は愛していた。ただメリー・チェインでは、俺は目指すような本当にクリエイティヴな人間にはなれなかった。バンドにはすでにふたりの偉大なソングライターがいたのだから。ひとり立ちするべきだと俺にはわかっていた。自分の運命は自分で決めなければいけない。ずっと彼らに頼るわけにはいかないのだ。

メリー・チェインがビッグになり、メディアに注目され、コンサートが売り切れ、チャートの順位が上がるにつれ、リード兄弟がどんどん孤立しているのに俺は気づいていた。有名になればなるほど彼らは引っ込み思案になり、姿を隠すようになった。初めの頃、84年のクリエイションのドイツ・ツアーや、85年の春から夏にかけてニューヨークとヨーロッパ、イギリスを回った頃よりみんなで笑うことも少なくなった。11月の北米ツアーが楽しかったのは、バンドの仲間意識が強かったからだ。俺たちは小さなツアー・ヴァンに楽器とアンプを乗せ、アメリカを駆け巡るギャングだった。バンドの4人とマッギー、ローディは友だちのデイヴ・エヴァンズとルーク・ヘイズ。そのメンツだけで完璧だった。でも、１９８６年2月の『サイコキャンディ』のツアーはあんまり楽しくなかった。ひとつには、俺にはこれがバンドとの最後のツアーになるとわかっていたからだ。演奏はグレイトだった。いまでは暴動時代のイカれた15分ではなく、40分近くのセットをやるようになっていた。でも俺には、ロックスターになる夢を持った若者が皆通る道をメリー・チェインが通っているように思えた。スターダムをつかむと同時に、それをどう扱えばいいのかわからなくなる、という。

ジムとウィリアムは内気な人間でありながら、世界最大のバンドになり、ポップ・カルチャーを変えたいと思っていた。ところが悪魔との契約にはアーティストとしての成功だけでなく、名声と富もついてくる。それにうまく対処できる人間もいるし、楽しめる人間だっている。そのまま享受できるのだ。メリー・チェインのメンバーとして、ダグラスと俺にはその気概があった。でも、それがない人間には呪い、毒杯のようなものになってしまう。リード兄弟は自分に対してとてもシリアスだった。シリアスすぎたかもしれない。でもあの年齢では誰だってそうだし、『サイコキャンディ』のような名作として残るアルバム、幾世代にも渡るようなロックンロール・アルバムの作者だったらなおさらだ。自分たちは世界を変える、と彼らは考えた。そのどこが悪い？　実際、あのアルバムは大勢の人生を変えたのだから。長年の間、多くの人が俺に、ティーンエイジャーだった頃に『サイコキャンディ』がどんな意味を持っていたか話してくれた。郊外の孤独なミドルクラスのキッズも、疎外された公営住宅のキッズも。メリー・チェインはまさにそのために結成されたバンド、孤独な人々、迷える魂を繋ぐバンドだった。退屈と怒り、疎外と痛み。みんな刺激を求めていた。

いま振り返ると、俺はメリー・チェインにハメられたんだと思う。彼らは巧妙だった。自分たちのフルタイムのドラムになるか、それともプライマル・スクリームのリーダー兼ソングライターになるか、2択を迫ったが、たぶん俺がどっちを選ぶか、すでにわかっていたんだろう。あれはあからさまにクビにすることなく、俺を厄介払いする方法だった。彼らは俺をソフトに着地させてくれた。仲違いをすることはなかった。俺はいまでもウィリアムとジム・リードを愛しているし、ダグラス・ハートは２００６年の結婚式で俺の付き添い人を務めた。ロンドンで彼らがライヴをやる時は毎回行っている。メリー・チェインのライヴはいつだって素晴らしい。完璧だ。それに、彼らは俺の代わりにドラムマシンを使うようになった。クールで、俺は大いに気に入った。次にリリースした実存的ブルーズの名作『ダークランズ』は、メリー・チェインで俺がいちばん好きなアルバムだ。すべてドラムマシン。つまり俺の代役はいなかったというわけだ。

俺にとって最後のメリー・チェインのライヴは、１９８６年2月のリバプール、会場はエンパイアだった。

17 エレクトリック・ボールルームの電撃（脳天を割られ、鎖を外される）

すでに俺を引き継ぐ新ドラマーが決まっていて、ツアーの最後の何回かは彼が叩くことになっていた。名前はジョン・フォスター・ムーア。ちょっと変な感じだったが、「まあ、こういうもんなんだろう」と思っていた。

エンパイアでのギグの翌朝、2月の朝は冷え込んでいて、俺はホテルからツアーバスに乗り、リバプール・ライム・ストリートで降りた。車ですぐだった。みんなに別れを告げ、駅の改札を通ると、列車に乗ってグラスゴーに帰った。冷たく、奇妙で、悲しい気持ちでいっぱいだった。列車に乗ると俺はヘッドフォンをつけ、帰路の間ずっと、ソニーのウォークマンでビッグ・スターの『サード／シスター・ラヴァーズ』のカセットを聴いていた。アレックス・チルトンが歌う絶望的に壊れた関係と、ドラッグで麻痺したニヒリズム。その暗く、美しく、物悲しい音楽が状況にふさわしい気がした。俺はまたひとりぼっちになった。

Part Four (1986–1991)

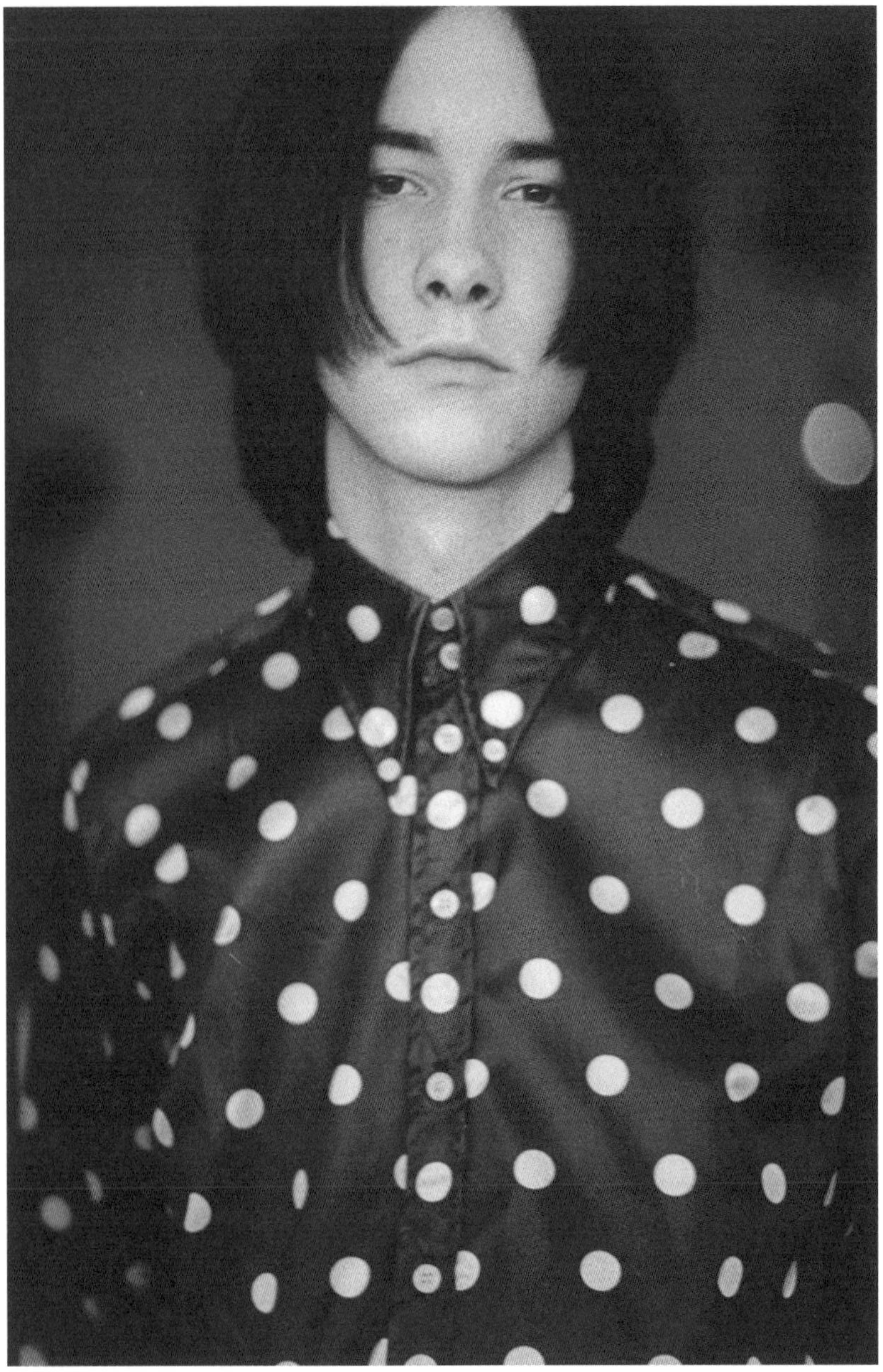

18 ソニックの花、ストロベリーの飛びだしナイフ
Sonic Flowers and Strawberry Switchblades

1986年に何回かライヴはやったが、大したものじゃなかった。俺たちはまだアンダーグラウンドのバンドだった。DJのジャニス・ロングはプライマル・スクリームのサポーターで、最初から応援してくれたし、いまだにそうだ。ジョン・ピールにはあまり評価されなかった。プライマル・スクリームに女の子がいないのが問題だったんだろう。彼は女の子がいるバンドがお好みらしく、特に楽器がうまく弾けないと大喜びだった。彼に関するかぎりは、アマチュアっぽいほうがいいバンドなのだ。まあ、自分がやっていることを全員が理解してくれるわけじゃない。

俺が脱退してから、メリー・チェインはマッギーをクビにしたので、彼もまたひとりになった。それで少し傷ついたというより、彼は幻滅して途方に暮れてしまった。音楽業界から足を洗おうとしていたが、彼のヒーローであるファクトリーのトニー・ウィルソンに励まされ、続ける気になった。するとロブ・ディキンズ〔当時のワーナー・ミュージックUK会長〕がマッギーに、自分のレーベルを始めないかと提案した。一緒にやったら楽しめると踏んだのだ。ディキンズはずっと俺とマッギーを気に入っていた。70年代にセックス・ピストルズをワーナー・パブリッシングに契約させた男だ。ロブの父親はデンマーク・ストリートのティン・パン・アレイで働き、イギリスのチャートを設立した。そうすれば新聞を出し、広告スペースを売ることができる。「NME」が始まった由縁だ。あれは広告スペースを売るための新聞だった。頭のいい連中だ。ロブ・ディキンズはキャラが立っている人間が好きだった。WEAでバニーメンと契約し、バニーメンのマネージャーでザ・KLFの立役者でもあるビル・ドラモンドと直接仕事をした。ロブ自身、ちょっとしたキャラクターだった。結

婚相手はパンズ・ピープル［「トップ・オブ・ザ・ポップス」に出演していた女性ダンス・グループ］のひとり、チェリー・ギレスピー。80年代、90年代を通じ、イギリスの音楽業界でいちばんの大物だった。

マッギーの新レーベルの名はエレヴェーション。テレヴィジョンの『マーキー・ムーン』の曲名にちなんでいた。そのレーベルを通じて、彼はプライマル・スクリームとザ・ウェザー・プロフェッツをワーナーと契約させた。ロブ・ディキンズはプライマル・スクリームを大いに支援していて、俺たちがザ・バーズやドアーズ、ラヴ、ティム・バックリーに取り憑かれているのを評価していた。

ワーナーから前金としていくら支払われたのか、俺は知らない。たぶん契約料が7万5000ポンドほど、加えて出版契約が3万ポンドくらいだったんじゃないか。ビーティと俺がソングライターだったので、出版契約は7万5000ポンドほど、出版契約の前金はふたりで折半した。レコーディング費用と、メンバーそれぞれが生活するための給料は7万5000ポンドから出すことになる。アルバムのプロデューサーは誰がいいか、マッギーに訊かれた時、俺はジミー・ペイジかプリンスがいいと提案した。100パーセント本気だった。ギターの名人、作曲家としての才能の他に、ジミー・ペイジは優れたロックンロールのプロデューサーでもあった。それにヤードバーズ時代の経験から、俺たちのフォーク・ロック的な感性を理解してくれると思った。プリンスは言うまでもない。俺は当然、彼のレコードが出るたびに全部買っていた。80年代にリリースされたプリンスの一連のシングルは無敵だ。ビートルズ、ストーンズ、ボウイ、フィル・スペクター、タムラ・モータウン、スタックス、何にだって比肩する。どれも信じられないような曲だった。マッギーは俺の答えを聞いて笑い、無理だな、と言った。結局、俺たちはスティーヴン・ストリートにプロデュースを頼んだ。

どうしてそうなったのかはわからない。俺としては、ドアーズやラヴみたいなサウンドを目指していた。プロダクションというもの、レコーディングというプロセスや技術についてはまったく無知だったが、ツェッペリンやプリンスを聴いて、彼らが心得ているのはわかっていた。でもどうやってレコードを作るのかはわからない。ザ・ウェイクでスタジオに入った経験はあっても、俺にはまだ謎だらけだった。プライマル・スクリームでは、音楽の趣味が一致しているジョー・フォスターの手を借り、インディのシングルを2枚出しただけだった。当時、ほとんどのエンジニアが目指していた80年代的なプロダクションと闘うのを、ジョー・フォスターが手伝ってくれた。俺たちはプロデューサーと一緒にやったことがなく、プロデューサーがいったい何をするのかも知らなかった。レコードのラベルやアルバムのカバーに書かれている名前で決めるしかない。スティーヴン・ストリートはジョニー・マーがプロデュースした『ザ・クイーン・イズ・デッド』でエンジニアをやっていて、俺たちはあのアルバムの音を気に入っていた。俺はジョニー・マーが大好きで、60年代を現代的に解釈したアルバムだと思った。俺たちは60年代の雰囲気と、コンテンポラリーな感性があるアルバムを作りたかった。「レトロ」なサウンドにはしたくなかったのだ。

もちろん、俺にはメリー・チェインでスティーヴン・ストリートと一緒にやった経験があり、その時はうまくいったとは言えなかった。彼はナイスガイだったが、ある意味まったく普通で、全然ロックンロールじゃない。1986年夏の終わり、彼はエジンバラのジ・オニオン・セラーまでプライマル・スクリームのライヴを観にきた。うちのドラマーはいまいちだ、と話したのを覚えている。ギグのあとストリートは俺に、彼で大丈夫だよ、と言った。その冬、俺たちはウェールズのモンマスシャーにあるロックフィールド・スタジオに入ったが、結果は散々だった。ドラマーのタム・マクガークはとにかくテンポが保てなかった。60小節、30小節どころか、1小節の間でさえスピードが遅くなったり、速くなったりする。同じ小節でだ。そんな状態でビーティとスロッブがうまくやれるわけがない。マクガークはスタジオで出番がなくなると、地元の村のパブで酔っ払っては女の子をひっかけようとしていた。別に酒と女目当てでもかまわないが、それはちゃんと仕事をすませた時の話だ。彼は俺たちのように何かを作りだそうとしていなかった。スタジオという環境下では、あらゆる真実が表面化する。

スティーヴン・ストリートはまだプロデューサーとしてのキャリアを始めたところだった。いま振り返って、彼はマクガークを即クビにして代役を連れてくるべきだった、と言うのは簡単だ。でもストリートは我慢していた。たぶんバンドとして俺たち全員を気に入っていたので、ドラマーを追いだすのは自分の権限じゃないと思ったんだろう。でもレコーディング・セッションでマクガークのひどさがわかった時に、思い切って俺と話をしてくれればよかったのに、と思う。そしてバンドのリーダーとして、俺にもその場でマクガークをクビにする勇気があればよかったと思う。

俺たちは何週間もロックフィールドにこもり、なんとか曲を形にしようとしていたが、成果はほとんどなく、せいぜい3、4曲くらいしかできなかった。俺はいくつかの曲で歌えないのに気づき、わけがわからなかった。自分に腹が立ち、恥ずかしかった。俺が書いた曲だし、これまでライヴやBBCラジオのセッションで歌ってきたのに、何が問題なんだ？

スロッブはスコット・ウォーカーのアルバムを持ってきていた。彼のテレビ番組を音源化したもので、見開きのスリーヴを開くと、茶のコーデュロイのスリムなパンツと黒のカーディガンを着たスコットの全身が写っている。60年代パリ左岸のボヘミアンな知識人といった風で、髪は短いローマン・カット。すごくモッズだった。首には鍵がついたチェーン、そしてスリッポンのローファーがルックを完成していた。俺は自分をインスパイアするため、その写真を楽譜台に立てて前に置いた。ヴォーカリストとしてのヒーロー、スコットが目の前にいる。ただスティーヴンが録音ボタンを押し、レコーディング中だと警告する赤いライトが灯り、いざ歌う段になると、どんなに頑張っても音が喉から出なかった。恐ろしいことに、それが何度も何度も起きた。まるで20フィートの煉瓦の壁を前にして、誰かに「その壁を跳び越えるんだ、跳び越えろ」と命じられているのに、4インチくらいしか跳べないような気持ちだった。どうしても最初の音が出ず、俺は忸怩(じくじ)たる思いだった。

俺たちにとっては、メジャー・レーベルからアルバムを出すというビッグ・チャンスだった。やっと失業手当から外れ、ついにプロのミュージシャンとして生計を立てはじめたところだった。しかも俺たちはロックフィールド・スタジオ、バニーメンがあのデビュー作『クロコダイルズ』をレコーディングしたスタジオにいる。ここではイギー・ポップも『ソルジャー』を録音した。俺は名盤となるデビュー・アルバムを作ろうと決意していた。なのに歌うこともできない。歌詞の最初のラインさえ俺からは出てこなかった。

俺たちが行き詰まっているというスティーヴン・ストリートの報告がクリエイションのオフィスに届き、噂ではマッギーが様子を見にスタジオにやってくるという。俺はレコーディングを進めることに集中していたが、スロッブの頭は別のことでいっぱいだった。セクシーな既婚女性と出会ったのだ。20代後半、かなり気取った話し方をする人で、プリマスから車で彼に会いにきていた。元々は俺たちの友だちと不倫をしていたが、そいつが彼女をギグに連れてきて、スロッブがお眼鏡にかなったというわけだ。スロッブもまんざらではなかった。実際とても感じのいい人だったが、友だちは彼女のことを「リッチ・ビッチ」と呼んでいた。シャンパンとワインと食べ物が入った大きなかごを持ってやってくると、着ているのは白の乗馬パンツに膝までのブーツ。まるでジリー・クーパーのロマンス小説の表紙から飛びだしてきたみたいだった。1日のレコーディング・セッションが終わるとスロッブは彼女が借りた山荘にこもり、翌日、俺に放蕩を尽くした話をするのだった。幸せそうで、あいつのいたずらっぽい笑顔が輝くのを見ると、俺も嬉しかった。

そのすぐあと、マッギーがやってきた。彼はそれまでに録音したものを聴くと、ドラマーとリズム・ギタリストの両方をやめさせた。まったく使えなかったのだ。トム・マクガークのドラムはめちゃくちゃだったし、スチュワート・メイはあてもなく弾きまくるだけだった。ライヴではただのノイズなので、それでもいい。メイは轟音を鳴らしていたし、ちょっとしたヴィジュアルとギターのパワーを加えてくれた。でもスタジオではどうにもならなかった。

スタジオに残ったのは俺とビーティ、スロッブ、そしてスティーヴン・ストリートになった。ドラムマシンを使って何曲かやってみると、マッギーがギターにアンドリュー・イネスを呼ぶことを提案した。アンドリューは数時間のうちにコントロール・ルームにやってきて、「こんな曲じゃ弾けない、ドラムのテンポが外れすぎてて無理だ」と言った。スティーヴンは2インチのマスターテープを切り刻み、なんとかマクガークのドラムを編集しようとしていたが、うまくいかなかった。アンドリューはまた、ほとんどの曲が俺のヴォーカル・レンジには高すぎるキーで録音されているのに気づいた。「キーが全部間違ってる」と彼は言った。「キーってなんだ?」と俺たちは答えた。みんな独学のパンク・ミュージシャンで、音楽理論についてはなんの知識も持ち合わせていなかった。スタジオ・レコーディングという緻密な環境で、経験のなさが暴かれたのだ。アンドリューはギターで2、3曲のキーを変えると、俺にもう1回歌ってみろと言った。するとうまくいった。

それでもマッギーは最終的に、このアルバム・セッションのキャンセルを決定した。ロックフィールドに5週間こもったあげく、できたのは〝ジェントル・チューズデイ〟を含む2、3曲だけだった。ビーティと俺は打ちのめされたような気持ちでグラスゴー行きの飛行機に乗った。ひどく後ろめたく、恥ずかしかった。帰りのフライトではほとんどしゃべらなかった。何も言うことがなかったのだ。失敗したとわかっていた。俺たちは相手に腹を立ててはいなかったが、チャンスを台なしにしたと思っていた。メジャー・レーベルの後ろ盾でデビュー・アルバムを作れたのに、WEAは俺たちを有名な商業スタジオに送り込むほど信頼してくれたのに、人に聴かせるアルバムさえできなかった。俺もビーティも、もうレーベルに見放されたと思っていた。でもそれについては話さなかった。あの頃、人はあまり話さなかったし、感情を口にしなかった。誰もそんな話はしなかった。誰ひとり。

1、2週間後、マッギーから電話で吉報が届いた。ロブ・ディキンズと会ったら、彼が〝インペリアル〟を気に入ったというのだ。ディキンズの計画では俺たちをアビー・ロードに送り込み、クライヴ・ランガーのプロデュースでシングルにするという。クライヴ・ランガーがあの曲を気に入ったなんて、信じられなかった。デキシーズの〝トゥー・ライ・アイ〟、ティアドロップスの〝リワード〟や〝パッショネイト・フレンド〟、マッドネスのヒット曲の数々のプロデューサーが!　しばらく絶望して何も手につかなかったのに、再び状況が動きだした。俺たちはレコーディングの前に、クライヴとともに〝インペリアル〟をリハーサルすることになった。クライヴによると、「プリプロダクション」というものらしい。

その時のバンドは俺、ビーティ、スロッブの3人だった。アンドリュー・イネスにはよければフルタイムで加わってほしいと頼んであり、使えないタンバリン奏者もなぜかそのままいた。全員が同額の給料をもらっていた。あのタンバリン・プレイヤーさえ。完全に社会主義のバンドだったのだ。ただ例外として、作曲をした俺とビーティには余計に1万5000ポンドが入った。

ビーティとスロッブ、俺、イネスがカムデンのリハーサル・スタジオでクライヴ・ランガーと落ち合うと、彼はセッション・ドラマーを連れてきていた。がんがん力任せに叩くタイプで、俺の好みのドラミングではなかった。俺はもう少し軽い、ソウルフルなタッチを好む。俺たちにはちょっとヘヴィで、ストレートすぎるドラマーだったが、一応クライヴを信頼してみようと思った。リハーサル・ルームでまずクライヴに曲を何度か演奏すると、彼がいわゆる「ルーティン」をやった。バンドのやり方でやらせてみて、アレンジを吟味することをそう呼ぶらしい。すると彼が、ギター・ソロの途中でキーを変えるというアイデアを思いついた。すごくいい。クライヴは音楽的な男だった。

アビー・ロード・スタジオに到着すると、クライヴは俺たちをスタジオ2に案内した。ビートルズがポップやサイケデリックの名曲の数々をレコーディングした場所だ。クライヴは俺たちが〝インペリアル〟を録音するのにパーフェクトな状況を作ってくれていて、最高に楽しいセッションだった。有名なプロデューサーとプロフェッショナルなレコーディングをしたのはあれが初めてだった。エンジニアはエルヴィス・コステロの仕事をした、親しみやすく慎重なスコットランド人、コリン・ファーレイ。本当に優れたエンジニアだった。俺たちは全員胸を撫でおろしていた。6週間前には取り返しがつかない失敗をしたと思っていたのに、ロブ・ディキンズが俺たちを信じてくれたのだ。

大きなスピーカーから流れる〝インペリアル〟はいい出来に聞こえた。ビーティの12弦ギターはまるでロジャー・マッギンが乗り移ったようで、スロッブとイネスはセッション・ドラマーの男とともにタイトなリズムを刻んでいた。曲のキーが俺に合っている、とクライヴは言った。彼の指導で俺はうまく歌えるようになっていた。ドラムが少しヘヴィだとはみんな思ったが、バニーメンやティアドロップスの重いドラムも好きだったから、あまり気にはならなかった。俺たちはレコードをヒットさせたかった。失業手当で食う生活には戻りたくない。ロックンロール・スターになって、楽しんで、稼いで、いまいる場所から抜けだしたかった。グラスゴーから出て、ロックンロール・バンドとして世界をツアーしたかった。

あのレコードの制作はすごい体験だった。スタジオ2にいる間に、俺たちは隣のスタジオにロバート・フリップがいて、妻のトーヤ・ウィルコックスとともにイギーの〝ザ・パッセンジャー〟をカバーしていることに気づいた。廊下に出るとドア越しにあの曲が聴こえてきた。クライヴは俺たちに、ロバート・フリップに頼んで〝インペリアル〟でギターを弾いてもらおう、と言った。みんないいアイデアだと思った。ボウイの〝ヒーローズ〟での彼のギターは傑出していた。クライヴは隣のスタジオに行き、ケースに入ったギターを手にしたロバート・フリップ本人と一緒に戻ってきた。彼は紳士的に自己紹介すると、コントロール・ルームとスタジオのフロアを繋ぐ階段を降りていった。体育館のような場所を想像してほしい。あれはバスケットボールの試合ができるほど大きな部屋で、彼はギターとペダルをセッティングすると、アンドリューのヴォックスAC30のアンプを使って演奏した。コリン・ファーレイはフリップのヘッドフォンに曲を流しながら、即興でフリッパートロニクス［ロバート・フリップによって有名になった、ループを使ってギターの音を重ねる手法］を始めた。クライヴが満足するまで、彼のプレイを3トラックくらい録音したと思う。するとフリップは楽器とペダルをしまい、妻がいる隣室に帰っていった。〝インペリアル〟のミキシングの段階で、残念なことに俺たちはあのワイルドなフリッパートロニクスを使う場所が見つけられなかった。でもいいプレイだったのは確かだ。彼が演奏すると、まるで逆回転みたいに聴こえる。強烈で、メタリックで、数学的なスタイルだった。いつかあのマスターテープを発見したら、〝インペリアル〟をリミクスできるかもしれない。

アビー・ロードにいたのは2日間で、両日とも終わりに近づくと、クライヴは一杯飲んでかなり感傷的になった。ある夜スタジオのフロアで話していると、ビーティの先の尖ったチェルシー・ブーツを見た彼が俺に訊ねた。「ボビー、このスタジオで最後にあんなブーツを履いてたのが誰か、わかるか?」。

俺には答えがわかっていたが、「誰です?」と訊ねた。

目に涙を溜めながら、クライヴは言った。「あいつらだよ、あいつらはなんだってできた」。もちろん、ビートルズのことだ。彼は俺たちと同じくらいロマンティックな男だった。だからこそ通じ合えたのだ。トラックのミキシングをやっていた夜には、クライヴが俺たちのほうを向くとこう宣言した。「セドリックを呼ぶぞ。セドリックを呼ぶ時間だ」。セドリックはロン・ウッドのコカインのディーラーとして知られていた。俺たちは「やった、クライヴ、最高だ!」と喜んだ。

1時間ほどして現れたセドリックは、ドラマ「秘密指令S」のジェイソン・キングのような太い口髭を生やし、高級なアフガン・コートを着ていた。まるでタイムマシンで1974年からやってきた、映画『スーパーフライ』のロン・オニール、あのイギリスの白人ヴァージョンだ。セドリックがスタジオ2の控え室でコカインの白い線を刻むと、ビーティが指を舐め、コカインを歯茎につけようとした。セドリックはその前にビーティの手をつかんだ。

「おい、コカインは舐めるもんじゃない、スピードとは違うんだ」。

俺たちは恥ずかしくなった。「ビーティ、何をやってるんだ?」と。彼はコカインをやったことがなかった。スピードだけだ。もちろん、俺たちはローリング・ストーンズと繋がった気がして嬉しかった。ラリって廊下を歩いていると、階段を見つけ、アビー・ロードの屋上に上がった。めちゃくちゃにハイで、ロックンロール・スターになった気分だった。スタジオの廊下にはビートルズの巨大な写真があちこちに貼られ、それに囲まれるのは最高のフィーリングだった。あの夜、俺はレノンの写真の横に立って写真を撮った。バンドを強く結ぶ体験だった。俺とスロッブは天国にいるような心地がしていた。

ロブ・ディキンズは〝インペリアル〟の出来に大満足で、俺たちにまた3万ポンド、アルバムを作る費用を出してくれた。ただ残念なことに、その額ではクライヴ・ランガーがまるまる1枚プロデュースするには足りず、代わりにマッギーはメイヨ・トンプソンを提案した。メイヨは以前レッド・クレイオラというバンドをやっていて、テキサスの伝説的なレーベル、インターナショナル・アーティスツではサーティーンス・フロア・エレヴェーターズとレーベルメイトだった。

俺たちはメイヨと会い、ほとんどの間ロッキー・エリクソンについて彼を質問攻めにした。当然俺たちよりずっと年上で、どこかアッパー・ミドルクラスの知識人といった雰囲気だった。彼はラフ・トレードでジェフ・トラヴィスとともに何枚かシングルを共同プロデュースしていた。ザ・フォール、スティッフ・リトル・フィンガーズ、レインコーツ。どれもリリース時に自分でも買ったいいレコードだが、サウンドはごく素朴で、「オーディオ・ヴェリテ」とでも呼べるようなスタイルだった。バンドが曲をプレイする、その生演奏を録音しただけで、俺が思うような「プロダクション」はまったくない。自分たちのレコードにはギターのレイヤーやヴォーカルのハーモニー、ストリングスのアレンジが必要だと俺は思っていた。だがロックフィールドでの失敗のあと、俺たちに選択権はほとんどなく、サーティーンス・フロア・エレヴェーターズとの繋がりでなんとか納得した。彼も興味を持ってくれたようだった。レッド・クレイオラの〝ハリケーン・ファイター・プレーン〟や〝トランスパレント・レディエーション〟は大好きだったし、彼があのレコーディングに関わっていたとしたら、自分たちが思い描いているサウンドを実現する助けになってくれるかもしれない。が、俺たちは甘かった。

レコーディングはロンドンのオールド・ストリート駅のすぐ裏にあるグリーンハウス・スタジオですることになった。UKパンク・バンドのヴァイブレーターズの元ベーシスト、パット・コリアーが新たに作ったスタジオだ。パットはウォータールーにあったスタジオ、アラスカをオールド・ストリートに移転していた。19

86年、あの通りがトレンディになるずっと前の話だ。

俺は毎日、その日泊まっているゲストハウスによって、キングス・クロス駅かユーストン駅のどっちかから地下鉄に乗り、スタジオに通っていた。騒ぎすぎたせいで、俺たちは多くのゲストハウスから出入り禁止になっていた。当時のオールド・ストリートはサッチャーの英国に破壊されてさびれきった地区で、シリコン・ラウンドアバウト［2008年頃からイースト・ロンドンにIT企業が集まったことを指す］の活気や、IT関係や金融業の若いエリートで満員のコーヒーショップなんかとは無縁だった。ホームレスの人々ががらくたを抱えてとぼとぼ歩き、古新聞やビニール袋が人気のない駅の周りで風に吹かれているだけで、オールド・ストリート・ラウンドアバウトもがらんとしていた。

この時のプライマル・スクリームは4ピースのバンドになっていた。俺、ビーティ、スロッブ、そしてイネス。まだドラマーはいなかったが、ザ・ウェザー・プロフェッツと仲が良かったので、アルバムではデイヴ・モーガンがドラムを叩いた。彼とは一緒にツアーに出ていたし、いいドラマーだと思ったので頼んだのだ。

アルバムのレコーディング中、ほとんどの間、プロデューサーのメイヨ・トンプソンは眠っていた。2年ほど前に雑誌「ザ・ワイアー」でインタビューを受けた時、自分がプロデュースしたバンドについて訊かれ、『ソニック・フラワー・グルーヴ』の話になると彼はこう言っていた。「あの時はずっと寝てたな」。図々しい奴め、と思った。すっかり忘れていたが、実際そうだったのだ。彼はミキシング・デスクの椅子に座って目を閉じ、時折目を覚ますと、ずれた眼鏡を元の位置に戻し、何やら励ますようなことをつぶやいた。ただネガティヴになることは一度もなく、ずっと我慢強く接してくれた。俺たちは自己要求が高く、いいテイクが取れたかどうか自信が持てなかったから、そこはよかった。もっとうまくやれる、といつも感じていた。だがメイヨは決まりきった仕事の振りをしている感じで、本当の意味のレコード・プロデューサーではなかった。まあ、フィル・スペクターだとは言えない。でも俺だって、ロネッツのロニーじゃなかった。

若い頃は、どうしてああいうことができる連中がいるのか、俺には理解できなかった。一緒に仕事をするのは、自分と、自分のバンドを気に入ってくれたからだと思っていた。俺は世間知らずだった。年を取ると、メイヨがなんで仕事を受けたのかがわかる。食っていく必要があったのだ。しょうがない。彼の仕事はまあまあだったが、実際のところあのレコードでエンジニアを務め、俺たちと共同プロデュースしたのはパット・コリアーだった。チームワークだったのだ。メイヨのために言っておくと、彼はあの仕事を、俺たちがあまり苦しまずに最初のレコードを生む手助けだと思っていたんだろう。アレンジの案が彼から出てくることもなかった。俺たちがすでに全部考えていたのだから。つまりあのレコードは、本当にただ俺たちの生演奏をそのまま録音したもので、ギターのパートをいくつかオーバーダブしただけ。俺たちは、どういうサウンドにしたくないかははっきりわかっていた。

メイヨが一度か二度、泣いたのは覚えている。きっと俺たちの歌やプレイの誠実さに感動したんだろう。悪い奴じゃなかった。実際、みんな彼のことを好きだったし、俺たちが持ち込んだ素材で、彼なりにベストは尽くしたんじゃないだろうか。いまあれを聴くと、どのサビにも2、3パート、ヴォーカルのハーモニーを加えればもっと際立つのに、と思う。曲がそういうフォーク・ロックの手法を必要としている。ともあれ、あのアルバムにはストリングスもホーンもなく、『パイパー・アット・ザ・ゲイツ・オブ・ドーン』や『フォーエヴァー・チェンジズ』のような、本当に「プロデュース」された作品にはならなかった。でもやっぱり、俺たちだってシド・バレットのピンク・フロイドじゃなかったし、ラヴでもバッファロー・スプリングフィールドでもなかった。目指すところが高すぎて、失敗は目に見えていた。ソングライティングや音楽的な能力が限られていたのに、目標が不相応だったのだ。俺たちはまだ曲の書き方、演奏やアレンジを学んでいるところだった。それでもオリジナルなバンドとしての音、スピリットは捉えられていると思う。あのアルバムには若さ、恍惚とした喜び、メランコリックな切望感、ナイーヴな誠実さが満ちている。若いエナジーと、ほろ苦い悲しみ。メタファーでは太陽や光を求めながら、失敗、喪失、苦痛からは逃れられないという真実にも気づいている。

俺はあの時も歌詞の書き方を模索していた。内面ではいろんなことに気づきながら、それを表現するのに苦しんでいた。グラスゴーでは感情というのは抑えるべきもので、弱みを見せてはいけなかった。曲を書くのは、そんな恐れによる心の壁、マッチョな外面やはったりを壊すひとつの方法だった。心の奥で思っていることを曲にすることで、俺は自分を表現するすべを学んでいた。まだ言いたいことが言えずに苦しんでいる部分もあったが、同時に自分自身が書いたいくつかの歌詞に驚き、喜んでもいた。これをちゃんとやれればライフワークになるとわかっていたし、ソングライターとしてまだ始めたばかりだった。全部実験なんだ、と俺は自分に言い聞かせた。失敗することだってある。でも、創造における失敗を恐れてはいけない。何がうまくいき、何がうまくいかないかは、やってみないとわからない。俺はプライマル・スクリームを未完成のバンドだと思っていた。自分のなかに成長させるべきものがあるのはわかっていたし、それはビーティもロバートもイネスも同じだった。絶対にあきらめないと俺たちは決意していた。

2枚目のアルバム『プライマル・スクリーム』では、曲がアイヴィやウェンディといった想像上の女の子に向けて書かれている。そうした名前は実在する誰かではなく、歌詞の音節に合わせてランダムに選んだ名前だった。とはいえ、〝アイヴィ・アイヴィ・アイヴィ〟を書いている間、俺の頭にはザ・クランプスのポイズン・アイヴィ・ロールシャッハの姿が浮かんでいた。彼女は手の届かない女性の美しさ、その究極の形だったし、いまでもそうだ。あのエロティックなクールさ、シャーマンのような強烈さ。ポイズン・アイヴィには異教の愛の女神が持つ神秘性とパワーがあった――真のヒロイン、永遠のインスピレーションだ。『プライマル・スクリーム』の曲は、ハイエナジーのロックンロールとして演奏するための曲だった。ちょっと安っぽく、クラシックなロックの曲を書く練習のようなもの。まだちゃんと形になっていないかもしれないが、ある種の実験だった。『ソニック・フラワー・グルーヴ』のあとでビーティがバンドをやめると、彼のシグネチャー・サウンドだった12弦のリッケンバッカーも一緒になくなってしまい、俺たちはまたゼロから始めなければならなかった。だがその「イヤー・ゼロ」という挑戦が、ぎりぎりまで追い詰められた状況で生き抜くという、俺たちのメンタリティに合っていたのだ。

俺は叫びたい、シャウトしたい
お前の宗教的な口を見ると

〝シー・パワー〟の冒頭だ。あの曲では俺たちなりにT・レックスとロネッツをハイブリッドしようとしていた。そして〝ローン・スター・ガール〟では、スロッブのジョニー・サンダースに影響されたニューヨーク・ドールズ的なギターの暴力を、俺のビーチ・ボーイズ風の陽光溢れるメロディと組み合わせている。

プロテスト・ソングで爆弾は止められない
ソフトな反抗だって同じだ

何を考えていたのか？　俺たちはグラスゴー出身だった。ニューヨークやカリフォルニアじゃない。たぶん、俺たちは都会のいやらしさと物悲しい切望感をひとつにしようとしていた。セックスと危険、ロマンスと熱望。アイデアとしては最高だが、実現するのはめちゃくちゃ難しい。その数年前に、メリー・チェインはアルバム『ダークランズ』でそれを成功させていた。〝エイプリル・スカイズ〟や〝ハッピー・ホエン・イット・レインズ〟のような曲は、その美学を完璧に捉えていた。彼らのああいった曲を、俺たちがどんなに愛していたことか。プライマル・スクリームは暗闇のなかで新たな方向を手探りしていた。初期のフォーク・ロックから離れ、ハード・ロックのハイウェイに乗ろうとしていた。求めるのはぞくぞくするようなスリル、セックス、危うさ。そのすべてが手に入るのはまだ先のことで、しかもそれは真新しい、従来とはまったく違う形を取っていた。だがこの時点では、俺たちはまだツアーに出て下積みをしていた。毎晩、国中の小さくて汚いクラブに集まる観客、アウトサイダーの熱狂的なキッズを前に自分たちの全力を注ぎながら、ロックンロールの荒野で真実と啓示を探し、俺たちの導師(グル)と出会うのを待っていた。彼はのちに姿を現すが、それはまたその時に書こう。

いまでも俺は『ソニック・フラワー・グルーヴ』の何曲かを愛している。〝サイレント・スプリング〟は1984年、迫りくる環境破壊について書いたいい曲だ。俺は左翼の雑誌に載っていた記事で、70年代にアメリカの戦闘機がカンボジアとベトナムに撒いた枯葉剤、エージェント・オレンジがいまも作物をだめにしているのを知った。含まれていたダイオキシンが土地の子どもたちに恐ろしい奇形を引き起こしていると。曲のタイトルは農薬の影響について書かれたレイチェル・カーソンの60年代の本から盗んだが、テーマを広げ、地球の殺害＝プラネットサイドの未来を想像している。

〝インペリアル〟のインスピレーションになったのは炭鉱ストで、初めて左翼の歴史について書こうとした曲でもある。左翼はつねに党派的で、内部闘争が絶えず、団結できない。その一方で右翼はつねに階級意識を見せつけ、だからこそ毎回勝つのだと。

おまえと、おまえのもの
神殿を建てた人間が
それを奪っていく
何も戻らず
魔女は焼かれる
秘密のミサ
鏡
皆殺しの天使が見つけるのは
もう時間の問題

それは何度も何度も何度も繰り返される
交わり(コンヴァース)から
後退(リヴァース)へ
いつものように、その逆が見つかる
強固な地面
壊れた木
曲がった膝
永遠に、もしくは回転が止まるまで
変化の風が吹いている
それは何度も何度も何度も繰り返される

〝ジェントル・チューズデイ〟と〝ヴィ・ゴー・ダウン・スロウリー・ライジング〟は美しい曲だ。俺は〝メイ・ザ・サン・シャイン・ブライト・フォー・ユー〟も好きだ。キム・フォウリーがドアーズのジム・モリソンに、どうやったらすごい曲が書けるのか訊ねた時、ジムは恋はしているか、とキムに訊いた。キムが「いや」と答えると、ジムは「恋をしていないと、すごい曲は書けない」と言った。俺自身、〝メイ・ザ・サン・シャイン・ブライト・フォー・ユー〟を書いた時は恋をしていたし、あの曲には希望や熱望、若い恋人たちだけが感じるような、無限の可能性を信じるナイーヴさが満ちている。

毎朝日が昇ると
得体のしれない恐しい美が訪れる
俺はいま、ここでおまえのもの

君のために太陽が輝きますように
秋、冬、春
そして夏のフィーリング
常緑のハニーブレイドが甘く香る
君のために太陽が輝きますように
ガール、俺をなかに連れていってくれ
ハニーブレイドの快楽のカーニバルに
俺たちの恋のジェットコースターに乗って
君のために太陽が輝きますように

愛するカレンに捧げた、8分の6拍子のオード。ナイーヴでサイケデリックなラブ・ソング。当時、俺は時間のほとんどをカレンと過ごしていた。彼女の部屋にいるか、もしくは車に乗って深夜グラスゴーを走りながら、自分たちが作ったコンピレーション・テープを聴いていた。グラスゴー空港まで出かけて、カフェで茶を飲み（入場料代わりだ）、飛行機が離陸するのを眺めることもあった。俺たちにはどこかへ行く航空券を買うような金はなかったが、滑走路で飛行機がスピードを増し、ふっと空中に浮かぶ姿は、俺にとってちょっとしたメタファーになっていた。自分とバンドを離陸に向けて走るジェット機に見立て、それはやがて一直線にコズミックな空へと向かい、可能性の世界に旅立っていく。新たな創造的人生への出発だ。俺たちは失業手当で食い繋ぐような、グラスゴーの惨めな生活から抜けだす必要があった。俺はいつかあの飛行機に乗り、世界の大都市で開かれるライヴや、レコーディング・スタジオに向かうのを夢見ていた。故郷は美しかったが、その外での体験、旅を心から求めていた。自分について学び、物事の新しい見方を教えてくれるような人々と出会うには、ここを出るしかないとわかっていた。俺は視野を広げなければいけない。学校は15歳でやめたし、世間で頼りにできるような資格は何も持っていなかった。俺にとってはロックンロールか、ゼロしか選択肢がなかったのだ。

カレンとの日々は素晴らしかった。周知の事実だが、恋愛というのは妙なものだ。いきなり天から稲妻のように落ちてきて、起きている時間の一瞬一瞬を感情と行動で埋めてしまう。魂を揺るがすようなショック。それは意識にも、無意識にも、中枢神経にまで及ぶ。だが喜びははかなく、最初にやってきた時と同じくらいすぐ、突然に消えたりもする。もしくは「煙に燻された瓶のなかのワイン」のように、ゆっくり時間をかけて悪くなっていくこともある。このえも言われぬものこそ——エロティック・ラブの力、エクスタシーの血のような甘い味、快楽に焼かれたシナプシス——人間が皆求めてやまないドラッグだ。若い頃の恋愛は強烈に燃えあがる。だが年齢とともに、若者のロマンティシズム、その盲目な甘美さもいつかは自分のなかから消えることがわかってくる。すると希望やナイーヴさが溢れていた場所に、苦々しい思いやシニシズムが入り込む。愛とセックスというのは、奇妙なつながいだと思う。いまだに俺には、そのふたつに持続性があるのかどうかわからない。たぶん、愛情にもいろんな種類があるんだろう。その人が思う愛が愛なのだ。俺の哲学は、愛せる間に愛せ、ということ。人生は長くはないのだから。恋愛と同じく、人生もここにあったかと思うと、すぐに去ってしまう。アメリカの偉大なシンガー・ソングライター、ウォーレン・ジボンは「すべてのサンドイッチを楽しんで食べろ」と言っている。

いろんなことを経験してきたいまも、自分は救いがたくロマンティックな人間だと思いたい。「ロマンティックな皮肉屋（シニック）」だと思うこともあるし、「シニカルなロマンティック」だと思うこともある。しかし本当のところ、ロマンティックであると同時にシニカルであることは不可能なんじゃないだろうか。たぶん俺が言いたいのは、経験には価値がある、ということ。何かしら現実的で、大人な「恋愛」のヴィジョンを持つようになったふりをしているのかもしれない。だが、そんな戯言を信じるのは馬鹿しかいない。さっきも言ったが、恋に落ちる時は、前触れもなく雷のように落ちてくるのだから。俺はいまでも恋のショックに心を開いているし、いまでも愛というものを信じている。

俺たちがジャニス・ロングのためにレコーディングした曲がある。〝ビウィッチト・アンド・ビウィルダード〟だ。俺たちがベストの曲のひとつで、なぜ『ソニック・フラワー・グルーヴ』に収録しなかったのか、俺にもわからない。俺たちのベストの曲のひとつで、グリーンハウスでのセッションで録音した〝トゥモロー・エンズ・トゥデイ〟という未発表曲も見つけた。ストーン・ローゼズのファースト・アルバムに入っていてもおかしくないような曲だ。表面上は祝祭的で賑やかなサイケデリック・ロック、フォーク・ロックの曲だが、歌詞にはほろ苦い、性的なひねりがある。

やることは山ほどある
その全部がおまえのため
必ずやるよ

『ソニック・フラワー・グルーヴ』のセッションでは楽しいこともあった。ストロベリー・スウィッチブレイドのシンガーであるローズ・マクダウェル、黒のビニールのキャットスーツと水玉に身を包んだ女性シンガーが何度かやってきて、一緒に夜の冒険に繰りだしたのだ。当時のローズはまぎれもないポップスターで、次々にトップ10にチャートインするヒット曲を飛ばし、「スマッシュ・ヒッツ」の表紙を飾り、「トップ・オブ・ザ・ポップス」にもしょっちゅう出演していた。彼女の趣味はSMとサイケデリックなセックス。特に革に身を包んだロックンロール・ボーイズにフェティッシュがあった。彼女が住んでいたマスウェル・ヒルのフラットは伝説的で、ペットの猿が何匹も走り回り、アシッドを喰った犠牲者が彼女の言いなりになっていた。ローズはジェネシス・P・オリッジとサイキックTVと仲が良く、ブライアン・ジョーンズに捧げられた名曲〝ゴッドスター〟ではバックヴォーカルを務めている。一緒に遊ぶにはこの上ない相手だった。

楽しかったし、笑えることも多かった。ある日、ビーティは頭のなかで鳴っているギターのサウンドがうまく録音できず、パット・コリアーに電話をかけた。「俺のギターの音をもうちょっと悪魔的にできるかな?」。パットはそっけなく答えた。「ジム、おまえがもっと悪魔的にプレイしなきゃ。そうしたいんならな」。

全員が大笑いした。ビーティはよりヘヴィなギター、長いギター・ソロに熱中しはじめていた。初期のプライマル・スクリームではどの曲もだいたい1分半、長くて2分で、ソロはなかった。『ソニック・フラワー・グルーヴ』では曲が長くなりだした。ギターの長いイントロやソロ、アウトロが付きはじめたせいだ。あのアルバムでのミュージシャンシップは第一級だった。ビーティの演奏は見事で、12弦のリッケンバッカーがザ・バーズの〝ザ・ベルズ・オブ・リムニー〟のように荘厳に鳴り、スロッブとイネス、デイヴ・モーガンがタイトで推進力のあるリズム・セクションを形成していた。しかしそれはあの頃のインディ精神、気ままなアマチュアっぽさとは正反対のサウンドだったので、元いたファンの多くが離れていった。

その秋、アルバムをリリースすると、興奮する人は誰もいなかった。ジーザス&メリー・チェインやジュリアン・コープ、バニーメンも手がけているプライマル・スクリームのプレス担当、ミック・ホートンもそうだったし、マッギーも、ファンも騒がなかった。アルバム評も良くなかった。UKのアルバム・チャートでは62位。WEAが契約を更新する順位ではなかった。3週間のイギリス・ツアーで最大のライヴは、カントリー・クラブでのヘッドライナー。サポート・バンドは伝説的なギタリスト、ローランド・S・ハワードが率いるジーズ・イモータル・ソウルズだった。冬には短いヨーロッパ・ツアーをやり、楽しんだが、ツアーから戻ると、俺には状況を変えなければいけないことがわかっていた。

19 ブライトン・ロック
Brighton Rock

１９８７年にブライトンでプレイした時、俺たちはＬＳＤをやり、その夜の町の美しさといったらなかった。海辺に建つジョージアン様式の家々はクリーンで清々しく、海岸に沿って灯りが連なるさまはヴェルヴェットの夜空で輝くダイヤモンドのようだった。

同じ年の終わりに俺は弟のグレアム、カレン、スロッブとともにブライトンに引っ越した。ブライトンでギグをやるたびに人が温かったのと、地理的にも美的にも、考えられるかぎりグラスゴーから遠い場所に思えたからだ。海が近いのも魅力だったし、のちにクリエイションの出版部、クリエイション・ブックスを設立することになる友人のジェームズ・ウィリアムソンにも説得された。彼の興味は80年代アンダーグラウンドの逸脱的なカルチャーと19世紀の退廃的な文学にあり、ロートレアモン伯爵の『マルドロールの歌』やジョリス・カルル・ユイスマンスの『さかしま』、アルチュール・ランボー、いわゆる「呪われた詩人たち」［ポール・ヴェルレーヌの評論集のタイトルで、社会から疎外された19世紀の詩人たちを指す］を好んでいた。ウィリアムソンはケネス・アンガーによるオカルト映画とソニック・ユースやスワンズのようなバンドを初期から信奉していて、50年代から80年代に至るカウンターカルチャーの大ファンだった。音楽ファンでもあり、プライマル・スクリームを愛していた。彼が所有するプリマスのレコード店、ミート・ホイップラッシュには「ボビー・ギレスピー」と大きく書かれた看板が掲げられていた。

俺が初めてプリマスを訪れたのは１９８４年、ジーザス＆メリー・チェインのツアーの時で、1年後にプライマル・スクリームで再びプレイした。ギグには変な男が来ていて、ただバーのところに立ち、黙って酒を飲んでいたが、ジェフ・バレットが彼を俺に紹介すると、こいつは両方のバンドの大ファンなんだ、と言った。ギグのあと、誰かが彼のレコード店は見たほうがいい、と言い、俺はプリマスの繁華街に連れていかれた。その店には燃えるような赤、ポルノっぽい色のネオンサインで「ミート・ホイップラッシュ」と窓に掲げられていた。ファイア・エンジンズの曲名だ。それだけでもめちゃくちゃにクールだと思った。そして窓の上、普通なら店名があるところに、口紅のような赤地に黒のゴシック体で「ボビー・ギレスピー」という看板がかかっている。俺の名前の左右には黒の六芒星。俺はもう、いったいなんなんだ、という感じだった。

ちょっと恥ずかしかったが、グレイトだとも思った。店に入るとカウンターにはジェフ・バレットとジェームズ・ウィリアムソン、そしてサイモン・アシュトンという若者がいた。壁にはサム・ビザーレ・レコードの巨大なポスターが貼られ、フィータスが十字架に磔になっている。店にはバッド・シーズやソニック・ユース、スワンズのような80年代アンダーグラウンドのクールなレコードと、クランプス、ストゥージズ、MC5のような60年代サイケ・ガレージのレコードしか置かれていなかった。チャートに入っているレコードなんて一枚もない。俺たちと同じ、ロックンロールに取り憑かれたマッドな連中だった。彼らは一杯飲みたいと思ったらすぐ店を閉め、パブに行って酔っ払う。営業時間はまちまちだった。ジェームズには遺産で金があったはずだ。

俺はグラスゴーにうんざりしていたが、ビーティは引っ越すのを嫌がった。結局、彼なりの理由でビーティはバンドを脱退した。数か月はつらい状況が続いた。ビーティがはっきり脱退するとは言わなかったからだ。たぶん自分抜きでバンドが続くよりは、解散を望んでいたんだと思う。理解はできるが、スロッブ、イネス、俺の3人は結果がどうなろうと続けることを決心していた。最終的にビーティは正式に脱退したが、揉めなかったわけじゃない。彼は彼自身にとっても、俺たちにとっても難しい状況を作った。あの時点で彼にはそんな大きな決断ができるほど人間関係をコントロールする能力がなかったし、俺たちだってそうだった。簡単な決断じゃないし、彼の行動を非難するわけじゃない。いまでも俺たちは友だちだ。ビーティはすごい男で、優れたミュージシャンだ。芯からパンクな奴だった。

新しく借りたフラットの家賃は週80ポンド。俺は住宅手当［イギリスの低所得者に支給される］で自分の分を払い、カレンはバークレイズ銀行で働いていた。スロッブは独り身で、弟もそうだったから、ふたりはジェームズ・ウィリアムソンと一緒にインディ・クラブに通い、女子学生と遊びまくっていた。ビーティがいなくなったばかりで、俺たちはクリエイティヴな方向性を少し見失っていた。

イネスはアイル・オブ・ドッグズの公営住宅で大学時代からのガールフレンド、クリスティーン・ウォンレスと暮らしていた。イネス同様、クリスティーンも理学士の学位を持っていた。彼女はイネスの服も作っていた。ペイズリー柄のスタンドカラーのシャツ、ヴェルヴェットのパンツ、サテンのシャツ、クールなものばかりだった。俺は彼女に頼んで、シルバーのラメのシャツを1枚、同じのでゴールドを1枚作ってもらった。のちに〝ムーヴィン・オン・アップ〟と〝ハイヤー・ザン・ザ・サン〟のビデオで着たシャツだ。クリスティーンは本当に巧みに服を作った。ギグでは黒革のパンツにそのシャツや、『ソニック・フラワー・グルーヴ』で着た水玉のシャツを合わせていた。俺はいつもシャツはいいものを作らせていた。俺たちは全員、服とバンドのルックにこだわっていた。

バンドがどう装うかは、音楽と等しく重要だ。サウンドとヴィジョンは完全に調和していなければいけない。セックス・ピストルズ、クラッシュ、ラモーンズ、ジム・モリソン、ラヴ、ザ・バーズ、ストーンズ、ストゥージズ、MC5、ヴェルヴェット・アンダーグラウンド。どのバンドも服装的に、音楽的に「正しい」。学校の踊り場で俺がジョニー・ロットンの姿に釘づけになったのを思いだしてほしい――アンフェタミンがキマった目つき、ぎざぎざの髪、裂けた服が攻撃的で強烈なヴィジュアルとなっていた。あんなのはフットボールの試合で暴力に酔った男たち以外見たことがなかった。もちろん、「ロックスター」では誰もいない。強力なイメージは人々を誘惑し、自分の世界に引き込むことができる。そこでは視覚的メタファーの暗く妖しい魅力、イマジズムの詩が具現化するのだ。

ストリートという劇場で見せる以外に、スタイルは何を意味するのか。人は自分のイマジネーションからキャラクターを作りだす。夢を服という形にすると、社会であれ、家族であれ、自分の周りの環境をナビゲートし、仲間からの息苦しい影響を断つすべにもなる。スタイルはサバイバルだ。周囲との同調を求められるなか、個人主義を押し通すひとつの方法なのだ。服は鎧で、スタイルは武器となる。ある時代、ある場所で、周りから浮いてしまう服を着るには勇気が必要だ。人は皆、多数派でいるほうが安全だからこそ、他の人と同じような格好をする。一匹狼ではなく、群れるほうが安心なのだ。

服やスタイルのセンスによって、階級制度が強要する文化的な境界線を越えられるだろうか？　もちろん可能だ。70年代末から80年代初めにかけて、グラスゴーで最高のスタイルを誇っていたのはもっとも貧しいキッズのひとりだった。俺の親友、ロブ・Hだ。彼の個人的な革命は政治的ではなかった。ロブのセンスこそが街のストリートやクラブでポストパンクの仲間から尊敬を集め、それが普通の世間では絶対得られないような自尊心を彼に与えた。もちろん、あいつはそんなものが欲しかったわけじゃない。失業中のドロップアウトで、仕事が欲しいわけでも、大人になって社会のゲームに参加したいとも思っていなかったのだから。とはいえ、スタイルだけでは人のソウルは救えない。他も鋭くなきゃいけない。だが服と靴、帽子、メイクアップ、ヘアカット、髪の色、その正しい組み合わせはキャラクターを驚異的に変え、人に新たな自信とダイナミズムをもたらす。その力を見くびってはいけない。

本当にスタイリッシュな人間は、刃のように現実を切り裂いていく。そんな必殺の武器となるような鋭いセンスとテイストは誰にでもあるものじゃない。１９８５年、俺たちが登場した時、ＵＫの音楽シーンはスタイルを欠いていて、まったく冴えなかった。誰も彼もがオーバーサイズのジャケットに形の崩れたTシャツ、そしてドクターマーチン。ああ！　洒落たダンディなんてひとりもいなかった。服への執着にいちばん近かったのが、ゴス・バンドのイメージへのこだわりだろう。あのルックは俺の趣味じゃなかったが、自分たちをどう提示するべきか、時間をかけて考え抜いているところには敬意を払っていた。ああいうキッズが親と同居する公営住宅の部屋で着飾って化粧をするのも、ミドルクラスの郊外からバスで街のインディ・クラブやゴス・クラブに出てくるのも、相当ガッツが必要なはずだ。あの頃は遊びに出かける時、俺はふたつボタン、もしくは4つボタンの60年代の黒革ボックス・ジャケットを着ていた。下は黒革のパンツか、ラモーンズ風に尻と両膝が破れたブルージーンズ。あとは父親のたんすから失敬した60年代のナイロンのセーターのどれか（父の体型にはもう合わなかった）。セーターは色がイカしていて、たとえばターコイズ色にタートルネックの部分が白黒のストライプだったりした。

マッギーに会いにロンドンへ行った1983年にカムデン・マーケットで買った、60年代の濃緑のふたつボタン、光沢のある見事なスーツもよく着ていた。上のジャケットだけ、ストレートの黒のジーンズとシェリーズのチェルシー・ブーツに合わせたりもした。黒の美しいサテンのシャツはブライトンのノース・ロードの仕立て屋であつらえたもので、あの店では濃紺のヴェルヴェットのパンツもオーダーメイドした。俺は自分でデザインし、仕立て屋で作らせるのが好きだった。ああいう服は俺を他の連中とは違う、特別な気分にしてくれた。音楽業界においても、一般の世間でも。自分自身が作りあげた夢のなかで生きているような、自分が演出する映画に主演しているような気持ちになる――それこそが衣服やスタイルのパワーだ。まるで、新しいヴァージョンの自分を作っているようだった。意識的に練ったファッション戦略ではなかったと思う。むしろ俺があの時バンドとともに体験していた旅、ソングライティングとロックンロールの物語に浸りきっていたことの自然な発露だった。

あの夏、マッギーは単発のライヴをいくつかセッティングした。ひとつはリスボン。あの時はニッキー・サドゥンが彼自身とスロッブのためにヘロインを買おうとしてナイフで刺され、犯人たちが彼の指を切断して指輪を盗もうとした。もうひとつのライヴはブリクストン・アカデミー、バットホール・サーファーズの前座だった。ザ・ウルフハウンズのフランク・ステビングがドラムを叩き、ベースはマッギーが弾いた。俺たちはほとんどの間、ザ・キンクスの〝ティル・ジ・エンド・オブ・ザ・デイ〟やジョディ・レイノルズの〝ファイア・オブ・ラヴ〟など、カバー曲をザ・ガン・クラブ風のスワンプ・ポップのスタイルで演奏した。新曲も何曲かやったが、ビーティ時代のものは一切やらなかった。

そのどこかの時点で俺たちは新曲を書きはじめていた。俺が家で曲のきっかけを作り、スロップのところに持っていって、俺のギターと一緒にジャムる。スロップは難なくやってのけた。天性のミュージシャンだった。彼の演奏はすごくファンキーで、ブルージーで、セクシーで、感情に訴える。一瞬遅れてビートについてくるところも絶妙だった。プレイヤーとして表現力が豊かだった。ベースからギターに変更するよう彼を説得したのは、プライマル・スクリームにMC5のパワーを持たせたかったからだ。彼はジョニー・サンダースの信者で、俺はこう言った。「おまえならジョニー・サンダースみたいに弾ける。『トゥナイツ・ザ・ナイト』と『ズマ』を全曲、ニール・ヤングと同じように弾けるじゃないか。それにいつもニューヨーク・ドールズとハートブレイカーズのアルバムに合わせて弾いてるのも知ってる。新しいギタリストはおまえだ、おまえとイネスがやるんだ」。

俺たちなら、自分たちがなりたいロックンロール・バンドになれる、俺はそう信じていた。ビーティがいた時は、フォーク・ロックのバンドにしかなれなかった。ある意味限界を感じていた——とことんロックしたくても、以前は曲がどれもメロディの視点から書かれていた。でも、ロックンロールにはリズム&ブルーズが必要だ。メロディはそこまで重要じゃない。アイデアとしては、スロップとイネスをツインギターにすればMC5みたいにぶちかませるんじゃないか、というものだった。ソニック・スミスとウェイン・クレイマーが俺たちの手本だった。あとはただ新たなラインナップと、ハイエナジーというモットーに合う曲を書けばいい。ステージでの自信満々な様子と黒革を着たロッカーのイメージの裏で、スロップはかなりシャイな男で、音楽的才能に関してても謙虚だったが、しばらく説得するとギタリストになるのに同意した。

俺はビーティと仕事をする関係性に慣れていたし、それまで他の誰とも一緒に曲を書いたことがなかったが、リヴォルヴィング・ペイント・ドリームで（イネスと彼のガールフレンド、クリスティーンが参加していたバンドだ）、イネスがすでに60年代風のいい曲、商業的な曲を書くコツを心得ているのを知っていた。加えて、スロッブのベースにおけるメロディックな感覚を実際のロックやポップの曲構成に移行できれば、前とは違う新しいものが出てくるかもしれない。バンドを前に進め、自分たちのスタイルを発展させるには、とにかくやりつづけるしかなかった。

イタリアでは海辺のフェスティバルに出演した。その前日、俺たちはスピードをやって夜遅くまでリハーサルをした。次の日、まだギンギンにハイなまま、飛行機でレスター・バングスの評論集『精神病的反応とキャブレターのカス（Psychotic Reactions and Carburetor Dung）』［キャブレターは大麻の吸入器］をほとんど読み終えたのを覚えている。スロッブはギグをやり切るためのスピードを持っていたが、イタリアの税関で警備員に呼びとめられた。俺たちは全員、彼が別室に連れられていくのを見ながら、あいつは刑務所行きだ、俺たちもみんな逮捕される、と思っていた。スロッブはバイカーみたいな格好をしていた。長髪、革のパンツにチェルシー・ブーツを履いた、ハンサムなロッカーの大男。もう何日も眠っていなかったはずだ。目を付けられて検査されても仕方がない。俺たちは緊張していた。20分ほどすると、空港のコンコースから税関と荷物受取所を仕切る自動ドアを通って、スロッブがにやにやしながらやってきた。俺は彼に、「どうなった？　スピードはまだ持ってるのか？」と訊いた。

「ああ！」。

「よく捕まらなかったな」。

するとスロッブが答えた。「警官に服を全部脱げ、って言われたから全部脱いだ。靴下以外はな。そこにスピードを隠してたんだ。そしたら麻薬犬に嗅がれたんだけど、長いこと風呂に入ってないから、足がクソ臭くて、犬も逃げていった。で、無罪放免だよ」。

その知らせに俺たちは歓声をあげ、当然、夜のライヴでは頭がぶっ飛ぶほどスピードをキメた。

そのライヴのドラムはまだ10代のフランク・ステピングだった。ディングウォールズで開かれた、パニック・ステーションというインディのフェスでは、プライマル・スクリームがヘッドライナーだった。あの時着た赤のタータンチェックのシャツは、心臓の上にアルチュール・ランボーのコピーした写真をテープで貼りつけてカスタマイズした。髪は胸のあたりまで伸ばし、スロッブも長髪だった。ザ・ムーヴィング・サイドウォークスの〝99thフロア〟をカバーすると、次は俺とスロッブとイネスで書いた新曲、〝ユアー・ジャスト・デッド・スキン・トゥ・ミー〟。スロッブが作った突き刺すようなギター・リフは、ニール・ヤングの『ズマ』風だった。俺たちにはザ・キンクスの〝ティル・ジ・エンド・オブ・ザ・デイ〟をパクった曲もあり、リフがまんま同じで、でも俺が新たに歌詞を書いていた。ラモーンズの〝スワロウ・マイ・プライド〟でも同じことをした。俺たちはまたいちから始めようとしていて、ライヴで『ソニック・フラワー・グルーヴ』の曲をやることはなかった。

イネスは週末になるとブライトンにやってきて、俺のフラットに泊まっていた。うちは海辺のリージェンシー・スクエア、壊れて廃墟になったウェスト・ピアのそばにあった。そうやって続けていたジャム・セッションが、最終的にはセカンド・アルバム『プライマル・スクリーム』となった。あれに収録された〝アイム・ルージング・モア・ザン・アイル・エヴァー・ハヴ〟は、俺たちが初めて一緒に書いたブルーズ・ソングだ。歌詞は自分の体験から書いた。実際に起きたことだ。象徴主義やメタファーに隠れることなく、本当のことを語るのは、当時の俺にとっては大きな変化だった。実体験を曲でどう語るか学びながら、いちばん痛く突き刺さってくるものがベストだ、と俺は気がついた。大勢の人が、プライマル・スクリームの好きな曲に〝アイム・ルージング・モア・ザン・アイル・エヴァー・ハヴ〟を挙げる――アンドリュー・ウェザオールものちにそう言っていた。彼はごく個人的に、あの曲に共感したんだと思う。自分にとってつらい真実を明らかにするのは、偉大なアートを生むひとつの方法だ。曲で告白するという手法には個人的な価値もある。書き手にとってカタルシス、精神的な解放となるのだ。真実を語り、罪悪感や裏切りという重荷を肩から下ろすと、心を蝕んでいた毒が取り除かれ、浄化されるような気持ちになる。それこそがブルーズの美しさだ。

俺の歌詞のスタイルはハンク・ウィリアムズ、それにハウリン・ウルフやロバート・ジョンソンのようなブルーズのアーティストをたくさん聴いたことに影響されている。あの容赦ない正直さ、詩的な直接性。彼らが自分の苦痛や罪を誰にでもわかるようにさらけだしたやり方を俺は尊敬している。まさに原始的なモダニストだ。罪と赦し、善と悪の歌は、二元論的で危険なマニ教の世界に存在しているように思える。性的な不道徳、暗いマジカル・リアリズム、真のブルーズ。ロックンロール・バンドにいる若い男には、いたるところに誘惑があった。

プライマル・スクリームの元々のやり方では、俺が曲を書き、ビーティがそれに12弦ギターのリフを加えた。でももう彼はいないので、3人で曲をジャムって、何が出てくるか見てみようと俺は考えた。民主主義的にやる、それが新たなヴィジョンだった。プライマル・スクリームはいまや新しいバンドになっていた。俺たちは新曲を書き溜め、音楽紙にドラマー募集の広告を載せた。オーディションに来たのはトビー・トマロフ。俺たちは彼のヴァイブが気に入った。彼はハートブレイカーズに入れ込んでいたので、それだけでも十分だった。トビーはジェームズ・ヤングの素晴らしい著作『ニコ：ラジオで流されない歌（Nico: Songs They Never Play on the Radio)』でも大きく取りあげられている［トビー・トマンことトビー・トマロフはニコがイギリスに住んでいた80年代、彼女のバンドにいた］。俺たちにとって彼はニコと一緒にプレイし、ハートブレイカーズのジェリー・ノーランが好きで、ヴィニ・ライリーやモリッシーとともにバンド、ノーズブリーズにいたドラマーだった。エド・バンガーことノーズブリーズ［エド・バンガーとノーズブリーズは同じバンドで、メンバーが入れ替わっている］は〝エイント・ビン・トゥ・ノー・ミュージック・スクール〟というパンク・シングルを出していて、マンチェスターのミュージシャンの多くがあのバンドを通過した。ビリー・ダフィ、ドゥルッティ・コラムのヴィニ・ライリー、モリッシーもそうだ。トビーはモリッシーがシンガーで、ヴィニがギタリストだった時にあのバンドにいた。エド・バンガーはイカれていた。

トビーには気取ったガールフレンドのリズがいた。彼女はサキソフォン奏者で、ふたりでダルストンに住んでいた。いまカフェ・オトがある場所の向かいのビルは西インド諸島のコミュニティセンターで、彼女はあそこで活動していた音楽コレクティヴの一員だった。俺とスロッブは週に一度ブライトンからそのセンターに通い、リハーサルをした。トビーにベーシストを探している、と言うと、彼が俺たちにヘンリー・オルセンを紹介した。ヘンリーもニコとプレイしていた。彼は本名がヘンリー・レイコック、トビーの本名はフィリップ・トマロフだった。

ヘンリーはストラトフォード・アポン・エイヴォンの出身で、感じのいいミドルクラスの紳士といった風だった。ジャズに熱中していて、どこか不安そうだった。いつもスーツ姿で、ロン・カーターやミンガス、モンク、マイルズ、コルトレーンなどなど、ジャズの連中を愛していた。ニコやジョン・ケールのバック・バンドとしてツアーをした以外、ロックンロール・カルチャーにはまったく無縁だった。本当のところ、彼がベーシストだったとは俺には思えない。ニコのバンドにいた時はキーボードを弾いていたはずだし、ジョン・ケイルのバンドにはギタリストとして加わっていた。俺たちはただ、彼がそのふたりとやっていた事実を気に入っていた。

トビーにはちょっと野郎っぽいところもあったが、ロックンローラーだった。好きなのはモット・ザ・フープルとシン・リジィ、ニューヨーク・ドールズ、ストーンズ、MC5、そして70年代のロック。出身はマンチェスターのウィゼンショウという労働者階級の地区で、マンチェスターの最初のパンク・シーンの一員だった。ブルー・オーキッズのドラマーで、あのバンドではザ・フォールのオリジナル・メンバーであるマーティン・ブラマーとイヴォンヌ・ポウレットと一緒だったし、マーク・E・スミスとも知り合いだった。ニコ、それにジョン・クーパー・クラークと同居していたこともある。UKポストパンクの経歴としては本物で、元ジャンキーでもあった。

この頃にはプリマスの友人、ジェフ・バレットがクリエイションの広報担当になっていた。つまりクラーケンウェル・ロード83番地ではマッギーとディック・グリーン、ジェフ・バレットが小さな2部屋で働いていて、さらにラジオ向けのパブリシスト、ニッキー・ケファラスとデイヴ・ハーパーもいた。ある日、マッギーが何かの用事でニッキーに会いに行くと、トニー・ウィルソンと出くわした。トニーがマッギーに調子を訊ねると、彼はこう答えた。「トニー、もうあきらめようかと思ってるんだ。メリー・チェインにはクビにされたし、ワーナーのレーベル、エレヴェーションも失った。プライマル・スクリームはいまのところ存在してないのも同じだし」。

トニーはマッギーに喝を入れ、あきらめるな、インディペンデントでやりつづけろ、と言った。それでマッギーもレーベルを続ける気になり、ハウス・オブ・ラヴと契約した。俺たちのうち、誰もファンじゃないバンドだ。彼らはすぐにあらゆる音楽紙の表紙を飾り、インディ・チャートでシングルが1位になり、ジョン・ピールのお気に入りとなった。マッギーは何十万ポンドもの大金で彼らをフォノグラムに売りつけた。マッギーは返り咲き、自信を取り戻した。

プライマル・スクリームはフラム・ブロードウェイの近くのスタジオで数曲レコーディングした。〝ユアー・ジャスト・デッド・スキン・トゥ・ミー〟と〝ユアー・ジャスト・トゥー・ダーク・トゥ・ケア〟、2曲のバラッドだ。スタジオの所有主でセッションのエンジニアをしたのは、グレアム・ショウという男。もっとヘヴィなロックの曲は、ブライアン・オショーネシーという男が所有するウォルサムストーのバーク・スタジオで録音した。ブライアンはほとんどの人が台所を拡張するか、ガレージにするような場所にレコーディング・スタジオを建てていた。ブラックホース・ロードの郊外のテラスハウスを建て増ししていて、スタジオといっても小さなコントロール・ルームと、小さなライヴ・ルームだけ。俺たちはセカンド・アルバムのほとんどをあそこでレコーディングした。少なくともロックの曲は全部そうだ。長い間いたわけじゃない。クリエイションからそんな予算はつかなかった。

〝アイヴィ・アイヴィ・アイヴィ〟という曲があり、俺たちはいい曲だと思っていた。シャングリラズとニューヨーク・ドールズを混ぜたような、ハイエナジーのロックンロール・アタックだ。リハーサル中、休憩時にトビーとスロッブが姿を消し、戻ってくると、どうやらトビーがスロッブにヘロインを打ったようだった。スロッブがトビーに手に入れてくれと頼んでいて、トビーがそれを義理堅く守ったのだ。トビーは自分はやめたと言っていたが、たぶんまだヘロインをやっていたと思う。俺たちは気にしなかった。ヘロインをキメたスロッブはあの夜絶好調で、俺たちが練習をやめたあとも彼だけは音楽に没頭し、続けていた。こっちのことなどまったく目に入らず、どこか遠くでヘロインの夢想にふけっているようで、曲が終わってからもずっとソロでジョニー・サンダース風のリフを弾きつづけ、本当に美しい音楽が溢れでていた。まるでヘロインが彼の心の奥の感情的な障壁を取り除いたようだった。それくらい自由に演奏していたのだ。リハーサルのあと、ブライトンに戻る列車で、スロッブはヘロインが自分のプレイに与えた影響がどんなにすごかったか話していた。

スロッブは最初、自分はギタリストじゃない、と自意識過剰になっていたんだと思う。あいつは父親に厳しくしつけられて育ったせいで、いろんなことに自意識過剰だった。外見も気にしていた。あんなにハンサムで、どんな女性も魅了できたのに。女たちは彼が大好きだった。でも彼は密かに不安を抱えていて、ヘロインが解放感を与えたんだろう。ビーティがすごいギタリストだったから、バンドでその後釜になることを心配していたのかもしれない。俺はずっと、おまえも同じくらいすごいギタリストだ、と言いつづけていた。俺はスロッブのギターを聴くのが大好きだった。毎回喜びがこみあげた。ヘロインは確実に、彼にある種の勇気を与え、抑圧を取り除いた。それもヘロインの魅力のひとつだ。

スロッブがベースからリード・ギターに移って以来、あるパターンが浮上していた。彼は自分の（そしてバンドの）パフォーマンスに批判的で、ときに極端なほど冷たく、厳しすぎるのだ。スロッブはずっと、彼も俺たちももっとうまくやれると感じていた。だが彼はいまやヘロインの温かい輝きに耽溺していた。人を魅了する大きな茶色の瞳が黒い石炭のようにくすぶり、新たな快楽と満足に燃えていた。唇にはチャーミングな笑みがぶら下がり、まるで結婚の誓いを立てようとする若い花嫁の首にかかった模造のジュエリーのようだった。それは別の生き方へのコミットメントを示していた。若者の理想主義が大人のずるさ、犠牲へと入れ替わり、ロマンスは暗くエロティックな可能性をたたえていた。俺たちには生まれつき、血が体内を駆け巡るような体験をさせてくれるもの、または心を落ち着けるようなものならなんにでも、誰にでも飛びつく気性があった。頭のなかの狼を鎮め、心の痛みを癒す霊薬を渇望していた。それから数年のうちに、俺は大勢の友人がスロッブと同じ表情を浮かべるのに慣れていった。もちろん、俺自身を含めて。少なくともスロッブにとってヘロインは、ついに心のドアを開き、自意識から解放される鍵のようなものだった。あいつにはそのドアを開き、敷居をまたいで、向こう側の甘い人生を生きる準備ができていた。そこでは野生のバッファローが駆け巡り、サイケデリックの無法者が意識のフロンティアに乗りだしていた。

クラーケンウェル・ロード83番地、クリエイションのオフィスの地下にはリハーサル・ルームがあった。金がなかったので、俺たちは料金が割引になる深夜にそこを借りていた。マッギーの部屋は正面玄関の近くで、廊下の突き当たりの右側にトイレがあった。ある夜、俺が小便をしたあと、廊下でマッギーとすれ違うと、彼が俺を呼びとめた。「ボビー、もうこういう音楽は誰も聴きたがらない」と言って、バンドが地下で演奏しているサウンドを指差した。

俺は「どういうことだ?」と言った。

「古臭いんだよ。こんな音楽を聴こうとする奴はもういない」。

「まあ」と俺。「俺たちは聴いてるし、やりつづけるだけだな。好きなんだから」。そう言って立ち去り、なんであいつはあんなことを言いやがったんだ、と考えていた。俺は地下に戻り、マッギーが言ったことをバンドに告げた。あの男さえ、もう俺たちを信じていないと。1988年の春だった。

プライマル・スクリームのセカンド・アルバムはセルフ・タイトルで、プロデューサーはシスター・アン。つまり、実際は俺たちのセルフ・プロデュースだった。MC5の曲名でちょっと遊んでいる。アルバムの半分、5曲はハイエナジーのロックンロールで、スロッブとイネスのツインギター、レスポールの攻撃をフィーチャーしている。残りの5曲は暗く孤独な、傷心のバラッドだ。いま思うとレコードの片面をハイエナジー、片面をバラッドにすればよかったと思う。レコード会社の人間がなんでそう言わなかったのかわからないが、どうでもよかったんだろう。俺たちには担当のA&Rもいなかった。まぜこぜの曲順にした理由は、たぶんビートルズの『ホワイト・アルバム』への敬意からだ。あのアルバムは〝バック・イン・ザ・USSR〟で始まり、すぐに〝ディア・プルーデンス〟へ移る。ストーンズもそんな風にアルバムを作っていた。マッギーは俺たちをほったらかし、好きなようにさせていた。あの頃の彼はマイ・ブラディ・ヴァレンタインと契約していて、俺たちのアルバムの曲順を心配するような暇はなかった。

ツアーではいろんなことが騒がしくなっていた。音楽はいつもグレイトで、俺はテープを詰めた大きな箱を持ち運んでいた。俺か、もしくは若い友人のティム・トゥーハーが編集したテープだ。ティムとは1987年くらいにリーズで知り合った。彼と彼の友だちで、ともに大学を中退したマイク・スタウトがプライマル・スクリームのライヴを主催した時だ。場所はリーズの目抜き通りのディスコで、小さなステージがなんと酒を出すバーの真上に設置されていた。俺たちはなんとかそのステージに機材全部と6ピースのバンドを詰め込んだ。観客はあまり多くなかったが、ティムとマイクが俺たちバンドに見せてくれた愛情と情熱で、失望は十分埋め合わせられた。自分たちがやっていることが誰かにとって大きな意味を持っていると知るのは、いい気分だった。それに彼らはヒップなキッズだった。

ライヴの前後にティムがDJをやったが、彼がかけたレコードはどれも素晴らしかった。ロックなサウンドにおけるティムの趣味は最高で、そんなテイストはつねに俺の心をとらえる鍵となる。ライヴのあと、彼が案内してくれた学生用の部屋には、ベッドの周りの床に大量のレコード・コレクションが積まれていた。俺が持っていたレコードもたくさんあったが、彼はアメリカのルーツ・ミュージックを深く掘りはじめていて、ジョニー・キャッシュとリー・ヘイゼルウッド、ジョン・リー・フッカーが作ったレコードは全部持っているようだった。しかも状態はすべてミント［新品同様］で、60年代のオリジナル盤ばかり。ティムのテイストは幅広く、ニューヨーク・ドールズやストゥージズ、ストーンズ、MC5など必須のもの、俺たちが崇拝するハイエナジーの神々の他にも、ファンクやブルーズ、ソウル、カントリー、サイケデリックのレコードを大量に持っていた。ティムはそこからコンピレーションのテープを作り、ブライトンまで郵送してくれた。それはインスピレーションになるとともに、俺にとっては音楽の教育となった。若く、失業中であることにもいい面はある。ティムの場合は起きている間ずっと、自分の部屋でヴァイナル盤というオカルトの教えに没頭しているようだった。彼は急速にブルーズの信奉者となり、アメリカのルーツ音楽という福音を広めるのに宗教的な情熱を燃やしていた。最近見つけたお宝を披露する時の興奮した表情を見ると、俺やバンドのような同種の人間は嬉しくなった。60年代のディープなソウル、マッスル・ショールズやメンフィスに捧げるティムの偏愛は俺にとって教育的で、俺自身があのジャンルのマニアになるきっかけにもなった。それが数年後、メンフィスでアルバム『ギヴ・アウト・バット・ドント・ギヴ・アップ』をレコーディングするのに繋がっていく。

1989年のこの時点では、俺たちはかなりエクスタシーをやるようになっていた。リーズのダッチェス・オブ・ヨークのステージに上がる前に俺とイネスはトイレで1錠を粉々にし、半分ずつ鼻から吸い込んだ。俺は黒革のパンツに黒のサテンシャツを着て、靴はウィンクルピッカーズ、長髪だった。観客は熱狂し、ライヴはグレイトだった。安全柵もなく、ハイエナジーのロックンロールを求めるキッズがいるだけだ。俺はタイトなロックンロール・バンドの前に立つ時にしか感じられないような高揚感を感じていた。両脇ではすごいギター・プレイヤーがレスポールをかき鳴らし、マーシャルの100ワットのアンプから轟音が流れだしている。それはほんのひと握りの人間にしか体験できない、神になったような感覚だ。のちにイネスが俺に話したところでは、2曲の間、めちゃくちゃにハマって弾きまくっていると、アンプから音が出ていないのに気づいたらしい。ハイになってステージに上がったので、プラグを挿すのを忘れたのだ。「プラグ入ってないよ！」と叫んでいたキッズが観客にいた気がする。とはいえ1989年の夏のツアーでは、俺たちはすごいライヴをやっていた。

レスターではプリンセス・シャーロットという会場で演奏し、満員だったが、ライヴの間中ふたりの男がずっと俺たちに唾を吐きかけていた。俺はマイクスタンドからマイクを外し、ひとりに投げつけた。俺にはマイクを遠くに投げ、鞭のようにコードを操って相手の顔にぶつけ、引き戻すというテクニックがあった。そいつが倒れると、俺はもうひとりの顔も引っぱたいた。スロッブはギターを投げ、彼と弟のグレアム、タフト兄弟がふたりに跳びかかって殴りつけた。俺たちがまた演奏に戻ると、ギグは最高の狂乱状態になった。ああいう出来事はつねに危険とドラマの感覚を生み、パフォーマンスにエッジを加える。

ライヴのあとはいつもキッズをバックステージに招いて話をした。自分たちのファンを知るべきだ、というパンクの考えを信じていたからだ。でもそれがうまくいくのもバンドがビッグになるまでだった。ビッグになればなるほど、ファンはクレイジーになり、変な連中がやってくる。でも最初はファンに会っていた。自分たちのレコードを買い、ライヴにやってくる人々のことを知るのはいいものだ。レスターではライヴのあと、何人かのキッズが「あのふたりをやっつけてくれてよかったよ。あいつらのことは知ってる、ナチなんだ」と言った。彼らによると、ネオナチの連中がいつもギグに来ては揉め事を起こしているという。俺の父はよく言っていた。「ファシストとは議論にならない」と。

俺たちのブッキング・エージェントはマイク・ヒンクという、キャラの立った男だった。汚れてベタついた髪が額に貼りつき、ひっきりなしに煙草を吸い、いつも酒臭かった。根っからのロックンローラーだ。マイクはザ・スミスのエージェントもしていた。マッギーはヒンクにこう言っていた。「地図なんか捨てていい、こいつらはとにかくツアーに出たいんだ。家にいたくないんだよ。ロックンロールをやりたいだけなんだ。詰め込めるだけ、どんなひどい会場でもいいからギグを詰め込め。あいつらは気にしない。演奏したいだけだからな」。

そんなドサまわりのツアーと並行して、俺たちはアシッド・ハウスにハマりはじめていた。

20 アシッド・ハウスを祝福せよ
Bless this Acid House

ブライトンの街には肌のきれいな、ブロンドの美女が溢れていた。グラスゴーでそんなのは見たことがなかった。少なくとも俺たちが育った場所では。ブライトンは大学街で、中心部のザ・レインズはそれだけでひとつの小さな村みたいだった。俺はたくさんあるレコード店とヴィンテージ・クローズの店でヴァイナル盤とクールな服を漁り、すぐ顔馴染みになった。毎年秋には新たな活力が注入される。新学期でキッズが入学してくるのだ。クラブに出かけるといつも新顔がいた。

クラブ・シーンは本当に面白くなりはじめていた。インディ・クラブのサンシャイン・プレイルームを主宰していたのはショーン・サリヴァンという感じのいい男で、プライマル・スクリームとメリー・チェインの大ファンだった。俺たちは水曜の夜にはそこに出かけていた。さらにはプリマスの友人、ジェームズ・ウィリアムソンとともに自分たちでもクラブを始めようということになった。クラブの名前はスラット（あばずれ）。ジェームズがデザインしたポスターにはナチスの制服姿のブライアン・ジョーンズが写っていた。すごいポスターで、上には「病んでいろ、青くなれ（Stay Sick, Turn Blue）」と書かれていた。ザ・クランプスがヴェンジェンス・レーベルから出した最初のシングル、″ヒューマン・フライ″のジャケットに使ったフレーズだ。ジェームズはそこに俺たちの好きなバンドの名前や曲の歌詞、アーティスト、文学の引用、シュルレアリストたち、ケネス・アンガー、ブニュエル、他の過激な映画作家の名前も加えていた。スラットではストロベリー・スウィッチブレイドやフェルト、ループ、ウェザー・プロフェッツのライヴも主催した。彼らバンドとは友だちだったし、俺たち自身ファンだったからだ。プライマル・スクリームは１９８７年、『ソニック・フラワー・グルーヴ』のツアーではループを連れていた。あれは最高のツアーだった。俺たちはループが大好きだった。彼らのシングル〝スピニング〟はまさに名曲で、シンガーのロバートと彼の当時の恋人のベッキー、ジェームズ・エンディコットが素晴らしいノイズを生んでいた。

スプラッシュ・ワンでカセット・テープを作ったように、俺たちはスラットでもテープを作った。好きなロックンロールのレコードを全部、90分テープのコンピレーションに編集したのだ。ジ・エスケープ・クラブのマネージャーはロブ・ホイーラーという男で、元はノッティンガムの出身、時々いろんな会場でクラブ・ナイトを開いていた。アシッド・ハウスが始まると彼もあのシーンに関わり、同時にザ・ダファー・オブ・セント・ジョージ［イギリスのブランドで、パブリック・スクール風のデザイン］に影響を受けたマウ・マウという小さな店と服のブランドも持っていた。あれは少数の人々による、緊密なコミュニティだった。ザ・ベースメントという場所もあり、ブライトンのアートスクールの学生が金曜に遊びに出かけるようなクラブで、80年代半ばにプライマル・スクリームのライヴをやったこともある。インディの連中が行くような、蒸し暑い地下の溜まり場だった。

マンチェスターに向かっていたあの日、ヴァンが事故に遭った時に運転手だったジョシュ・ディーンは、ダイナソーJr.など、アメリカのアンダーグラウンドから出てきた刺激的なバンドをジ・エスケープに出演させていた。ブライトンにはいい音楽シーンができつつあった。俺は当時、イースト・ストリートのヴァージン・メガストアに毎日のように通っていた。ある日店に入ると、〝ヴェロシティ・ガール〟にそっくりな曲が流れていた。俺はカウンターに行き、「この曲は誰のだ?」と店員に訊いた。

「ストーン・ローゼズ」と彼は言い、こう続けた。「明日の夜ギグをやるんだ。俺が主催してるんだけど、来る? ゲストリストに名前を入れておくよ」。

「ああ」と俺は答えた。「ちょっと面白そうだな……」。

俺はイネスとカレンを連れてギグに行き、3人ともストーン・ローゼズに感心した。誰も聞いたことのないバンドで、あんなに自信たっぷりなフロントマンは見たことがなかった。彼らには何かがあった。ライヴには40人ほどしかいなかったが。4曲か5曲やったところでイアン・ブラウンが「ＯＫ、これで終わりだ」と言い、本当にそれでおしまいだった。すごいと思っていたので、俺は残念だった。たぶん前日がハシエンダでのライヴだったはずだ。地元マンチェスターでは満員の観客が彼らに熱狂していたが、ここブライトンではまったくの無名だった……あの時は、まだ。

ブライトンで知り合った人たちはみんな親切で感じがよかった。ニック・ラフリーというハンサムな男がいたのを覚えている。ジェラード・マランガ［アンディ・ウォーホルのスーパースターのひとり］に似ていて、いつも革パンツにリーバイスのスウェード製ジャケットを着け、砂色の髪を長く伸ばしていた。ニックはブロウ・アップというクリエイションのバンドのシンガーで、トレイシーという大学生のきれいなガールフレンドがいた。トレイシーはよくクラブに来ていて、彼女は俺たちのファンだった。本当に素敵な女の子だった。ある土曜の午後、通りでトレイシーに出くわすと、彼女が今晩パーティがあるんだけど、アシッド・ハウスのパーティで、行ったほうがいいよ、と言った。その週末はイネスがうちに泊まっていた。実際、行ったのはスピードを買おうと思ったからだ。試す価値はあると。

パーティはブライトン駅近くの倉庫で開かれていた。変な音楽だな、こんなの聴いたことがない、と思ったのを覚えている。倉庫にはデッキが設置されていて、俺たちはかなり早い時間に着いた。まだあまり人がいなかったが、来ている客も、デッキの上にいる男たちも、公営住宅の住人のように見えた。インディ・クラブにはああいう場所から来ている奴はひとりもいなかった。大抵はゴスの格好をした学生だ。ザップ・クラブではニック・ケイヴが朗読し、プッシー・ガロアが演奏していたが、基本的に観客は同じ。インディ・キッズとオルタナティヴ・ミュージックのファンだ。ジ・エスケープの客はコムデギャルソンみたいなデザイナーブランドを着ていた。「i－D」や「ザ・フェイス」みたいな雑誌を読む、もうちょっとエリートっぽい連中だ。俺は「これは面白い」と思った。倉庫にいる連中はフットボールのフーリガンみたいだったのだ。１９８８年、カレンがアシッド・ハウスのレコードを買いはじめた年だ。

事態が変わったのはマッギーがマンチェスターに引っ越した時だ。あの街には知り合いの女の子たちがいた。バンドの友だちで、いちばん初期からのファンだ。デビー、ティナ、ロレイン、スー。ジェフ・バレットがファクトリーやハッピー・マンデーズ、ニュー・オーダーの広報だったので、彼はハシエンダにはずっと通っていた。アシッド・ハウスに改宗しつつあるのはマッギーとバレットだった。俺たちはまだジョニー・サンダースやMC5、ストゥージズ、ロックンロールの世界に入れ込んでいた。

アシッド・ハウスが盛りあがりだした頃、バレットはマンチェスターにジャーナリストを呼び、クラブへ連れていっていた。彼はごく初めからあの音楽にハマっていた。マッギーはマンチェスターに引っ越し、トニー・ウィルソンが彼のためにフラットを見つけた。ファクトリー・レコードの役員、アラン・エラスムスが所有していたフラットだ。この時点でマッギーはかなり放蕩を尽くしていて、いやらしい習慣が身についていた。彼が住んでいたのはパラティン・ロード、ファクトリーのオフィスの近くだ。ハシエンダにも通っていて、ハマりだしていた。あいつはマンデーズとファクトリーを愛していた。デビーがああいうパーティに彼を連れだすと、完全にアシッド・ハウスに没頭するようになった。マッギーとバレットは俺たち用にテープを作りはじめた。シカゴやデトロイトの輸入盤12インチを編集したやつだ。

スロッブと弟のグレアム、マーティン・ダフィは隣町のホーヴのフラットで同居していて、ある晩そこでパーティを開いた。フェルトもブライトンに引っ越してきていた。あの夜はみんなスピードとマジック・マッシュルームをやっていた。マッギーがバレットと一緒にロンドンから来ていて、ふたりはエクスタシーをやっていたが、俺はそれを知らなかった。ジョニー・サンダースのテープを聴いていると、マッギーかバレットがデッキからテープを取りだし、代わりに変なディスコ・ミュージックをかけはじめた。テン・シティみたいなバンドのやつだ。みんな、なんだよこれ、と口々に言い、スロッブが上の階でしけこんでいない時には、やってきてまたサンダースをかける。するとバレットとマッギーがそれを止める。そんな攻防が延々と続いた。バレットは泣きそうになりながら、「アラン、こいつらが曲を変える！　これをかけてくれない！」と言っていた。それぞれが違うドラッグをやり、違う音楽にハマっていたせいで、緊張が高まっていた。ふたつのパーティが同時進行しているようなものだ。スロッブは「ここは俺の家だ、ディスコみたいなクソは聴きたくない！」と叫んでいた。

そうこうするうち、あのイカれた奴、サイモン・アシュトンが駆け寄り、マッギーの尻を蹴った。マッギーが振り返るとアシュトンは姿を消していた。マッギーは潔白なマーティン・ダフィに喰ってかかり、「バーミンガムのクソめが」と、完璧にキレていた。そしてダフィの両耳をつかみ、頭を壁に叩きつけた。ダフィはローレルとハーディの喜劇映画のように壁を滑り落ち、座るような格好になると、絨毯にごろんと横たわった。スラップスティックそのものだ。

俺はマッギーを怒鳴りつけた。「何をやったか、わかってるのか？」。あれは本物の暴力沙汰で、俺はダフィを守ろうとしていた。あいつは優しい男だった。

「こいつが俺のケツを蹴ったんだぞ！」。

「おまえのケツなんて蹴ってない、アシュトンがおまえのケツを蹴ったんだ！」。

階上は乱痴気騒ぎになっていて、もうめちゃくちゃだった。俺が初めてアシッド・ハウスに触れたのは、そんなふうだった。

あとで自分でエクスタシーをやった時に、バレットとマッギーがあの晩なんであんなことをしたのか、俺は理解するようになった。あいつらはまったく別のレベルにいたのだ。エクスタシーをやるとアシッド・ハウスやエレクトロニック・サウンドのような、温かく柔らかな低音が聴きたくなる。ハイエナジーのロックンロール、切り裂くようなギターの音はスピードがキマった頭向けだ。ヘロインをやるとサザン・ソウルが心地よく、大麻にジャマイカのレゲエとダブがぴったりなのと同じだ。それぞれのドラッグはそれぞれ違うサウンドを求

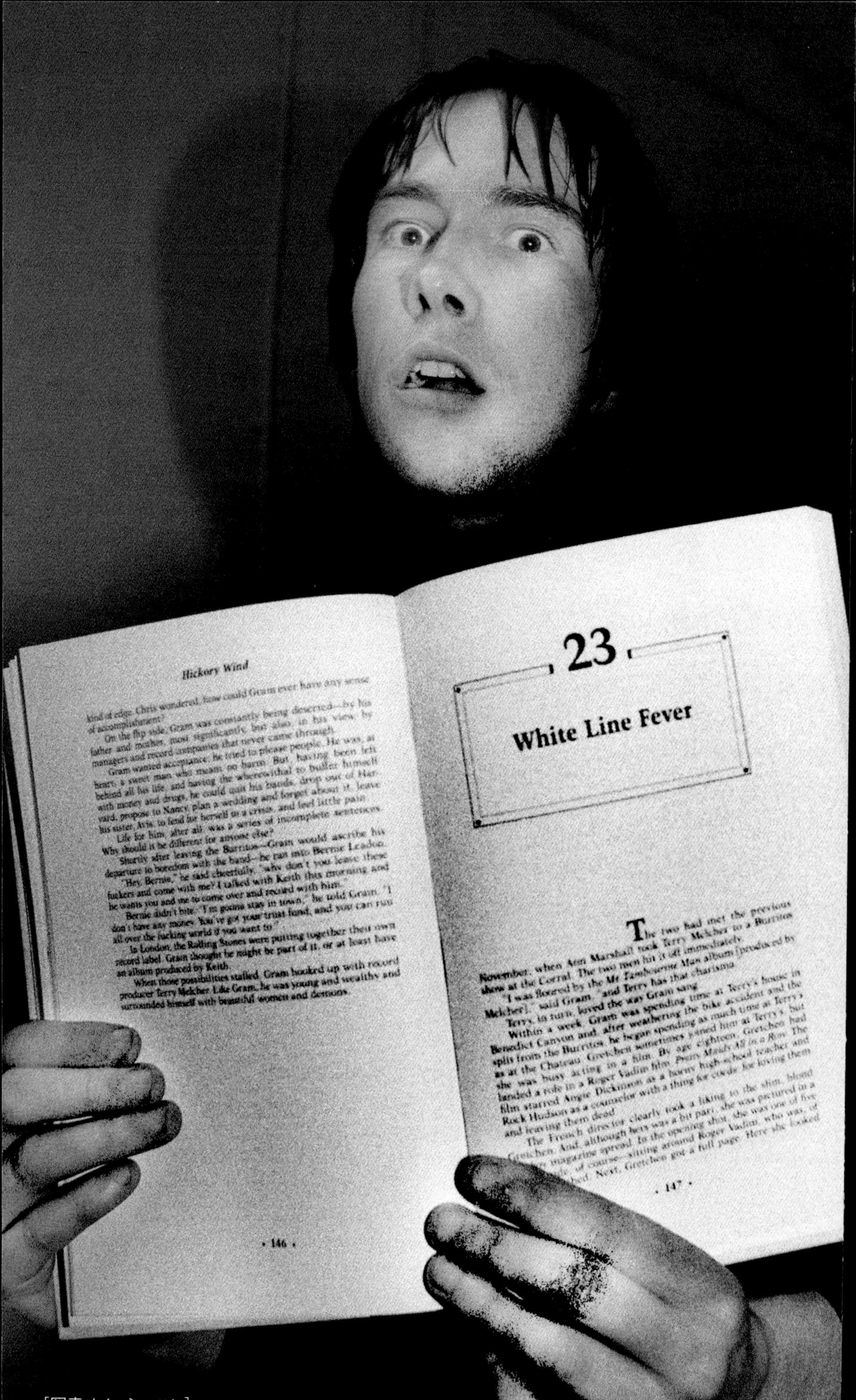

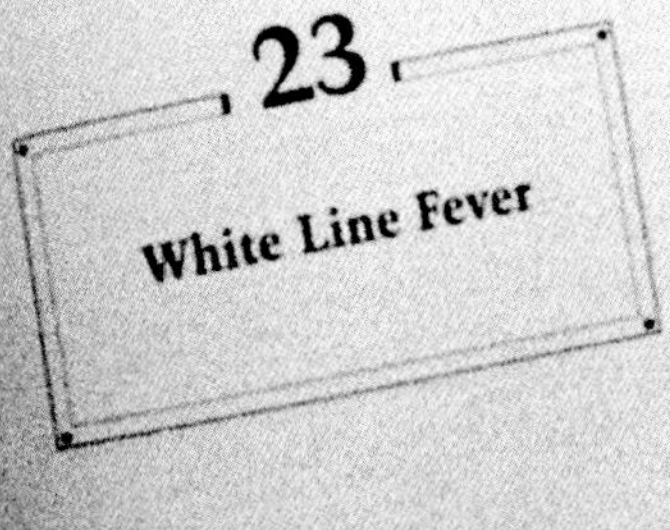

［写真：トム・シーハン］

セイバー卿（アンドリュー・ウェザオール）とのサイキックな交流［写真：グラント・フレミング］

俺とイネスが女王陛下にリスペクトを捧げる［写真：グラント・フレミング］

1991年、『スクリーマデリカ』ツアーでのお楽しみ。酒が弱い奴はお断り［写真：グラント・フレミング（左）、トム・シーハン（右）］

キンキー・ディスコへ向かうバンドとデニース・ジョンソン［写真：トム・シーハン］

スクリーマデリカの王族たち［写真：グラント・フレミング］

[写真：グラント・フレミング]

『スクリーマデリカ』のサイン会。1991年9月、HMVオックスフォード・ストリート店にて
［写真：ミック・ハトソン、Getty Images］

“ハイヤー・ザン・ザ・サン”のシングル・ジャケット用に描かれたポール・キャネルの作品。ディック・グリーンに感謝を

“ドント・ファイト・イット、フィール・イット”
［写真：ケヴィン・カミンズ、Getty Imag

菓子店ではしゃぐキッズ［写真：アンドリュー・ケイトリン］

［写真：グラント・フレミング］

めるのだ。

1988年初め、俺とカレンはマッギーに連れられ、ハッピー・マンデーズのギグに行った。彼らがザップ・クラブでやった時のことだ。マンデーズが演奏する前にマッギーはバックステージに行き、戻ってくると「口を開けろ」と言った。彼はショーン・ライダーからEことエクスタシーを買っていて、1錠ずつ俺とカレンの口に投げ込んだ。

俺がマンデーズを初めて観たのは1987年、嵐の夜だった。国中で古い大木が倒れ、家の屋根が吹き飛ばされ、死人が出て、列車が線路から脱線していた。ギグはポートランド・クラブの地下で開かれた。リージェンツ・パークの近くで、のちに伝説的なクラブ、ヘヴンリー・ソーシャルが開催された場所だ。あの時はジェフ・バレットがマンデーズを出演させていて、俺とスロッブがチェックしに出かけていた。俺たちは当時ホテルで暮らし、グラスゴーには戻らなくなっていた。ずっとロンドンのホテルに泊まって遊んでいた。曲の間もずっとベズが踊っていて、なんのドラッグをやってるんだろう、と考えたものだ。ベズがダンスを止めることはなかった。スピードか？　それともコカインか？　するとスロッブが、スピードでもコカインでもないと思う、と言った。何か新しいドラッグに違いない。アシッドでもない。この男はいったい何をやってる？　俺たちはあの時ベズに直接、何をやってるのか訊くべきだった。もしくはバレットに訊ねればよかった。

その1年後、俺たちはザップ・クラブで、マッギーからその聖餐（せいさん）を与えられた。俺の最初のEはハッピー・マンデーズから買ったものだ。かなりクールな話だと思う。俺の自慢だ。なのにそれはさっぱり効かなかった。

俺はその頃も作詞家として、自分の声を見つけようとしていた。書きたいことはわかっていたが、何について書くべきか、モチーフが見つけられなかった。〝アイム・ルージング・モア・ザン・アイル・エヴァー・ハヴ〟や〝ユアー・ジャスト・トゥー・ダーク・トゥ・ケア〟のような歌詞が書けるのはわかっていた。どちらも実体験、俺の人生の出来事についての曲だ。だが俺はもうちょっと間口を広げたかった。セカンド・アルバムの数曲、ハイエナジーのロックの曲には本当に安っぽい歌詞が乗っている。いいロックの歌詞をどう書くべきか、よくわからなかったからだ。響きがいい言葉を集めてはみたが、意味はほとんどなかった。スペースを埋めていただけで、心からの言葉じゃなかった。バンドが進められるよう、歌詞を並べたにすぎない。自分のものではない言葉は、何も意味していなかった。

フェルトのローレンスに、それについて助言を求めたことがある。彼はこう答えた。「スピードについて書いてみればいい。〝スピード・アンセム〟っていう曲を書けばいいじゃないか。おまえはいつもスピードの話をしてるんだから」。

俺は衝き動かされていたし、天職だと感じてもいたが、あの頃はとにかくやり方がよくわからなかった。バラッドのほうがうまく歌詞が書けた。ゆるやかな曲調だと、ただそれに心を開けばよかった。でもロックな曲になると、ブルージーなメロディをどう乗せればいいかがわからない。60年代風のポップなメロディは簡単に作れたし、実際いいメロディだったが、他のメンバーが弾く激しいリフと噛み合わなかった。甘いメロディと泥臭さの組み合わせがうまくいくこともあった。〝アイヴィ・アイヴィ・アイヴィ〟のような曲だ。俺はその後、メロディをブルージーにすると、よりダークで悪意のある歌詞が書けることを発見した。ロックやブルーズで使われる暗く苦いコードが、それを可能にする雰囲気を生む。あれは大人の音楽、苦痛の音楽だ。ポップはもっと10代の音楽で、砂糖のように甘く、希望がある。ロックには絶望と暴力が満ちている。飢えたセクシュアリティだ。俺はブルーズやソウルの作詞家の書き方が好きだった。シンプルで、直接的で、正直で、ヒットさせるために作った曲にさえ、ストレートで容赦ない正直さがある。それは黒人であれ白人であれ、アメリカの労働者階級の人々が作った音楽だった。カントリー、ソウル、ブルーズ、俺はそうした音楽を愛し、大きな影響を受けた。

ボビー・〝ブルー〟・ブランドのようなアーティストには本当に魅了された。彼のアルバム『トゥー・ステップス・フロム・ザ・ブルーズ』は洗練されたブルーズのソングライティング、ミュージシャンシップの完璧な一例だ。強く、抑制されたヴォーカルも素晴らしい。ブランドの歌のフレージングは、俺にとってはシナトラにも比肩する。どちらもノワール・ポップ、寝室のブルーズ、大人の実存主義におけるストーリーテリングの名人だ。ボビーが「見知らぬ土地で見知らぬ人間になる、それを俺は知っている」と歌うと、世界でもっとも孤独なサウンドを聴いている気になる。すべてを経験し、苦しみ抜いてきた人間から生まれた真のブルーズ。その声は疲れ、打ちのめされ、しわがれている。ボビーはつねに自分が体験したことを歌っていた。不公平で、厳しく、容赦ない世界に歯向かおうとする男らしさと正しさ。「この街に愛はないのか？」と彼が歌う時、それ以上に真実を伝える言葉があるだろうか？　ボビー・ブランドによる1974年のポップ・ソウルの名曲〝エイント・ノー・ラヴ・イン・ザ・ハート・オブ・ザ・シティ〟を聴いて、あの崇高さに触れてほしい。

さらには偉大なO・V・ライトもいる。肉欲の炎に焼かれ、硫黄の匂いが染み込んだ彼の声は、火と氷のヴィジョンを作りだす。彼のレコードの数々は、ミシシッピ・デルタの錬金術というオカルトだ。それを導いたのは名プロデューサー、ウィリー・ミッチェル。O・Vの世界では、苦痛と欲望はひとつのコインの両面だ。彼の曲はすべて、病んだ愛、セックス、罪、そして赦しを乞う哀願をつづる暗い物語だ。そういった曲には決して結末がなく、事実だけがある。真実としてのブルーズ。生き方としてのブルーズ。苦悩と悲哀に満ちた、愛のない冷たい世界をやむなく受け入れ、束の間の喜びはこっそりと交わされる道ならぬ恋しかない。O・Vはそうしたソングライティングの名匠だった。俺はそのダークな技を学びたかった。いつか自分でも操れるようになりたいと願っていた。

当時、俺はリチャード・メルツァーの『ロックの美学（The Aesthetics of Rock）』［メルツァーはロック批評を始めた人物とされる］に傾倒していた。彼はほんの少しユーモアを交えながら、ロックンロールをクラシックの文脈、哲学の文脈で語ろうとしていた。カウンターカルチャーは奥深く、詩的にもなることを彼は理解していて、俺はそこを尊敬していた。自分でもそう感じていたからだ。彼はロックンロールをハイ・アートに高めようとしていたし、俺自身ロックンロールはハイ・アートだと信じている。

アルバム『プライマル・スクリーム』のバラッドの歌詞はよかったし、音楽的にも明確だった。独特のダークな雰囲気と切望感があった。あの頃、アンダーグラウンドのシーンでは他に誰もやっていなかったような剥きだしの感性がある。ロックの曲に関しては、どれもバンドが乗りまくっている。ゴンゾ・ロックンロールとでも言うべきスタイル、情熱とコミットメントがこもったプレイ。アイロニーはなく、ただ最強の音楽がガンガン鳴っていた。とはいえ、もう無理だと思う時期もあった。俺はスロッブとマッギーに会い、自分の気持ちを話した。意味のあることを書くのに苦しんでいると。アランは言った。「自分のストーリーを語ればいい。おまえは生来のリード・シンガーでフロントマンだ。おまえにできることと言えばロックンロールしかないんだ。やりつづけなきゃ」。彼らは俺を信じていた。

この頃、俺はとにかくバンドを軌道に乗せようとしていた。まだ失業手当をもらいながら、悩み、苦しみ、ちょっとした鬱にもなっていた。カレンはバークレイ銀行で働いていたので、俺は平日ずっとひとりきりで、ブライトンを歩き回り、最後はレコード屋にたどりついた。ノース・レインはすごい場所だった。本当にいいレコード屋が6軒ほどあり、俺はそれを全部見て回ってから海辺に戻り、古い埠頭のそばで座っていた。冬も、夏も、春や秋も、陽が沈むのを眺めていた。それで気は晴れたが、内側では何かがひっかかり、間違っているような気持ちだった。バンドが売れず、ロックスターになれないのが悲しかったのかもしれない。どこかであきらめて、普通のつまらない仕事に就かなきゃいけない、と。失業手当で食っていることが俺の心を蝕んでいた。ずっと昔、父が言っていたことがよくわかった。「男は人生に目的を持たなきゃいけない。朝ベッドから起きる気になるようなことを」。俺はたぶん、生まれつき憂鬱なたちなんだろう。

あの時代は自分の気持ちについて、いまみたいなやり方で話す人は誰もいなかった。いまじゃ、人が「鬱」という病気で苦しむことを前提に、そこから利益を得るのが一大産業になっている。製薬会社からセラピストまで、感情的な惨めさから大金が搾り取られているのだ。俺が育ったカルチャーでは、人、特に男はそういう

「感情」について話さないものとされていた。状況がどうであれ、受け入れてやっていくしかないと。俺自身はその考え方、自助とストイシズムを強く信じている。実際、俺の父はその好例だ。1983年、彼は医者から煙草と酒をやめなければ余命半年だと告げられた。父はすぐに断酒し、そのことを誰にも話さなかった。独力で、精神科も治療センターも彼には無縁だった。昔気質の男は厳格に育てられた。俺はそれを尊敬している。俺の病はある種のメランコリー、憂鬱で、10代半ばから表れるようになり、本意ではないが、「鬱」と呼ぶしかないんだろう。あの感じは長年の間に表れては消えていった。ずっと観察したところでは、俺の意識において、創造性が長期間不活発になるともっとも起きやすいようだ。まるで創造的なエナジーが使われないと、それが内面化して鬱のフィードバックとなり、体内でループになるような感じだ。結果、役立たずになったような気持ち、自分への疑念が湧いてきて、落ち込んでしまう。とはいえ、つねに自分のことを「クリエイティヴ」だとする立場にいたわけでもないから、原因はまったくわからない。

自分たちには独自のスピリットと音楽的能力がある、それはわかっていた。だが俺は魔法のフォーミュラを求めていた。ずっとそのことばかり考えて、気が滅入ったのかもしれない。金がないことには落ち込まなかった。それは気にならなかった。住宅手当と失業手当をもらっていたし、メリー・チェインで稼いだ金も少し残っていた。時々レコードを買う金、音楽に関する習慣を続ける金さえあればハッピーだった。俺はやっていけた。

21 オードリー・ウィザスプーンによる福音
The Gospel According to Audrey Witherspoon

あれは1989年の夏だった。俺はクラーケンウェル・ロードのパブにいた。レザー・レインの向かいで、一緒にいたのはジェフ・バレット。プライマル・スクリームのセカンド・アルバムはあまり話題にならず、盛りあがっているジャーナリストはひとりもいず、俺たちは音楽紙でまともに取りあげられなかった。バレットはビールを数杯飲んでいて、いきなりフィル・スペクターによる60年代のプロダクション、あのウォール・オブ・サウンドがどんなに素晴らしいか、演説を始めた。スペクターが量産したレコードには恐ろしいほど彼の感情がこもっていると。彼は話しながら泣きだしそうになっていて、俺は心を動かされた。俺が見たなかで、水曜の午後にあいつがあんなに感情的になったことはなかった。すると彼は次に、アシッド・ハウスのDJでライターのアンドリュー・ウェザオールという男について話を始めた。「ボーイズ・オウン」というクラブ・ミュージックのファンジンを作っているという。ジェフは俺にそのファンジンと、何人かがいま好きなレコードを挙げているページを見せた。ウェザオールの答えは、「プライマル・スクリームのセカンド・アルバムのバラッド全曲」。俺たちを褒めていたのはこの男だけだった。自分たちの音楽に理解者がいることに感動し、俺は興味をそそられた。アンドリュー・ウェザオールに会わなきゃいけない、と思った。

ブライトンではアシッド・ハウスのパーティに行くようになっていた。午前2時にクラブが閉まると、誰かが高架下や防波堤で機材を発電機に繋ぎ、みんなエクスタシーをやって踊りつづけるのだ。ジ・エスケープが終わっても全員まだEでハイなままで、午前2時、海沿いのザップ・クラブの外でたむろしている。誰もまだ帰りたくないし、ざわついたままだ。すると誰かが、あ、イースト・ピアの向かいの高架下、歩道のところでパーティがあるんだって、と言う。何かが起きる期待が高まり、みんな延々と待ちつづける。もっとハウス・ミュージックが欲しい、もっと踊りたいから。また誰かが、防波堤でもパーティがあるぞ、と言う。イースト・ピアからヘイスティングスに向かって500メートルほどのところだ。エクスタシーをやっていると誰もが超気さくで、俺はいつもいるひとりとして知られていた。俺がバンドにいるのは、ほとんど誰も知らなかった。あれはアンダーグラウンドのシーンだった。違法でいかがわしく、秘密めいていて、楽しかった。

あの夏にはアラン・マッギーがリージェンシー・スクエアにある俺のフラットの真上の部屋に越してきた。ある夜、俺たちはザップ・クラブのパーティのあと、彼のフラットに戻ってさらにドラッグをやった。マッギーが聞いた話では、どこか田舎で大きなパーティが開かれていて、DJはアンドリュー・ウェザオールだという。俺たちは深夜、タクシー2台に分乗して、あてもなく、でも強い意志を持ってイースト・サセックスの名もない場所に向けて出発した。目指すのは（早晩俺たちの導師（グル）となる）アンドリュー・ウェザオールがDJをしているという、怪しげなパーティ。問題は行き先も住所もわからないことだった。当然、まだ携帯のない時代で、運と意志の力に賭けるしかなかった。

どこともわからない田舎道を走っていると、誰かが「音楽が聴こえる、ここで停めろ」と言った。全員興奮して車を降り、原っぱに出ていくと、何もない。田舎なので明かりもなく、静まりかえった暗闇が広がるだけ。それが数回繰り返されると、聴こえてくる音楽はタクシーのカーラジオから流れていることに俺たちは気づいた。みんなそのくらいラリっていた。結局、夜明け頃に俺たちはパーティを見つけ、道路から丈の高い草が生えた原っぱに分け入り、よろよろ進んでいくと、遠くに小さな林が見えた。林のなかをさらに進むと、目の前に巨大な、教会のような白いテント群が現れた。そう、それは新たな教会、アシッド・ハウスの教会だった。俺たちはサイケデリックな巡礼をしていた。求めるのは聖地、古代の祈祷、疑問の余地のない宗教的衝動だった。その欲求はセックスより強く、異教の招きのようだった。テントに近づくと人を吸い寄せるビートが鳴っていた。俺たちは呪文にかかっていた。すぐにでもトランス状態になり、踊りだしそうだった。DJはウェザオールだった。そこで俺は彼に出会った。朝の6時、原っぱの真んなかで、Eでぶっ飛びながら。

1989年の夏の間に俺たちはどんどんアシッド・ハウスにハマり、クラブに通いだした。スロッブはちょっと出だしが遅かったが、イネスとカレン、俺はすぐに熱中した。カレンは12インチの輸入盤を買いまくり、地元シーンの連中とつるんでいた。あの夏には、俺とカレンはもう別れたようなものだったが、まだフラットをシェアしていて、それが難しいこともあった。

シュームがケンジントン・ハイ・ストリートで開かれていた頃、イネスと一緒に行ったのを覚えている。あのパーティをやっていたのはダニー・ランプリングと妻のジェニーで、彼女が入り口にいて、かなり厳選された雰囲気だった。シュームでは驚かされることがたくさんあったが、初っ端から、入るとそこには本物のポップスターがいた。エス・エクスプレスのマーク・ムーアだ。クールでグラマラスで、着飾った女の子たちが大勢彼を囲んでいた。きらびやかな集団で、俺たちは度肝を抜かれた。エス・エクスプレスは大好きだったし、すごいレコードを出していると思っていた。

俺は孔雀の羽根でできたジャケットを着た、きれいな女の子に話しかけた。それまで誰かにそんなふうに話しかけたことはなかったが、エクスタシーのおかげで抑制が消えていた。クラブには原子力並みのエナジーが満ちていた。性的なエナジーだった。あからさまにいやらしくて安っぽい、メインストリームの性的な感じではなく、そこでは誰もが自分を自由に表現していて、眉をひそめられることもない。暴力の危険や性差別もなく、みんなそこにいる理由はひとつだけだった。この驚異的な音楽、新しくコンテンポラリーな、電子のソウル・ミュージックで踊ること。永遠の「いま」でダンスすること。自分が完全にその瞬間にいると感じたのを覚えている。まるで映画の主演スターになって、他の全員もそれぞれの映画でスターになったような気分だ。どのブラザーもどのシスターも、みんながスターだった。アシッド・ハウスの素晴らしさのひとつに、そういったヒエラルキーのなさがある（だがのちにはそうなってしまう。スーパースターDJが持ちあげられ、大金が動き、ミニストリー・オブ・サウンドのようなスーパークラブが登場して、あのカルチャーは大衆資本主義に搾取された)。シュームに満ちていたのは生の祝祭だった。あの時まで、俺が関わっていた音楽やシーンは、パンク、ポストパンク、ロックンロール・カルチャー全般に至るまで、怒りやニヒリズム、絶望に動かされていた。俺がそうしたものを愛したのは、俺自身そうやって世界に関わっていたからだ。俺のなかには、健康的な(もしくは不健康な)ネガティヴさがあった。傷心や苦悩、痛みを語る音楽を愛していたし、人間関係や政治に対してシニカルな見方をしていた。好きなドラッグはスピードこと硫酸アンフェタミンで、それが俺の疎外感、孤独感を煽っていた。でもエクスタシーは、まったく違う心理的トリップだった。俺の人生は自分でも気づかないうちに変わりつつあった。

決定的だったのは、ウェザオールが「NME」でプライマル・スクリームのライヴ評を書いた時だ。ペンネームはオードリー・ウィザスプーン。彼がファンジン、「ボーイズ・オウン」で使っていた名前だ。記事を発注したのはヘレン・ミードで、この宇宙意志的な介入に関しては、ジェフ・バレットに感謝しなきゃいけない。アイデアを出したのは彼だった(プライマル・スクリームのレヴューを早急に載せる必要性を「NME」が感じていたとは思えない)。ヘレン・ミードと彼女のボーイフレンド、ジャック・バロンは最近アシッド・ハウスに改宗していた。ジャックはそれまでアインシュテュルツェンデ・ノイバウテンやソニック・ユース、スワンズ、ニック・ケイヴ&ザ・バッド・シーズ、そしてジーザス&メリー・チェインのようなバンドに入れ込み、記事を書いていた。その男がいまやアシッド・ハウスの使徒となり、俺たち同様、大々的にEにハマっていた。クリエイションでマッギーが開いていたアシッド・ハウスのパーティではジャックとヘレンをよく見かけた。俺たちはそこでマイ・ブラディ・ヴァレンタインのような連中ともつるんでいた。

マッギーはみんなのためにエクスタシーを買い、パーティを開いていた。俺たちは全員、ミセス・サッチャーの施策のおかげで「事業手当」をもらっていた。自分の銀行口座に1000ポンドあることを失業保険局に証明し、事業計画をでっちあげれば、あとは手当をもらうのに毎週事務所に通わずにすむ。これは1年間続き、とても便利だった。国中ツアーで回りながら、申請するのに、雨が降る火曜の朝10時にわざわざブライトンに戻らずにすむ。前の晩の午前2時にハルでライヴを終えたら、そんなのはほぼ不可能だった。ブライトンからロンドンへ行くには、列車に乗り、地下鉄に乗り換え、ヴィクトリア線でベスナル・グリーン駅まで行き、そこからバスでウェストゲイト通りへ。隣にあるアジア人の搾取工場を通りすぎ、8番地の階段を登ると、クリエイションのオフィスだった。迎えるマッギーは瞳孔が開き、にこにこしていた。「ボビー、口を開け」と彼。「ほら、これと、あともう1錠。こっちはあとで飲め」。

テリー・ケミカルという名の小柄な猫背の男もうろついていた。彼はいつも被害妄想のような悪い雰囲気を放っていて、いまにも爆発しそうだった。その数週間前、ウェザオールと知り合ったブライトン郊外のパーティでも俺は彼に会っていた。あいつはドラッグの取引で俺が支払いをごまかしたと思い込んでいたが、それは違う。テリーは頭がぶっ飛んでいて、俺が何時間か前に払ったのを忘れていただけだった。マッギーは揉めている俺たちの間に割って入り、俺の話を裏づけなければならなかった。質のいいエクスタシーでいい気分になっている時に、いちばん勘弁してほしいのは暴力沙汰だ。俺はテリーにうんざりした。ただのちに最初の誤解は水に流し、俺たちは親友になった。90年代半ば、俺がロンドンでだめになった時はいつも、テリーと当時の恋人のリサがケンティッシュ・タウンの家で面倒を見てくれた。

ウェザオールによる「NME」のレヴューのタイトルは「セックスと嘘とガムテープ」。彼はプライマル・スクリームがファッショナブルなバンドになる前から、俺たちを評価していた。あの年流行ったバンドと言えば、ストーン・ローゼズにピクシーズ、ハッピー・マンデーズ、スローイング・ミューゼズ、ワンダー・スタッフだった。オードリー・ウィザスプーンはこう書いていた。「曲がいい。ある曲はT・レックス、ある曲はジェネレーションX、ある曲はビッグ・スター、ある曲はセックス・ピストルズのような音が鳴っている。そしてある曲は、セックス・ピストルズそのものだ」。記事には俺の写真が載っていて、女性用の高級ブランドで買ったゴールドのラメのシャツを着ている。俺はそれに黒革のパンツを合わせていた。80年代後半、アシッド・ハウスのクラブに行く時の格好だ。

夏中ずっと、俺たちはイギリスをツアーしていた。北部もかなり回った。ギグのためにスピードをやると、終わってロンドンまで帰るのにEを口に放り込んでいた。車中で聴くのはバレットかマッギー、ジェームズ・ウィリアムソンが作ってくれたハウスのコンピレーション・テープ。インナー・シティ、〝ビッグ・ファン〟、ジョー・スムース、フランキー・ナックルズ、ジェイミー・プリンシプル、リトル・ルイ・ヴェガ、スエーノ・ラティーノ、デリック・メイ、どれも必聴のトラックだった。なかでもフランキー・ナックルズの〝ティアーズ〟は俺たちのアンセムになった。インスパイアされたものや出来事を指す言葉になったほどだ。「昨日おまえがしけこんだ女の子はティアーズだったな」、「フランキー・ナックルズの新しいシングルは聴いたか？　まだ？　聴かなきゃ。完璧ティアーズだよ」、「木曜のザップでのウェザオールのＤＪはティアーズだった」、「ティアーズなスピードを手に入れた。一緒にやるか？」などなど。

高速を走る時も俺たちは全員Eでハイになっていて、朝の5時にガソリンスタンドでトイレ休憩を取り、フットボールを蹴ることもあった。突然蹴りたくなった時のために、ボールはいつも備えてあった。みんな革パンと尖ったブーツのまま、空の駐車場を走り回り、エクスタシーが効いたまま試合をするのだ。高速の両側にあるガソリンスタンドを繋ぐ、ガラス製の橋で俺とスロッブが競走したこともある。朝の5時か6時、夜が明けた頃だったと思う。陽が昇って俺たちは駆けっこをすることにした。全力で走ると、そのまま離陸して空を飛べそうだった。俺たちはエクスタシーとスピード、それに若さと自由でハイになっていた。

アンダーグラウンドのクラブで俺たちが踊っていたレコードは徐々にオーバーグラウンドになり、ＵＫポップ・チャートのトップ20に食い込みはじめた。シカゴやデトロイトのような米中西部のコンテンポラリー・ソウルのレコード、さらにソウルⅡソウルなど、イギリスのソウル・レコードも。あれはまさに同時代的な音楽に感じられた。新しくソウルフルで、でもエレクトロニック。自分たちがいたシーン、退屈なインディ・シーンとはまったく違っていた。比べようもなかった。

UKインディは自己満足的でエリート主義で、いくつものルールで縛られていた。美意識がピューリタン並みに厳格で、グラマラスなもの、セクシュアルなものにはすべて疑いの目が向けられた。『ソニック・フラワー・グルーヴ』のフォークっぽいサイケから、2枚目でいきなり泥臭いブルーズ・ロックに変わったのは、初期のファンの一部にとっては飛躍しすぎていてついていけなかった。シーンにいる連中は主にチャリティ・ショップや蚤の市で買い集めた服を着ていたものの、インディの洒落者は圧倒的少数派だった。インディのライヴにはいつも惨めな雰囲気が漂っていて、観客も大抵決まりきったつまらない格好だった。一方アシッド・シーンにはエナジーが溢れ、きれいでファッショナブルな女の子たちがコムデギャルソンやボディマップのようなハイブランドからスポーツウェアまで、思い思いの服を着ていた。みんなフレッシュでクリーンで、気さくだった。あのシーンの聖餐、ドラッグがエクスタシーだったせいだ。インディ・シーンは主にビールで、俺はあれが好きになれなかった。パブは俺向きじゃない。皆ドラッグさえやらず、酒を飲むだけだった。ふたつのシーンはまったく正反対だった。俺たちがギグを始めた頃は観客も少なく、国中の小さな会場を回り、それが新鮮でエキサイティングだった。でも80年代後半にはインディのエナジーは失われていた。俺にとっては、あのシーンはもう終わっていた。

アシッド・ハウスにハマる直前、俺たちはスペースメン3のライヴに行った。俺はシングル〝レヴォリューション〟を聴き、「スナップTV」［87〜89年に放送されたカルトな音楽番組］であの曲のビデオを観て、すごいと思っていた。ブライトンではエスケープ・クラブに出演したので、みんなで観に出かけたのだ。いまあのライヴでいちばん印象に残っているのは、スペースメンのファンが大勢床に座り込んでバンドの出番を待っていたことと、あとスペースメン3が演奏を始めると、ジェイソンとソニックのふたりも椅子に座っていたことだ。記事で読んだところでは、彼らも俺たち同様、ストゥージズとMC5の熱狂的信者で、ハイエナジーのロックンロールに入れ込んでいるという話だった。なのにいったいどうしたんだ、と俺は思った。20歳とか18歳のキッズがみんな、ハッパ好きのヒッピーみたいにあぐらをかいて座っているのだから。あの時俺たちがスピードをキメていたのもよくなかった。ギグは最後まで観たが、エナジーはかなり低かった。それまで〝レヴォリューション〞以外の曲は聴いたことがなかったが、あとで彼らがヘロイン好きと聞いて、やっと納得がいった。バーやトイレに行こうとして、床に座っている何人かを蹴ったはずだ。邪魔だ、どけ、と思っていた。

カルチャーとしては、まさにセックスと死、エロスとタナトスの二択だった。俺はセックスを選んだ。考えるまでもない。まるで違う惑星みたいだった。あの夏は素晴らしい天気が続き、1990年、1991年の夏もそうだった。俺は20代の最後をとことん楽しんで過ごした。若く、シングルで、責任もなく、自由だった。

1989年に俺たちはアシッド・ハウスの啓示を受けたが、バンドとしてはぱっとしなかった。でもあのシーンはエキサイティングで、未来的だった。まさに「いま」だった。

クラブでかかっていた曲は7、8分もある長いトラックのこともあり、俺たちが好きだったレゲエの曲のダブ・ヴァージョン、その現代版だった。脱構築され、独創性に富んだ、延々と続く未来的な音楽。アンドリュー・ウェザオールがまだ誰も聴いたことのないトラックを初めてかける場にいるのは、まるで秘密結社の入会の儀式だった。堅気向けの音楽じゃない。それは本当にアンダーグラウンドで起きていて、俺たちはそのトリップに目覚めていた。いわば、モダンなサイケデリアだ。新たな音楽は未来都市のヴィジョンを立ちあげ、テクノポリスの鼓動を鳴らしていた。クラブはシャーマンの踊り、暗い魂と恍惚のカーニバルとなった。ウェザオールはリスナーの想像力に魔法をかけ、分子構造を変容させる音楽の力を理解していた。体が心臓を動かすと、脳に作用し、恐怖心が消え、人と人がこれまでになく近づく。エクスタシーをやると、見知らぬ人はひとりもいなかった。全員がケミカルなブラザーフッド、シスターフッドで結ばれていた。みんなが同じビートに合わせて動き、踊り、体という枷（かせ）や社会という牢獄から抜けだす。ブラザーよ、シスターよ、カム・トゥゲザー。ひとつになるのだ。

クラブにいない時には、俺たちはまだツアーに出て、ハイエナジーなロックンロールのライヴを続けていた。あの年の冬には山ほどギグをやった。同時に、マンチェスターではマッドチェスターが爆発していた。ストーン・ローゼズ、ハッピー・マンデーズ、インスパイラル・カーペッツ、808ステイトが全国的にブレイクし、トップ20にチャートインした。突然インディ・バンドがポップ・チャートに進出し、「トップ・オブ・ザ・ポップス」に出演して、曲が昼のラジオで流れるようになった。ストーン・ローゼズとインスパイラル・カーペッツは60年代に影響されたサイケ・ロックの現代版をやっていた。しかしマンデーズの音楽は他とは違う、まったく独自のものだった。彼らに先駆者はいない。せいぜい、カンくらいだろうか。UKのユース・カルチャーではいろんなすごいことが起きていて、俺たちはその全部に片足を突っ込んでいた。あの冬にはアイルランドで初めてライヴをやった。ずっと行きたかった場所で、そこから冬のツアーが始まった。スコットランドではティーンエイジ・ファンクラブがサポートで、マッギーには彼らと契約するべきだ、と伝えていた。あの時点ではアレックス・チルトンと同じくらいクレイジー・ホースに影響された、本当にクールなジャム・バンドだった。だがマッギーは却下した。彼は1991年にやっと理解して、クリエイションはティーンエイジ・ファンクラブと契約した。

俺たちは自分たちが愛し、生きがいとなっている音楽をプレイしながら、その間ずっとスピードをやっていた。少なくとも俺とイネスはそうだった——当時のスロッブはコカインをやる金がなかったから、あいつもスピードをやっていたはずだ。でも俺やイネスほどではなかった。俺たちにも常時エクスタシーをやれるような金はなかった。Eは1回が25ポンドで、1週間分の失業手当だった。

俺たちがやっていたライヴには、それぞれ200人ほどの観客しかいなかった。ほとんど無観客に近いこともあった。バーミンガムの近く、JBズ・ダドリーでのギグでは、せいぜい20人ほどだったのを覚えている。それほど熱心なファンのうちのふたりがコーナーショップのティジンダー・シンとベン・エアーズだった。彼らは何年も経ってからあの場にいたこと、すごいライヴだったと話してくれた。この頃、俺たちはアンコールでストーンズの〝コックサッカー・ブルーズ〟やキャロル・キングの〝アップ・オン・ザ・ルーフ〟、リッキー・ネルソンの〝ロンサム・タウン〟、それにクランプスの曲をやっていた。セカンド・アルバムの曲のメインの合間でもそうしたバラッドをカバーしていた。あのツアーでの俺たちはいいロックンロール・バンドだったが、それを聴く観客がいなかった。いくつかのライヴでは前座をニッキー・サドゥンがソロで務め、デイヴ・クシュワースやバウンティ・ハンターズがサポートすることもあった。俺はニッキーとデイヴのアルバム『ロベスピエールズ・ヴェルヴェット・ベースメント』がすごく好きだった。ブリティッシュ・ロックンロールの名作だ。彼らは俺たち以上に、ロックンロールをロマンティックなものにしていた。真の信奉者だ。

ツアーの最終ギグは12月の終わり、会場はポートベロー・ロードのサブテラニア。チケットはあまり売れなかった。この頃、ニルヴァーナが話題になりはじめていた。彼らはファースト・アルバム『ブリーチ』をサブポップから出していて、イギリスの音楽メディアはあのレーベルを、新たなシアトル・シーンとともに目一杯持ちあげていた。サブテラニアでのライヴの数日前、友だちのティム・トゥーハーが俺にこう言った。「フライヤーを作ったんだ。アストリアのニルヴァーナのギグに行って、配ろうと思う。プライマル・スクリームを観にきてもらわなきゃな。グランジのキッズが、おまえらがやってることを気に入るかもしれない」。

俺は「わかった、俺も行くよ」と答えた。ついでにあのギグを観てもいいな、と思いながら。

凍えるような水曜の夜、ティムと俺はアストリアの外に立ち、まったく無関心なニルヴァーナとマッドハニーのファンに自分たちのフライヤーを手渡した。俺は黒革のバイカー・ジャケットにジーンズ、ティムは『マイ・プライベート・アイダホ』のリヴァー・フェニックスみたいな格好をしていた。ロックンロールの浮浪児ふたりだ。チャリング・クロス・ロードの夜はマーガレット・サッチャーのハート並みに冷えこみ、俺たちは30分ほどで諦めて会場に入ろうとしたが、チケットは売り切れていた。最低だった。

プライマル・スクリームのギグでDJをしてもらえるほど、俺たちはウェザオールと親しくなっていた。

サブテラニアのライヴでは、イネスと俺、スロッブ、トビーもステージに上がる前にEをやったが、いいアイデアとは言えなかった。その前の夏、俺たちはイズリントン・パワーハウスのギグでもEをやっていた。まったく同じタイミングで全員がハイになったので、ちょっと混乱した。セットの半分くらいでやっとまともに演奏できるようになった。俺の場合、Eをやると何もかもがふにゃっとしてしまう。感覚や認識力がうまく同調しなくなり、時間もゆっくり進む。俺はビートがつかめず、曲があちこちで滑りまくった。逆にスピードをやると感覚が研ぎ澄まされ、焦点が定まる。俺の存在そのものが、バンドが刻むロックのリズムにぴしっとハマるのだ。ツインギターから出るゴジラ級のパワーは、スピードが俺に与える、救世主になったようなフィーリングにぴったりだった。エクスタシーはロックンロールをやる時のドラッグじゃない。ソフトで愛情に溢れすぎている。

クリエイションからは、もう誰もライヴに来ていなかった。ひとりもだ。興味を持つ人間はいなかった。アンコールではシン・リジィの〝ドント・ビリーヴ・ア・ワード〟を演奏した。感心なことにジェフ・バレットはその場にいて、ライヴのあと、「あのシン・リジィのカバーは最低だった」と言った。

俺は「おまえ、シン・リジィが嫌いなんだな」と返した。バレットがブルーズっぽいロックを嫌っているのは知っていた。ソウルは好きでも、ブルーズは嫌いなのだ。それにあの頃は、シン・リジィの曲をやるなんていちばん格好悪いものとされていた。アシッド・ハウスとマッドチェスターの全盛期、「NME」は「ロック信者」と呼ぶものを全部こき下ろしていた。ポール・モウリーや、キッド・クレオール、スクリッティ・ポリッティ、プレファブ・スプラウトのファンによる負の遺産だ。俺はただ、まあバレットらしいな、と思っていた。俺はあいつが好きだった。

するとウェザオールがにっこり笑いながら近づいてきて、こう言った。「〝ドント・ビリーヴ・ア・ワード〟のカバーはすごくよかった。最高だったよ」。彼の目は何かに興奮し、熱中している時はいつもそうだったように、きらきら輝いていた。

「ああ、シン・リジィは好き?」と俺は訊いた。

「フィル・ライノットが死ぬ10日前に、俺は彼からサインをもらったんだ」とウェザオール。

なんて奴だ、と俺は思った。こいつは最高だ。俺たちは兄弟だ。それはあの夜に証明された。

22 ウォルサムストーでローデッド（リミクス／リモデル）
Loaded in Walthamstow (Remix/Remodel)

70年代後半から、ラップやヒップホップのプロデューサーたちは60年代、70年代のレコードをカットアップし、再構成して新たなサウンドスケープを作りだしていた。それを基盤に、ラッパーはゲットーのビート・ポエトリーとして、自分たちの真実を世界中に放送することができた。古いものから新しいものを生んでいたのだ。ジャマイカのダブと同様、あれは革命だった。この20世紀末のアートフォームは、元々はニューヨーク・シティのブラックやラティーノの地区で開かれていたブロック・パーティで発生した。使われたのはターンテーブル2台とマイク1本。バンドやミュージシャンもいなければ、高価で豪華なスタジオも必要ない。ヒップなテイストとワイルドな想像力が大暴れしただけだ。パーティの電源として近くの電柱にプラグを挿すこともあった。荒れた街の通りには立ち退きになった安アパートが並び、忘れられた人々、見下された人々が、何もないところからリアルで活気あるアートを作りだしていた。MOMAなんてくそくらえ。アップタウンの安全でブルジョワな、終わったゴミなんてどうでもいい。真のアートはゲットーのストリートで起きていた。そこではアフリカン・アメリカンのキッズがクラフトワークを聴き、ジャーマン・テクノの先駆者がシンセで表現したレトロ・フューチャリズムを、詩的に、そしてセクシュアルに変えつつ、さらに未来へと進めていた。この新しい音楽をニューヨークのラジオ局が流しはじめると、レコード会社も重い腰を上げ、怪物級のヒットが飛びだした。グランドマスター・フラッシュ&ザ・フューリアス・ファイヴの〝ザ・メッセージ〟、アフリカ・バンバータ&ザ・ソウルソニック・フォースの〝プラネット・ロック〟。1988年にアカイのサンプラーが出回ると、曲を作る際にもカットアップが使えるようになり、元々ブロンクスのDJが始めた技術を、生のロック・ミュージシャンと組み合わせられるようになった。

過去の音楽をカットアップし、未来の音楽を作るというラップ／ヒップホップのアイデアは、目的としてはコラージュ的だが、実際はバロウズ的だった。ウィリアム・バロウズはカットアップの手法をアーティストで作家のブライオン・ガイシンから学び、有名にした。デヴィッド・ボウイのようなアーティストも歌詞を書く際にカットアップで実験したが、あの技術をギャングスタ・ラップのように音楽に適用した人間はそれまでひとりもいなかった。実際、バロウズの影響があったのかどうかはわからない。彼らは経済的に貧しく、アメリカでもっとも荒廃し、犯罪が多発する地区に住んでいたのだから。それでも彼らは捨てられたジャンク、過去の遺物から自分たちのアートと娯楽を作り、その過程で新たなアートフォームを生んだ。それが40年経ったいま、世界でいちばん巨大な音楽ジャンルとなったのだ。

ラップ・ミュージックの起こりは、文化的にヒロイックな偉業だ。必要は発明の母と言われるが、ラップ・カルチャーはそれを100パーセント証明している。『スクリーマデリカ』のいくつかの曲にはそのラップの精神、バロウズのカットアップが少なからず適用されている。例えば、〝ローデッド〟や〝スリップ・インサイド・ディス・ハウス〟。だがやはり、俺たち自身がアカイS1000のサンプラーで実験し、あの機械のクリエイティヴな無限の可能性に驚嘆したことがかなり大きい。それまでも俺たちは好んで映画のセリフを使っていた。1986年の〝スパイレアX〟で、すでに『時計仕掛けのオレンジ』のマルコム・マクダウェルの声をサンプリングしていたのだから。あの時、俺はあの映画が収録された海賊版のVHSから、ポータブルのカセットレコーダーでセリフを録音した。

アイデアを出したのはジェフ・バレット、もしくはアンドリュー・イネスだったかもしれない。〝アイム・ルージング・モア・ザン・アイル・エヴァー・ハヴ〟をアンドリュー・ウェザオールにリミクスさせよう、と。次のヨーロッパ・ツアーのために俺たちは新曲を2曲ほど作っていたが、まだ「進行中」で、レコーディングできる状態ではなかった。それでマッギーは〝アイム・ルージング・モア・ザン・アイル・エヴァー・ハヴ〟をシングル・リリースすることに決め、クリエイションはB面曲を必要としていたのだ。

この時点でウェザオールが手がけた仕事と言えば、ポール・オークンフォールドとスティーヴ・オズボーンとやったハッピー・マンデーズの〝ハレルヤ〟と、イースト・インディア・トレーディング・カンパニーの誰も聴いたことのない12インチくらいだったと思う。彼ひとりでスタジオで作業するのは、プライマル・スクリームのリミクスが初めてだったはずだ。俺たちはウェザオールを説得し、リミクス〝ローデッド〟は1989年11月、バーク・スタジオで誕生した。

ウェザオールが作った最初のヴァージョンでは、オリジナル・トラックの下で轟音のブレイクビーツが鳴っていた。ほとんどインストゥルメンタルで、イネスの素晴らしくファンキーな、スーパーフライ風のギターが大々的にフィーチャーされている。だが正直な話、どこか不明確で方向性がなく、ちょっと失望させられた。うまくいっていなかった。俺は奇跡みたいなものを期待していた。彼が俺たちの曲を脱構築し、新たに想像もしなかったようなものにするのを楽しみにしていたので、がっかりした。マッギーは聴くとこう言った。「これじゃリリースできないな。もう一度彼をスタジオに送り返して、やり直させろ」。結局のところ、リミキサーのギャラとスタジオ代を払うのは彼だった。ウェザオールは再びトライした。問題は、彼が俺たちの曲をリスペクトしすぎていることだった。今回もほぼ全部インストで、俺のヴォーカルが少し入っているものの、付け加えられているのはいくつかのファンキーなロックのブレイクだけ。彼は大体のところ、オリジナルのアレンジに忠実だった。俺たちはまだ満足がいかなかったが、期待は持てた。マッギーは3度目にして最後の機会として、彼をスタジオに送り込んだ。その時だ、イネスが有名なセリフをウェザオールにつぶやいたのは。「ファンなのを忘れろ、おまえはこの曲を壊さなきゃいけない」。

俺はブライトンから列車で来ていた。持ち込んだのは60年代のエクスプロイテーション・ムービー、『ワイルド・エンジェル』の海賊版VHSテープ。ロジャー・コーマン監督、ピーター・フォンダとナンシー・シナトラが主演のバイカー映画だ。俺はサントラのアルバムも持っていて、映画のポスターみたいなイラストのジャケットだった。音楽を担当したバンド、デイヴィー・アレン&ジ・アロウズはザ・チョコレート・ウォッチバンドと繋がりがあった。VHSデッキはイネスが持ってきていた。アイル・オブ・ドッグズからウォルサムストーまで、わざわざ車で運んできたのだ。俺はあのイカれたスピーチが収録されているキム・フォウリーのアルバム『アウトレイジャス』も持っていた。〝カリフォルニア・ヘイライド〟という曲は俺たちがステージに出る前に流すテープに使っていた。心理的に不穏な曲で、あれが毎晩闘いに向かう気構えを作った。俺とイネスは『アウトレイジャス』と『ワイルド・エンジェル』を出すと、セリフをトラックに加えることをウェザオールに提案した。アシッド・ハウスのトラックやビッグ・オーディオ・ダイナマイトのレコードには映画のセリフやマーティン・ルーサー・キングの演説が使われていたし、自分たちもやったら面白いと思ったのだ。ウェザオールはダンスフロアで何が受けるかわかっていたから、まさに適役だ。俺は最高のブレイクビーツがある70年代のレアなファンク・アルバムも何枚か持っていた。使えるかもしれないと思ってウェザオールに聴かせると、彼はすぐ気に入った。イネスはスタジオに残り、俺は出た。バンドのメンバーが何人もスタジオにいて口を挟むのは、ウェザオールの本意でないように感じたからだ。それに俺は何か月も前にニール・ヤングがハマースミスでやるアコースティック・ライヴのチケットを買っていて、それがあの夜だった。そんな過去のロックンロールの降霊術のようなライヴの間に、カントリー・ソウルの不義のバラッド〝アイム・ルージング・モア・ザン・アイル・エヴァー・ハヴ〟は、アシッド・ハウスの怪物ヒット曲へと変身した。それはすぐに世界中のダンスフロアで〝ローデッド〟として知られることになる。あの曲が人生を一変させることに、俺たちはその時まだ気づいていなかった。

3度目のリミクスを聴いて、俺はショックを受けた。ウェザオールはまったく別物のブレイクビーツに曲を移しかえていた。前のふたつの失敗したリミクスでは、ごく普通のハードなファンク・ロックのブレイクビーツが使われていた。まともすぎてあまり乗れなかった。今回、彼が使ったのはソウルⅡソウルのものすごいブレイクで、俺は〝キープ・オン・ムーヴィング〟か〝バック・トゥ・ライフ〟からのサンプリングだと思っていた。だが実際はイタリアの海賊盤に収録されていたエディ・ブリケルの〝ホワット・アイ・アム〟のサンプリングで、ピアポイントの犠牲者並みにスイングしていた［アルバート・ピアポイントはイングランド最後の死刑執行人］。リミクスする曲に〝アイム・ルージング・モア〜〟をイネスが選んだいちばんの理由は、ドラムマシンを使って録音していたので、タイムコードが完璧だったからだった。リミクスに必要な条件だ。俺たちはパーカッションやコンガ、マラカス、ホーンやストリングスをあとから加えるつもりで、当時のドラマーのトビーはテンポがあやふやだったから、安全策として機械のリズムに合わせて演奏し、それからトビーのドラムをオーバーダブした。あの曲はいろんな楽器をいじることができるのもリミクス向きだった。スロッップのブルージーなスライド・ギター、ダフィのゴスペルなピアノ、ヘンリーのグルーヴィーなベースライン。〝アイム・ルージング・モア〜〟の最後でバンドが演奏した3コードのグルーヴ・セクション、あのスペースを使って、ウェザオールは〝ローデッド〟を構築した。あれは作り変えられるのを待っていたのだ。

ウェザオールはまた、『ワイルド・エンジェル』のピーター・フォンダのセリフを品よく、見事に切り刻み、トラックの初っ端に置いた。最初に聞こえる家父長的で心配そうな声は、超堅物で保守的な中年の司祭がアウトローのバイカー集団、ワイルド・エンジェルズを率いるピーター・フォンダに訊ねる質問だ。「君たちはいったい何がしたいんだ?」。フォンダは傲慢な反抗、無謀な若さたっぷりにこう答える。「俺たちは自由に、やりたいことをなんでもやりたい。ラリって、楽しんで。俺たちはそうするつもりだ、パーティをやるんだよ」。

スタジオのテレビの横にはVHSデッキが設置され、ミキシング・デスクに直接繋がれていた。ウェザオールはアカイS1000を使って『ワイルド・エンジェル』の会話をキャプチャーし、カットアップした。当時は知らなかったが、シアトルのグランジ・バンド、マッドハニーもまったく同じサンプリングを使っていた。俺は〝タッチ・ミー・アイム・シック〟以外、マッドハニーの曲は聴いたことがなかった。サブポップの音楽を集めたテープを俺にくれたのはブライトンの友人、ジャック・サージェントだ。そこにはニルヴァーナの〝ラヴ・バズ〟やマッドハニーの別の曲が入っていたが、『ワイルド・エンジェル』のサンプリングはなかった。俺はアンダーグラウンドの映画が好きで、『白昼の幻想』や『赤死病の仮面』など、ロジャー・コーマンのアメリカン・インターナショナルの映画がお気に入りだった。60年代のチープなバイカー映画も全部好きだった。あのセリフは直接映画で知っていた。

〝ローデッド〟が完成したのは11月末、サブテラニアでのギグでウェザオールがDJをした数週間前のことだ。ギグの前、楽屋はインディのファンガールでいっぱいだった。ワンダー・スタッフのTシャツを着ているような子たち、それにプライマル・スクリームのファンたちも、みんな嫌そうに「あの男、なんであんなひどい音楽をかけてるの？　お願いだからやめさせて！」と言っていた。

スピードをキメていた俺はこう言った。「とっとと出てけ！　あいつはいまの音楽をかけてるんだ。おまえらがTシャツを着てるような、インディのゴミとは違う。あれこそいまの音楽なんだよ。嫌なら帰れ！」。

別にプライマル・スクリームを、エレクトリックに移行したディランに例えるわけじゃない。でもステージに出る前にウェザオールがかけた音楽を耳にして、俺たちのファンは極端に感情的な反応を見せた。それはトライバルな敵がい心だった。まったく、何がいけない？

〝アイム・ルージング・モア～〟のリミクスを聴くと、マッギーはすぐに「絶対これをシングルにしなきゃいけない、天才的だ！」と言った。ウェザオールのリミクスがA面なのは間違いない。〝ローデッド〟を初めて耳にした誰もが即座に熱狂したのだから。それまでレコーディングしてきたなかで、そんな反応が返ってきた曲は他になかった。イネスは朝の4時か5時にうちに電話をかけてきた。「ボビー、いまサブテラニアのパーティに行ってたんだ。で、ウェザオールが〝ローデッド〟の白盤をかけたんだよ」。あの時点であのレコードを持っているのはウェザオールひとりだった。「そしたらクラブ中が爆発したんだ！」。信じられないような反応だったという。喜び、興奮したイネスは誇らしげに、デキシーズのケヴィン・ローランドとクラッシュのミック・ジョーンズが――ふたりとも俺たちのヒーローだ――曲が終わると握手をしにきたと言った。これはプライマル・スクリームのレコードだ、という噂がクラブ中を駆け巡った。イネスはやっと落ち着くと、真剣な口調でこう言った。「ボビー、この曲はヒットするかもしれないぞ。クラブ中大騒ぎになったんだ。みんなクレイジーだった」。

〝ローデッド〟は絶好調だった。俺たちはグレイトなビデオも作った。撮影したのはバタシー公園とチェルシー橋の近くの高架下にある、バタシー・ラウンドアバウトの横の小さなスタジオだった。それでも俺はなんとなく不安を抱えていた。事業手当は1年間しかもらえず、もうすぐ期限切れだとわかっていたし、そうなれば失業手当に戻るしかない。

俺たちはスペインとフランス、イタリアを回る短いツアーに出発した。イネスの当時の恋人、クリスティーン・ウォンレスは研究所で働いていた。1989年の夏、俺たちはクロロホルムの大きな瓶が置かれたイネスのフラットにいて、みんな瓶に頭を突っ込み、座り込んでいた。クロロホルムが厄介なのは、マッチを擦ろうものなら爆発してしまうところだ。この時のツアーでは退屈しのぎにクロロホルムを持っていった。高速を走り、男たちがうとうとしているヴァンに乗せて。クロロホルムは眠気を誘った。サウンドミキサーはラルフというゴスの中年男だった。悪い奴じゃないが、ひどくつまらなかった。ある日、ラルフがいきなり「もうたくさんだ！」と怒鳴った。たぶんツアーが始まってから3、4回目のライヴを終えたところで、俺たちはイタリアに向かってフランスの道路をすっ飛ばしていた。辺鄙な場所で、ラルフは「降ろしてくれ」と言った。俺たちが車を停めて彼を降ろすと、ラルフはスーツケースを持って路肩に立った。

俺は叫んだ。「おまえ、本気か?」。

彼は答えた。「クロロホルムばっかりやってる連中のヴァンには乗りたくない。そのうち爆発するぞ。おまえら全員、サイコパスだ」。

誰か、たぶんイネスかスロップが言った。「ラルフ、おまえもやったらどうだ？ 落ち着くぞ」。でも彼は頑として俺はやめる、ツアーから降りる、と言い張った。俺たちは彼をそこに置いていった。ツアーはサウンドミキサーなしで終了した。彼とは二度と会わなかったし、連絡もなかった。たぶんラルフは被害妄想が強かったんだろう。ヴァンではいつも誰かが煙草に火を点けていたのだから。

援軍は途中で到着した。スコットランドのグリーノックの親友、タフトだ。タフトの本当の使命はスピードを数オンス運んでくることだったが、イタリアに来る途中でクリエイションのオフィスに立ち寄り、俺たちがチェックするため、〝ローデッド〟のビデオのVHSテープを受け取っていた。タフトはプライマル・スクリームのごく初期のファンのひとりだった。彼の兄のジョージはノーザン・ソウルのスピード狂で、いまだにあのシーンの精神を掲げている。タフトはスピード、そして〝ローデッド〟とともに現れた。それまでに俺たちが作ったなかで最高のビデオだ。まあ、3本しか撮ったことがなかったが。

ミニバスの天井の角、座席の上にはVHSデッキと小さなテレビ画面が設置されていた。俺たちはそれで何度も繰り返し〝ローデッド〟を観た。スロップが「このビデオで、女の子とやれるな」と言ったのを覚えている。ツアーから戻り、全員でウェストゲイト・ストリートのクリエイションのオフィスに行くと、大画面のテレビであのビデオを観た。会社中の女性がみんな集まっていて、スロップが「だろ？」とでもいうような目つきでこっちを見ると、チャーミングで悪魔的な微笑みを浮かべながら、「あの指を見てくれよ」と彼女たちに言った。彼がスライド・ギターを弾いているのをクローズアップした場面だ。このレコードは大成功する、という予感がした。

ツアー最終日、俺はバルセロナでのライヴをすっぽかした。バレンシアでのライヴのあとでマールというスペイン人の女の子と知り合い、彼女と何日か過ごすことにしたのだ。プロフェッショナルじゃない、と思われるかもしれない。でもイタリアで俺たちは、まったく観客がいない巨大なテントでライヴをやっていた。観客の数に関わらず演奏はグレイトだったが、ステージで横柄な態度を取りながらも、俺は売れないことを悩んでいた。他のメンバーとそれについて話したことはない。必要もなかった。毎晩、目の前に証拠が突きつけられていたのだから。空っぽの会場を見るのは、「大失敗」、そして「もう終わりだ」と耳元で言われるようなものだった。また失業手当に逆戻りかと思うと、恐怖と鬱で頭がいっぱいになった。マッギーがもう1枚レコードを作る予算を組むのも、将来音楽で生計を立てていくのも、俺には想像できなかった。普通の仕事に就くしかない、そう思っていた。

マールと2日ほど一緒に過ごすと、俺はクリエイションに電話をかけ、飛行機で帰ってもいいか訊ねた。ロンドンまで飛ぶと、その足でザップ・クラブに出かけてドラッグをやり、1週間、毎日それを続けた。結局俺はまた失業手当をもらうことになり、どんどん落ち込んでいった。最悪の事態を恐れ、これからバンドをどう続ければいいのかわからなかった。

すると突然、国中のクラブやDJが〝ローデッド〟の白盤を欲しがりだした。噂では、クラブで一大センセーションになっているという。マッギーは毎日のように電話で報告してきた。「ボビー、嘘じゃない。ものすごいことになるぞ。レコードがどんどん売れてる。大ヒットするかもしれない」。俺はちょっと頭が追いつかなかった。B面のつもりだった〝ローデッド〟が、いまや〝アイム・ルージング・モア～〟との両A面シングルとしてリリースされていた。そしてクラブ・シーンで野火のように広がり、人々が熱狂していた。ザップ・クラブではそれを目の当たりにした。曲がかかるとフロアが一気に沸きたつのだ。俺とスロッブはそばに立ち、「すげえ!」と圧倒されていた。あんなのは人生で経験したことがなかった。俺の場合、メリー・チェインでさえ起きなかった。〝ローデッド〟はオーバーグラウンドで爆発し、トップ40を駆け上ったが、同時に学生やインディ・ロックのオーディエンスの間でもヒットしていた。そのあたりのファンはすでに少し付いていたが、〝ローデッド〟は公営住宅に住むようなキッズにも届こうとしていた。何百人、何千人もが集まるレイヴに通い、ドラッグをやるようなキッズだ。１９９０年、イギリスのユース・カルチャーにおいて本物のエナジーがあったのは、まさにそんな場所だった。

〝ローデッド〟はリリースされた途端、あらゆるメディアで「今週のシングル」となった。一大現象だった。UKシングル・チャートでは16位になり、小さなインディペンデント・レーベルにしてはかなりの偉業だった。大企業のメジャー・レーベルに、資金力では競争にもならないのだから。

「トップ・オブ・ザ・ポップス」にも初めて出演した。俺たちはBBCのスタジオに朝10時に着くよう指示された。朝型なんてひとりもいなかったし、番組が放映される午後7時頃に行って演奏するものだと思っていた。でも違っていた。「トップ・オブ・ザ・ポップス」では1日みっちりリハーサルをやらされる。それでカメラのアングルを調整するのだ。俺たちは朝早くからコカインと酒をやりだした。最終的な撮影に入る頃には、イネス、スロッブ、トビー、俺、全員がエクスタシーやスピードやコカイン、あるものはなんでもやっていた。曲のタイトルが〝ローデッド（ラリった）〟なら、たとえふりだとしても、ハイじゃなきゃいけない。アーティストとして、俺たちはパフォーマンスに真剣に取り組んでいた。

俺たちのそれまでの人生はすべて、あの瞬間のための下積みだった。全員子どもの頃から、毎週儀式のように「トップ・オブ・ザ・ポップス」を観ていたのだから。ユーチューブを検索すれば、あの時の映像が出てくるはずだ。スロッブはテディボーイ風の赤のドレープ・ジャケットに黒のボウタイ、革のパンツにカウボーイ・ブーツを履いている。ジョニー・サンダースそのものだ。俺はタイトな黒革のジャケットで、左胸のポケットに死神のバッジを付けている。黒革のパンツはオーダーメイドで、チェルシー・ブーツを履き、黒のTシャツの首にはピンクと黒のプラスティックのビーズをかけていた。ダフィがいたキーボードの前にはライドのハンサムなマーク・ガードナーが立ち、〝ローデッド〟のプロモーション用の長袖シャツを着ている。あの目のデザインは、サイケデリックなポスターを集めた本から俺がパクってきたものだ。イネスは刺繍が施された青のカフタン姿で、アシッドなファッションそのもの。演奏のあと、俺はハイになりすぎていたが、家まで送ってくれるような会社の人間はいなかった。あの日はラッドブルック・グローヴのガールフレンドのところに泊まる予定で、BBCの迷路みたいな廊下を走り回ったのを覚えている。出口を見つけようと、ディストピアの迷宮のようなテレビ局のなかを走っていると、巨大なガラスのドアに真正面から衝突した。まったく目に入らなかったのだ。ドアの反対側にはインスパイラル・カーペッツが立っていた。なんとか外に出てインスパイラル・カーペッツの横を通りすぎると、凍えるような夜だった。俺はさらに足を早め、向かいにある地下鉄のホワイト・シティ駅まで走っていった。ロックンロールとはかくもグラマラスなのだ。

俺たちは急に「スマッシュ・ヒッツ」に掲載されることになり、「NME」も再び取材を申し込んできた。インタビューはウェザオールと一緒に受け、イネスはデキセドリンを持ってきた。デキセドリンの錠剤は処方薬のスピードで、つまりは世界最高のドラッグだ。インタビューの前に俺たちはみんなデキシーを飲んでいた。俺とウェザオールふたりの撮影では、彼が帽子を脱いで顔を隠した。当時は失業手当をもらっていたので、身元がバレないようにしたんだと思う。俺たちは突然ヒットを飛ばし、テレビ番組にも出演した。現実離れしていた。俺たちはポップスターだった。

マッギーは俺たちに、週給80ポンド出すと宣言した。俺が失業手当でもらっていた、週に25ポンドよりはずっといい。そして、すぐさま次のシングルを作らなきゃいけない、と言った。俺たちはブライトンでリハーサル・スタジオを借り、バンド全員でこもってジャム演奏を続けた。何度かリハーサルをすると、〝カム・トゥゲザー〟という曲ができあがった。デモ録音さえしなかったと思う。俺たちはマッギーに曲ができたと告げ、彼が肩代わりしてレコーディング・スタジオを借りた。

ジャム・スタジオはロンドンのトーリントン・パーク・ロードにあり、元々ジョージアン様式の屋敷だったのがレコーディング・スタジオに改装されていた。以前はデッカ4として知られていて、シン・リジィが名曲〝ザ・ロッカー〟を録音した場所だと俺たちは知った。地下室を探検し、ひっかき回していると、オリジナルいた。
の4分の1インチテープの箱が出てきた。ザ・ムーディ・ブルーズとキャラヴァンもそこでアルバムを作っていた。

レコーディング初日に、ドラマーのトビーが到着した。彼は「口を開けろ」と言った。

俺は「なんでだ?」と言った。

「口を開けろ」。彼は錠剤が入った瓶を持っていた。

「そりゃなんだ?」。

「いいから口を開けろよ」。そうすると、トビーはひとりひとりの口に錠剤を投げ入れた。俺、スロップ、イネス。それから自分でも何錠か飲み込んだ。

「いったいなんなんだよ?」と俺は訊いた。

すると彼が答えた。「キース・ムーンが過剰摂取で死んだ夜に飲んでたやつだ」(クロメチアゾールという薬で、鎮静剤、睡眠薬、筋肉弛緩剤、抗てんかん薬として使われている)。

俺たちはみんな、「そりゃすごい!」と喜んだ。

ドラッグが効くのにどのくらいかかったか覚えていないが、どこかで俺たちは4人とも気を失った。あとから聞いた話では、クリエイションのディック・グリーン、マッギーのパートナーがレコーディングの様子を聞くため電話をかけてきて、エンジニアを務めていたコリン・レガットと話したという。ディックは「調子はどうだ?」と訊いた。

レガットは答えた。「うーん、どう言っていいかわからないけど、バンドが失神してる」。

「失神って、どういうことだ?」。

「ボビーとイネスは床でのびてる。スロップはソファで、トビーはミキシング・デスクの下で大の字になってる」。

俺たちはまだ1音も出していなかった。

やがて俺たちは目を覚ました。ジャム・スタジオには4日ほどいて、トラックを録音した。途中、ブライトンの友だちでコカインの売人、ザ・ロードという男がやってきた。ザ・ロードはキャラの立った、最高の男だ。いまは25年間服役している。本格的に悪い連中と関わって、深みにハマったのだ。ザ・ロードはカリスマのある労働者階級の男で、ボーイッシュな魅力があり、ブロンドの巻毛を短く切っていた。『ブライズヘッドふたたび』の登場人物のようだった。ユーモアがあっておしゃれで、いつもコムデギャルソンの黒のスーツに真っ白なシャツを着ていた。彼と夜遊びに出かけると、いつだって冒険になった。あいつは大きなアディダスのバッグを抱えて「パーソナル」なブツを運んでいた。「ディック、ちょっとやれよ」。彼は仲間をディックと呼んでいた。「パーソナルなやつだ」。すると大きなナイフをバッグに突っ込み、鼻先に差しだしてくる。世界最高の気分になった。極上のコカインだ。

失神から覚めると、俺たちは仕事にとりかかり、次々とバッキング・トラックを録音した。ドラム、ギター、ピアノ、オルガン、ベース、ストリングス、ホーン、そして俺のヴォーカル。どれも満足のいく出来だった。次はゴスペルのシンガーたちを録音する番だ。俺たちはチップス・モーマンがプロデューサーとしてアメリカン・サウンド・スタジオで録音したエルヴィス・プレスリーの曲の数々、それにザ・ステイプル・シンガーズらゴスペル・ポップの大ファンだったので、自分たちも新曲にゴスペルっぽさを加えたかった。そうクリエイションに伝えると、レーベルで働いていたフィオナ・クラークがニッキー・ブラウンの電話番号を教えてくれた。非凡なシンガーでミュージシャン、そして編曲家だ。俺たちは彼と電話で話し、アイデアを伝えた。感じのいい男で、録音の日には彼自身を含め4人のシンガーがスタジオにやってきた。合唱隊と仕事をしたことはなかったから、俺たちはみんなちょっと緊張していた。ニッキーと彼の仲間は全員ロンドン・コミュニティ・ゴスペル・クワイアと、インスピレーショナル・クワイアの両方で歌っているという。どちらもロンドンで最高の合唱隊だ。俺たちはひどく感心した。プライマル・スクリームとのセッション以前、彼らは商業的な音楽、世俗の業界とは無縁だったが、ニッキーは熱心だった。乗り気になってくれて本当によかったと思う。俺たちは態度はロックンローラーらしく傲慢だったかもしれないが、ある種の人々、内輪の外にいるミュージシャンには最大の敬意を払っていた。それに彼らは敬虔なクリスチャンだった。その助けを借りてすごい曲を作りたいと思っていたが、最初はちょっと物おじしていた。〝カム・トゥゲザー〟で歌っているシンガーはローレンス・ジョン、フェイ・シンプソン、そしてサラとニッキー・ブラウンの4人。彼らの驚異的な音の秘密は、ハーモニーを反転させたところにある。男性が高音を歌い、女性が低音を歌っているのだ。ニッキーのアイデアだが、なんと優れたアイデアだったことか。

合唱を録音しようとしていたその時に、アシスタント・マネージャーのサイモン・スティーヴンスがザ・ロードを連れてやってきた。あいつは俺たちを控え室に招き入れると、全員に「パーソナル」の太い筋を吸わせた。俺たちはスタジオに戻り、口々に自分たちのアイデアをニッキー・ブラウンと彼の仲間に歌いはじめた。コカインのせいで俺たちはマシンガンみたいに、全員が一気に早口でまくしたてていた。ゴスペル・シンガーたちがあれをどう思ったか、知るよしもない。ニッキーの助けを借りながら俺たちは次々にヴォーカル・トラックとハーモニーを重ね、10ピースのクワイアがまるで30ピースのクワイアのように聞こえた。やるたびに壮大になり、圧倒的な感覚が生まれた。まるで神のような、フィル・スペクターの天国に召されたような感じだ。ソニー・チャールズ＆ザ・チェックメイツの名曲、〝ブラック・パール〟みたいだった。あれほど霊感を与えるシングルが他にあるだろうか。カウンターパートとなるメロディ、ハーモニーはスロッブが歌った。非凡な男だ。〝カム・トゥゲザー〟のウェザオールのヴァージョンで、いちばん上の美しいヴォーカルを歌っているのはスロッブだ。あのライン、「カム・トゥゲザー・アズ・ワン」を書いたのも彼だった。フェイ・シンプソンという美しい黒人女性、20歳くらいの若い女性がそれを歌った。彼女はモニー・ラヴに似ていて、素晴らしい声の持ち主だった。ピュアで美しく、切なさに満ちた声。俺たちはその1年後、〝ムーヴィン・オン・アップ〟のレコーディングでもニッキーと彼の仲間と一緒にやった。

〝カム・トゥゲザー〟のレコーディングを終えると、まさに見事な出来だった。アレンジはある意味、ラヴィン・スプーンフルの〝ダーリング・ビー・ホーム・スーン〟を元にしている。弦楽のカルテットにも来てもらい、録音した音をクワイヤ同様に倍増すると、オーケストラのような効果が生まれた。ストリングスのパートはヘンリー・オルセンがスロッブと一緒に書いた。堅実なベーシストであるのに加え、ヘンリーはストリングスをアレンジするのに長けていた。ヘンリーとは元々トビーを通じて知り合った。彼は俺たちにとって「H」、ストーク・ニュートンでトビーの部屋の下に住んでいた男で、俺は彼を信用していた。知り合ったのはセカンド・アルバム『プライマル・スクリーム』のために新曲をレコーディングしていた時だ。スタジオはイアン・ショウという男が経営する、フラムの小さなスタジオだった。俺たちはそこで〝ユアー・ジャスト・トゥー・ダーク・トゥ・ケア〟と〝ユアー・ジャスト・デッド・スキン・トゥ・ミー〟の2曲を録音した。〝デッド・スキン〟でストリングスが必要になると、トビーがスコアが書ける男を知っている、と言った。ヘンリーと初めて顔を合わせたのはその時だ。トビーが後押ししたのかもしれないが、ヘンリーはその後俺たちのベーシストとなり、2枚目のアルバムを一緒にレコーディングした。〝アイム・ルージング・モア・ザン・アイル・エヴァー・ハヴ〟のストリングスのスコアを書いたのもHだ。あれにはスロッブの意見も少し入っていると思う。彼には本当にメロディの感性があった。ウォルサムストーのバーク・スタジオで、ふたりが熱っぽくアレンジについて議論していたのを覚えている。Hはクールな奴で、バンドにとって貴重な財産だった。〝インナー・フライト〟での彼のリード・ヴォーカルは素晴らしい。イングランド教会の少年合唱隊みたいに歌っている。彼の声は清らかでソウルフルで、汚れを知らないようにさえ聞こえる。それが〝ローデッド〟のディオニソス的な退廃と鮮やかなコントラストを成しているのだ。そう、プライマル・スクリームにはアポロ的なものとディオニソス的なもの、両方がうごめいていた――なんと強烈な陰陽だったか！

23 ボーイズ・オウン・ギャング Boy's Own Gang

アンドリュー・ウェザオールと彼の仲間、テリー・ファーリー、サイモン・エッケル、スティーヴ・メイズは全員ロンドンの郊外、ウィンザー周辺の出身だ。10代の頃はみんなソウル・ボーイズでファッション・マニアだった（ウェザオールの場合はパンク・ロッカーだ）。彼らは「ボーイズ・オウン」という失敬なファンジンを発行し、そこで書いたのちに、同名のクラブ・コレクティヴを結成した。1986年や1987年にイビザ島のクラブに最初に行きはじめた人々のなかに彼らもいて、シカゴ・ハウスのような新しいサウンド、そして「バレリアック」の理想を持ち帰った。ダンスフロアが盛り上がるなら、どんなジャンルのどんな曲でもかける、という考えで、元々はイビザのクラブ、アムネジアのDJアルフレドから、ロンドンのアンダーグラウンドのクラブ・シーンに広がっていった。

テリーもアンドリューもDJだった。ファーリーは長年クラブに通っていて、70年代、パンク以前にまで遡る。彼はチェルシーFCのサポーターでもあった。スタイルと音楽が（ファーリーの場合、フットボールも）彼らの道しるべだった。ボーイズ・オウンのパーティは当時、イングランド南部でいちばんイカしたパーティだった。集まっているのは2、300人ほどだけで、全員がクールだった——といっても有名人や金持ち、セレブリティなんかじゃない。オーバーグラウンドのいわゆる「ビューティフル・ピープル」ではなかった。気合いの入ったクラバー、音楽とファッションのマニアばかりで、誰とでもすぐに話が通じた。「事情通」という感じだった。ああいうパーティは排他的だったが、特権のある人々だけが入れるからではない。いるのはほとんどが労働者階級、もしくはロウワー・ミドルクラスのキッズだったが、みんなヒップで、最新のレコードやシーンに幅広い知識があった。もしくはいるだけで目立つような、キャラクターの立った連中で、俺はあそこでそういう奴を大勢目にした。きっとモッズの初期もああいう感じだったんだろう。ある意味、アシッド・ハウスはその90年代版だった。モッズのクラブ、ザ・シーンのＤＪはガイ・スティーヴンスで、ロンドンのフェイス１００人の最高位がピーター・ミーデンだった［60年代モッズ・シーンではトレンドセッターがフェイスと呼ばれた］。クールな若者たちがかっこいい服とアメリカのソウルの輸入盤に熱中していた。あのシーンのドラッグだったスピードをエクスタシーに、スーやタムラ、スタックスといったレーベルをトラックスに置き換えればいい。ＤＪインターナショナルやカーナビー・ストリート、キングス・ロードといった場所はハイパー・ハイパーやケンジントン・マーケット、ブラウンズ、サウス・モウルトン・ストリートに。想像すればわかるはずだ。

あのシーンにいた他の連中に比べると、俺が完璧に没頭していたとは言えない。ただボーイズ・オウンには3回か4回行って、雰囲気が全然違うと思った。みんなが全員に等しくフレンドリーだった。オープンで、違いを受け入れる空気があった。ボーイズ・オウンに来ている人たちの服も好きだった。コンテンポラリーで、クリーンで、モダン・カジュアルな感じ。遊びに出かけるのにちゃんと着飾っているのがいいと思った。ブライトンはどうしても学生っぽく、俺としては少なくとも自分が出かける時は、もうちょっとグラマラスでいたかった。ボーイズ・オウンには着るものに凝りまくっている連中がいて、俺はリスペクトしていた。ウェザオールとはすぐにうまが合った。たぶん、ロックンロール・カルチャーを共有していたからだろう。テリー・ファーリーとはそんな関係にならず、彼はいつもほんの少しよそよそしかったが、いま思うとシャイだったのかもしれない。俺が彼のそばにいたのは大抵ボーイズ・オウンのパーティの時で、彼はＤＪをしているか、仲間とつるんでいた。あの男はいつも忙しそうだった。

ボーイズ・オウンの仲間うちでは、明らかにファーリーがボスだった。少なくとも俺にはそう見えた。ウェザオールは永遠のアウトサイダーなんじゃないか、とずっと感じていた。たとえシーンの一員でも、ウェザオールにはそれに自分が規定されるのを拒むようなところがあった。彼にはもっと好奇心があったし、もっと頭がいい。自在に変身する能力があった。たぶん俺もそうで、俺たちはお互いのその部分に気づいていた。ファーリーとウェザオールが回しているパーティに行けば、最高の音楽と最高の夜が約束されていた。ふたりとも、長年クラブとレコード収集に時間を費やした経験から、いまいちばん新しいサウンドを嗅ぎとることができた。音楽のテイストは本物だった。

〝ローデッド〟の大成功のあと、俺たちは次のシングル〝カム・トゥゲザー〟もウェザオールにリミクスしてもらおうとしていた。ウェザオールがすごいのは、ロックのプロデューサーではないところだ。ピクシーズやスローイング・ミューゼズを手がけていたわけじゃない。彼はスタジオで下働きしたこともなかったし、いろんなバンドとやった経験から、こうするべきだ、こうするべきじゃない、と指図することもなかった。ルールを知らなかったから、ルールを破っていた。パンク・ロックだった。彼のアプローチはパンクだと俺たちにはわかっていた。「ロック」または「ダンス」とされていたもの、その既成の線引きを意識的に壊していたのだ。ウェザオールの才能はアレンジやコラージュにあった。時には抽象的なやり方で曲を作り変えていた。想像力が豊かで、曲において何がうまくいくか、勘が鋭かった。芸術家だったが、共同作業を好む芸術家だった。ウェザオールはプライマル・スクリームを愛し、優れたストーリーを愛していた。プライマル・スクリームというバンドを彼が把握しているのを、俺たちは理解していた。曲における彼の貢献は途方もなかった。6番目のメンバーがいたようなものだ。ビートルズにジョージ・マーティンがいたように、ストーンズにジミー・ミラーがいたように。俺たちをビートルズやストーンズに例えるわけじゃないが、どちらもプロデューサーがバンドの創造性、能力をさらに高めた好例だ。しかもウェザオール自身、彼らに匹敵するほどのプロデューサーだったかもしれない。しかしそれにはいい曲が必要だった。曲がよくなければ何もできない。俺たちはそういう曲を書きはじめていた。

ウェザオールはあの頃、ヒューゴ・ニコルソンという若いエンジニアと一緒にやりはじめていた。新たに生まれたそのクリエイティヴな関係性は、俺たち全員の将来にとって非常に重要なものとなる。ウェザオールとヒューゴによる〝カム・トゥゲザー〟の10分間の驚異的なリミクスは、すべてを次のレベルへ引きあげた。それはアシッド・ハウス、ソウル・パワーのアンセムで、精神的なレジスタンスとエレクトロニックの蜂起を説くマントラだった。心と体が浴びるアナログな沐浴、エクスタシーのシンフォニー、惑星間のダブ・レコード。ラリった若者たちのためのアンセム、賛歌だった。

マッギーの勘では、俺のヴォーカルのないシングルを2枚続けてリリースするべきではなかったし、俺もまったく同意見だった。あのトラックには「オー・イエー！」や「フー！」といった声がところどころ入っているし、ブレイクダウンの部分では俺がロバート・ジョンソンの〝テラプレイン・ブルーズ〟を引用している。

おまえとの結合部に、俺は奥まで入っていく
おまえの小さなスターターを触ってやるよ

これは〝アイム・ルージング・モア〜〟のコーダ部分で俺が以前やったアドリブで、それをウェザオールがカットアップした。それ以外に俺がやった仕事といえば、『ワイルド・エンジェル』のサンプリングともうひとつ、謎めいたファンクのブレイクを持ち込み、それがフィーチャーされたことだ。だがバンドがさらに大きくブレイクするには、人々が共感できる「顔」が必要だとマッギーは思っていた。顔のないバンドは売れない。そして、俺がその男だった。俺はポップスターになるべきだとマッギーは考えていた。

ジャム・スタジオで録音した素材をマッギーは大いに気に入り、誰かがそれをテリー・ファーリーとピート・ヘラーにもリミクスしてもらおうと提案した。テリーとピートは〝ローデッド〟のリミクスもしていて、

クラブでは評判がよかった。テリーとピートにあの時点で実際どれだけスタジオでの経験があったのかはわからない。でも俺たちは気にしなかった。DJが自分たちの曲をリミクスするというアイデアに興奮していた——プライマル・スクリームの音楽でダンスフロアを盛りあげるのに、いまいちばんヒップなDJより適役がいるだろうか？　ウェザオールやファーリーと同じく、ポール・オークンフェルドもイビザ／アルフレド／ロンドンのアシッド・シーンから出てきて、偉大なエンジニア、スティーヴ・オズボーンとともにハッピー・マンデーズのプロデュースとリミクスで大成功していた。オークンフェルドとオズボーンがハッピー・マンデーズでやった仕事は、「ロック・プロデューサー」ではなく、DJと組むという俺たちの決断にかなり影響していた。それまでの経験であの手のプロデューサーは過去で止まっているのを知っていたし、俺たちは連中を置き去りにして、いまの音楽、未来の音楽を作りたかった。ボーイズ・オウンやシューム周辺のアシッド・シーンは、当時の最先端だった。俺たちはダブやディスコ・ミックスの12インチ盤を聴いて育ってきたし、ラジオで流れる3分間のポップ・ソングが12インチのヴァージョンでは7、8分間に引き伸ばされるのが大好きだった（シックの〝グッド・タイムス〟はいまだに俺のお気に入りだ）。インストゥルメンタルの部分になると他の音が消え、ベースとドラムだけがグルーヴを保ち、再びゆっくりと、消えていたインストゥルメンタルのブレイクがセクションごとに戻ってくる。それがどんどんビルドアップして、最後にはオーガズムのようなクレッシェンドに到達するのだ。

俺はずっと、12インチのミックスは実験的なポップ・ミュージックであり、リスナーを旅に連れだす試みだと思っていた。ビーティと俺はPILの〝デス・ディスコ（メガ・ミックス）〟に夢中になりながら、シックの〝グッド・タイムス〟、あの12インチのエクステンデッド・ヴァージョンも大好きだった（実際、PILの姿勢とシックの音楽を組み合わせようとしたこともある。PILの『メタル・ボックス』の缶をドラムとして使い、ジャー・ウォブル風の歪んだダブ・ベースの音で〝グッド・タイムス〟をカバーしたのだから）。レゲエ界の偉人、ドクター・アリマンタードの〝ボーン・フォー・ア・パーパス〟と〝リーズン・フォー・リヴィング〟の12インチや、ブラザー・Dとコレクティヴ・エフォートによる初期ラップの名曲〝ハウ・ウィ・ゴナ・メイク・ザ・ブラック・ネーション・ライズ？〟もお気に入りだった。

ああいうトラックにはスペースがあり、ミュージシャンやプロデューサーがそれを使って曲のアレンジを広げ、トラックの構成で遊ぶことができる。既存の手法で作られたポップ・ソングの枠内にありながら、同時に解放されているのだ。それは前衛的なひねりのある、商業音楽だった。聴くとアーティストやプロデューサーがスペースとサウンド・エフェクトによって音の新たなフロンティアを見出し、歓喜しているのが伝わってくる。リズム・トラックがベースとドラムの音だけになる「ドロップ・ダウン」。あれは若い頃から騒々しいウォール・オブ・サウンドやロックンロール・ギターの叫びを聴きつづけてきた耳には、ほっとするものがあった。もちろん、ああいうサウンドを愛してはいたが、だんだん疲れてくると、ロックを再生させる方法、前向きな方向性を探しはじめる。それに役立ったのが、アメリカのディスコの12インチやレゲエ・ダブから学んだプロダクション技術だったのだ。のちに「ポストパンク」として知られるジャンルは、すべてこの意識から生まれている。俺にとって12インチのエクステンデッド・ミックスの起源はジャマイカのダブの巨匠、キング・タビーやリー・ペリー、ジョー・ギブズ、エロール・トンプソンらのプロダクションだ。彼らはサウンドを自在に造形し、時間を止めた。レゲエのヴォーカル・ヒット曲を、ディープ・スペースのファンク、サイケデリックな再構築によってよみがえらせたのだ。史上もっとも偉大な音楽の一部は彼らの手で作られている。フィラデルフィア・インターナショナル［70年代のディスコ・レーベル］の人々も——ケニー・ギャンブルやレオン・ハフら、天才たちだ——もあのサウンドを聴いていたのだろうか、と思うことがある。そう、オージェイズの〝フォー・ザ・ラヴ・オブ・マネー〟のエクステンデッド・ヴァージョンを聴くと、ジョー・ギブズかキング・タビー、ブラック・アークのプロデュースでもおかしくない。もしくは彼らのほうがフィリー・サウンドを聴いて、自分たちのヴァージョンを作ったのだろうか？　どちらにせよ、人は何かにインスパイアされて至高の音楽を生むのだ。

ボーイズ・オウン・プロダクションのテリー・ファーリーとピート・ヘラーは曲をベースにして〝カム・トゥゲザー〟のリミクスを作り、ウェザオールによるリミクスは大ヒットとなった。ウェザオールのヴァージョンはクラブで成功し、ファーリーのヴァージョンはレディオ1でヒットした。俺はファーリーとヘラーによる〝カム・トゥゲザー〟が好きだ。愛や切なさ、あの時代の楽観的なところが詰まっている。テリーとピートが俺たちのリズム隊となり、バンド・サウンドもいい。ダフィのゴスペル風のピアノ、イネスのアコースティックな演奏がソフトで温かいリズムの基盤となり、その上に俺のヴォーカルがふわりと乗っている。あのリミクスにはドリーミーで眠気を誘う効果があった。最初と最後に聞こえるゴスペルの合唱は神聖で、まるで天国のようだ。テリーとピートによるビートも完璧だった。あれを聴くといつも、ウィリアム・デヴォーンによる〝ビー・サンクフル・フォー・ホワット・ユー・ゴット〟の90年代版みたいだと思う。純粋な夏のソウル・サウンドで、ストリングスとホーンがエモーショナルな格調を添えている。素晴らしいポップ・レコードで、俺は誇りにしているし、スマッシュ・ヒットにもなった。テリー・ファーリーやアンドリュー・ウェザオールらの支援によって、俺たちには多くのドアが開かれた。アンダーグラウンドのクラブ・シーンでの信頼を得るだけでなく、彼ら自身、サウンドの構築における革命家だったのだから。国中のクラブＤＪが俺たちのレコードをかけたのは、ボーイズ・オウンとの繋がりのおかげだった。

リリース後の初週、〝カム・トゥゲザー〟はＵＫのオフィシャル・シングル・チャートの26位に飛び込んだ。90年代、シングルは月曜にリリースされていた。水曜にミッドウィークのチャートが出され、金曜にも出ると、日曜の夜、ラジオの横で待ちかまえることになる。ＢＢＣのチャート番組でＤＪが最終結果をカウントダウンするのだ。「トップ・オブ・ザ・ポップス」への出演はそのチャート・ポジション次第で、高ければ高いほど番組に出るチャンスも大きくなる。俺たちは絶対に「トップ・オブ・ザ・ポップス」に出られるとマッギーは考えていた。そのくらいチャート結果が良かったのだ。俺は浮かれていた。日曜の夜、ベッドに入ったものの興奮してほとんど眠れなかったほどだ。朝8時頃起きてベッドから出ると、居間で鳴っていた電話に出た。マッギーからいいニュースを聞くのを期待しながら。電話はマッギーだったが、いいニュースではなかった。俺はショックを受けた。「なんでダメなんだ？　チャートは良かったじゃないか。初登場でトップ30だぞ」。「プロモーターのスコット・ピアリングと話したところだ。番組は枠をKLFにやったらしい。チャートではKLFのほうが下なんだが」。

「なんでそうなった？」。

「ピアリングによると、いま〝カム・トゥゲザー〟がラジオで流れてる回数より、来週のほうが増える見込みらしい。だったら今回は待ったほうがいいって言うんだ。BBCは2週連続で出演はさせないからな」。

アランはさらに、今週の回の最後のクレジットでプライマル・スクリームのビデオを流すのをピアリングがBBCに約束させたこと、〝カム・トゥゲザー〟の順位が上がったら、来週の出演は確約していることを話していた。

俺にとっては妙な話で、間違っている気がした。特にスコット・ピアリングが密かにKLFのビル・ドラモンドのマネージャーをやっていると聞くと、なおさらだった。俺もマッギーも、してやられたことを察知していた。痛かったのは、「トップ・オブ・ザ・ポップス」のような番組に出演するために、こっちがピアリングに相当のギャラを払っていたことだ。そのうえで裏切られたのだから。あいつは俺たちを馬鹿にして、まんまと出し抜いた。俺は復讐したかった。翌週、〝カム・トゥゲザー〟は26位のままで、KLFは順位を上げ、俺たちは「トップ・オブ・ザ・ポップス」に出られなかった。あの時はあのレコードの成功に自分たちの将来がかかっていると思っていた。ほんの少し成功の味を知り、光が見えると、俺たちはそれが大いに気に入った。儲かったからじゃない。まだ金はそんなに入ってこなかった。でもアーティストとして創造的な人生を送るには、もう1枚レコードをヒットさせ、バンドを経済的に回す必要があった。〝ローデッド〟が大成功したあと、俺たちはその勢いをキープしなければならなかった。あの出来事は音楽業界の欲得ずくのやり口を知る、苦い教訓となった。スコット・ピアリングはこっそりと階段をよじ上り、メインストリームのラジオで曲がかかりはじめたようなインディ・バンドにとって「頼りになる男」のポジションに収まっていた。元々はラフ・トレードで働いて名前を売り、「ナイス・ガイ」だという評判を高めて、音楽業界での立場を固めた男だ。しかし、俺たちは彼から重要な教訓を学んだ。いわゆる倫理観があるとされるインディペンデント・ミュージックの連中もまた、隙さえあれば相手を裏切って搾取しようとしている、と。俺たちはアラン・マッギーとディック・グリーンを信用していた。マッギーとは幼なじみだ。マウント・フロリダの通りやキングス・パーク学校の頃からの知り合いなのだ。彼も俺たちのひとり、グラスゴーの男だ。あいつはまともだった。

〝ローデッド〟がヒットして数か月後、俺はモッズ風に髪を短く切ることにした。肩までの長髪にはもう飽きていた。参考にしたのは持っていた60年代の写真だ。ピート・タウンゼント、レイ・デイヴィス、そしてスモール・フェイセズ。古代ローマ風に眉の上、額で前髪をまっすぐに切る。元々モッズが真似たのはヨーロッパの「ローマン・カット」で、俺はあの厳格さが好きだった。角張って荒々しく見える。長髪だと隠せても、この髪型だと顔が全部さらされた。

それは新たな出発、変化の宣言だった。服は両脇が青と黄の縞になっている白のサイクル・トップに60年代の白のリーバイス、靴は黒の尖ったチェルシー・ブーツ。俺はシングルごと、ビデオごとに違うルックにしたかった。しばらくは全身黒革だったから、変化が欲しかった。フレッシュでクリーンで、時代に共鳴するものにしたかった。

俺は最初から、プライマル・スクリームのレコード・ジャケットをすべてデザインしていた。自分で手がけることもあったし、イントロのジュリアン・ハウスやジム・ランビー、マシュー・クーパーら、デザイナーと緊密に共同作業することもあった。ジム・ランビーがびっくりするほどオリジナルなアートワークを作って、それがカバーになることもあった。あまりに完璧で、もうそれで決まりだった。つねにコラボレーションだったが、監修は俺で、コメントしたり提案したり、全プロセスを見ていた。俺はあの作業がすごく好きなのだ。

唯一、まったく関わらなかったのが〝カム・トゥゲザー〟のカバーだ。あの時、俺は友人であるフェルトのローレンスに手伝ってもらおうと思いついた。彼はシャンハイ・パッケージング・カンパニー名義でいい仕事をしていた。フェルトが解散したばかりの頃で、ローレンスはブライトンからチェルシーのスローン・ストリートに引っ越していた。彼の新しいフラットはチェルシーとナイツブリッジの中間、カドガン・スクエアの近くにあった。

ある夏の夜、俺は彼に会ってアートワークについて話し合うため、ブライトンからロンドン行きの列車に乗った。ローレンスは高層マンションのてっぺんに住んでいた。ビルの最上階にある、トイレみたいに小さな部屋だった。60年代のスパイク・ミリガンの映画『ベッドが入るくらいの部屋』［邦題は『不思議な部屋・未来戦争の恐怖』］、もしくはジャック・クレイトンの『てっぺんの部屋』［1959年の映画で、邦題は『年上の女』］、キッチン・シンクのドラマといったところだ。ベッドがあったかどうかさえ覚えていない。思うに、住所をチェルシーにするためだけに、ローレンスはあそこに住んでいたんだろう。彼は収集していた「イタリアン・ヴォーグ」を何冊か俺に見せながら、デザイナーが使っている特別な字体について熱っぽく話していた。「この通りにやりたいんだ」と彼。「写真はなしで、この字体のフォントだけのカバーにする」。かなりクールだなアイデアだと思った。モダンで、俺たちのレコードとして意外性がある。ファクトリー・レコードっぽいのもいい。ピーター・サヴィル風だ。

「本当にやれるか？」と俺は訊いた。

彼はやれると答えた。

俺はそれで、「ＯＫ、じゃあやろう」と言った。

ヒットのおかげで俺たちは自信をつけはじめていた。〝カム・トゥゲザー〟はファーリーとヘラーのリミクスが片面、もう片面がウェザオールのリミクスで、両Ａ面シングルにすることにした。ただシングルのリリース前に、短い日本ツアーが予定されていた。俺たちは誰も日本に行ったことがなかった。飛行機の搭乗前に、俺はシングルのデザインの責任者にローレンスを指名した。東京の第一印象は、未来のハイテク・シティ。『ブレードランナー』そのものだった。当時日本は好景気で、サッチャーが支配するイギリスの暗く、抑圧的な荒廃と比べると、クリーンでモダンで、楽観的に映った。日本の人たちにも歓迎された。ファンからプロモーターまで、会う人が皆すごく礼儀正しく、フレンドリーだった。街を歩き回っても安全で、危険を感じることもない。UKとは全然違っていた。

日本滞在中にクリエイションからファックスが届いた。ローレンスのジャケット・デザインには、先端がカットされた大きな星の真んなかにひどい字体でバンド名と曲名が並んでいた。下品で、何もかも失敗している。俺はびびりまくってロンドンのマッギーに電話をかけた。「どういうことだ?」と俺。「最低じゃないか。わかった、俺が戻ったら、いちから新しくデザインする」。

「無理だ」とマッギー。「もう印刷に回してある。初回は10万枚。ものすごい注文が入ってるんだよ。またヒットするぞ。このジャケットで我慢するんだ」。

「レコードを回収しろ」と俺は言った。

でも彼はそうしなかった。俺は激怒し、恥だと思っていた。俺たちの新しいレコード、2枚目のヒットがこんな唾棄すべきカバーだなんて。あの時点では、まだ色も見ていなかったはずだ。モノクロのファックスで送られてきたのだから。それでも、デザインの状態は把握できた。イギリスに戻り、色校正紙を見て、俺はさらにかんかんになった。まるで洗い流されたような色。もちろん、俺は印刷工として働いていたから、何がどうなったかわかっていた。印刷機に水が入りすぎ、十分インクがなかったせいで色が水っぽく、弱く、ぼけてしまっている。まるでクソだった(とはいえ、長年たってあのジャケットに俺も馴染んできている。彼がこの本を読むと知ってるから、言い訳しているわけじゃない——やあ、ローレンス!)。

俺は実際に「イタリアン・ヴォーグ」をデザインしている男か、もしくはピーター・サヴィル本人に依頼すべきだったのだ。苦い教訓だった。以来、ジャケットのデザインにはすべて関わっている。諺にもある。何かをちゃんとやりたかったら、自分でやらなきゃいけない、と。

24 ハックニーのパラダイス
Hackney Paradise

突然、俺たちはポップスターになった。「NME」だけでなく、「スマッシュ・ヒッツ」のようなアイドル誌やラジオ、テレビにも出た。曲を書き、音楽を聴き、クラブに通い、服を買い、ドラッグをやる。それ以外は何もしなくていい。ついに10代の頃の夢が実現したような気がした。でも、本当の夢はすごいレコードを作ることだ。可愛い女の子とセックスして、ずっとハイになることだけじゃない。バンドには急速に自信がついていた。成功は自己肯定感やエゴ、自信をブーストする。前から自分たちはいいバンドだとわかっていたが、俺たちにはいきなり信頼と、活動基盤が与えられたのだ。

あの夏、マッギーは俺のためにEMIミュージックの出版契約を取りつけた。いい内容の契約で、スロッブと俺にはかなり金が入るようになった。イネスはすでにコンプリート・ミュージックという小さな会社に将来の著作権を売ってしまっていた。アーティストに有利な契約ではなかったし、イネスは残念なことに、永遠にそれに縛られていた。

おまえらはアルバム1枚分、曲を作らなきゃいけない、とマッギーは言い、数千ポンドの前金をくれた。俺たちはそれを使い、ハックニーのチューダー・ロードに自分たちのスタジオを作った。ウェストゲイト・ストリートにあるクリエイションのオフィスのすぐそばだ。すべてイネスの発案のおかげだった。スタジオは小さな工業地区にあり、隣には60年代の巨大で威圧的な公営住宅が建っていた。部屋のなかに小さな部屋を作ると、イネスがそこにスタジオをセッティングし、俺たちは『スクリーマデリカ』の曲を書きはじめた。1990年のよく晴れた夏から秋、冬にかけて。誰もハックニーに行こうなんて思わなかった頃だ。当時は「ヒップ」じゃないどころか、安全でさえなかった。勝手を知っていないと危険な地区だった。スタジオの狭いコントロール・ルームにはキーボードとコンピュータ、アカイS1000が置かれていた。ヴォーカル・ブースもあったが、やっと立って歌えるだけのスペースだった。トイレは裏の駐車場と物置の近く。出かけていって、曲を書くだけの場所だった。

俺はまだブライトンに住んでいたし、スロッブもそうだったが、ふたりとも毎週3、4日はロンドンに来ていた。イネスはアイル・オブ・ドッグズに住んでいた。俺は彼のうちか、ダグラスやティムのところに泊まっていた。寝るのは誰かのソファだった。みんな週に何日かスタジオに通って曲を書き、飽きるとクリエイションのオフィスに寄って、そこにいる誰か、ソニック・ブームらとつるんでいた。ソニック・ブームはマッギーの友だちで、プライマル・スクリームのPR担当のフランス人女性、ロランスとも仲が良かった。ロランスは当時メリー・チェインのジム・リードの恋人だった。彼女との仕事は楽しかった。時々派手な喧嘩になり、創作上の食い違いやお互いの問題について罵り合う。俺も彼女も、すぐ感情的になって爆発するのだ。でもどっちも20分後にはけろっと忘れて、落ち着きはらっている。とてもフランス的だ。クリエイションには弟のグレアムもいて、倉庫を管理していた。元恋人のカレンも、イネスの恋人のクリスティーンも働いていた。スライ・ストーンが歌ったように、まさにファミリー・アフェアだったのだ。

俺は当時、ピーター・グラルニックの『スウィート・ソウル・ミュージック』を読んでいた。60年代メンフィスのシーン、スタックス周辺について書かれた本だ。アイザック・ヘイズとデヴィッド・ポーターは映画館だった場所にスタックスのスタジオを作り、数々のヒット・ソングを生んだ。掲載されている写真も良かった。ふたり揃ってガビッチのかっこいいセーターを着て、ポークパイ・ハットをかぶっている。とても粋でクールだ。この頃の俺は60年代末のオリジナルのデッドストック、リーバイスの濃緑のコーデュロイ・パンツを履いていた。グレッグ・フェイという男から買った一品で、彼のことは「i－D」の記事で知った。グレッグはアメリカに渡り、リーのオリジナルのトラッカー・ジャケットやコーデュロイのジーンズを買いつけては、フィッツロヴィアにある両親のパブの上の部屋で売っていた。彼からはリーのジャケット、目が覚めるようなピンクのやつも買った。俺は60年代のトップスやポロネックもいいものを揃えていて、髪を短くしたところだった。俺たちはソングライター集団になるんだ、というヴィジョンが俺にはあった。自分たちのスタジオを持ち、そこで実験を重ねる。曲を次々ヒットさせ、チャートのトップ40に入れるのがプランだった。この時、ライヴ・バンドとしてのプライマル・スクリームは俺たちの頭になかった。いい曲を十分に書いて、次のアルバムを作る。それが仕事だった。シングルが2枚ヒットしたんだから、3枚目をヒットさせて、その次は4枚目だ。そう俺は思っていた。ヒットを狙うようになっていたが、別に悪いことじゃない。

あの夏、俺たちは〝ダメージド〟を書いた。スロッブとイネスと俺は、イネスのフラットの空き部屋、俺が泊まる時のベッドルームでジャム演奏を続けた。〝ダメージド〟の大枠ができると、みんなでロンドン大学でマイ・ブラディ・ヴァァレンタインを観にいった。すごいギグだった。いい曲を書いたばかりで、俺たちは最高の気分だった。同じ夏に〝ドント・ファイト・イット、フィール・イット〟と〝シャイン・ライク・スターズ〟の初期ヴァージョンもできあがった。〝シャイン・ライク・スターズ〟はかなりファンキーな曲だ。アイザック・ヘイズの〝ジョイ〟からブレイクビーツをサンプリングして、イネスがファンキーなギター・パートを加えた。イネスはプレイヤーとして本能的にすぐれていて、体でファンクを理解していた。あれはジョージ・マックレーの〝ロック・ユー・ベイビー〟みたいにやろうとした曲だ。俺たちは70年代のポップ・ソウルを愛していた。ジョージ・マックレー、ジ・オージェイズ、デルフォニックス、シャイ・ライツ、ザ・ドラマティックス、ザ・テンプテーションズ。ケニー・ギャンブルとレオン・ハフによるフィラデルフィア・インターナショナルのプロダクション、トム・ベルの壮大なオーケストラのアレンジも影響として大きかった。もちろん、黒いモーゼことアイザック・ヘイズも。

それまでの2枚のアルバムはギターで作ったが、いまや俺たちは主にキーボードを使っていた。イネスはピアノの基礎を身につけていたし、スロップもそうだった。スロップはメジャー・セブンスが大好きだった。キャロル・キング風のほろ苦いコードだ。俺たちはそれを「嗅ぐコード」、純粋なコカインみたいだと言っていた。ブルージーな感覚やキツさがなく、むしろ衝撃を和らげるようなコード。メジャー・セブンスには一発喰らう感じがない。スロップはキャロル・キングやブライアン・ウィルソンが好きで、ひどく優しいところがあった。『スクリーマデリカ』はビーチ・ボーイズにも影響を受けている。ブライアン・ウィルソンが切ないメロディとともに使った、奇妙なコード進行が俺たちは好きだった。あの胸を衝く感じ。とてもカリフォルニア的なブルー・アイド・ソウル、若者のためのポケット・シンフォニーだ。『スクリーマデリカ』は曲ベースのアルバムだ。〝ムーヴィン・オン・アップ〟、〝ローデッド〟、〝ダメージド〟以外、あのアルバムにはギター・リフがない。

〝ムーヴィン・オン・アップ〟はハックニーのスタジオで書いた曲だ。元々はイネスと俺がピアノで一緒に作ったゴスペル・ソングだった。ふたりでヴァースとコーラスを仕上げ、スロップに聴かせると、あいつが何か思いつき、ピアノに向かうと、いきなりあのミドルエイト、「マイ・ライト・シャインズ・オン」のところを弾きだした。それがコーダにもなった。俺たち3人はチームとして完璧だった。ふたりと仕事をするのは本当に楽しかった。ただ〝ムーヴィン・オン・アップ〟は、最初からヒットするのはわかっていたが、曲を動かす方法がなかなか見つけられなかった。悲しげなゴスペルのバラッド、葬歌みたいに地面にへばりついていて、歌詞が伝えようとしているメッセージにそぐわない。俺たちが思う形で聴く人に届けるには、空を飛ぶような曲にしなければいけなかった。するとある日、イネスがスタジオに入るなり、「答えを見つけたと思う」と言って、アコースティック・ギターでボー・ディドリー風のリズムを弾きはじめた。スロップと俺は、「それだ！これはロック・ソングなんだ！」と跳びあがった。

その駆動力のあるリズム、ハード・ロックの推進力によって、あの曲はついに空を飛んだ。〝ムーヴィン・オン・アップ〟はいまやハイエナジーの闘いの歌、パーフェクトなシングル曲となった。生まれて初めて俺たちにはスタジオがあり、あの場がもたらす成果はとてつもなく大きかった。そこは仲間とつるむ場所であり、創造性が湧く場所であり、他の場所では考えられないほど集中もできた。外の世間は、気が散ることだらけだった。俺たちはまだ若く、レコードが2枚ヒットし、金も少しあった。アシッド・ハウスは最高潮を迎えていた。いきなりそれまでは閉ざされていたチャンスや可能性が転がり込んできたのだ。俺たちはレコーディング・アーティストになって、いい音楽を作りたかった。俺はレコード屋に入り浸り、ソウルのリサーチをして、ブレイクビーツとアレンジのアイデアを探していた。スタジオにはサンプラーがあり、プライマル・スクリームには突然、ギター・バンドである必要がなくなった。他の方法で曲が書けたのだから。マッギーに頼めばレコーディングの予算が出て、ゴスペル・シンガーやストリングスを導入することも、風変わりな楽器を借りることもできた。〝ハイヤー・ザン・ザ・サン〟にはハープシコードを入れよう。コンガを使おう。〝カム・トゥゲザー〟にはストリングスが必要だ。〝シャイン・ライク・スターズ〟ではハーモニウム。俺たちは急に、5ピースのロックンロール・ギター・バンドというより、ヒット・レコードを作る連中のように考え、オーケストラのように曲を構成するようになっていた。次々アイデアが湧いてきて、頭が熱を帯びたみたいだった。テクノロジーは時に人間を解放するのだ。

『スクリーマデリカ』はただのポップ・レコードじゃない。単なるロック・レコードでも、ダンス・レコードでもない。そのすべてであり、それ以上だ。俺たちは考え方を変えはじめていた。ライヴをやるプレッシャーもなくなった（この新しいスタイルでライヴをするには曲数が足りなかったのも事実だが）。１９９０年の間ずっと、俺たちは姿を隠し、スタジオにこもって曲を作っていた。ブライトンのクラブ・シーンでは新たな友人もできた。パーティを開いていた連中、ドラッグのディーラー、その取り巻き。俺たちはたくさんEをやり、それとコカインで何日も眠らずにいた。みんなでちょっとずつ金を出し合ってコカインを1グラム買っていたのが、何オンスも買うようになっていた。ある時にはスロッブが車でロンドンまで行ってコカインを買い込み、ブライトンに帰ると、それを売っていた。あいつにこう言ったのを覚えている。「おまえは曲がチャート入りして、金も稼いでる。未来があるんだ。なんでコカインの売人の真似をしてる？　バカなのか？　おまえが捕まったら、バンドも道連れなんだぞ」。まったくイカれていた。

スロッブは何度もロンドンへ行き、クラブで怪しげな相手からブツを買っては帰ってきた。あの時あいつは運転免許も持っていなかったはずだ。俺は彼に、バンドとコカインの売人の両立は無理だと告げた。イネスと俺が説得して売るのはやめさせたが、金曜の夜に彼のフラットに行くと、結局月曜の朝まで入り浸ることになった。みんな薬漬けだった。すぐにスロッブはコカインをフリーベース［ドラッグを溶解して熱し、吸入する摂取法。薬が純化される］で吸うようになった。全員がそうした。確かに楽しんだが、俺たちは週末彼のところでやっていても、家に帰るとやめていた。スロッブはずっとやり続けていた。彼がヘロインを始めたのがあの頃だったのか、翌年だったのかはわからない。本格的にやりだしたのはいつだったのか。だがそれはまた別の話だし、俺が語るべき話でもない。

イネスは休暇でマンチェスターの仲間とイビザに出かけ、彼らを通じてトニー・マーティンという男と知り合っていた。トニーはハシエンダの照明係で、ヒプノトーン名義で音楽も作っていた。イネスはサンプリングという新たなテクノロジーによって開けた可能性を大いに活用していた。ウェザオールやヒプノトーンのトニー・マーティンと一緒にスタジオで時間を過ごすことで、イネス自身刺激され、アカイS1000サンプラーを使えるようになっていた。アイル・オブ・ドッグズのホーム・スタジオではティアックの4トラック・マシンで実験し、レコーディングにおける初歩的なエンジニアリングも学んでいた。イネスはその知識を元にハックニーのバンドのスタジオを設立し、俺たちがそこで書き、デモを録音した新曲が、アルバム『スクリーマデリカ』となったのだ。〝ハイヤー・ザン・ザ・サン〟や〝ドント・ファイト・イット、フィール・イット〟のような曲でイネスが弾いた伝統的なポップのコード進行は見事で、バンドの曲をそれまでのブルーズ・ロックとはまったく違う、新たな方向性に押しだした。彼がシンセサイザーに魅了されたせいで、新曲にはSF的な近代性や、異世界のような雰囲気も加わった。スロッブが本能的でディオニソス的なブルーズ・ロッカーだとしたら、この時期のイネスはプロの仕事に裏打ちされた、アポロ的なポップの実験主義者と呼べるだろう。俺は歌詞とメロディを書きつつ、そのふたりの間をうろついていた。ソングライティングとレコーディングにおいては一致していたが、この3者から生まれるクリエイティヴな緊張感のせいで、バンドは以前より幅のある、パワフルな集団に変身していた。もし言葉を作るとしたら、「クリエイティヴ・コミュニズム」とでも言えるだろうか。

イネスとトニー・マーティンがリミクスした〝カム・トゥゲザー〟は12インチでリリースされた。タイトルは「ヒプノトーン・ブレイン・マシーン・ミックス」。そこではMC5のアルバム『キック・アウト・ザ・ジャムズ』がサンプリングされ、ブラザー・J・C・クロフォードがこう宣言している。「白人たちが大勢カネの山の上にふんぞりかえって、ハイ・ソサエティがなんだかんだ言ってるが……俺に言わせれば、こっちがハイなソサエティなんだよ！」。

あのリミクスには、ファンカデリックの7インチから取ってきた「考えろ！　考えるんだ！　考えることはまだ違法じゃない！」というチャントも使われている。トニー・マーティンとの仕事で、イネスはアカイS1000サンプラーでできることを理解し、その知識を使って俺たち自身のアルバムをさらに翻訳していた。

〝ドント・ファイト・イット、フィール・イット〟の曲はできあがっていて、ピアノのコードと歌詞、ビートルズっぽいギター・リフまでついた状態でデモ録音していた。でも俺からすると、自分のヴォーカル・レンジから外れている気がしていた。これはもっと歌いあげるソウルの曲になるかもしれない、曲のためには他のシンガーが歌ったほうがいいんじゃないか、と。俺はすでに、自分たちは作曲家集団、プロダクションのチームになるべきだと思っていた。モータウンのホランド・ドジャー・ホランドやフィリー・ソウルのギャンブル＆ハフのようなソングライターのチームは俺たちのヒーローだった。もう曲はできているし、プロダクションはウェザオールに助けてもらおう。あと必要なのは適役のシンガーだけだった。

あの年の9月、イネスは俺たちに、グレイズ・イン・ロードのクラブ、ソラリスでヒプノトーンがギグをやることを告げた。ソラリスはクラブ・シーンの顔役、ラスコーというエセックスのやり手の男と、彼のパートナーのナイス・ガイ、デイヴ・マンダーが主宰していた。入り口はパラス・シトロエンという女の子が仕切っていて、彼女はデイヴのガールフレンドだった。ラッキーな男だ。みんながパラスに惹かれていた。見かけはシャーデーみたいに官能的だったが、出身はブライトンの公営住宅。パラスは機転が利き、いままで会ったなかでも最高に面白い子で、俺たちは仲良くなった。大した女性だった。ソラリスでのギグに行くべきだとイネスが言い張ったいちばんの理由は、ヒプノトーンで女性シンガーが歌うことになっていて、トニーが彼女をチェックするべきだと言ったという。イネスはトニーに、マンチェスターで誰かいい女性シンガーはいないか訊いていた。プライマル・スクリームが〝ドント・ファイト・イット〜〟を歌うソウル・ディーヴァを探している、と。あの夜、クラブにはあまり人がいなかったが、俺たちはヒプノトーンで歌う女の子の素晴らしくブルージーな声を発見した。どんな高音も低音も出せるし、ソウルフルで、何より彼女には存在感があった。その名はデニース・ジョンソン。

ライヴが終わると俺たちは彼女のところへ行き、自己紹介して、すごいパフォーマンスだったと褒めた。それから数週間もしないうちに、彼女はオックスフォード・ストリートのそばにあるEMIのデモ・スタジオで、〝ドント・ファイト・イット、フィール・イット〟のヴォーカルを録音していた。最高のセッションだった。デニースは仕事がやりやすく、オープンで前向きで、俺たちのアイデアをすぐに飲み込んだ。みんなでよく笑ったのを覚えている。いきなりプライマル・スクリームの内輪に入ってくるとちょっと怖気づく奴もいたが、デニースは怖いもの知らずで、〝ドント・ファイト・イット〜〟を心を込めて歌った。彼女のヴォーカルにはびっくりさせられた。自分が（イネスとスロッブもだ）書いた曲を別の誰かが完璧に歌いあげるのを聴いた気持ちは、うまく言葉にできない。ハックニーのスタジオで録音したデモでは俺が歌っていて、まあまあの出来だった。別に大したものじゃない。あくまでデモ録音で、ヴォーカリスト候補が参考にできるガイド・ヴォーカルにすぎなかった。だがデニースはそれを踏まえて、信じられないようなことをやった。主なヴァースとコーラスのヴォーカル・トラックを録り終えると、スロッブと俺が思いついたアイデアをアドリブで歌った。「ララララーときて、死ぬ日まで、のところでぐっと高くなって、キャン・ユー・フィール・イット、は繰り返すたび上がっていくんだ」みたいに。するとデニースはすぐさまその通りに歌い、彼女自身のアドリブもやってみせた。俺たちはまったく即興のヴォーカル・トラックもいくつか録音した。ウェザオールがリミクスで魔法をかける時に、素材がたくさんあるように。

俺たちは当時、60年代、70年代のブラック・アメリカンのソウル・ミュージックをよく聴いていた。ディープ・ソウルの俺のコレクションは週ごとに増え、イネスはノーザン・ソウルのコンピレーション・アルバムを山のように持っていた。ほとんどはケント・レーベルが名曲を発掘し、再発したものだ。イネスはザ・100クラブでアディ・クロアスデルがやっていたソウル・ナイトでも常連だった。俺はたくさん本を読み、ソウルの偉大なアーティスト、プロデューサー、何よりもソングライターを発見する旅に出ていた。ブラック・ミュージックは社会への抗議や怒りを表す場であると同時に、喜びや痛み、苦しみの発現でもあった。恋愛における勝者と敗者、エロスとタナトス。ブラック・ソウルの伝統ではその両方が表現されている。ブルーズの連中は究極のアウトサイダーだった。だがソウルとカントリーはどちらも、黒人だろうが白人だろうが、アメリカの労働者階級の人々が作ったアートフォームだ。残酷なほど正直な歌詞、日常のストーリーテリング。それぞれの苦しみ、傷心、ロマンス、不倫、そして人生の厳しさや不公平をそのまま受け入れる心情に俺は惹かれる。俺の父はレイ・チャールズの音楽をかけ、母はハンク・ウィリアムズを聴いていた。ブルーズへの愛情は俺のなかに息づいている。

アシッド・ハウスのシーンで俺たちが気に入ったレコードの多くは、ソウルやゴスペルの伝統にルーツがある。例えば、ジョー・スムースの〝プロミスト・ランド〟のようなトラックだ。シカゴやデトロイトのハウス・ミュージックと、自分たちが好きな過去のソウル・ミュージックが直接繋がっていることに俺たちは気づいた。ハウスは現代のソウルだったのだ。だからこそ俺たちは〝ドント・ファイト・イット〜〟で、モダンでエレクトロニックなソウル、ダンスフロアのアンセムを書こうとしていた。クラブではみんな親切で思慮深く、お互いを気遣っていて、あの仲間意識やデモクラシーは、まさに「いま、ここにある」ユートピアだった。未来の夢の予想図だ。

〝ドント・ファイト・イット、フィール・イット〟は、ダンスフロアにいるひとりの若者の歌だ。仲間と一緒にエクスタシーをやり、照明も音楽も完璧で、みんながドラッグで同時にハイになり、クラブ中がピークを迎え、ひとつになる。あのパーフェクトな瞬間。すべてが融合し、あまりの幸福感に、そのフィーリングが永遠に続くためならなんだってやる気になる。クラブは逃げ場であり、祝祭の場でもあった。月曜から金曜まで、どん詰まりの職場で心身を削って働く人々、週末のために生きている人々にとって必要な避難場所だった。そこではくだらない連中にあれこれ指図されることもなく、なりたい自分になれる。ここで挙げたようなアンダーグラウンドのさまざまなダンス・シーン、クラブ・シーンに最初から関わっていた人々は、音楽やファッションでは相違があったかもしれない。だが週末にドレスアップして友だちと遊びに出かけ、何もかも忘れてファンタスティックな音楽で踊るのは、ワーキングクラスやミドルクラスの若者にとっては生活における唯一のカルチャーであり、自由だった。そのあとは「大人」になるために、責任や人生の矛盾を受け入れなければならない。ハウス・シーンで俺が知り合ったキッズは、みんな好きなように生きようとしていたし、それがどんなものであれ、自分の生活を愛していた。俺はそんな彼らを愛した。この時期、俺が経験したいろんなダンスフロア、アフターパーティは、人生で最高に超越的で一体感のある、ソウルフルな瞬間を俺にくれた。俺はそれを讃えたかった。だからこそ俺たちは〝ドント・ファイト・イット、フィール・イット〟を作ったのだ。ダンスフロアで俺と同じように感じていた、すべてのキッズのために。

秋にはアンドリュー・ウェザオールとヒューゴ・ニコルソンが〝ドント・ファイト・イット、フィール・イット〟をリミクスした。ヴァージョンは3つ。ふたつの「スキャット」ミックスはインストゥルメンタルで、もうひとつがヴォーカル・ミックスだった。誰もがあ然となった。ウェザオールはＤＪ用の白盤を持っていて、彼があれをかけるとクラブ中が狂乱状態になった。持っているのは彼だけだった。どこでかけても、みんなおかしいくらいに熱狂した。俺たちはマッギーに、これはシングル・リリースしなきゃだめだと言った。１９９0年のプライマル・スクリームのシングルとしては3枚目になるが、マッギーは型破りすぎると判断した。他の連中より進みすぎているだけだ、と俺たちは思っていた。俺の頭のなかのプライマル・スクリームは、いまやジョージ・クリントンのパーラメントやファンカデリックみたいなもので、誰が歌っても関係ない、そんな妄想を抱いていた。俺たちはプロダクション・カンパニーであり、バンドじゃない、そんなＰＩＬ的な思想にもハマりだしていた。でも振り返ってみると、マッギーが正しかったようだ。

俺たちがマッギーと契約書を交わしたことはない。みんなファクトリー・レコードの思想に心酔していたからだ。ファクトリーと同様、利益は折半していた。それが正しい、アナーキスト的なやり方だと思っていた。しかしあとになって、そういう契約が経済的にはこっちに不利になることがあるのも知った。でも、まあいい。ある日、マッギーが電話をかけてきた。「サイアーがおまえたちと契約したがってる。アメリカでシーモア・スタインが契約したがってるんだ」。

俺は契約金を訊ねもしなかった。よし、やろう、と言っただけだ。バニーメンやザ・スミス、キュアーのようなイギリスのいいバンドはどれもサイアーと契約していた。でも俺にとってもっと重要だったのは、サイアーがラモーンズやリチャード・ヘル、デッド・ボーイズ、トーキング・ヘッズのレコードを全部リリースしてきたことだった。

俺たちは副社長のジョー・マキューアンによってサイアーと契約した。彼からはビル・ベントリーというワーナーの男を紹介された。ベントリーは60年代にオースティンで育ち、サーティーンス・フロア・エレヴェーターズの大ファンだった。16歳の時にオースティンでエレヴェーターズのライヴを観て、ステージのあとロッキー・エリクソンにこう訊いたらしい。「ロッキー、サイケデリック・ミュージックとはなんですか？」。ロッキーは答えた。「知らないのか？　ピラミッドが目と出会う場所だよ」。

1990年、ロッキーは郵便物窃盗罪で刑務所行きになった。開封はせず、取っただけだったが、それでも連邦犯罪だった。ビル・ベントリーはロッキーの救済案を思いついた。ジーザス&メリー・チェインやZZトップ、REM、プライマル・スクリームなど、エレヴェーターズのファンのバンドに呼びかけ、エレヴェーターズの曲をカバーして録音するのだ。俺たちはセカンド・アルバム『イースター・エヴリホエア』の最初の曲、〝スリップ・インサイド・ディス・ハウス〟をやることにした。12のヴァース、9分間の曲だ。俺たちはあれをふたつのヴァースと3つのブリッジに編集し、コーラスをアレンジして、簡潔にした。短くなっても意味が通じるように、歌詞は俺がカットアップした。

スタジオは土曜日に予約した。俺はしばらく体調が良くなかった。あの夏はドラッグをやりすぎ、遊びすぎて、免疫機能がめちゃくちゃになっていた。8月のとても暑い日で、ブライトンからなんとかロンドンのスタジオにはたどり着いたものの、気分が悪く、歌いながら失神してしまった。ヘッドフォンをつけたまま、マイクの足元のスタジオの床に倒れ込んだのだ。俺にはついに好き勝手に放蕩を続けたツケが回ってきていた――それもバンドの目の前で、他でもないレコーディング・スタジオで。仕事ができる状態ではなかった。肩身が狭く、みじめだった。俺は負け犬だった。自分自身も、メンバーも失望させていた。

倒れる前になんとかガイド・ヴォーカルは録音していたが、あの曲をパワーや説得力のあるヴォーカルで最後まで歌い切る力は残っていなかった。俺は満足がいくように歌えず、スロッブが代わりに歌った。俺は前の週に紙に書きつけた新しい歌詞をスロッブに渡すと、ブライトンに戻った。まるで頭のなかにいる小人たちがハンマーでガンガン叩きつけるような感じで、吐き気もおさまらない。吐くものがなくなっても胃が痙攣し、がらがらに荒れた喉から緑の液が口のなかに溢れた。それから2週間、俺はベッドから起きられなかった。滝のように汗をかいては吐きつづけていた。

サイアーは〝カム・トゥゲザー〟と〝ローデッド〟のリミクスを全部集めて、12インチのEPとミニLPのCDを作り、1か月かけて俺ひとりでアメリカを回るプロモーション・ツアーを組んだ。ツアー・マネージャーのサンディという女の子はシーモア・スタインのアシスタントで、ユダヤ系の美人のニューヨーカーだった。サイアーには気だてのいい、ユダヤ系アメリカ人のきれいな女の子が大勢いて、みんなシーモアを慕っていた。彼は彼女たちの父親か伯父みたいなもので、とても家族的な雰囲気だった。プライマル・スクリームと契約するようシーモアを説得したのはジョー・マキューアンという男だった。60年代にジョーはボストンで大学に通い、ピーター・グラルニックと友人になった。70年代には自分でも「ローリング・ストーン」誌で書いていた。ソウル・ミュージックの愛好家で、60年代にイギリスから来てアメリカを支配した一群のロック・バンドに仲間が夢中になった時も、彼だけは白人ロックには無関心で、ソウルに入れ込んでいた。大学時代の親友はJ・ガイルズ・バンドのピーター・ウルフで、彼はブルーズとソウルのラジオ番組を持っていた。ジョーはまさにソウル・マンで、本当にいい人だった。俺は彼を信用したし、彼も俺たちバンドと、俺を気に入っていた。俺たちの誠実さがわかったんだと思う。彼は愛情と信頼でそれに応えてくれた。ジョーは週末に自宅近くの地元局でラジオ番組もホストしていて、それは60〜70年代のソウルに捧げられた番組だった。彼は「ミスターC」として出演していた。

俺にしてみれば1か月間アメリカに行くのは休暇みたいなもので、大歓迎だった。家ではやや落ち込みかけていた。当時の俺はシングルで、ひとりでいることが多かったし、バンドのツアーもなかったから、ブライトンの地下のねぐらから連れだしてくれるのはありがたかった。俺には外に出て、冒険する必要があった。メリー・チェインでアメリカに行ったのは１９８５年だから、実に5年ぶりだった。１９９０年11月のことだ。

あれは素晴らしい旅で、俺は街から街へと回った。ニューヨーク、ボストン、トロント、シカゴ、デトロイト、オースティン、サンディエゴ、サンフランシスコ、そしてロサンゼルス。各都市の主要ラジオ局やカレッジ・ラジオで取材を受けると、夜はラジオDJやレコード店主、地元のジャーナリスト、ワーナーの各テリトリーの営業スタッフと食事に出かける。このツアーで知り合った人たちはみんなクールで、UKのアシッド・ハウス・エクスプロージョンについて、それと同時に出てきたエキサイティングな新しいサウンド、ストーン・ローゼズやハッピー・マンデーズ、プライマル・スクリームについてしきりに話を聞きたがった。

ひとつ理解してほしいのは、当時イギリスで起きていたことは、俺がアメリカで出会った人々の一部にとって、まるで火星での出来事にも等しかったことだ。シカゴ・ハウスやデトロイト・テクノについて彼らは何も知らなかった。実際、時折、俺は60年代のブリティッシュ・インヴェイジョンのバンドの気持ちがわかる気がした。同時代のブラック・カルチャーについて、イギリス人のバンドがアメリカの白人たちを教育していたのだ。自分の街で起きていることに、白人はまったく無知だった。黒人音楽こそがビートルズやストーンズ、ヤードバーズ、ゼムにとってはいちばんのインスピレーションだったのに。こんな質問をされることも一度きりではなかった。「あなたたちはなんのバンドですか？　ダンス？　ロック？　オルタナティヴ？　それともサイケデリック・バンド？」。アメリカ人の音楽をジャンル分けしないと気が済まないところは、唾棄すべき習慣に思えた。でもインタビュアーはバンドにひとつのシグネチャー・サウンドがあるのに慣れ切っていて、俺たちがやっていることが不可解らしい。なにせ〝カム・トゥゲザー〟と〝ローデッド〟を作ったのが同じバンドだ、というだけで混乱していたのだから。そういう時にはひどく笑えた、とだけ言っておこう。

仕事や取材がない時、移動していない時には、俺は次々にすごいレコード屋に行ってはヴァイナル・ハンティングに精を出していた。レコードも、当時新商品だったCDも山のように買った。アメリカのレコード店はヴァイナル・ジャンキーにとって夢みたいな場所だった。どの店にも俺が欲しかったあらゆるレコードやレアな7インチ・シングルが溢れている。なかなか見つからないもの、ロンドンでは値段が釣りあげられているレコードがアメリカでは破格に安く、どれも数ドルで売られていた。ヴァイナルに比べるとCDは高価で、1枚15ドルくらい。宣伝によるとCDは壊れないし、音がアーティストが意図していたのと同じくらいクリーンで完璧だからだという。スタジオ並みの高音質が自宅のステレオで聴けるという話だった。このふれ込みのせいで、何百万人もの人々が持っていたヴァイナル、50年代、60年代、70年代の古くなって傷が付いたオリジナル盤を手放し、愛情を込めて集めてきたレコード・コレクションを再度CDで買い直していた。そのおかげで中古レコード屋には放出された名盤が溢れ、俺のような連中がそれを漁りまくっていた。俺はちょうどいい時に、いい場所にいたのだ。同時に、メジャー・レーベルが過去のアーティストを新たにリパッケージしはじめていた。CDの新しいフォーマットなら、それぞれのディスクに70分まで収録できる。俺はそんな過去のアーティストの貴重なコンピレーションCDも買い集めた。リトル・アンソニー&ジ・インペリアルズ、トミー・ジェームズ&ザ・ションデルズ、ゴスペル・グレイツ、ザ・ステイプル・シンガーズ、ジ・インプレッションズなどなど。このツアーで俺が買ったレコードは全部サイアー持ちで、イギリスの自宅に発送までしてくれた。

ロサンゼルスではちょっとした別の仕事も待っていた。〝スリップ・インサイド・ディス・ハウス〟のプロモーション・ビデオの撮影だ。ウェザオールがまたあの曲でリミクスを作っていた。撮影は俺のアメリカ横断プロモーション・ツアーの最後に予定されていて、ロサンゼルスでバンドと合流したあと、砂漠でやるという。俺はサンフランシスコにいた。サンディはニューヨークに戻り、俺はサイアーのまた別の副社長と引き合わされた。ハウィー・クラインという男で、セックス・ピストルズのサンフランシスコでの有名なインタビューをやったラジオＤＪだ。ウィンターランドでのライヴが開かれた時で、番組にはスティーヴ・ジョーンズとポール・クックが出演し、生放送中にグルーピーの女の子たちが電話をかけてきた。クラインはいつもハンサムで清潔な、年下のボーイフレンドを連れていた。94年のデペッシュ・モードとのツアーでは若い男の子を何人も連れてきて、「ボビー、スティーヴンを紹介するよ」とか言うと、横にハンサムな20歳がいるのだ。「この男はティファニーとやったんだぞ。デビー・ギブソンとティファニー、両方とセックスしたんだ！」とハウィーがふざけると、俺は心のなかで、で、おまえはこの男の子とやるんだな、と思っていた。

ともかく、ハウィーは笑える奴だった。パンク時代にはサンフランシスコにいて、マブハイ・ガーデンズみたいなシーンに出入りしていたという。彼にサンフランシスコのパンク・バンド、クライムについて訊いたことがある。俺の好きなバンドだったが、彼はそう聞いて大笑いした。クライムを真面目に聴く人間がいるなんて信じられなかったのだ。なんでだよ、すごいバンドじゃないか、と俺は言い返した。彼に連れられてSMバーに行ったこともある。俺にその気があるかどうか、探っていたのかもしれない。俺はいや、結構だ、という感じだったが、ハウィーはジム・モリソンやミック・ジャガーみたいな連中はみんな60年代には両刀使いだったんだよ、と言っていた。彼によると、大学時代の友人がドアーズのコンサートが終わるなり、ジム・モリソンにフェラチオをしたという。すごい話だが、俺はハウィーとは全然その気になれなかった。俺のタイプじゃない。

なんにせよ、ロドニー・ビンゲンハイマーの番組に出演するため、ハウィーは俺をロサンゼルスに送りだした。ロドニーはプライマル・スクリームを大いに気に入っていた。彼は大の英国マニアで、伝説の人物だった。過去にはキム・フォウリー、ジョーン・ジェット、ランナウェイズ、ストゥージズ、ニューヨーク・ドールズ、ツェッペリンら全員がサンセット・ストリップのナイトクラブ、ロドニーのイングリッシュ・ディスコで大騒ぎしていた。CMになるとロドニーはDJブースから出てきて、こう言った。「ボビー！　出演してくれて嬉しいよ。あとでちょっとしたサプライズがあるんだ。まずは私の旧友を紹介しよう」。そして、「ボビー・ギレスピー、こちらはデヴィッド・キャシディ。デヴィッド、彼がプライマル・スクリームのボビー・ギレスピーだ」と言った。そこには〝ハウ・キャン・アイ・ビー・シュア〟や〝グッド・イット・ビー・フォーエヴァー〟で有名なデヴィッド・キャシディがいた。70年代初めに世界最大のポップスターのひとりだった男だ。短期間、彼はあらゆる少女やそれより年上の女たちの憧れの的だった。名声のはかなさを体現するような存在。彼は「パートリッジ・ファミリー」のテレビスターでもあり、輝くような美男子だった。だがいま、90年代ロサンゼルスの日中にラジオ局のスタジオで会うと、何百万人もの女の子たちの部屋の壁を飾っていた美貌は見る影もなくなり、若さの輝きはとっくに消えていた。どうやら酔っ払っているようだった。

彼は俺を見すえて、「はじめまして」と言った。「私の新しいアルバムが好調でね」。明らかに落ち目で、哀れだった。可哀想に。ロックンロールってやつは人をとことんだめにもする。

デヴィッド・キャシディはハリウッドの夜に消えていった。次は俺が番組でロドニーのインタビューを受ける番で、心のなかで「これはビッグ・チャンスだ」と考えていた。褒め言葉とお世辞を楽しみ、ロドニーのほうはプライマル・スクリームの曲をかけながら大絶賛していた。すると彼がこう切りだした。「ボビー、サプライズがあるんだ」。彼は電話をかけて、「もしもし、アーサー？　聞こえるか？」と言った。

電話の向こう側の声が、「ああ、聞こえるよ」と答えた。

「アーサー、番組にプライマル・スクリームのボビー・ギレスピーが来てるんだ。君と話したいそうだ。じゃあ、あとは任せるよ……」。

俺はいきなり、ロサンゼルスのラジオの生放送中にアーサー・リーと話すことになった。俺たちにとっては謎の人物ナンバーワン、そして神のような存在だ。シド・バレットを別にすると、彼こそが究極のサイケデリック・カルト・ヒーローで、俺たちがバンドを始めた理由でもあった。俺はなんとか正気を保とうと努力していた。

同じ頃、俺は知らなかったが、スロッブとイネス、トビー、ヘンリー、ダフィは白のリムジンに乗ってロサンゼルスを走り、ラジオでロドニーの番組を聴いていた。コカインを吸い、シャンパンを飲みながら。俺がアーサー・リーと話しているのを聞いたスロッブは、彼によるとその瞬間、ヨーロピアン・カップで優勝したような心地だったらしい。俺たちは勝ったんだ、と。あいつらは車のなかで歓声を上げ、祝杯を掲げ、叫びながらロサンゼルスの街を走っていた。番組のあと俺はホテルに戻り、バンドと合流すると、一晩中大騒ぎした。

翌朝、イネスがロビーで何かの案内を目にした。見ると、俺たちが泊まっていたホテルで麻薬捜査官のコンヴェンションが開かれていた。まさにハンター・S・トンプソン的な状況だ。俺たちは全員めちゃくちゃハイなまま、びくびくして窓の外を見ていた。ごく普通に振る舞え、普通にな、と自分に言い聞かせながら。

俺もメンバーも一睡もしていなかったが、気づくと朝の5時にモハーヴェ砂漠へと送り込まれていた。〝スリップ・インサイド・ディス・ハウス〟のビデオ撮影のためだ。何も知らない俺たちイギリス人は、きっとすごく暑いんだろうと思っていた。なにせ砂漠なのだ。上着を持っていった者はひとりもいなかった。俺は長袖Tシャツ1枚きり。だがもちろん、砂漠といえど11月の夜明けは凍えるような寒さだった。向かう道のりでは、俺たちは〝ステアウェイ・トゥ・ヘヴン〟を聴いていた。まるで夢心地だった。スロッブやイネス、他の全員を見回して、最高だな、と思っていた。俺たちはカリフォルニアの砂漠を目指していて、日が昇り、ツェッペリンが流れている。しばらく前は失業手当を受けていたのに、いきなり夢のカリフォルニアだ。〝ステアウェイ・トゥ・ヘヴン〟で、ロバート・プラントが「西を向くと湧きあがるフィーリングがある」と歌うのを聴くたび、俺の心はバンドと一緒にモハーヴェ砂漠を目指していた、あのバスのなかに戻っていく。

あのツアーではダーシーという女の子とも知り合った。とても知的な子で、俺は恋に落ちた。片想いだったが。彼女はワーナーのビデオの責任者で、プロモーション・ビデオを発注し、監督を選ぶという重要な役目を任されていた。それぞれのバンドに合う監督や編集者を集めるのが彼女の仕事だった。エアロスミスの〝ラヴ・イン・アン・エレヴェーター〟も手がけていた。撮影後も俺たちは2日ほどロサンゼルスに滞在し、取材を受けていたが、ダーシーが電話で俺の今晩の予定を訊いてきた。そしてニール・ヤング&クレイジー・ホースがメキシコ料理店の裏庭でビデオ撮影をするのを見にこないか、と誘った。俺が断るわけがない。メキシコ料理店に着くと、ニールたちが小さなステージに立ち、アルバム『ラグド・グローリー』の1曲、〝カントリー・ホーム〟のビデオを撮っていた。彼らの生演奏を見られるなんて、信じられなかった。録音された曲も流れていたが、バンドはアンプの音量を絞って実際に演奏していた。休憩中にダーシーは俺をクレイジー・ホースのベーシスト、ビリー・タルボットに紹介した。俺たちのところにビリーが来た本当の理由は、ダーシーに言い寄ろうとしていたんだと思う。俺はクリスタル・メスでラリっていた。ロサンゼルス滞在中、俺たちは全員ずっとハイだった。俺はビリーに、クレイジー・ホースのアルバムはすごくよかった、ダニー・ホイッテンが大好きなんだ、と言った。すると彼は「ダニー、あいつは本当に心の美しい男だった」と言って、〝アイ・ドント・ウォント・トゥ・トーク・アバウト・イット〟を歌いだした。素晴らしかった。俺は彼に、〝バースドゥール・ブルーズ〟を聴けたら最高なんだけど、と言った。彼は「俺は演奏してもいいけど、このビデオを撮らなきゃな」と答えた。そしてビリーは俺の目をじっと見て、歌いはじめた。

もしひとつのことだけ考えられたら
長く考えられたら、わかるのに……

そこで俺も加わった。

俺の気持ちはなんでこんなにくるくる変わるんだ
会話は遅すぎる……

感無量だった。ビリー・タルボットはソウルフルな男だった。ニール・ヤングがクレイジー・ホースを必要としている理由がよくわかった。どんなバンドと一緒にやっても、彼らとやる時のように胸の奥のロックンロールのフィーリングにじかに触れることはできないだろう。レストランの庭は狭く、手を伸ばせばニール・ヤングの足に触ることもできた。「観客」は10人ほどで、そのひとりが俺だった。ニールと話ができればよかったと思う。ダーシーに翌日聞いたところでは、ニールが彼女に「ジーザス&メリー・チェインの奴がいたよな？」と言ったらしい。

彼らは俺のヒーローだった。１９９０年はそんな年だった。マジカル・イヤー、魔法の年だ。すべてが、どんなことでも可能だった。

やっとブライトンの暗い地下のフラットに帰り着くと、俺は雰囲気が変わっているのに驚いた。時差ぼけがひどかったし、ロサンゼルスでやったドラッグから覚めかけていたのかもしれない。それでも何か変な気がした。空き巣にあったみたいに物がなくなっている。キッチンや奥の寝室へ歩いていくと、そこでも物がなくなっていた。また居間に戻り、ソファのひじかけに腰を下ろすと、再びあたりを見回した。そこで気づいた。カレンの持ち物が全部消えていたのだ。

彼女は一度も、もう終わりだとはっきり告げることはなかったが、心のなかでは俺にもわかっていた。俺たちはどちらも感情を伝えるのが苦手だった。ちゃんと話し合ったことはない。ただ雰囲気が悪くなり、気持ちが冷めていっただけだ。最初の兆候は、彼女が俺に触れなくなったことだった。眠りにつく時、俺は彼女に腕を回したが、カレンはベッドの端に離れていった。相手に無理やり自分を愛させることはできないのはわかっていた。頭では理解できた。彼女は若く、美しく、20代初めで、他の可能性を試したかったんだろう。それでも胸は痛んだ。カレンは新しい恋人のグラント・フレミングと一緒にロンドンに引っ越していた。俺は彼女を祝福した。俺なりの傷心の癒し方は、延々ツアーを続けることだった。すると〝ローデッド〟と〝カム・トゥゲザー〟が大ヒットした。俺は自由でシングルで、ポップ・スターダムを享受していた。一旦立ちどまり、恋の終わりをちゃんと悲しむことはなかった。代わりにセックスとドラッグとロックンロールで気持ちを紛らわせていた。ピーチーズが言うように、ファックで痛みを忘れようとしていたのだ。俺は大丈夫だ、カレンがいなくてもそんなに傷ついていない、と自分に言い聞かせていたが、勘違いもはなはだしかった。軽く付き合う相手はいたが、どの子とも真剣じゃなかった。それでハッピーだと自分を誤魔化していた。俺の性格には、誰とでもセックスするような部分もある。でももしかすると、あれは決してふさがらない穴をふさごうとしていたのかもしれない。依存症と同じだ。時には自分でも、俺は何を見つけようとしてるんだろう、と思うことがあった。ワン・ナイト・スタンドもその時は楽しかったが、翌朝になって酒とドラッグが抜けると、見慣れない部屋で、名前も知らない女の子と一緒にいるのに気づく。俺はなんとか決まりの悪い会話を交わすと、急いで部屋を出るのだった。ああいう時はいつもその場からすぐ逃げだしたい衝動にかられた。俺はなんの責任もなく楽しみたかったし、しばらくはそれで大丈夫だった。

だがメリーゴーランドが一旦止まると、俺はひとり、半分空になったフラットにいた。もうカレンとは恋人同士ではなかったし、どちらも他の相手と付き合っていたが、彼女の持ち物がなくなってはじめて、俺は本当に終わったことに気づかされた。彼女の不在に俺は衝撃を受けた。叫び声を上げ、床に寝転がると、俺は激しく泣きはじめた。通りの浮浪者のようにそのまま体を丸め、震えていた。

25 マルクスとマクラーレンの子どもたち

The Children of Marx and McLaren

ライヴは一切するな、曲だけ書いていればいい、と俺たちに言ったアラン・マッギーは本当に冴えていた。あの頃の彼は世界の頂点にいた。とはいえ現実では俺たちのマネージャーで、俺は彼と数日おきに、プライマル・スクリームの「キャリア」戦略やゴシップ、男同士の愚痴などいろんな話をしていた。アランはいつもどこかへ飛行機で出張しては、クリエイションのライセンス契約を結び、その道中で活を入れるためにコカインを大量にやり、仕事をすませると派手に遊んでいた。あいつにはあちこちに愛人がいた。シーモア・スタインが突然、マイ・ブラディ・ヴァレンタインやライド、プライマル・スクリームとサイアーで契約するようになり、メジャー・レーベルの威光でマッギーは音楽業界からリスペクトされ、大物のひとりになろうとしていた。俺たちの失策は、影響力のあるアメリカ人マネージャーを雇わなかったことだ。あれは大失敗だった。プライマル・スクリームには一度もアメリカでの代理人が存在せず、そのツケをいまに至るまで払わされている。アメリカで十分に働きかけず、レコード会社に注意を払ったり、ちゃんと意思の疎通を図ったりすることもなかった。成功するにはレコード会社やラジオ局、テレビ局と付き合う人間が必要だし、それは大事な仕事だ。マッギーはいろんな意味でナイーヴな男だったが、俺たちはビジネス面は彼に任せ、自分たちは音楽をやればいいと思っていた。

ただアラン・マッギーのような情熱的で自信のある奴にキャリアを管理させていると有利なのは、アーティストとしての自由が完全に与えられること、何が起きようと見捨てられることはないと確信できることだ。10代からいろいろと一緒に経験してきた仲だと、揺らぐことのない、ギャングのような絆が生まれる。「俺たち対世間」みたいなものだ。スロッブとイネス、俺があるのはすべてマッギーのおかげだったし、俺たちのことをいちばんに考えてくれていると信じていた。世界のどんなレコード・レーベルのボスも、まあトニー・ウィルソンは別かもしれないが、俺たちのイカれた行動や狂った計画には付き合わなかっただろう。マッギーは最初からずっと、俺たちの真横で、このジェットコースターに乗っていた。それもクリエイションのパートナー、ディック・グリーンがいたおかげだ。彼ならなんとかしてくれる、帳尻を合わせてくれると安心できた。状況を考えると、金銭的に厳しいインディペンデント・レーベルにとっては、ほぼ不可能なことだったが。俺たち同様、マッギーもグリーンも大きな夢を抱いていて、レーベルのためなら持つものすべてを犠牲にしてもいいと思っていた（この時点では持つもの自体それほどなかったが）。実際、マイ・ブラディ・ヴァレンタインのアルバム『ラヴレス』のレコーディング中に、資金繰りのためにディックが自宅を再抵当に入れた話は伝説になっている。それがコミットメントでなくて、何がそう言えるだろう。しかもこの時、マッギーもグリーンも、クリエイションも、チャートでの成功にはほぼ無縁だった。ジーザス&メリー・チェインがヒットしたのは、クリエイションを離れてWEAと契約したあとだ。マッギーは以前、この頃、80年代末はまったくの自転車操業だったと言っていた。グリーンがレコードの卸業者やスタジオへの支払いを引き延ばしている間にマッギーがヨーロッパやアメリカに飛び、クリエイションのいろんなアルバム・リリースの前金を外国のディストリビューターから集めていたと。あの時期、クリエイションがコンピレーション・アルバムを何枚もリリースしていた理由はそれだった。

　俺たちはマッギーとグリーンを信じていたし、他の誰も、俺たちみたいなバンドにあんなに多くのチャンスはくれなかっただろう。売り上げも少なければ、評価もされていなかったのだから。おそらくは友情と気性が決め手だった。マッギーはハウス・オブ・ラヴのようなバンドをフォノグラムのようなレーベルと契約させ、大金を稼ぐとともにメディアのコラムで称賛されたかもしれないが、彼らとつるむことはできなかった。ガイ・チャドウィックみたいな冷淡な男と共通点はひとつもなかったのだから。彼はいつも俺たちのところへ戻ってきた。みんな同じ沼、グラスゴーの労働者階級の出身だからだ。俺たちは皆いつだって喧嘩腰のパンク・ロッカーで、その敵意を隠すことも、抑えることもできなかった。俺はアランの変化をずっと見てきた。最初に会った頃の静かでおとなしい音楽ファンから、1976年、77年、78年というパンク時代をマウント・フロリダで過ごすと、あいつは情熱的で理想主義的なファンジンの編集長になった。そしてフィッツロヴィアのパブの上でサイケデリック・クラブを主宰して、マルコム・マクラーレン並みに自信たっぷりな、ジーザス&メリー・チェインのマネージャーとなり、いまや「ポップのプレジデント」を自称していた。持論とエナジーに満ちた、赤毛が爆発しているような精力的な男は、いつ聞いても最近契約したバンドを絶賛するか、ライバルのバンドやレーベルを悪しざまにこき下ろしていた。マッギーはいい意味で、つねに話をでっちあげる。当時の彼の威勢のよさは人を惹きつけた。俺は彼のために、やっと2枚、レコードを大ヒットさせたことが嬉しかった。彼が吹聴していたプライマル・スクリームのクリエイティヴな可能性を証明できたのだから。ふたりともある種の批評家たちには長年からかわれてきたが、今度は俺たちがロックンロールの運命を握る番だった。俺もマッギーも、自分たちが夢見てきた武器を手にしたとわかっていた。生まれてからずっと待ちつづけてきたチャンスが訪れたのだ。

1990年の冬にイネスは恋人のクリスティーンと別れ、ふたりが暮らしていたアイル・オブ・ドッグズのフラットから離れて過ごす時間が長くなっていた。クリスティーンは酒に酔うとひどく残酷になり、人を傷つけるところがあった。俺も何度か、彼女が酔っ払って北部訛りで怒り狂うのを見たことがある。イネスは性格がおとなしく、口論を嫌っていたので、屈辱を味わうのにうんざりしたのだ。イネスは感情的に引きこもるようになり、ついに逃げだした。彼はハックニーのスタジオに寝泊まりし、仕事に打ち込むようになったので、バンドにとっては好都合だった。

ある夜、俺とイネスはディングウォールズのクラブ・ナイトに出かけた。フライングという名のクラブで、チャーリー・チェスターというアシッド・ハウスの顔役がやっていた。あの夜はボーイ・ジョージが出演するというので、俺たちは興奮していた。なかに入るとジーザス・ラヴズ・ユーの〝アフター・ザ・ラヴ・ハズ・ゴーン〟がかかっていた。ボーイ・ジョージが彼のレーベル、モア・プロテインから出したシングルで、すごくいい曲だった。俺たちが「NME」でシングルのページを担当した時は、あの曲とMCキンキーの〝エヴリシング・ビギンズ・ウィズ・アン・E〟を今週のシングルに選んだほどだ。他は全部こき下ろした。ボーイ・ジョージにはカリスマがあり、真のスターだった。あの晩のパフォーマンスは素晴らしかった。まるでアリーナ会場でやるみたいに小さなステージを支配していた。俺のジャケットのポケットにはスピードが4分の1オンス入っていて、すこぶる上機嫌だった。クラブのあとはスタジオに戻り、イネスと俺は寝袋に入ると、お互いの足に頭を向けてヴォーカル・ブースで眠った。そこがいちばん温かい場所で、フラットに暖房はなかった。俺は寝袋のなかでもスピードでハイなままで、よく眠れなかった。

俺たちは幾度もそういう夜を過ごした。徹夜で曲を作り、それぞれが新たに見つけたクリエイティヴィティに気づいて、励まし合っていた。純粋で、理想主義的で、ひどく楽しい時間だった。世間を敵に回したような状況が、本物の仲間意識を作っていた。ハックニーのスタジオは塹壕、感情的な防壁となってバンドの結束を高めていた。スタジオは創造的なシェルターでもあった。あそこでは世間から隠れ、自分たちの「傑作」を書くことができた。それまで数年間ツアーに出ていたことで俺とイネスとロバートの間に築かれた兄弟のような絆は、引きこもって曲を書くことでさらに強まった。俺たちはあの小さなスタジオ、ハックニーのチューダー・ロードで暮らしていたのだ。

俺はあの頃もいろんなクラブに出かけ、Eをやっては何日も眠らない生活を続けていた。俺の1990年を構成していたのは、音楽を聴くこと、アルバムを作ること、レコード屋に行くこと、そして面白いヴィンテージの服を古着屋で探すこと。俺はいいソングライターになりたかったから、優れた作曲家、主に60年代と70年代のソウルのソングライターの作品を聴きまくり、プロダクションやアレンジをチェックし、どのミュージシャンがどのレコードで演奏しているかを確認していた。カントリー・ソウルもよく聴いた。ダン・ペンやドニー・フリッツ、クリス・クリストファーソン。成熟した、大人のソングライターだ。彼らには語るべき物語があり、シリアスだった。人生から生まれた曲。俺たちの初期の曲はほとんどがイノセンスについてだった。俺は経験から曲が書きたくて、その経験を積んでいたのだ。ブライアン・ウィルソン的なところも少しある。主にコード進行やメロディで。イネスとロバートはふたりとも、キーボードでいいコード進行を作っていた。俺はまだ原始人並みにギターを使っていたが、最高のメロディを書くことができた。俺の場合、メロディは自然に出てきた。すごいコード進行さえあればお手のものだ。次のレコードがロック・アルバムにならないのは明らかだった。シンガー・ソングライターのアルバムだ。『スクリーマデリカ』の本質はそこにある。ダンス・アルバムという評価になっているが、踊れる曲はたぶん、半分くらいだろう。あのアルバムにはいろんなもの、いろんなムードが少しずつある。だからこそ興味深い作品になったのだ。

俺はウェザオールに、彼が聴いたことのない曲を集めたテープを作って渡していた。ディオンやドニー・フリッツ、デニス・ウィルソン。すると彼が気に入った音楽を返してくる。彼が送ってきた曲はクリス&コージーの数曲を除くと、ダンスでもなければ、エレクトロニックでもなかった。元ポップ・グループのギタリスト、ギャレス・セイガーのバンドのヘッドがあったり、奇妙なポストパンクものがあったりした。他にはシンガー・ソングライターのルシンダ・ウィリアムズやガイ・スティーヴンス時代のモット・ザ・フープル。彼はバラッドにもかなり入れ込んでいた。

アシッド・ハウスは「政治的」だと思うか、と訊ねられた時、そうは思わない、とウェザオールは答えた。だが政府や警察がアシッド・ハウスを違法にしたせいで政治的になったのだと。これは俺の考えにごく近い。アシッド・ハウスは政治的であることを意図していなかったが、時代の文脈として政治的になった。あれは、サッチャーの「社会というものはない」という主張への反動だったのだ。サッチャーはフリードリヒ・ハイエクやミルトン・フリードマンに始まるネオリベ的信条、個人主義によって社会をばらばらにしていた。一方、アシッド・ハウスは包括的な共同体主義だ。あのシーンには「おい、大丈夫か?」という、みんながお互いを気遣う態度があった。

サッチャリズムではすべてが個人や自助だったが、アシッド・ハウスでは全員が重要だった。あらゆる意味で反体制的なムーヴメントだったが、そこは確実にある。ウェザオールは賢明だった。〝カム・トゥゲザー〟のリミクスを作った時、彼にはアシッド・ハウスで起きていることが見えていた。実際、若者たちが「カム・トゥゲザー」、ひとつになる時が来たとわかっていたのだ。それは反抗的で、反体制的だった。するとパーティを開いた連中が逮捕され、アシッド・ハウスは違法化された。たぶん若者にとっては、いまの緊縮財政のほうがサッチャー時代よりももっと生きにくい時代だろう。あの頃はそれでも失業手当や住宅手当がもらえたし、賃金もまだよかった。ゼロ時間契約なんてなかった。つまり、いまは多くの面でずっと状況が悪化している。もし緊縮財政をやれたなら、サッチャーは絶対やっていたはずだ。でも俺が思うに、当時はあいつらも怖くてできなかった。人々がまだ好戦的だったからだ。アシッド・ハウスもその違いを生んでいたもののひとつだった。

80年代後半は憂鬱な時代だった。サッチャリズムが10年間続き、ディストピアに暮らしているような気がした。アシッド・ハウスの突然の爆発は、イギリスのユース・カルチャーにおける革命だった。若く、生きていることが刺激的になった。あの時代に俺たちがウェザオールとめぐりあったのは、純粋な魔法みたいなものだ。パンク・ロック同様、アシッド・ハウスは革命的なシーンで、それによって無数の人々がDJやクラブのプロモーターになり、ヴィジュアル・アーティストになり、リミキサーやプロデューサー、シンガー、ミュージシャン、アーティストになった。『スクリーマデリカ』はあのシーンが生みだしたのだ。俺にとってアシッド・ハウスというカルチャーは、アンダーグラウンドの抵抗の祝祭だった。銃や爆弾による抵抗ではなく、愛とドラッグ、すごい音楽、セックス、そして若者のエナジーによるレジスタンス。1988年から1991年の間に、国中の小さな町や大都市のダンスフロアで、数え切れないほどの友情が生まれた。アシッド・ハウスは文化の革命で、人々の創造性という金庫の鍵を開いた。彼らはその時まで、自分がクリエイティヴになれるとも思っていなかった。なにせアンドリュー・ウェザオールのような人が低賃金の仕事を転々としていたのだ。若い頃は子ども向けの番組「ザ・スーティ・ショウ」の大道具係やキングス・ロードの洋服店の売り子をやり、建築現場でレンガを積んでいた人間が、いまやメジャーなレコード・プロデューサーとなり、最高にヒップなレコードを作っていた。あの頃世界最大のバンドだったU2が彼の才能を求めたほどだ。ウェザオールはその依頼を断った。

俺たちの親友で、将来コラボレーターとなるデヴィッド・ホルムズもそうだ。デヴィッドはベルファストのサロンで美容師として働いていたが、ウェザオールに刺激されて自分のクラブ・ナイト、シュガー・スウィートを始めた。ホルムズはＤＪをしてもらおうと、ウェザオールをベルファストに招いた。アフターパーティでウェザオールは熱心な若者、ホルムズに、自分でもＤＪをやってみるべきだと告げた。そして他のＤＪ、クールで話題になっていた連中にデヴィッドを紹介し、その支援によって彼は新しい音楽をかける最高のＤＪたちをベルファストに招ぶことができた。それが北アイルランドのハウス・シーンとなったのだ。

そんな素晴らしい出来事は、アシッド・ハウスなしには起きえなかった。パンク同様、アシッド・ハウスは自分でやること、「ドゥ・イット・ユアセルフ」をインスパイアした。解放的な時代で、だからこそ〝ドント・ファイト・イット、フィール・イット〟や〝ハイヤー・ザン・ザ・サン〟のような曲には当時のアシッド・アンダーグラウンドのユートピア精神がとらえられている。どちらも快楽的なアンセムで、あれは本当に快楽的な時代だった。大勢の人がアシッド・ハウスを通じて自分の創造性を発見した。レイヴのポスターを作ったり、ＤＪをしたり、短編映画やＴシャツを作ったり。まさに平等主義で、彼らはリミキサーやプロデューサーに、また自分で曲を作るアーティストにもなっていった。テクノロジーが進み、誰でもサンプラーを買えるようになると、みんなが古いレコードからパクって新しいレコードを作りだした。まさに過去から未来を作っていたのだ。俺たちは当然、そういうことに大いに刺激されていたし、あれは歴史における過激な時代だった。少なくともクリエイティヴ面ではそうだったと思う。黒人も白人も、ゲイもストレートもクラブでは一緒に踊っていた。近代イギリスにおける最高のものがあの時代に始まろうとしていた。多文化主義もそのひとつだ。フットボールのフーリガンも加わってEをやりだし、試合での暴力沙汰がなくなっていった。

アシッド・ハウスは社会を変えたのだ。

アシッド・ハウスが起きなければ、俺たちがヒット・レコードを出すことなんて絶対なかっただろう。『スクリーマデリカ』はアシッド・ハウスなしには起きえなかった。アシッド・ハウスがなければ、プライマル・スクリームが30年間のキャリアを築くこともなかっただろう。

パンクというのは、残念ながらもう消費されてしまったと思う。パンクに起きたことには胸が悪くなる。99パーセントの連中は肝心なところを見逃したのだから。パンクは音楽だけのムーヴメントじゃない。パンクとは自主、自立であり、自分で新たな人生を作りだすことだった。ネオリベラルが言うような自助ではなく、創造的な「自分のためにやること」だった。マルコム・マクラーレンが残した教訓はここにある。1968年、1977年、1989年から学べる教訓は、自分自身の革命を起こせ、ということだ。おまえは、おまえの人生を変えられる。もしかすると他人の人生も変えられるかもしれないが、そのためにはクリエイター、作る者にならなきゃいけない。傍観者ではなく、創造者になれ――それがパンクのメッセージであり、俺にとってはアシッド・ハウスの遺産でもある。傍観者ではなく、創造者になれ。パワフルなメッセージだ。なのにテレビのパンクのドキュメンタリーや、「モジョ」みたいな過去を振り返る雑誌では、どれも同じことしか言わない。パンク・ロックは60年代、70年代の巨大になったバンドへのストリートからの反動だとか、戯言を繰り返すだけ。ビッグになって大儲けしたバンドはファンから離れてしまった、とかなんとか――エリック・クラプトン、ロッド・スチュワート、ストーンズ、エマーソン・レイク&パーマー、ジェネシス、レッド・ツェッペリン、ピンク・フロイドとあの空飛ぶブタ。そうじゃない。ああいう連中への反動はパンクの一部でしかない。

確かにロックンロールは元々のルーツ、ハイエナジーな楽しさや高揚感、反抗を失い、膨れあがって退廃していた。でもそれはロックンロールに限った話ではない。廃墟を信じなければいけない、そうマルコム・マクラーレンは言った(伝説的なスペインのアナーキスト、ブエナヴェントゥーラ・ドゥルッティの言葉のパラフレーズだ)。創造するためには破壊しなければならないと。俺はそういう言い分のすべてを愛していた。

俺たちと同じく、ウェザオールもマクラーレンとジョニー・ロットンの信奉者だった。60年代、ジャン・リュック・ゴダールは、1968年のパリ5月革命で毛沢東に心酔していたブルジョワの学生を「マルクスとコカコーラの子どもたち」と呼んだ。俺からすると、俺の世代はマルクスとマクラーレンの子どもたちだ。俺の父はマルクス主義者で(1960年にグラスゴー・エンパイアで、ジーン・ヴィンセントとエディ・コクランの共演を観たマルクス主義者ではあったが。あのツアーの事故でエディは亡くなった)、家では急進的な政治論議が交わされていた。同時に俺はロックンロールに魅了され、セックス・ピストルズの破壊分子的なところに心を奪われた。俺の創造的な意識、政治的な意識はそのふたつの間のどこかにある。たぶん俺の場合、アーティストとしての意識と政治的な意識は混じり合っている。ハイブリッドだ。俺自身はマルクス主義者ではなく、社会主義者だと思っているが、その系譜は確かに俺のなかにある。と同時に、マルクス主義の教義とキリスト教にはかなり共通点があるとも思っている。どちらも隣人と女性に愛と慈悲とリスペクトをもって接すること、よりよい世界は可能だと信じること、その倫理観を共有していると。俺はまた、ロックンロールにも変化を起こす力があることを理解しはじめていた。パンク時代にはそのパワーを実感した。10代の頃、パンクのライヴに行くと、帰る頃には元気になり、新たな勇気が湧いたのを覚えている。夢を見る力、クリエイティヴになる力、自分自身になる力がみなぎっていた。仕事場や学校のコミュニティや、暮らしている通りで何が起きていようと、ロックンロールは自分自身になる勇気を俺にくれたのだ。それは生きる指針となり、俺の意識を目覚めさせた。何がクールで、何がそうじゃないか。パンクとポストパンクは、俺にとって最初の文化的な革命だった。あれによって思考体系ができ、同時にある種の信仰、目的になった。

グラスゴー市議会がスプリングバーンを取り壊す決議をした時から、俺は孤独に慣れた子どもとなった。自分のコミュニティが消え、通りに溢れていた子どもたちもいなくなったのだから。俺は9歳からひとりきりで想像のなかに生き、結びつきを求めていた。パンクはそんな俺に生きる理由を与え、アシッド・ハウスも同様だった。若者として生きるのには最高の時代だった。アシッド・ハウスは音楽カルチャーを変えた。俺はそれまでたくさんインディのギグに行ったが、ほとんどはクソ惨めだった。ライヴではつねにステージ、バンドがその中心にある。ただステータス・クオやクラッシュ、シン・リジィを観にいった時はバンドだけでなくキッズもその一部で、みんながチェーンや剃刀、ビニールや革をまとって（ステータス・クオの場合は上下ともデニムだったが）、ポゴやヘッドバンギングをし、ハイエナジーのロックンロールを楽しんでいた。だがそんなライヴでさえ、パフォーマーと観客は明確に分かれていた。スペクタクルの社会、非参加型エンターテイメントなのだ。俺が初期メリー・チェインの暴動に興奮したのは、オーディエンスが第4の壁を破ってきたからだ。演者と観客を分ける、見えない架空の障壁。それが壊れると、みんな劇場を出る時には自分はただの傍観者ではなく、一部であり、参加者だったという体験をしている。アシッド・ハウスではDJと観客が一体となり、同じレベルにいた。DJがその場にぴったりのレコードをかけたり、レコードの流れがハマったりすると、誰もが同じ恍惚感を味わった。そこが革命的だったのだ。あの超越感を感じるには、他の人々の存在が必要だ。その場がエクスタシーをやってる人たちで満杯じゃなきゃいけない。まるでマントラのように、全員の心拍がバスドラムと同期していた。あれは異教の儀式だった。トライバルで、シャーマン的な体験。セックスと同じだ、他人とやったほうが楽しいに決まってる。

俺は音楽メディアが全然わかっていないのも気に入っていた。イギリスの音楽で突然すごいことが起きているのを、あいつらは見過ごしていた。まったく気づいていなかったのだ。気づいた数人のジャーナリストはアシッドの狂信者になったが、99パーセントは鈍感なままだった。あいつらはヒップじゃなかったのだ。カウンターカルチャーに疎い、ただの堅物だった。

1991年には毎週、本当にすごいレコードが次々リリースされ、ほとんど追いつくのが不可能なほどだった。イネスはいいレコードを買いまくっていた。マッギーもバレットもすごいレコード・コレクションを持っていたし、ジェームズ・ウィリアムソンは1989年にマッギーとつるんだせいで、かなり深くハマっていた。俺はウェザオールのDJを聴きにいくのが好きで、それで興味が満たされた。どんなに頑張っても、新譜を全部追いかけるのは無理だったからだ。そんな新しい音楽への欲求に応えるために、小さなレコード屋があちこちにできていた。俺がレコードを買いに行ったのは、ソーホーのブラック・マーケット。ダーブレイ・ストリートのダファー・オブ・セント・ジョージがあった場所の隣にあった。あの店ではフランキー・ナックルズの〝ティアーズ〟のようなレコードを買ったが、正直な話、いつもちょっと緊張した。あまりに真剣すぎて、店にファナティックな空気が漂っていた。ボーイズ・オウンの若いDJ、ロッキーとディーゼルはケンジントン・マーケットの店で12インチの輸入盤を売っていて、俺は彼らからリッチー・ヘイヴンの〝ゴーイング・バック・トゥ・マイ・ルーツ〟を買った。気のいい連中で、レコードに精通していた。ケンジントン・マーケットではフィオナ・カートリッジのブティック、サイン・オブ・ザ・タイムズのウィンドウ・ディスプレイもいつもチェックしていた。どんな時も賑わっていて、ロンドンのクラブ・シーンのハブみたいな場所だった。フィオナはあそこで若い新人デザイナーの服を売っていて、いつも情熱的でポジティヴな女性だった。彼女のパーティも伝説的だった。俺はケンザル・ライズで開かれたパーティにエス・エクスプレスのマーク・ムーアと一緒に行ったことがある。みんな着飾っていて、グラマラスだった。きれいな女の子やゲイの男の子たちが目一杯楽しんでいた。アシッド・ハウスのシーンにはモッズをアップデートしたようなところが確実にあり、俺はそれを観察していた。

あのシーンで重要だったレコードが、70年代イギリスのファンク・ロック・バンド、ストレッチの〝ホワイ・ディド・ユー・ドゥ・イット〟だ。最初に聴いた時はハッピー・マンデーズかと思った。アーバンなグルーヴ、いやらしいヴォーカル、目の前に現実を突きつけるストリート・ポエトリーの歌詞が同じだった。実際、ハッピー・マンデーズにはまったく同じ姿勢の曲がある。詩人が挑発し、非難するような〝ルーズ・フィット〟だ。俺はずっと、マンデーズはストレッチのあの曲を聴いたんだろうか、と思っていた。オークンフォールドが聴いたのは確かだ。「秀才は借りる、天才は盗む」とオスカー・ワイルドも言っている。おまえら、よくやったよ。

ロンドンでは、俺はよくトロカデロにも行っていた。ピカデリー・サーカスの駅にできたショッピングセンターだ。リッチ&ストレンジというクールな店はアシッド・ジャズのバンド、サンダルズの連中がやっていた。あの店では60年代のオリジナルのサングラスを買った。ピーター・フォンダが『イージーライダー』でかけていたような、グリーンのレンズで蝿の目のようなやつだ。70年代のリーのコーデュロイ・パンツも買った。濃紺のブーツカットで、それにキングス・ロードのロボットのジョッパー・ブーツと、リーバイスのような形の黒革のトラッカー・ジャケットを合わせると最高にかっこよかった。あそこではワイルドキャット・ウィルという名のハンサムでカリスマのある男が働いていた。ワイルドキャットはフォンダが『イージー・ライダー』で演じた、流れ者のバイカーのルックを完璧に自分のものにしていた。黒のポロネックにビーズのネックレスを合わせ、ノース・ビーチの詩人みたいな格好もしていた。あの店のレジに人が立っているのは見たことがない。みんな裏の部屋でボンゴを叩いたり、フルートを吹いたり、一日中ラリっていた。あの連中にとって金を稼ぐのは二の次だった。本当のボヘミアン、カウンターカルチャーのアウトローだった。

あの頃俺はブライトンからロンドンに通っていたので、ヴィクトリア駅で列車を降りると地下鉄に乗り換え、そのままオックスフォード・サーカスに向かった。駅のエスカレーターに乗り、改札からコンコースに出て右手に行くと、正面にタワー・レコードがある。タワー・レコードの「オールディーズ」のセクションは素晴らしい品揃えだった。英米の60年代、70年代のヒット・シングルが1枚1ポンド50ペンスで売られていた。新たな再発盤もスタックスやアトランティック、タムラ、フィラデルフィア・インターナショナル、なんでもあって、すごいコレクションだった。俺はあそこで、ずっと探していた7インチのソウルの名盤を山ほど買った。

そういう店に足を運んでいると、ちょっとした感覚、シーンやエナジー、ポジティヴなものが生まれているのに気づかされた。新しくてエキサイティングなことがロンドンや国のあちこちで起きている感覚。そのシーンにいた俺たちは、いまやシーンの当事者だった。ウェザオールやファーリー、ボーイズ・オウンとコネがあることで、プライマル・スクリームは信頼を勝ち得ていた。俺はその瞬間に生き、めいっぱい味わっていた。あの頃は本当に生きている感じがした。新たな繋がりを次々に作っていた。

26 アンダーグラウンドがオーバーグラウンドに
The Underground Goes Overground

あの夏、ストーン・ローゼズはスパイク・アイランドという場所でライヴをやると発表した。ニュー・シングル〝ワン・ラヴ〟がリリースされた少しあとのことだ。あれは曲というより、サンタナっぽいギターのジャム演奏に乗せ、イアン・ブラウンがユートピア風の歌詞を不穏に囁くものだった。俺は12インチのヴァージョンが気に入った。ベーシストのマニ、ドラマーのレニという驚異的なリズム隊によるファンキーで滑らかなグルーヴに、天才ギタリスト、ジョン・スクワイアがワイルドに切り込んでいく。燃えさかる炎の前でバンドが演奏するビデオもよかった。イアン・ブラウンがもっとも格好いい時期で、頬骨が鋭く、絶対的な脅威を放っている。〝ワン・ラヴ〟は名曲〝フールズ・ゴールド〟の次のシングルだった。〝フールズ・ゴールド〟が1989年最高のロック・シングルだったのは間違いない。たぶん同位タイがハッピー・マンデーズの〝ハレルヤ〟と、ジーザス&メリー・チェインの〝ブルーズ・フロム・ア・ガン〟だろう。〝フールズ・ゴールド〟ほどではないと、〝ワン・ラヴ〟に失望している人たちもいた。俺は気に入っていたが、あんなすごいシングルのあとに何ができるんだろう、とも思っていた。

ローゼズとマンデーズはグレイトなバンドだったし、俺はその両方に刺激されていた。彼らがドアを蹴り破っていなければ、プライマル・スクリームがラジオで流れ、テレビに出演することもなかっただろう。それに彼らの成功によって10代の巨大なオーディエンスが新たに生まれ、彼らこそまさに、プライマル・スクリームの次のサウンドを待ち受けているようなキッズだった。俺はずっとこのふたつのバンドがやっていることに興味を持っていたし、すごい新曲がリリースされるたび、俺たちもすごいことをやらなきゃいけない、と拍車がかかった。親しみや仲間意識を感じられる同時代のアーティストがイギリスにいるのは嬉しかった。みんなほぼ同い年で、アシッド・ハウスのエナジーにインスパイアされていた。将来プライマル・スクリームのベーシストとなるマニに俺が初めて会ったのは、ハシエンダでのぶっ飛んだアシッド・ハウスのパーティだった。彼はプライマル・スクリーム、特に〝アイヴィ・アイヴィ・アイヴィ〟のシングルをベタ褒めしていて、俺はそれをずっと覚えていた。

スパイク・アイランドには当時付き合っていた女の子と、俺たちのブッキング・エージェントになったばかりのアレックス・ナイチンゲール、それにカレンと一緒に行った。カレンとはまだいい友だちだった。アレックスと知り合ったのはその前年、ザップ・クラブで。彼は音楽業界の仕事をもらおうとマッギーに取り入り、マッギーは彼をマイク・ヒンクに紹介した。アレックスはそこで数か月働くと、辞めて自らECIエージェンシーを立ちあげ、最初のアーティスト、ジ・オーブの代理人となった。マッギーはプライマル・スクリームをヒンクのエージェンシーからナイチンゲールへ移した。ひとり10ポンド払ったスパイク・アイランド行きのバスは、乗ってみるとエイドリアン・シャーウッドのレーベル、オン・ユー・サウンドの貸し切りだった。バスがイースト・ロンドンに立ち寄るとエイドリアン・シャーウッド本人が乗り込んできて、シャーウッドの家のそばの角で再び停まると、今度はジャー・ウォブルが歩いてきた。俺はびびって口がきけなかった。なにせこの男をコピーしてベースを学んだのだから。彼は俺のヒーローだった。本当に会うまでは、自分にとってクラッシュやPIL、ピストルズ、ポール・ウェラー、スージー・スーが神に近い存在だとはなかなか気づかないものだ。なぜウォブルがバスに乗っているのか俺にはわからなかったが、あとになってスパイク・アイランドにオン・ユー・サウンドのグループ、アフリカン・ヘッド・チャージが出演していて、ウォブルはあの日のオン・ユーのスター・ラインナップのひとりだと知った。ステージのいちばん前でサウンドを担当していたのがシャーウッドだった。

あれは奇妙なライヴだった。PAの音量が足りず、バンドがちゃんと聞こえなかったし、風のせいで音が流れていた。いちばん覚えているのは、ローゼズがステージに出てきた時のことだ。ひとりひとり順番に上がってくると、マッドチェスター・マニアの膨大な観衆から大歓声が巻き起こった。みんななんであれ、その時やっていたものでハイになっていて、印象に残る瞬間だった。オーディエンスにとってローゼズは何かを体現していた。彼らは自信満々で、傲慢で、ちょうどいい具合に謎めいていた。ファンにとっては白いスクリーンのように、自分の熱望や恐怖、ファンタジーを投影できる存在だったのだ。歌詞は何も意味しないのと同時にすべてを意味していて、好きなように読み取れた。あのバンドはこのうえなく態度がデカく、イアン・ブラウンは完璧なフロントマンだった。見かけはアンドロジナスな狼といった体で、着ているのは当時のバギーなデザイナー・ファッション。ジョン・スクワイアは現代のギター・ヒーローで、古典的なところもありながら、6弦ギターからソウルフルな感情をひねりだしていた。マニとレニによるリズム・セクションはイギリスでは最高峰で、匹敵する者もいなかった。あのふたりはファンキーなサイケデリックの達人だ。あんなリズムマシンが手に入るなら、俺はなんだってしただろう。まあ、その話はまたあとのことだ。観客の雰囲気はこのうえなく、ものすごい期待感が漂っていた。世代の構造的変化が起きつつあるのが肌で感じられた。90年代のあの日、あそこに集まった10代、20代の若者は、自分たちのバンドが自分たちの音楽を演奏するのを見ていた。何もかも新鮮で、エキサイティングだった。みんながアシッドかハッパをやって、ひとつになっていた。新たな体制が姿を現し、それは永遠の「いま」だった。ローゼズがこう歌ったように。

過去はおまえに属しているが、未来は俺のものだ
おまえらはみんな時代遅れだ

バンドがセットを終え——アンコールはなし、ローゼズは決してアンコールをやらなかった——俺が連れとともに観客の間を歩いていると、カレンを踏みつけそうになった。カレンは草の上に仰向けに寝転がり、子ど

もみたいに目を大きく見開いていた。瞳孔が黒いＵＦＯ並みに開いている。俺はカレンに、ライヴは終わったから、ブライトンに帰るバスに戻らないと、と言った。ライヴはどうだったか訊ねると、カレンは正直にこう答えた。「ボビー、花火がすごくきれいだった！」。彼女はエクスタシーでラリって、ライヴの間中ずっと寝転がっていたのだ。

バスに戻るためにバックステージを通っていると、スクワイアとブラウンがショーン・ライダーと一緒に立っていた。マニもいるかどうか見たが、彼の姿はなかった。３万人の前で演奏した直後で放っておいてほしいだろうと思い、話しかけなかった。ただ彼らが満足そうだったのを覚えている。あのライヴはあの時代、本当に大きな出来事だった。その１年前に俺がローゼズを観た時はブライトンのエスケープ・クラブで25人を前に演奏していたのに、いまや３万人のファンが彼らを崇拝していた。それには刺激されたし、彼らにできるなら俺たちも、と思えた。ローゼズのことは賞賛するしかない。スパイク・アイランドは野心的な試みだった。あの時までインディペンデント・シーンのバンドはコンサート・ホールや劇場で演奏していて、あんな規模でやるなんて誰も考えもしなかった。だが俺には彼らがやろうとしたことがわかった。普通のツアーではなく、ローゼズは「ハプニング」を起こそうとしたのだ。スパイク・アイランドは彼らによる90年代のモンタレー・ポップ・フェスティバル、ウッドストックだった。その野心に俺は感服した。

あの日観客の間を歩いている俺を、ノエル・ギャラガーが見ていた。彼はインスパイラル・カーペッツのローディだった。ノエルによると、俺がジョーイ・ラモーンみたいに見えたらしい。たぶんあの日はボーダーＴシャツか、60年代のシャツを着ていたはずだ。父のナイロン製のポロネックのどれか。よくメリー・チェインで破れたジーンズに合わせていたターコイズ色のポロネックかもしれない。靴はキングス・ロードのロボットで買ったスウェード・シューズを履いていたと思う。テディ・ボーイ風だが、ソールはドクターマーチンみたいな靴だった。

ストーン・ローゼズには明らかに善のフォースがあったが、かたやマンデーズは下品で危険で、ローゼズの陽に対する陰だった。当時の政権はまだ保守党だったが、ついに若者たちが興奮できる音楽シーンが生まれ、素晴らしいドラッグが人々をひとつにしているのが感じられた。どこを向いても、ポジティヴなエナジーと創造性が溢れていた。やっと可能性が開きはじめ、空から一条の光が差していた。カルチャーの変革が起きつつあり、俺たちはその一部だった。

この頃、イネスはハックニーのフラットをアレックス・ナイチンゲールとシェアしていた。古い小学校を居住用フラットに改築した建物で、とても80年代的だった。俺がナイチンゲールと知り合ったのは、ブライトンのクラブでだ。友だちになると彼は俺のフラットに来るようになり、ふたりで酔っ払った。

アレックス・ナイチンゲールは妙にカリスマのある男だった。いつ見てもひとりで、何かしら騒ぎを起こしていた。大きな怒りを抱えながら優しいところもあり、俺はそこに共感した。外見は俳優のデヴィッド・ヘミングスの若い頃のようなハンサムで、金髪碧眼、でももう少し顔立ちが柔らかい。ブライトンの労働者階級のジャンキー、ストリート育ちのペルソナは自分を守る仮面で、それが剥がれると、素顔はミドルクラスのパブリック・スクール育ちだった。俺たちバンド同様、ダークで悪意あるユーモアの持ち主でもあった。俺たちはすぐにうまが合った。クラブが閉まると、決まって誰かがどこか場所を見つけてアフターパーティを開き、いつまでも続く。ああいうパーティにナイチンゲールがいると、いつも彼の周りに人が集まり、話を聞かせてはみんなを笑わせていた。彼はいわばケミカルに目がなく、ジャック・ダニエルズの瓶も常時携帯していた。若い頃はサイケデリック・ファーズとニュー・オーダーの追っかけで、ツアーについて回っていた。母親はBBCレディオ1のDJ、アニー・ナイチンゲール。家にはピート・タウンゼンドやキース・ムーンがうろつき、アレックスはロックスターに囲まれて育った。アニーは彼ら60年代ロックの貴族たちと親しかったのだ。アレックスはよく70年代のロックスターの退廃的な逸話を披露し、俺たちは皆魅了された。あいつはすごい語り手だった。アレックスとイネスが住んでいたフラットは、『スクリーマデリカ』の曲を書き、レコーディングしていた時期、活動とドラマの中心地となった。チューダー・ロードのスタジオで仕事をするためロンドンに行く時は、俺はふたりのところに泊まるようになっていた。イネスとナイチンゲールのフラットに泊まる時の唯一の問題は、なかなか眠れないことだった。いつだってパーティや騒動が起きているのだ。あそこはセックス、ドラッグ、ロックンロールの本拠地だった。

俺たちはハックニーの小さなスタジオで作業を続け、さらに曲を作っていった。〝インナー・フライト〟の枠組みはキーボードのコードとフルートのメロディ、それにテキスチャーを生むエレクトロニックの奇妙な音で作った。あの曲はインストゥルメンタルじゃないとだめだとわかっていたし、俺は前から映画『スーパーフライ』のサウンドトラックの〝シンク〟という曲に取り憑かれていた。日本から帰る飛行機の機内では新しく買ったCDウォークマンであの曲をずっと聴き、同じようなインストゥルメンタル・トラックを作るといいかもしれない、と考えていた。俺は〝インナー・フライト〟では歌詞を書かないことにして、曲そのものに語らせようと思った。十分な数の曲ができると、俺たちはスタジオを予約し、アルバムの仕上げにかかることにした。すでに完成していたのは〝カム・トゥゲザー〟、〝ローデッド〟、〝スリップ・インサイド・ディス・ハウス〟、〝ドント・ファイト・イット、フィール・イット〟。夏から新たに書いた5曲をレコーディングすれば、アルバムができあがる。

『スクリーマデリカ』の録音セッションは以前〝カム・トゥゲザー〟を作ったトーリントン・パーク・ロードのジャム・スタジオで、3、4週間かけてやった。俺たちはあの場所の雰囲気が気に入っていた。スタジオにいたのは俺とスロッブ、イネス、ダフィ、トビー、そしてヘンリー。他には誰もいなかった。〝ハイヤー・ザン・ザ・サン〟を歌うのにスピードをやったのを覚えている。とても特別な曲だとわかっていたから、自分を勇気づけるのに必要だった。歌詞にはすごく苦労した。あの時点で、俺の人生について言いたかったことを正確に記したつもりだ。この曲をうまく歌えたら死んだってかまわない、これが俺の生きていた証拠になる——そのくらいの誇大妄想になっていた。読んだ話では、アーサー・リーは1967年に死の予感に取り憑かれ、

〝フォーエヴァー・チェンジズ〟が世界へ宛てた遺書になると思っていたという。俺にとってもそれくらいあの曲を歌うのは大ごとで、重要だった。ファースト・アルバムをレコーディングした時の体験のせいで、当時の俺にはヴォーカリストとしての自信が欠けていた。あのあとはずっと、スタジオで歌う段になると少し不安になった。

〝アイム・カミン・ダウン〟はブライトンの地下の部屋で、アコースティックギターで作った曲だ。イネスとスロッブに聴かせると、イネスはよくわからないと言ったが、スロッブは大いに気に入った。イネスはもうちょっと違うアレンジが必要だと考えていた。基本的にキーボードとドラムマシンのエレクトロニック・トラックにするべきだと。彼の言う通りだった。ジャム・スタジオにいた1か月の間に、俺たちは〝シャイン・ライク・スターズ〟と〝ムーヴィン・オン・アップ〟、〝インナー・フライト〟、〝ダメージド〟、そして〝ハイヤー・ザン・ザ・サン〟をレコーディングした。

〝ムーヴィン・オン・アップ〟では、〝カム・トゥゲザー〟で使ったゴスペル・シンガーたちにまた来てもらった。彼らの生の合唱をレコーディングすると、俺たちはハーモニーのトラックを倍にしていった。すると音がパワフルになるのと同時に、ハーモニーがどんどん重なり、フルの合唱隊が歌っているみたいになる。あれは楽しかった。ソウルのこもったゴスペルの声が〝ムーヴィン・オン・アップ〟のサビを歌いあげ、それがスタジオの巨大なスピーカーから流れだすと、夢心地になった。俺たちは皆ゴスペル・パンクの天国にいて、体だけでなく心の奥まで震え、鳥肌が立つ気がした。

〝ダメージド〟はスタジオでの生演奏で、2テイクか3テイク録った。ヘンリー・オルセンがダブルベース、スロッブはアコースティックギターで、イネスがエレキギター、ダフィはピアノでカントリー・ソウルを弾き、トビーはドラムブラシを使っていた。柔らかく上品なリックはちょうど適量になるよう配分した。〝ダメージド〟以外、アルバムの新曲はどれもギターではなく、ピアノとキーボードで作った曲だった。俺たちはブルージーなリフを書くのをやめていた。〝ムーヴィン・オン・アップ〟はギター・ソングだと思われているが、あれもピアノで書いた曲だ。
〝インナー・フライト〟のハーモニーにはかなり苦心した。あの曲ではヘンリーが少年聖歌隊みたいに歌っている。彼には優れたハーモニーのセンスがあり、マリファナや超越瞑想の代わりにエクスタシーをやったビーチ・ボーイズみたいに聴こえる。

レコーディングの間、俺は時々ティム・トゥーハーのフラットにも泊まっていた。ロンドン北西部、ウィルズデン・ジャンクション駅の線路の上の部屋で、騒音がひどかった。ティムと俺は彼のベッドで、お互いの足に頭を向けて寝た。線路を見下ろす小さな寝室にはシングルのマットレスが床に直接置かれていた。夜にスタジオから戻ると俺は興奮しまくっていて、ふたりで遅くまで話し込み、レコードをかけ、朝方やっと眠りにつくのだった。次の日目を覚ますと、紅茶とコーンフレーク。スタジオに行く前には必ずカーティス・メイフィールドの〝ヴィ・ガット・トゥ・ハヴ・ピース〟をかけた。あの曲は家を出る前に、いつもアイデアが湧く気分にしてくれた。

セッションも半ばになった頃、レコーディング・エンジニアのコリン・レゲットがやめると言いだした。「ミキシングするのが待ちきれないな」と言うので、ミックスするのはおまえじゃない、と俺が言うと、そのままやめてしまったのだ。俺たちは独力で仕上げまでやった。ギターのオーバーダブと俺のリード・ヴォーカルの録音はスタジオのテープ係のアシスタント・エンジニアの手を借りた（まだ10代の男の子で、スタジオの仕事を覚えはじめたところだった）。セッション自体のことはよく覚えていないが、〝インナー・フライト〟を録音する時にマーティン・ダフィがアシッドをやったのは覚えている。あいつは別の惑星にいるみたいにぶっ飛んで、コントロール・ルームの卓の横のソファの上に立つと、「俺は空に小便してる！　空に向かって小便してるんだ！」と叫んでいた。あれは傑作だった。アルバムのセッションはああでなきゃいけない。幸いなことに、今回は〝カム・トゥゲザー〟のレコーディングとは違って、誰も失神しなかった。

アレックス・ナイチンゲールはＤＪのアレックス・パターソンの代理人もしていた。アレックスはヴィリアーズ・ストリートのクラブ、ヘヴンで開かれていたポール・オークンフォルドのパーティ、スペクトラムでＤＪをしていて、いわゆる「アンビエント・ミュージック」をかけていた。緩やかで別世界のようなサウンドスケープだ。クラバーたちはオークンフォルドがＤＪをしているメイン・ルームでのノンストップのシカゴ・ハウス、アシッド・ビートに疲れると「チル・アウト」ルームに行き、パターソンが選んだビートのない、漂うようなアンビエント・ミュージックで一息つく。彼は鳥の鳴き声など、なんであれ気に入ったサウンドもミックスしていた。パターソンのアンビエント・レコードのコレクションは、エクスタシーの効果がピークに達したあとの気分にぴったりだった。穏やかで落ち着いたサウンドでリスナーは安心し、温かく守ってくれるような音の子宮に包みこまれる。

アレックスは素晴らしい12インチ・シングルもリリースしていた。作ったのは彼とマーティン・グローヴァー（ユース）、ジミー・コーティ（のちにＫＬＦとなる）の３人で、タイトルは〝ア・ヒュージ・エヴァー・グロウイング・パルセイティング・ブレイン・ザット・ルールズ・フロム・ザ・センター・オブ・ザ・ウルトラワールド〟［超世界の中心から支配する、成長し脈動する巨大脳］。あの18分49秒はまさにアンビエントのプログレッシヴ・ロックだった。アレックスはパーティでよくこのトラックをかけていて、それがイネスの興味を惹いた。ナイチンゲールはイネスに、プライマル・スクリームの新曲のいくつかをアレックス・パターソンとトーマス・フェルマンのユニット、ジ・オーブにリミクスさせるといいんじゃないか、と提案した。

イネスはその数年前、スペクトラムでアレックス・パターソンと知り合っていた。パターソンはルーツがスコットランドにあり、とても親しみやすい男だった。イネスはそのアイデアを俺に持ってきた。〝ハイヤー・ザン・ザ・サン〟のリミクスでは、パターソンはクリス・ウェストンというめちゃくちゃに才能のある若いエンジニアと組んだ。彼の呼び名はスラッシュ。ジ・オーブはリミクスとして、曲を15の短いセクションにしたものを作ってきた。ヴォーカル入りのものもあれば、インストゥルメンタルもあり、ドラムがあるのもないのもあった。まるで俺たちの曲のバロウズ風「カットアップ」で、まったく意味を成していない。いろんなサウンドやヴォーカル・ダブのセクションが無関係に並んでいるだけだ。イネスはなんとかそこから重要なパートを取りだし、繋げて、3分36秒のラジオ・エディットの7インチと、6分43秒の12インチ・シングルの両方を仕上げた。

同時進行で、ウェザオールとヒューゴ・ニコルソンも〝ハイヤー・ザン・ザ・サン〟のリミクスに取りかかっていた。ウェザオールはジャー・ウォブルにベースを弾いてもらおう、と提案していた。俺たちは有頂天になった。ウォブルが参加したリミクスは〝ハイヤー・ザン・ザ・サン（ア・ダブ・シンフォニー・イン・トゥー・パーツ）〟として別の12インチ盤でリリースされた。B面が〝ハイヤー・ザン・ザ・サン〟だ。俺たちの最新のリミクスにみんな驚いていたので、俺たちは全員、次のシングルは〝ハイヤー・ザン・ジ・オーブ〟にするべきだと考えた。マッギーも大いに気に入って、こう言っていた。「これはシングルでリリースするぞ。ヒットはしないが、ステートメントになる。俺たちは他の誰よりも上だ、っていう宣言にな」。俺はマッギーのああいうところが好きだった。傲慢というより、物事をプッシュする必要性から出た言葉で、シーンのケツの穴にロケットをぶち込もうとしていた。あれは重要なレコードだった。当時取材を受けると、あいつは音楽「〝ハイヤー・ザン・ザ・サン〟は〝アナーキー・イン・ザ・UK〟以来の重要なレコードだ」と大口を叩いたのを覚えている。でも俺は本気だった。

〝ハイヤー・ザン・ザ・サン〟は「NME」でも「メロディ・メーカー」でも今週のシングルに選ばれた。ラジオではあまり流れなかったはずだが、どうでもよかった。あの曲は向精神薬が持つ超越的なパワーの賛歌で、ドラッグ・ユーザーの視点から書かれている。白昼夢と恍惚にふけるジャンキーの内的な飛行、ユーザーを包み込む大いなる力と万能感。あのパーフェクトな一瞬を俺は愛していた。ある種のドラッグをやると、まるでビッグ・スターの〝ビッグ・ブラック・カー〟の歌詞みたいに感じられた。

何も俺を傷つけられない
何も俺に触れられない

ただドラッグを長く使用すると、ニヒリズムという悪魔が目を覚ます人々もいる。俺はそのひとりだった。時には気分が良すぎて、死んでもかまわないという気になった。〝ハイヤー・ザン・ザ・サン〟はケミカルで変性した意識、あのひとときの美しさを他のすべての上に置いている。そこにモラルはない。ただそれだけだ。

アンドリュー・ウェザオールとアレックス・パターソンに共通するのは、ミュージシャンではないことだ。そこが俺たちのパンクの感性に響いた。ウェザオールは「ヒット・レコード」を作ろうとしていなかったし、そんなの考えたこともないだろう。彼はただ、ダンスフロアで効力のある音楽、スリリングな音楽を作ろうとしていた。ハイエナジーの踊れるシングル・リリースであれ、優しいバラッド風のアルバム・トラックであれ、彼はまず曲のアレンジをいじり、ほぼ完全に壊してから、曲のもっともピュアで本質的な要素だけ取りだして再構築する。彼のリミクスでは時間が自在に伸び縮みした。それは時間がゆっくり流れたかと思うとまた速くなる、サイケデリック・ドラッグ体験を反映している。リアルなものは何もなく、アンリアルなものもない感覚だ。

ウェザオールが曲をアレンジするスキルは、本能的であると同時に前衛的だった。独学で築いた世界観によって、彼には自由な思考があった。それがカウンターカルチャーの思想と混ざり、すでにたぎっていた想像力に火がついたことで、ウェザオールは「アカデミー」の外側の存在となった。彼はある意味、アウトサイダー・アーティストだったのだ。周縁で独自のことをするのをもっとも好んでいた。より自由でいられるからだ。ウェザオールはメインストリームにまったく興味がなく、俺たち同様、彼にとって音楽は普通の生活から抜けだすための出口だった。彼のようにトラックを（脱）構築しようと考えた人は他にいなかったし、プライマル・スクリームのメロディや曲を抽象的なポップに作り替えた人もいなかった。ヒューゴ・ニコルソンの名前も挙げておくべきだろう。ウェザオールのベストの仕事の一部は、ヒューゴとのコラボレーションだったのだから。ふたりは最高のチームだった。ウェザオールにはヴィジョンがあり、ヒューゴには彼のアイデアを形にするのに必要なスタジオでの技術があった。ヒューゴ自身も優れたアイデアを持っていた。毎回必ず、ふたりはいちばんいい形で仕留めてみせた。

ウェザオールとヒューゴは本当に、『スクリーマデリカ』ではバンドの追加メンバーとなっていた。〝ハイヤー・ザン・ザ・サン〟ではアレックス・パターソンとスラッシュがそこに加わった。俺たちには曲があったが、同時代のダンスフロアを理解していたのは彼らだった。彼らはスタジオの新たなテクノロジーをどう「誤用」して、思いのままにねじ曲げるかも知っていた。ウェザオールもパターソンも若い頃にオカルトの術を学び、意志の力を理解していた――到達点を見定め、スピリチュアルなエナジーと心理的な力に集中すれば、魔法は起きるのだ、と。だがそうするには、ある種の周波数に合わせる必要がある。自分の内側のフリーケンシー、他人の、そして宇宙の周波数だ。そこに至るには何年もサイキックな訓練と精神的な努力を積まなければならないし、必要なスタミナ、意志の力が全員にあるわけでもない。ウェザオールは絶対にシャーマンのエナジーをチャネリングしていたし、魔法の伝達を理解していた。だからこそあれほど優れたプロデューサーだったのだ。あいつにはわかっていた。ウェザオールもパターソンもカウンターカルチャーの子どもであると同時に、イギリスのユース・カルチャーの大変動と緊密に同調していた。ふたりともあのカルチャーの信徒であり、継承者だった。心から信じていた。

グラム・ロックからソウル・ボーイズを通過し、パンクとポストパンク、そしてアシッド・ハウスに至るまで、ふたりはつねにエナジーの源泉のすぐそばにいた。サンプラーという新テクノロジーが登場すると、ウェザオールやパターソンのような人々はそれまでは不可能だった方法で、自分のイマジネーションを形にする力を得た。ふたりともいわゆる「音楽的」な人間ではない。楽器を演奏したことも、伝統的な意味での曲を（この時点では）書いたこともなかったのだから。それでも意志と精神力、そしてヒップな音楽のテイストによって、彼らは俺たちがサウンドの追求とポップな感性を合体させるのを助け、新たな波を起こした。サンプリングによって突然、クライド・スタブルフィールド（ジェームズ・ブラウンのドラマーだ）に合わせてギターをジャムることもできたし、ワグナーの「ニーベルングの指輪」を奏でる70ピースのオーケストラとガムランの笛、西アフリカの打楽器、インドのシタールを合わせることもできた。そうしたサウンドのレイヤーで美しい基盤を作り、サイケデリックなポップ・ソングを構築することが可能になったのだ。以前ならそんな音楽を作ろうとすれば、スタジオ代と旅費、ミュージシャンのギャラだけで何十万ポンドもかかっただろう。でもいまやアカイS1000サンプラーがあれば、全部自分の指先で操れる。場所はベッドルームでもスタジオでもかまわない。限界があるとしたらイマジネーションだけだ。俺たちとウェザオール、ジ・オーブには、想像力だけはいくらでもあった。

『スクリーマデリカ』で最後にミックスした曲が〝シャイン・ライク・スターズ〟だ。他は全部できていたが、どういう順番でミックスしたか思いだせない。マッギーはウェザオールに何回か、「おまえならもっとできるだろう」と言って、スタジオに送り返していた。マッギーは手加減しなかった。クリエイションから俺に電話がかかってきて、今日はスタジオに行くなと言われたこともある。例のテープ係のエンジニアが朝出勤すると、機材が全部なくなっていたのだ。しばらくしてスタジオのオーナーのクリス・ステイントンが夜逃げしたことがわかった。彼はミキシング・デスクと俺たちのテープを何本か持ってとんずらしたのだった。俺は喜んだ。それまでに録音した〝シャイン・ライク・スターズ〟のアレンジに納得していなかったのだ。曲は気に入っていたが、間違っていると感じていた。あの曲はジ・オーブとウェザオールがミックスしたが、それも気に入らなかった。

俺は当時、ニコの『ザ・マーブル・インデックス』をよく聴いていて、あのレコードに執着していた。そこでダフィに、ハーモニウムを弾いてみないか、と提案した。俺たちはエデン・スタジオに行き、あの曲を再度録音した。いくつかサンプリングとインドの太鼓、タブラを加え、イネスが持っていたアルバムからインドネシアの音楽、ガムランもサンプリングした。ニコへのトリビュートとして、実際に『ザ・マーブル・インデックス』もサンプリングしたかもしれない。『スター・トレック』の音もあの曲には入っている。ウェザオールはあの時イビザでＤＪをしていた。帰ってくると、彼が〝シャイン・ライク・スターズ〟を完璧にミックスした。

あの歌詞では、ある時期の思い出について書いている。夜遅くベッドに入ろうとすると、カレンが寝ていて、なんてきれいなんだろうと思ったこと、眠っているととても脆く見えたこと。いつもの態度や防御的なところがなくなり、ただ静かで優しく、無防備だった。俺は彼女を世間の暴力や腐敗から守りたかった。ダンスフロアで踊るカレンを見るのが好きだった。彼女は自信をなくし、人見知りすることがあった。自己肯定感が低かったのかもしれない。でもカレンは少し酒を飲むと、自分を抑えるところがなくなって、勝ち誇ったようになった。音楽が伝達する超越的なパワーがみなぎっていた。音楽は人の心に勇気と、コネクションの感覚を吹き込む。傷ついた人々を繋ぐパワーがあるのだ。それは心を癒すひとつの形だ。偉大なニーナ・シモンも〝セイヴ・ミー〟でこう歌っている。

傷ついた人が、いちばん深く感じる
東海岸から西海岸まで、みんな一緒に泣いている

〝シャイン・ライク・スターズ〟は、カレンの心の解放を見ること、音楽のパワーについての曲だ。

踊っていると、君はとても幸せそう

その瞬間に没頭して解放されている

あの曲は音楽が持つ超越的な力、音楽のエクスタシーの賛歌だ。音楽は俺たちを地面に縛りつける鎖を外し、解放してくれる。「永遠のいま」を垣間見させてくれるのだ。音楽は人を、その人自身の心と繋ぐこともある。痛みを抱えすぎると、人は本当の自分から切り離されてしまう。毎日をやりすごすためには、自分という存在の核から普段の自分を切り離さなければならないからだ。音楽はスピリチュアリティの場所だ。自分、そしてトライブの人々と交わる聖餐式の場所。眠っているカレンの無防備さがあの曲のインスピレーションとなった。普段の防御がなくなり、俺は本当の彼女を見ることができた。

〝ムーヴィン・オン・アップ〟は葛藤と贖罪についての歌だ。人生のさまざまな時点で、人は気づくと自分のせいで、ひとり途方に暮れている。他人に手を差しのべ、助けを求めるのは難しいかもしれないが、最終的にはそれで人は解放される。この世をひとりで生き抜くのは困難だ。あの曲が言うように、「誰もが誰かを必要としている」のだ。人は誰かを、何かを深く信じなければ生きていけない。信頼できる相手と、人を信じる気持ちを必要としている。愛と信頼がなければ、人にはなんの価値もない。だがその愛と信頼は、努力して勝ち得るものでなくてはならない。

誰でも人生のどこかで孤独や絶望を感じるだろう。他人になかなか助けを求められない人もいるだろう。プライドや傲慢さ、コミュニケーション能力のなさ、不安、自己肯定感の低さ、または単に偏屈なせいで。と同時に、孤独になること、群れから離れることが自分のためになることもある。〝ムーヴィン・オン・アップ〟は逆境における勇気について書いた、普遍的な曲だ。ひとり苦しむ体験が人に与えるもの、そのエンパワーメントを描いている。過ちや失敗、混乱を認め、それでも責任を取り、自分の悪魔に向き合うこと。商業的なポップ・ゴスペルでもある。俺たちは人々を勇気づけたかった。すべての人の内側には大きな力が眠っていると俺は信じている。試練が与えられてはじめて、人は自分の本当の強さに気づく。人間は愛と創造性の無尽の可能性を持つ、精神的な存在なのだ。タフな顔を見せようとして、外の世界や他人を遠ざける壁を築いても、本当はみんな恐怖と不安でいっぱいだ。〝ムーヴィン・オン・アップ〟は世界中の孤独な人々、怒り、混乱し、途方に暮れ、自己嫌悪に陥っている人々のための歌なのかもしれない。俺自身、そのひとりなのだから。そしてこれは俺がロックンロールとアシッド・ハウスで見つけたコミュニティのパワー、超越的で、心を癒し、生きる力を与えてくれるものの賛歌でもある。

俺たちは〝ムーヴィン・オン・アップ〟と〝ダメージド〟では、ジミー・ミラーにミックスを依頼した。ストーンズでの彼の仕事を大いに尊敬していたからだ。『ベガーズ・バンケット』、『レット・イット・ブリード』、『スティッキー・フィンガーズ』、『エグザイル・オン・メイン・ストリート』、『ゴーツ・ヘッド・スープ』、あの一連の名作はすべてジミーがプロデュースしている。キース・リチャーズはいままでやったなかで最高のプロデューサーだと言った。ただ90年代のメジャーな音楽業界ではもう燃え尽きた男とされていて、あまり働いていなかった。彼とはすぐに連絡が取れた。見つけた時、彼はロンドンに住んでいて、仕事をしたがっていた。〝ムーヴィン・オン・アップ〟のミキシングはチズウィックのエデン・スタジオで行われた。俺はウェザオールと一緒に様子を見にいった。ふたりとも偉大な男に会うのにわくわくしていた。

スタジオに着き、自己紹介すると、ジミーがこんなジョークを披露した。「どうすればセックスで女がイったとわかる?」。

誰かが「わからない」と答えた。

ジミーは言った。「俺の知ったことか!」。

スタジオで作業していた男たちがみんな笑いだした。俺とウェザオールは顔を見合わせた。いたたまれなかった。ウェザオールはそのままコントロール・ルームから出ていき、俺があとを追った。彼は「帰るよ」と言った。本当に腹を立てていた。「あの男が何枚すごいアルバムを作ったか知らないが、あんなふうに女を見下すなんて、俺はごめんだね」。俺はウェザオールに、〃ムーヴィン・オン・アップ〃のリミクスをしたいかどうか訊いた。「まあ、トラックのテープをくれ。考えてみる」。俺はクリエイションから、ウェザオールにはあの曲のリミクスをやる気がないと聞いた。次に会った時、俺は彼に理由を訊ねた。「あの曲はちょっと、『スターズ・オン・サンデー』みたいに俺には思えるな」。当時放映されていた、安っぽい宗教番組のことだった。しゃらくさい奴だ。

エデン・スタジオでミキシングした〃ムーヴィン・オン・アップ〃には何か問題があった。詳しいことは覚えていない。ともかくジミーはアメリカに戻ってミックスしなおさなければならなかった（〃ダメージド〃もだ）。イネスにはアメリカまで行き、ミキシングを監督する役目が与えられた。〃ハイヤー・ザン・ザ・サン〃のビデオ撮影が中止になり、ブライトンに戻る途中で、アラン・マッギーがカセットテープを持って現れた。ジミー・ミラーが手がけた〃ダメージド〃と〃ムーヴィン・オン・アップ〃のマスター・ミックスを収めたテープだった。俺はイネスと座り、スロッブが彼の車のステレオでそれをかけた。スロッブの中古のサーブだったか、「ロンドン特捜隊スウィーニー」に出てくるようなフォード・グラナダだったか、よく思いだせない。ともかくアメ車を模した、70年代イギリスのゴツい車だった。俺たちはよくあの警察ドラマ、「ロンドン特捜隊スウィーニー」のテーマ曲を轟音で鳴らしながら車を乗り回していた。ステレオが壊れそうな音量で〃ムーヴィン・オン・アップ〃が流れだした途端、俺たちは「すげえ！」。ただただ、圧倒された。レコーディング自体は全部ロンドンのジャム・スタジオで済ませていた。ゴスペル・シンガーにギター、コンガ、ダフィのピアノ。だがジミーはコンガとハンドクラップを削り、ベースと俺のヴォーカル、ゴスペル・シンガー、イネスのアコースティックギターとスロッブのスライドギターとリード・ギター、ダフィのピアノを残していた。そうして全体を削ぎ落とすと、バスドラムを中心に新たなリズム・トラックを作り、いくつか新たにパーカッションを加えていた。とにかくクリアで、パワフルで、美しいサウンドだった。彼はまた、スロッブのギター・

リフをふたつのパートに分け、ヴォーカルに割り込むのではなく、応えるようなアレンジにもしていた。スロッブはすごいギタリストだが、なんであれ、最初から最後まで鳴るような壮大なギター・ソロにしてしまう傾向がある。ジミーがそうやってスロッブのギターを編集したおかげで曲にスペースができ、風通しがよくなると同時に、動きとダイナミクスが生まれていた。ジミー・ミラーのミキシングは驚異的だった。俺たちのヒーローが作った作品に負けないほどのサウンドに聴こえた。

この時点で、アルバムにはクソ最高なオープニング・ソングができた。そう、クラッシュの〝セイフ・ヨーロピアン・ホーム〟や〝ジェイニー・ジョーンズ〟並みのやつだ。ウェザオールが〝シャイン・ライク・スターズ〟をミックスした時には、アルバムの最終曲になると全員確信したが、まだ最初の曲がなかった。いまや俺たちは舞いあがっていた。〝ムーヴィン・オン・アップ〟でアルバムを始めるのだ。あれはこの上ないオープニング・トラックだった。〝ダメージド〟も最高の出来で、正統的な傷心のカントリー・ソウルのバラッドに仕上がっていた。すべての傷ついた息子、娘のためのブルーズ、魂を癒す音楽。イネスの話では、ジミーはトビーのドラムをぐっと抑える決断をしたらしい。ところどころでテンポがずれ、コーダのセクションの前ではとちっていると。俺たちは全員あの曲ではすごい演奏をしていた。ダフィのリックは素晴らしくブルージーで、カントリー、サザン・ソウルの趣もある。ヘンリーの傑出したアコースティックベースには宇宙サイズの大きな穴が空いていて、そのスペースで曲が呼吸できる。スロッブのケルトの魂を持つアコースティックギターのピッキング、そしてイネスによる、スタックス・レコードのスティーヴ・クロッパーのような鋭いリズム・チョップ。突き刺すようなリード・ギターのソロは、イネスとヘンリーが分け合っている。そうしたすべてが、ジャム・スタジオでの生演奏、ライヴ・レコーディングの輝かしいサウンドに貢献していた。俺はただ、自分の言葉を歌うだけでよかった。若い頃の恋、はかなく消えたロマンティックな炎、そのひとときの喜びの物語を。〝ダメージド〟はノスタルジックな悲しみを歌う、実存のブルーズだ。誰でも共感できると思う。あの曲ではドラムがほとんど聴こえない。ジミーはベースを際立たせ、それにパーカッシヴな趣を与えて、まるでドラマーがいないようなミックスにした。サウンドの錬金術だ。ジミーは天才だった。ロックンロールの天才だ。俺はのちにアルバム『ギヴ・アウト・バット・ドント・ギヴ・アップ』で組んだ時に、もう少し彼のことを知るようになった。エデン・スタジオでのひどい冗談というきまりの悪いスタートを切ったとはいえ、彼はいい奴だった。

ジミーは俺に、最初にプロデュースしたのはジョージ・クリントン&ザ・パーラメンツのレコードだった、と言った。彼もジョージ・クリントンも、それぞれに同じ話をしてくれた。俺としては、自分たちもほんの少しそこに混ざることができたような気がした。連なる鎖のひとつ、ジョージとジミーが作った音楽のリンクに、プライマル・スクリームも繋がっているような。俺たちはウェザオールの手を借り、現代のテクノロジーを通じてその伝統に新たなエナジーをもたらし、アップデートし、同時に存続させていた。俺としては、そう思いたかった。

1991年の夏、俺たちはシングルを2枚リリースした。〝ハイヤー・ザン・ザ・サン〟は6月22日にリリースされ（俺の誕生日だ）、チャートでは2週間40位となって消えた。〝ドント・ファイト・イット、フィール・イット〟は8月24日にリリースされ、41位になって、やはり2週間後に消えた。どちらも〝ローデッド〟や〝カム・トゥゲザー〟のようにトップ20、30には入らなかった。ただ〝ハイヤー〜〟は批評家筋に評価され、〝ドント・ファイト・イット、フィール・イット〟はアンダーグラウンドのクラブでセンセーションを起こした。ウェザオールの最高作かもしれない。暗いセクシュアリティ、快楽的なニヒリズムに満ちていて、あのトラックにはいまでもぶっ飛ばされる。

俺はただ今日を生きている
明日なんてどうだっていい

俺たちはあの頃、本当にそうやって生きていた。

俺はチャートの順位やメインストリームでの成功に取り憑かれていた。パンクとポストパンクのカルチャーで育ったせいで、メディアは変革のチャンネルだと気づいていた。俺たちがテレビに出演し、ある種の装い、振る舞いを見せ、ある種の実験的なポップ・ミュージックを演奏すれば、それを目にしたキッズ、孤独や疎外感を抱え、他とは違うと感じている子たちが「自分はひとりじゃない」と思えるかもしれない。プライマル・スクリームのライヴに来たり、レコードを聴いたりすることが、彼ら自身がクリエイティヴになるきっかけになるかもしれない、俺はそう考えていた。

27 レット・イット・スクリーマデリカ
Let it Scream (adelica)

俺たちは7都市を回る短いツアーに出ることにした。初日はバーミンガムだ。サポート・バンドの代わりに、アンドリュー・ウェザオールとジ・オーブがツアーDJとなった。全員を詰め込んだミニバスはバーミンガム・インスティテュート目指して走りだした。車内で流れるのは俺が作ったコンピレーション・テープ。モット・ザ・フープルの〝ホナルーチー・ブギー〟がかかると、みんな一斉に歌いだした。ウェザオールは俺のほうを見て、イアン・ハンターの歌詞を口にした。

ビートが強くなるにつれ、俺の髪も長くなる
チャック・ベリーに俺の知らせを伝えたい

そこには仲間が全員いて、冒険に出発しようとしていた。最高の気分だった。俺たちはついに乗りだしたのだ。イネスと俺はアシッド・ハウスの教えを広めようとしていた。ふたりでウェストゲイト・ストリートのクリエイションのオフィスに行き、マッギーのデスクに押しかけたほどだ。俺はこう言った。「アラン、ひとつアイデアがあるんだ。イネスには化学者の資格がある。大学で化学の学位を取ったからな。こいつはMDMAの作り方も知ってる。金を貸してくれ、そしたらイネスが原料を大量に買える。田舎のコテージを借りて、エクスタシーを作って、キッズに無料で配るんだ。プライマル・スクリームのツアーに来てくれた全員にね」。エクスタシーを愛するあまり、俺たちは世界中の人間をそれで興奮させようとしていた。

「みんな刑務所行きになるぞ」とマッギーは申し訳なさそうに言った。「パーティは盛りあがるだろうが、俺たち全員おしまいになる。悪いが、答えはノーだ」。話はそれきりだった。

ツアーではどの会場も午前2時まで開ける許可を取った。開場は午後9時で、最初のDJはアレックス・パターソン。アレックスのあとプライマル・スクリームがライヴをやり、それから会場を閉めるまでずっとウェザオールがDJをする。俺たちはステージに上がる前にコカインをやり、演奏が終わるとエクスタシーをやってダンスフロアに出ていった。そこで観客と一緒にウェザオールのセットを楽しむのだ。バーミンガムではモーテルに泊まった。「クロスローズ」みたいなモーテルで（「クロスローズ」はイギリスの長寿メロドラマで、モーテルが舞台）、あの晩は徹夜で騒いだ。ダグラスとティム・トゥーハーはツアーにビデオカメラを持ってきていた。朝の4時にスロッブの部屋に行くと、ダグラスがベッドに仰向けに寝転がり、ビデオカメラを天井に向けていた。ティムはもうひとつのベッドにうつ伏せになり、手にしたビデオカメラは床に向いている。大した映画にはならないな、と思った。

翌日ウェザオールの部屋に行くと、彼はちょっとへたばっていて、それ以降はひとりで移動し、ギグには飛行機で来ることになった。あのツアーのマネージャーはアイヴァーという男で、ハウス・オブ・ラヴのツアー・マネージャーを務めたことがあり、スピードの常用者でもあった。あのツアーは本当にドラッグまみれだった。翌日はハシエンダのギグだった。泊まっていたゲストハウスの部屋に戻るため、階段を上がっていた時のことだ。後ろにいるナイチンゲールを肩越しに振り返ると、あいつがバク転で落ちていくところだった。急な階段で背中からひっくり返ったのだ。駆け降りると、ナイチンゲールはひきつけを起こしていた。意識が戻ると病院に搬送され、その日のライヴには来られなかった。

ウェザオールのエンジニア、ヒューゴ・ニコルソンもツアーの一団に加わり、彼はライヴでドラム・ループをプレイした。いくつかの曲ではあらかじめ録音したリズム・トラックを使い、トビーはまだバンドにいたが、ヒューゴがその数曲でしかドラムを叩いていなかった。残りではドラムマシンとサンプリングを使っていて、リズム・トラックに合わせて生でループやサウンド・エフェクト、ダブを加えるのだ。あれはすごかった。それでヒューゴもツアー・バンドの一員となり、トビーはパーカッションを担当した。俺たちはデニース・ジョンソンも連れていた。デニースは俺にとって、ライヴでの貴重な補佐役だった。センター・フォワードがふたりいるようなものだ。スロッブとイネスはシン・リジィ風のツインギターの攻撃陣となり、ダフィの非凡なカントリー・ソウルのピアノ、ヘンリーのベースは堅実で安定したリズムを刻み、トビーという威勢のいいロックンロール・ドラマーがドラムを叩くと、実にソウルフルに聴こえた。デニースとヒューゴのふたりはファンタスティックな新要素をもたらし、俺たちは世界を制覇しようとしていた。俺はあの8ピースのバンドを愛していた。

バックトラックのテープをかけると、俺たちはまるでビッグ・バンドのような音になった。突然明晰さが生まれ、ミュージシャンたち、ワールドクラスのプレイヤー、その全員の実力が聞こえてきた。7月23日のハシエンダでのギグはイカれていた。俺たちはみんなファクトリーの信奉者で、ウェザオールもそうだったから、ハシエンダでヘッドライナーを務めることには大きな意味があった。ついにやった、という気がした。俺たちにとってとても特別な夜で、演奏も圧巻だった。機材が壊れるなどトラブルが起きるたび、それがバンドの最高のポテンシャルを引きだした。俺たちは逆境に強いのだ。あの時にはザ・スタッド・ブラザーズにインタビューされた記事が「メロディ・メイカー」に載り、それも信じられなかった。写真を撮影したのはトム・シーハン。彼はベン・フォン・トーレスが書いたグラム・パーソンズの伝記を持ってきていた。俺がコカインでぶっ飛んだ頭でそれを読んでいると、ある章のタイトルが「ホワイト・ライン・フィーヴァー」だった。あの写真の俺はまるで吸血鬼のように見える。

ノエル・ギャラガーもあのライヴにいて、機材が壊れたまま、〝ザ・ダーク・エンド・オブ・ザ・ストリート〟に入ったところが最高だった、と言ってくれた。演奏したのは俺とスロッブとイネスだけ。ギャラガーの話では、友だちが彼のほうを向いて、「どうした？　何が起きてるんだ？」と言ったという。ノエルは友だちに答えた。「あいつらは歴史を作ってるんだよ。黙って観とけ。いま特別なことが起きてるんだ」。ノエルにはわかっていた。

ツアーの残りはあまり思いだせない。ドラッグのせいもあるだろう。グラスゴー・プラザ・ボールルームでのギグは覚えている。1800人の観客が熱狂していた。ステージに上がると、まるで俺たちがワールドカップ決勝で勝ったみたいだった。最後にグラスゴーでライヴをやった1989年の工科大学では、ブーイングと罵声を浴びせられた。なのに1991年、俺たちがステージに上っていくと、優勝でもしたみたいに全員が手を差し伸べていたのだ。イカれていた。当然、俺たちはギグのあとみんなEをやり、ウェザオールのDJで踊った。ただただ、快楽に耽っていた。プラザのバックステージにはメンバーの母親たちが来ていた。俺は母と口論になり、ダグラスがずっと撮影していた。それに気づくと、母はダグラスの顔を殴った。イネスは彼の母親にEをやらせようとしていた。

ノッティンガムのライヴでは、俺はほとんどの間床に座り込んでいた。もうぼろぼろだった。あまりいいギグにはならなかった。なんとか最後までやり通しただけだ。俺たちは疲れ切っていた。あのライヴに金を払った人には心から謝りたい。

ブリストルのギグが終わると、そのままバスに乗り、徹夜でロンドンまで移動しなければならなかった。朝の9時だったか、恐るべき時間にサウンドチェックをしないと、エンパイア・ボールルームの隣のレスター・スクエアの店が開いてしまう。みんな前の晩のせいで疲れ果て、ドラッグでギンギンになったままだった。

その2週間前、ツアーのために練習していた時に、カレドニアン・ロードのリハーサル・ルームにはジャー・ウォブルがやってきた。ものすごいブレイクビーツに乗せて、彼はイネスとダフィ、スロッブとともに〝ハイヤー・ザン・ザ・サン〟を演奏した。レスター・スクエアでのライヴではウォブルが参加し、ベースを弾いてもらって、長いヴァージョンにしようと考えていた。あの時のジャムを録音していればよかったと思う。

驚異的だった。ウォブルとやると、まるでビッグ・バンドになったみたいだった。曲にスペースが生まれ、明確になった。俺たちPILのファンにとっては夢が実現するのも同然だ。ツアーの最終日に向け、俺たちはこの共演を楽しみにしていた。

サウンドチェックが終わると、ベースのヘンリーが深刻そうな様子で俺のところへ来た。「ボビー、ちょっと話せるか？　今晩ジャー・ウォブルには弾いてほしくないんだ」。

俺はショックを受けた。「どういう意味だ？　すごかったじゃないか。〝ハイヤー・ザン・ザ・サン〟でやるだけだろ」。

彼がやるなら俺はやらない、とあいつが言ったかどうか、思いだせない。ただこんなふうに言ったのは確かだ。「彼は演奏するべきじゃないと思う。プライマル・スクリームのベーシストは俺なんだから」。情けない言い草だ。

俺は暗い地下のボールルームから階段を上り、夏の明るい朝の光が差すレスター・スクエアへ出て、その知らせをバンドのメンバーに告げた。

「くそっ」と彼ら。「どうする？　ヘンリーを怒らせたくはないだろ。バンドのベーシストなんだから」。

俺はアシスタントのサイモン・スティーヴンスに言った。「まだ朝早いんだ。ウォブルに電話して、今夜はなしだって言ってくれないか？」。本当は、俺はヘンリーにこう言うべきだった。「おい、そんなわけにはいかない、嫌なら、これがおまえの最後のギグだ」。でも、あいつはうまくいっていない時期も俺たちと一緒で、いまや状況が上向きになっていた。それはさすがに冷淡なんじゃないか、と俺は思った。放蕩を尽くしたツアーの最後で、疲れ切ってもいた。結局のところ、わかった、バンドを解散させるようなことはできない、と俺たちは考えた。

ツアーが終わったあと、ナイチンゲールから伝言があった。ウォブルが俺と話したがっているという。俺はあの失態と、くだらない振る舞いについて謝りたかった。だがウォブルと話す前に、俺は彼のマネージャーと話さなければならなかった。レイトン・バザーズのメンバーだった男で、ウォブルの電話番号をもらうため、俺はこのクソ野郎の下品で長ったらしい侮蔑、無礼に耐えなければならなかった。ウォブルのほうは丁寧で礼儀正しく、落ち着いていた。彼は俺に、自分に対して俺たちがやったようなことを他のプレイヤーにやってはいけないと言い、俺は心からその通りだと言った。エンパイアでのライヴ当日の状況を説明すると、自分たちが間違っていたのを認め、彼に謝った。ウォブルが許してくれたことには大きな意味があった。彼は俺のアイドルだったし、イネスとスロッブにとってもそうだった。彼と話すと心が軽くなった。ウォブルは最初に音楽的な影響を俺に与えたひとりで、俺たちには繋がりがあった。ＰＩＬと『スクリーマデリカ』にはコネクションがあるのだ。俺たちはバトンを受け継いだ、そう俺は感じていた。

ライヴ当日に話を戻すと、重要な一夜に備え、俺たちは全員、仮眠するためにホテルに戻った。その途中、俺はダディ・クールに寄った。ソーホーのバーウィック・ストリートにあったレゲエの店で、俺はそこでタッパ・ズーキーの過激な名曲〝ニュー・スター〟のオリジナル7インチを買い、それから昼寝をした。ライヴは大成功だった。何人かがステージに侵入してきた。あとでキャバレー・ヴォルテールのスティーヴン・マリンダーが楽屋に来た。俺はただ、彼がそこにいることにぶっ飛んでいた。マルは「最高のギグだったな!」と言っていた。俺たちのヒーローのひとりがだ。チケットは売り切れ、クラブで知り合ったアシッド・キッズもみんな、スタイリッシュに着飾って来ていた。そのあとはみんなでパーティになった。俺たちなりの「ハイ・ソサエティ」、そのストリート版だ。ドラッグの夢想、放埒（ほうらつ）な喜びに溢れた、カーニバルのような雰囲気。あの頃バンドにはグレアムという異性装者の追っかけがいた。俺はソーホーのアシッド・ハウスのシーンでつるんでいた素敵な女の子たち、シドニーとルースを通じてグレアムと知り合った。彼は俺の母親と親友になり、グラスゴーによく訪ねていた。

エンパイア・ボールルームでのライヴの数日後、マッギーから「アルバムのカバーが必要だ」という電話がかかってきた。俺はまだツアーでやったドラッグが抜けず、へたばっていた。同じ年、俺はフラワード・アップのシングル〝フォビア〟のアートワークを見て、ジェフ・バレットに問い合わせた。レコードはジェフのレーベル、ヘヴンリーからリリースされていた。彼によると、アーティストはポール・キャネルだという。ポールはマニック・ストリート・プリーチャーズの仕事もやっているとジェフは言ったが、俺が覚えているのはジェイミー・リードまがいのものだった。だが〝フォビア〟のカバーの絵の奇妙なクリーチャーには本物の苦悩や怒り、パラノイアが表れていて、より自伝的な作品に思えた。俺はすぐに惹きつけられた。

ジェフが俺とポール・キャネルのミーティングを設定した。俺は彼に言った。「プライマル・スクリームのシングルのカバーを描いてほしい。俺がタイトルを言う。でも曲は聴かせない。タイトルから想像する絵を描いてほしいんだ」。

彼は「でも、曲を聴かなきゃ！」と答えた。

俺は、「ダメだ、曲は聴かせない」。曲を聴いて、歌詞がわかったら、そのものすぎて説明的になってしまうかもしれないと思ったのだ。

キャネルが最初に描いたのが、〝ハイヤー・ザン・ザ・サン〟のための絵だった。俺は彼が住んでいたイースト・ロンドンまで足を運んだ。フォレスト・ゲイトかどこかだったと思う。絵を見て、俺はキャネルの仕事を大いに気に入った。〝フォビア〟での鉛筆のドローイング、パラノイアが書き殴ったようなエナジーとは全然違う。今回の絵にはさまざまな色と抽象的な形が溢れていて、好きなように読み取れた。俺が歌詞を書く時のアプローチと同じだ。60年代、スプリングバーンの両親の家にかかっていた絵も思いだした。素晴らしくポジティヴなエナジーを放っているが、同時に闇もある。俺はグラント・フレミングに来てもらい、絵を撮影させた。グラントはクリエイションのダンス部門で働いていて、オークンフォールドやウェザオールと親しかった。10代の頃にもうシャム69のツアー・マネージャーをしていた男で、コックニー・リジェクツの親友、そしてウェストハムの熱狂的なサポーターだった。ツアーの一団にグラントがいるといつも笑わせてくれたし、ツアーやビデオの撮影現場では俺たちのいい写真も撮ってくれた。

グラントには、その絵で俺が興味を惹かれた部分を撮影するよう指示した。それをコンピューターを持っていたグラフィック・デザイナーのところへ持ち込むと、こう言った。「絵のこのセクションを使おう。ああ、それからここを削って、あそこも省略して……よし、これがフロント・カバーだ」。それから絵の別の部分を取りあげ、それを裏面に使った。同じプロセスで、俺たちは〝ハイヤー・ザン・ザ・サン〟とリミクス盤のスリーヴ・デザインも仕上げた。『スクリーマデリカ』の太陽が姿を見せたのは、あれが最初だ。その時は灰色っぽい紫の太陽で、アルバムの有名なイメージ、赤と黒と黄と青の太陽とは全然違っていた。もっと土星風の暗く、不吉なイメージだった。あの太陽の絵は〝ハイヤー・ザン・ザ・サン〟の両方のシングルのラベル部分にも使った。背景はブルー、太陽は黒と黄の色で印刷した。この方法は〝ドント・ファイト・イット、フィール・イット〟のシングルと、808ステイトのグレアム・マッシーによるリミクスでも繰り返した。まず俺がポールの絵からイメージを選ぶ。彼の絵はごちゃ混ぜになったアシッド・ハウスの幻想で、溶けた精神、怯え、苦しんでいる鳥などでいっぱいだった。イマジネーションの死、もしくはサイケデリック・ドラッグによるイマジネーションの爆発の表象だ。そこには陰と陽、二重性も感じられた。

俺はポールに制作メソッドを訊ねた。彼のようなソウルフルで繊細な男、アートスクールで正式な教育を受けなかった労働者階級の男がどうやって潜在意識からこんなヴィジョンを形にできるのか、興味を惹かれたのだ。ポールによると、マジック・マッシュルームとヘロインをやって絵を描くムードに入ると、サイケデリックなタブローが生まれるという。俺たちがステージでの攻撃的な気構えに入るために、アンフェタミンかコカインをやるのと同じだ。

ポール・キャネルは驚くべきアーティストだった。アートを作るために命を削っていた。彼にとっては、オール・オア・ナッシングだった。90年代の終わり、ポールと一緒にプリムローズ・ヒルを歩いたことがある。世界で起きていることに対する観察眼が鋭く、彼にはまさにアーティストのヴィジョンがあった。99パーセントの人には見えないものが見えていたのだ。彼は至るところにアートを見出していて、俺はあの日、多くのことを学んだ。唯一無二の男で、彼のバンド、クロールもいいバンドだった。俺が〝ムーヴィン・オン・アップ〟のビデオで着たシルバーのシャツをポールにやったのは、カート・コバーンが似たようなシャツを〝ハート・シェイプト・ボックス〟で着ていたのを彼が見たからだった。ポールはカートを愛していた。カートも同じように実存的苦悩を記録したアーティストで、ヘロインを好んだところも似ていた。どちらもこの世界で生きるには繊細すぎた。労働者階級に生まれたのが、ポールの不幸だった。フォレスト・ゲイトではなくリッチモンドで育っていたら、結末は違っていたかもしれない。この国では階級が人を規定し、人を破壊する。トップにいる連中は俺たちを笑っているだろう。あまりにも巧妙に作られた制度だからだ。2000年以上もの間、王室と教会というふたつの悪の聖ならざる結婚がヒエラルキーを支配し、それを貴族階級という私生児と、商人の成金階級が支えてきた。クソの上に重ねられたクソ、あいつらの間ではびこる疫病だ。連中は富と労働搾取を元に階級制を作りあげ、下々の者をお互いに闘わせ、それぞれが罪をなすりつけ合うように操った。もしくは、安い賃金、劣悪な労働環境や生活環境、機会の不平等を何世代もの間耐えなければならないのは「他の人々」、カトリック教徒やユダヤ人、ムスリム、ヒンドゥー教徒、外国人、黒人の男女、ホモセクシュアルのせいなのだと教え込んだ。搾取は何世紀にもわたって続いているのだ。

いまだにその分割統治は成功している。俺たちは皆ITファシストによるアルゴリズムでマインド・コントロールされ、スマートフォンやタブレットに1日24時間脳みそをザッピングされている。終わりのない空虚で馬鹿げたスペクタクル、「セレブリティ・カルチャー」とやらに目を眩まされ、注意を逸らされているのだ。「ビッグ・ブラザー」が出てきた時、あのリアリティ番組は新たな形の残酷なエンターテイメントだと思われていたが、本当は近未来の予言だった。いまではどんな人生も、人生のシュミレーションでしかない。J・G・バラードが言ったように「何もリアルではなく、何もアンリアルではない」のだ。獰猛なネオリベの資本家たち、その詐欺的なエコノミクスが社会からモラルを剥ぎ取り、誰もがそれに従うしかない。我々は21世紀の極右政治家たちの悪魔的なヴィジョンにも屈服してしまった。連中が売りつけてくるのは唯一手が届く雇用契約、ゼロ時間という労働で、あれは「選択の自由」という言葉で飾られた奴隷制度にすぎない。人々はすべての希望を捨ててしまった。

ポール・キャネルは独学の画家だった。アートスクールに通ったこともなければ、クリエイティヴな人間になるよう励まされたことさえなかった。彼は自分が育った場所にあるもの、公共図書館で読みあさったアートブックから自分なりの基準を見出し、独自の世界観を築いた。彼の潜在意識から痛みとともに生まれた抽象的なイメージは、代償を伴った。ポールは2005年夏、両親の家でヘロインを過剰摂取することになる。オーバードーズするのは初めてではなかった。自殺だと言う人もいる。キャネルは特別で才能があり、俺がこれまで会ったなかで最上の人間のひとりだった。

俺たちはオフィスで、来たるアルバムのカバー・アートについて話し合っていた。ポールに新しい絵を描くよう依頼はしていなかった。ロックンロールの狂乱が日々続いていて、それどころではなかったのだ。するとマッギーが、彼の机の上に貼られていた〝ハイヤー・ザン・ザ・サン〟の「業者用」の赤と白のポスターを指した。誰かが(グラント・フレミングによると、マーク・デニスだったらしい)あの太陽の画像の色を反転させ、細部を省いてポスターにしていたのだ。マッギーが言った。「これがカバーだ。太陽、このイメージを使え」。俺は早速そのアイデアをパットニーのグラフィック・デザイナーに持ち込み、彼のコンピューター・プログラムで画像をいじった。最終的に落ち着いたのが、あの青い太陽だ。目は黒と白、真っ赤な背景に黄色の光線を発している。フォーカスをさらに強烈にするため、フレームの上下で光線を断ち切った。ファンタスティックな出来だった。

裏面には大きな文字でスリーヴの幅いっぱいに曲名を並べた。俺が10代の時に買ったデヴィッド・ボウイのベスト・アルバム、『チェンジズワンボウイ』の引用だ。あのアルバムは超スタイリッシュでモダンで、当時の他のどれとも違っていた。ジャケットの見開きのために、俺は持っていたバンド写真を探し、グラント・フレミングが撮った〝ドント・ファイト・イット、フィール・イット〟のビデオの撮影現場での写真を使うことにした。そこでは全身白を着たスロッブが大きなシタールを弾き、俺は黒のポロに大きなサングラスをかけてあぐらをかき、ヴァイオリンを「演奏」している。イネスは手を叩き、ハープシコードの上に座ったステファニー・アンセルがフルートを吹いている。俺が意図したのはアンダーグラウンドのロック・アルバムのような雰囲気、謎めいた異世界への入り口だった。カバーにはわざと文字を入れなかった。ミュージシャンのクレジットはどこにもない。フロント・カバーに普通記されるようなバンド名もアルバム・タイトルもなし。ソングライティングとプロダクションのクレジットはラベルに入れ、とにかく情報はできるだけ少なくした。ファクトリーのレコードやツェッペリンのレコードみたいに神秘的にしたかったし、すべては音楽のなかにあると示したかった。それに、キャネルが描いた見事な「傷ついた」太陽も汚したくなかった。あの太陽が、アシッド・ハウスのスマイリー・ロゴの反転みたいに見えるのも俺は気に入っていた。

　この頃、俺たちは全員が大いに楽しんでいた。10代の頃夢見ていたすべてが現実になりはじめていた。俺は同時に、長くは続かないと思っていた。どこかでツケがくると。傷ついた太陽（サン）は傷ついた息子（サン）でもあった。あれは暗くシニカルなヴァージョンで、燃え尽きた太陽だった。昼の次には夜が来るように、俺たちはすぐに「傷ついた息子たち」となる。だがそれはこのあとの物語だ。ここではまだ違う。俺たちは引き続き浮かれていた。２０１０年、のちにイギリスのロイヤルメールは、キャネルの『スクリーマデリカ』の太陽を切手にした。他に選ばれたのはローリング・ストーンの『レット・イット・ブリード』、『レッド・ツェッペリンⅣ』、クラッシュの『ロンドン・コーリング』、デヴィッド・ボウイの『ジギー・スターダスト』。俺としては、アナーキストのパンクだったキャネルなら、エリザベス女王の頭が金で型押しされた横にあの絵が並んだのを喜ぶだろう、と思いたい。かなりの皮肉だ。自分のアートワークが、ロックンロール史上最高の名盤のいくつかと並べられるのも、あいつは嬉しいはずだ。

『スクリーマデリカ』は生まれたが、まだタイトルが付いていなかった。ある時、キンキー・ディスコだったか、みんなで金曜から土曜の夜にかけてずっとレイヴに出かけたあと、日曜の朝になろうとする頃に、全員でナイチンゲールの家に泊まり込んだことがある。あたりにはパーティの残骸が散らかっていた。その日の午後、俺たちは彼のフラットの床に座り、思いつくままにタイトル案を口にしていた。誰かが「ファンカデリックの『ワン・ネイション・アンダー・ア・グルーヴ』並みでなきゃな」と言った。

するとと他の誰かが、「そうそう、『スクリーマデリック』とか」と答えた。

また別の誰かが「じゃ、『スクリーマデリカ』だ」と言った。

俺たちは全員、最高だ、それで決まりだ、となった。アレックス・ナイチンゲールはずっと、思いついたのは自分だと言っているが、当時の彼ならそうかもしれない。ともあれ、成功には大勢の父親がいるが、失敗にはひとりもいない、という諺もある。アルバムの曲順はイネスが決めた。最初の曲が〝ムーヴィン・オン・アップ〟で、最終曲が〝シャイン・ライク・スターズ〟なのはわかっていたが、その間はどうする？　どれも曲調がまちまちで、音楽的な繋がりもほとんどない。インストゥルメンテーションもムードも違う。イネスは以前、若い奴が週末遊びに出かける時のサウンドトラックになるように曲順を決めた、と言っていた。

〝ムーヴィン・オン・アップ〟の反抗的なロックンロールが轟音で流れる

　遊びにいくのに着飾って、外の世界へ出る準備をする間に

　　そして〝スリップ・インサイド・ディス・ハウス〟で夜のなかに飛びだす

目の前の未知に

冒険のスリルに

クラブに入り、ダンスフロアに出ると、〝ドント・ファイト・イット・フィール・イット〟がかかる

Eをやって、　　あがってくると〝ハイヤー・ザン・ザ・サン〟だ
ドラッグが頂点に達し、何もかもがサイケデリックになる
続くのが〝インナー・フライト〟のドリームスケープ
向精神性のユーフォリア、その超越的な効果で心がはばたく
それはいつしかドラッグによる恍惚、他の人々へのエンパシーとなり
連帯とユートピアのヴィジョン、普遍的な人々への愛へと変化する
〝カム・トゥゲザー〟だ
またEをやると、今度は〝ローデッド〟のファンク・ロック
そしてだんだんドラッグから降りてくると
〝ダメージド〟と　　〝アイム・カミン・ダウン〟の憂鬱とメランコリーに沈む
家にたどりつき、ひとりベッドにもぐりこむ
寒い灰色の部屋のブルーズ
クラブの華やぎや騒がしさ、　　色も音も遠い記憶となり
ラジエーターがうなるだけ
後ろめたさと自己嫌悪
2部のダブ・シンフォニーから響く、パラノイアに満ちた氷のエレクトロニカ
それは終わりのない地獄
頭も心も恐怖とパラノイアでいっぱいになる
体は震え、骨は痛み、頭のなかでガンガン金属を叩く音がする
意識下から悪魔が浮かびあがってくる

やめてくれ！　やめてくれ！
やがて償いが訪れる
トリップはついに光のなかで終わる
心は〝シャイン・ライク・スターズ〟の温かい子宮、海のような羊水にたゆたう

意図がどうであれ、俺には正しい曲順に思えた。アルバムにはドラッグのトリップのような起伏があった。このアルバムを一晩の道しるべにもできるだろう。

俺たちはPILの『メタル・ボックス』やカンの『タゴ・マゴ』のような、まったくオリジナルなアルバムをリリースしようとしていた。俺にとってはあの二作こそ、実験的なポップ・アルバムの道標だ。アンダーグラウンドなロック・レコード。ヒットするかどうかはわからなかったが、もし二度とレコードが作れなくてもかまわない、俺はそう思っていた。これはステートメントだ。いまこの時点で、世界最高のレコードだ。俺たちは最高のバンドだ。同じ頃、ニルヴァーナがのし上がってきているのは知っていたが、当時の俺はあまり注目していなかった――のちに『イン・ユーテロ』では注目することになる。ただ俺はあの時、自分たちのことで頭がいっぱいで、取り憑かれたようになっていて、他のことにはまったく興味がなかった。『スクリーマデリカ』と『ネヴァーマインド』は同日、1991年9月23日にリリースされた。

ある人々にとっては、90年代はあの日に始まった。

謝辞

ありがとう……。

俺を苦難に備えて育ててくれた、ロバートとウィルマ・ギレスピーに。

愛とともに支えてくれた、ケイティ、ウルフ、ラックス、グレアムに。

励ましてくれたジェリー・マッケルホーンとショーン・オヘイガンに。

本を書いてくれと最初に言った、リー・ブラックストーンに。

我慢強く話を聞いてくれた、エリー・フリードマンに。

ALTERED IMAGES
ALTERED IMAGES

LIVE AT-

THE WAKE

PRIMAL SCREAM

Tuesday 2 Nov. 1982 8 pm

Henry Wood Hall · SNO Centre

Claremont St. (off Berkeley St.)

advance tickets £1.50

available from Virgin, Listen & Primitive Records
or pay at the door

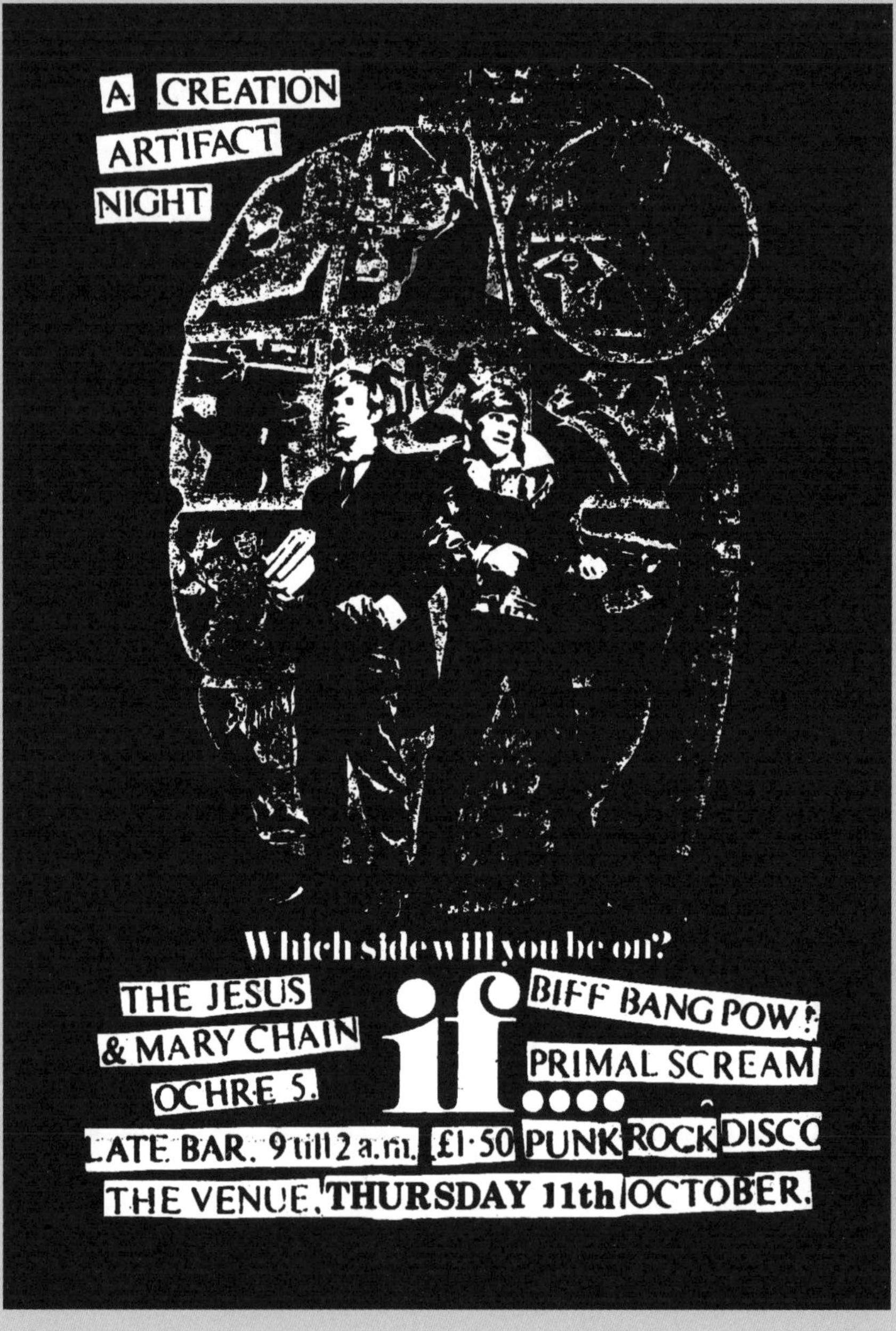

A CREATION
ARTIFACT
NIGHT

Which side will you be on?

THE JESUS
& MARY CHAIN
OCHRE 5.

BIFF BANG POW!
PRIMAL SCREAM

LATE BAR. 9 till 2 a.m. £1·50 PUNK ROCK DISCO

THE VENUE, THURSDAY 11th OCTOBER.

AMBULANCE
STATION!
£1
REVOLVING
PAINT
DREAM
IVORY
TOWER
JESUS
&
MARY
CHAIN
fri.Növ 23 8pm
306 OLD KENT RD SE1

Primal Scream
The Original -
Mixed Up Kid
Garage/Punk Rock Disco
at
Lucifers
22 Jamaica St.
Sunday 24th Feb
Price:£2·00

FRIDAY, APRIL 5
A GOOD FRIDAY CELEBRATION...
FROM ENGLAND
THE FIRST AMERICAN APPEARANCE OF
JESUS AND MARY CHAIN
SHOW STARTS AT 1:30AM
DJ: ANITA SARKO
DANCETERIA
30 W 21ST
COMP FOR TWO
THIS INVITE CANNOT BE SOLD OR TRANSFERRED
ADMISSION SUBJECT TO DOOR SELECTION
ON CONGO BILL, MIDNITE
5TH PARTY

A SPLASH 1 HAPPENING
PRIMAL SCREAM
THE SOUP DRAGONS
Only a wrist is seen,with cuts
out of frame,about the past.
PSYCHEDELIC PUNK ROCK SOUNDTRACK
SUN.14 JULY 46 WEST GEORGE ST.
£2.00
He was there and he was eating a harmonica
eats a banana.
The story of a con who murders his mother's boyfriend."
on the bed with a boy friend and a dog
Each kiss runs for 100feet.
naked.They wash each other
Ondinde sitsin the Judges seat,Ivy on the floo
someone seems to raping her.Ultra Violet climb
onto the Judges table.A party of people crowd
into the room.Rene Richard is a Russian Prince.
The sound is very noisy.
A woman,supposedly dead,lies on a table.A numbe
of people come in and place photographs on her
body.Rene Richard makes nasty and sacrilegous
remarks.At the end the 'dead' woman gets up.
Ondine comes in,talks and lays down on the tabl
An eternal triangle as the hustler challenges the
neighbour to try and take away a boy sunbathing on the
beach.She fails.The second reel takes place in the
bathroom.
intended as a part of ****,it ended up being shown on its own.Ondine argues with Angelina,
and throws her out.Ondine goes through a series of confrontations.In the middle of the film,
for 1 reel,there is a long,messy Spanish-speaking party,with all kinds of goo being thrown,
friends,passers-by,models,poets,
Two Children live in a closet.It exists
with diolouge with a former boy friend

FAC 51 THE HAÇIENDA

TUESDAY 23 JULY

PRIMAL SCREAM

DJs

ANDREW WEATHERALL

THE ORB

AND SPECIAL GUESTS

9PM TILL 2AM £7 ADVANCE TICKETS AVAILABLE FROM PICCADILLY BOX OFFICE & THE HAÇIENDA

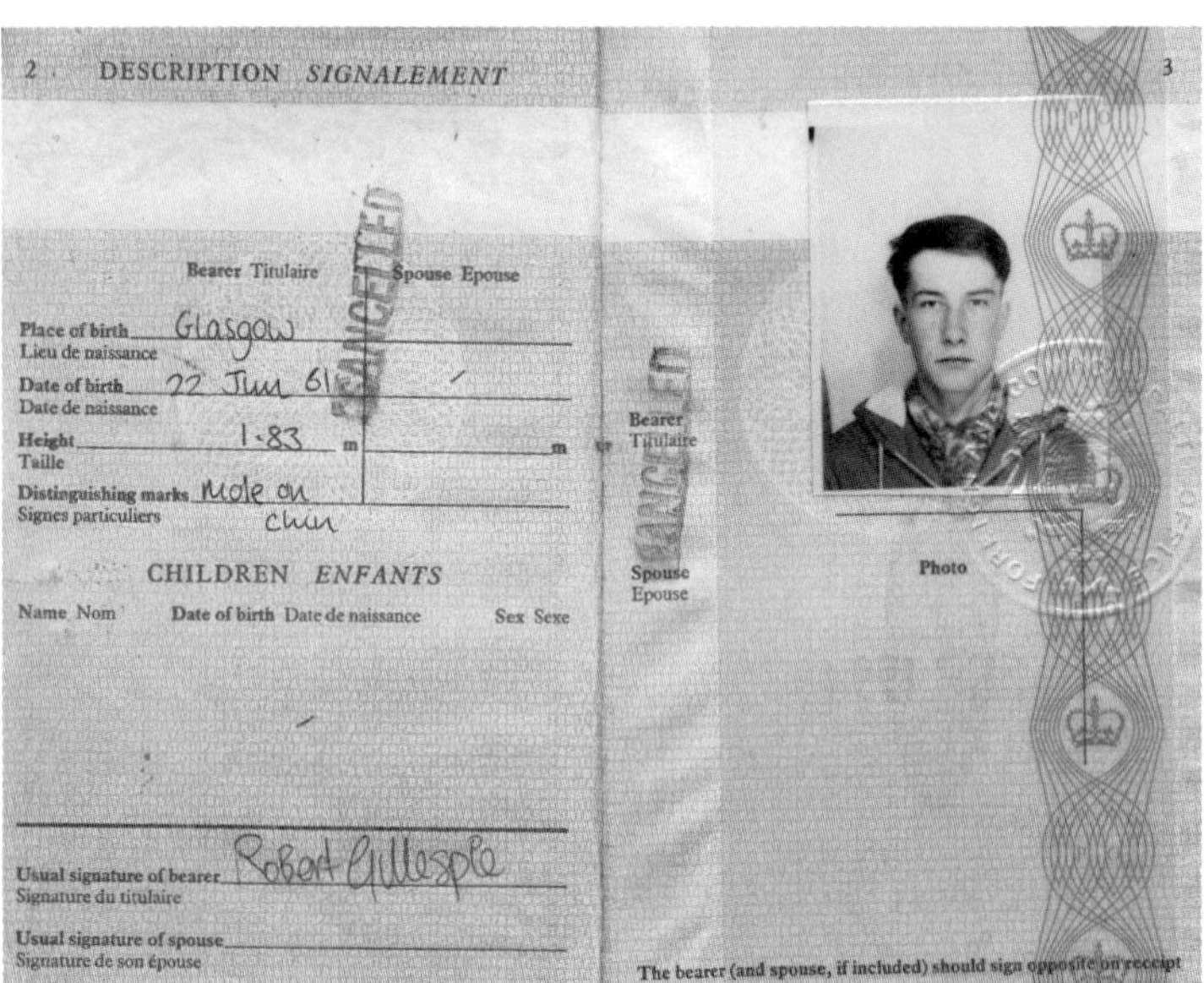
2 DESCRIPTION *SIGNALEMENT*

	Bearer Titulaire	Spouse Epouse
Place of birth / Lieu de naissance	Glasgow	
Date of birth / Date de naissance	22 Jun 61	
Height / Taille	1.83 m	m
Distinguishing marks / Signes particuliers	Mole on chin	

CANCELLED

CHILDREN *ENFANTS*

Name Nom	Date of birth Date de naissance	Sex Sexe

Usual signature of bearer / Signature du titulaire: Robert Gillespie

Usual signature of spouse / Signature de son épouse

3

Bearer / Titulaire

CANCELLED

Spouse / Epouse

Photo

The bearer (and spouse, if included) should sign opposite on receipt

[写真クレジット]

P3　　著者所有
P11　　著者所有
P12　　ニック・ヘッジズ
P85　　著者所有
P86　　著者所有
P161　マイク・レイ
P162　ルーク・ヘイズ
P293　グラント・フレミング
P294　アンドリュー・キャトリン
P450からP452　著者所有
P453　ゴードン・ドーソンによるポスター @creamguillotine
P454からP458　著者所有

訳者あとがき

この本は2021年に出版された、ボビー・ギレスピーによる回想録『Tenement Kid』の日本語訳である。

ここ数年、本や映画、音楽でも、「コロナ・プロジェクト」とでも呼べる作品が次々出てきている。世界的なパンデミックによって自粛生活を強いられたアーティストが、自分の内面や過去にひとり向き合ったような内容が特徴だ。本書もそれに近く、ロックスターの伝記にありがちな、絶頂期の派手な逸話をゴーストライターが書いたものではなく、あきらかにボビー自身が過去を行き来しながら、生い立ちから『スクリーマデリカ』でブレイクするまでを振り返り、自分のルーツを見つめている。だからこそ、これも彼にとってのコロナ・プロジェクトかもしれないと思いながら作業をしていたが、出版時に出演したBBCのラジオ番組によると、ロックダウンに入る直前に執筆を決めていたという。

元々は10年前に、ある編集者に自伝を書いてみないかとアプローチされたとか。無理だ、とすぐ断ったものの、そのアイデアの種が頭に植えつけられ、だんだん育ち、「書く準備ができたら書こう」と考えていたらしい。そして2020年1月に、その年に自分がやりたいこと、新たな挑戦をリストアップした時に、本の執筆がいちばん上にあったという。そこから一気に書き上げられたのが本書だ。まず驚くのは、ボビーがそれぞれの出来事を細かなディテールまで——交わした会話、髪型や着ていた服まで、目の前に光景が浮かぶように——覚えていること。本人によると人生で起きたことをざっくりタイムラインに書きだし、構成を決めてからは、そのままペンが進んだらしい。おそらく彼のなかでは「ボビー・ギレスピー」を形成するもの、その参照点がはっきりしていて、シンプルでくっきりした軌跡となっているのではないか。その強さこそが彼のロックンロール・スターとしての個性、ユニークさであり、本書の魅力にもなっている。

実際、描かれるモチーフは多岐にわたり、ミーハーなほどいろんなものに夢中になっていても、どこか芯の通ったフィロソフィが感じられる。フットボール、ロックンロール、そしてパンクとの出会い。ファッションと美意識。父親から受け継いだ政治性、労働組合運動や社会主義への思い。種類の違うドラッグ体験。アシッド・ハウスという人生の転換点。前述のラジオ番組で、本人は「俺はずっとユートピア的なムーヴメントに惹かれてきたと思う」と語っていたが、確かに、地べたの現実から理想を夢見るような姿勢が共通している。それはもしかすると、イギリスの労働者階級がいま失ってしまったものかもしれない。

タイトルにある「テネメント」とは、産業革命時代、急激に増えた労働者のために建てられた長屋形式の共同住宅だ。だいたいが低層階で、通りに沿った建物に小さな部屋が詰め込まれている。訳しながら写真なども見ていたが、そこに暮らす感覚をつかむ助けになったのが、2021年の映画、ケネス・ブラナー監督作『ベルファスト』だ。あれもブラナーにとってのコロナ・プロジェクトと言えるが、舞台はスコットランドではなくアイルランド。それでも部屋割りや屋外便所、裏手の風景など、テネメントがていねいに再現されている。と同時に、あの映画も労働者階級のコミュニティの物語であり、子どもの目から見た労働者階級の文化、誇り、人々の繋がりがノスタルジックに描かれている。そして、それが暴力的に二分された瞬間も。

自伝のタイトルに「テネメントの子ども」とつけるくらい、ボビー・ギレスピーにとっても、彼の中心にはその視点があるのだろう。2013年のプライマル・スクリームのアルバム『モア・ライト』に収録されたメランコリックな同名曲では、自分のなかの壊れた部分、世代から世代へと受け継がれる苦しみについて歌っている。グラスゴーの労働者階級とは、彼にとって逃げ出さなければならなかった抑圧、暴力でありながら、同時に彼を支えてきた強さの源泉であり、いま失われたものとして記録しておきたかったのではないだろうか。

本書ではボビー・ギレスピーが自分のメンタル・ヘルスについて正直に吐露していることも重要だ。子どもの頃のトラウマや解離、精神的な脆さに彼がどう向き合ってきたかは、ごく現代的なテーマであり、まだ未解決な部分も感じさせる。また女性やフェミニズムについて、ロックンロール・カルチャーと絡めて自説を展開するのも意外だった。とにかく何についても、シリアスで熱のこもった独自の意見と、びっくりするような逸話（どれも実体験なのがすごい）が交互に繰りだされる。ボビー・ギレスピーの文章によるロックンロールの冒険、その「ハイエナジー・アタック」を楽しんでほしい。

最後になりましたが、編集を担当した圓尾公佑さん、デザインを担当した勝浦悠介さんに感謝を。細々とした注文に応えていただいたことを、この場を借りてお礼申し上げます。なお、本文中に一部不適切な表現がありますが、当時使われていた言葉としてそのままにしてあります。また、アルバム名、曲名については、これまで親しまれてきた邦題が多くあるものの、本書では基本的に原題のままにしました。ラフ・トレードによるプレイリストをはじめ、この本をテーマに多数の曲を集めたプレイリストが各プラットフォームにアップされているので、さらに深く追体験したい人は、ぜひ聴いてみてほしい。もうひとつだけ付け加えると、一応出版社との「口約束」があり、ボビーはこのあとに続く第二部の執筆もするつもりだとか。彼のアートと人生においては、すべてが「進行中」の「いま」。個人的には年齢を重ねても衰えない、そのバイタリティと好奇心にいちばん感心させられる。ボビー・ギレスピーという人のかっこよさは、何よりそこにあると思う。

2022年6月　萩原麻理

ボビー・ギレスピー自伝（じでん）
Tenement Kid（テネメント・キッド）

2022年7月20日　初版第1刷発行

著者　ボビー・ギレスピー

翻訳　萩原麻理

発行人　永田和泉

発行所　株式会社イースト・プレス
東京都千代田区神田神保町2-4-7久月神田ビル
TEL:03-5213-4700
FAX:03-5213-4701
https://www.eastpress.co.jp

印刷所　中央精版印刷株式会社

ISBN978-4-7816-2099-2